Roberto Fernández Retamar y los estudios latinoamericanos

Edición de Elzbieta Sklodowska y Ben A. Heller

ISBN: 1-930744-01-3

Instituto Internacional de Literatura Iberoamericana
Universidad de Pittsburgh
1312 Cathedral of Learning
Pittsburgh, PA 15260
(412) 624-5246 • (412) 624-0829 FAX

Colaboraron en la preparación de este libro:

Composición y diseño gráfico: Erika Braga
Correctores: Ana María Caula, Juan Pablo Dabove y Ana Miramontes

Roberto Fernández Retamar y los estudios latinoamericanos

Introducción

Son varias las razones por las cuales esta colección de ensayos sobre Roberto Fernández Retamar se publica aquí y ahora. Sería un lugar común repetir que las últimas décadas han exigido de los intelectuales latinoamericanos y latinoamericanistas una mirada retrospectiva frente a las ansiedades finiseculares de este momento marcado por fenómenos tan vertiginosos como el avance del neoliberalismo, la globalización capitalista, la explosión de la información y la hegemonía del discurso posmoderno, para mencionar solamente algunos de los más evidentes. En este contexto, tal vez la más obvia de las razones que nos han motivado en este proyecto tiene que ver con un acto de justicia intelectual, ética y académica: creemos que la obra de Fernández Retamar —que combina las tareas del poeta, el ensayista y el crítico— merece ser estudiada más a fondo en sus complejos entrecruzamientos con las tendencias que componen el discurso crítico de las últimas décadas.

Sin duda alguna, el reciente auge de los estudios culturales, poscoloniales y subalternos —directamente responsable de las fundamentales reevaluaciones de la literatura latinoamericana y de los paradigmas teóricos del latinoamericanismo— ha creado un espacio crítico y un clima propicio para relecturas, autorreflexiones, rescates y ajustes de cuentas. A pesar de todas las reevaluaciones ya hechas, los tortuosos caminos de consagración siguen siendo tortuosos: si bien es cierto que Fernández Retamar es uno de los pensadores dedicados a la ardua tarea de desarrollar, promover y afinar una conceptualización autónoma del pensamiento latinoamericano, hasta la fecha el único estudio monográfico que le ha sido dedicado es *Calibán en Sassari*, editado por Hernán Loyola como número especial de la revista *Nuevo Texto Crítico*.

En este contexto llama la atención la proyección "global" de las ideas de Fernández Retamar, sobre todo en sus aspectos de antielitismo, de rebeldía, militancia y transgresión simbolizados por *Calibán*. No hay que perder de vista que en la teoría poscolonial Calibán emerge como uno de los símbolos más frecuentemente usados de la construcción de la otredad en el imaginario colonial. "No conozco un texto más representativo del modo cómo se ha pensado la rebelión," escribe Silvia Spitta en este volumen, "que el *Calibán* de Roberto Fernández Retamar." Están resonando en este comentario las palabras de Edward Said, para quien el ensayo de Fernández Retamar ocupa un lugar de excepción en el canon poscolonial por su estrecha vinculación con "la cultura de resistencia".

Por otra parte, la gran eclosión de estudios sobre la hibridez ha facilitado también la inserción de *Calibán* en un contexto crítico que trasciende lo local y lo inmediato. Puesto que la hibridez se inscribe en los estudios poscoloniales bajo nombres diferentes —si bien unidos por su enfoque en las construcciones del Otro— no debe sorprender que se mencione a *Calibán* al lado de tales conceptos como el de antropofagia de Oswald de Andrade, *mimicry* de Homi Bhabha, prácticas creolizantes de Kobena Mercer, nuevas etnicidades de Stuart Hall, transversalidad de Edouard Glissant, super-sincretismo de Antonio Benítez Rojo, memoria nómada de Assia Djebar, heterogeneidad de Lisa Lowe, "Nuestra América" de José Martí, el mestizaje de Nicolás Guillén y Françoise Lionnet, o reconversión cultural de Néstor García Canclini, entre otros (May Joseph 10).

Por cierto, lo que se ha vuelto particularmente relevante para América Latina ante las prácticas globalizantes de estudios poscoloniales y la normalización de discursos pluridisciplinarios, ha sido la reflexión sobre la dinámica entre lo global y lo regional, entre las teorías metropolitanas y prácticas periféricas. De hecho, la proliferación de los discursos de la hibridez y el "boom del subalterno" —según la atinada expresión de Mabel Moraña—han sido percibidos con una gran dosis de ambivalencia. Walter Mignolo ha evaluado estas tensiones en su importante ensayo, "Posoccidentalismo: el argumento desde América Latina," cuyo punto de partida eran los debates durante el Congreso de LASA de Guadalajara de 1997:

> Del otro lado, aparentemente opuesto a estudios culturales y poscolonialidad, se articulaba un discurso que oscilaba entre la restitución de "Nuestra América" de Martí como alternativa teórica, con lo que el debate parecía dirigirse hacia una confrontación entre cierto fundamentalismo latinoamericanista frente al 'imperialismo' de los estudios culturales, subalternos o poscoloniales. (*Teorías sin disciplina* 31)

A continuación, Mignolo propone aclarar algunos de los términos de este debate, enfocándose en la noción de posoccidentalismo —originalmente introducida por Fernández

Retamar en su ensayo "Nuestra América y Occidente" (1976)— que, según Mignolo, "sería la palabra clave para articular el discurso de descolonización intelectual desde los legados del pensamiento en Latinoamérica" (32).

Por una de estas fortuitas e imprevisibles coincidencias que ocurren a la hora de armar proyectos colectivos como éste, la contribución que designó para este volumen el mismo Fernández Retamar remite, justamente, a las complejidades y tensiones que atraviesan el proceso de la "invención" la otredad, paralelo a la "invención" del Occidente. Con un sentido siempre agudo de lo que Jameson llamara en otra ocasión "la dialéctica de la diferencia y de las paradójicas inversiones de Identidad y Diferencia, de lo Mismo y el Otro" (4), nos hace recordar Fernández Retamar que el Occidente "adquiere conciencia de sí no cuando Europa encuentra, en su colisión con América, al *otro* por excelencia (ya se sabía de asiáticos y africanos), sino al reducir a la criatura inesperada, al igual que a las anteriores, a la condición de otro, al *otrificarlo* [...]" Con su habitual magisterio de la palabra, coadyuvado por su agilidad polémica y una erudición envidiable, Fernández Retamar nos ofrece una extendida meditación y, a la vez, una lección sobre lo insidioso de todo tipo de "violencias metafóricas".

Al encarar la tarea de coordinar este volumen, tuvimos clara conciencia de las tensiones señaladas por Fernández Retamar y expresadas —de maneras muy diversas— en los importantes trabajos recientes de Mignolo, Nelly Richard, Alberto Moreiras, Mike Millington, Román de la Campa, Hugo Achugar, para mencionar solamente a algunos críticos dedicados a buscar modos de interpretación de la producción cultural latinoamericana sin caer en la trampa del nacionalismo, por un lado, y, por el otro, sin reproducir el discurso metropolitano (Moreiras, *Tercer espacio* 43). Una cita de Richard, recogida por Moreiras, resume bien estas contradicciones; "¿Cómo podemos hacer uso de conceptualizaciones teóricas internacionales, sabiendo que forman parte de la normativa sistémica del centro metropolitano, pero sin, a pesar de ello, ceder a su gramática de autoridad?" (*Tercer espacio* 41).

El motivo de las ideas viajeras (Said) que muchas veces terminan siendo ideas "fuera de lugar" (formulación de Schwarz) constituye, según se verá más adelante, uno de los hilos conductores del presente volumen. Por un lado, muchos de los autores de esta colección subrayan el hecho señalado en otro contexto por Moreiras de que el pensamiento de Fernández Retamar se inscribe en la tradición que percibe las posibilidades emancipatorias latinoamericanas como "una función de la característica mestiza o híbrida del continente como formación histórica específica. Desde este punto de vista, la literatura latinoamericana debería siempre encontrar formas miméticas de apropiación y representación del mestizaje constitutivo" (*Tercer espacio* 50). Por otro lado, para muchos críticos Fernández Retamar representa también un símbolo más "universal" de un esfuerzo poscolonial por desmantelar el pensamiento eurocéntrico —de ahí la tendencia a compararlo con los pensadores del "*Commonwealth*" teórico.

El designio estructural de este volumen es sencillo: vamos de ensayos más generales hacia más específicos. El ensayo de Fernández Retamar —que bien hubiera podido encabezar el volumen— aparece al final, con la idea de facilitar una mirada retrospectiva hacia el contenido del tomo, pero sin imponerse como una clave interpretativa para el mismo. En cuanto al tono general de las contribuciones, hemos decidido que la mejor manera de reconocer la labor creativa y crítica de Fernández Retamar sería evitar el formato de un homenaje. Aunque el trabajo creador y crítico del escritor cubano no es fácilmente cuantificable, las contribuciones se han concentrado con mayor intensidad en sus ensayos más difundidos, *Calibán* y *Para una teoría*, dejando su obra poética un poco de lado. Al revés de lo que ocurre con los estudios escritos al calor del debate que siguió la publicación de *Calibán*, los ensayos del presente volumen, colocados a cierta —aunque no necesariamente cómoda— distancia histórica pueden concentrarse en toda una gama de registros éticos, ideológicos y metodológicos evocados por *Calibán* y *Hacia una teoría*. Aunque muchos de los autores dan constancia de la pasión polémica del momento y no pretenden desligar a *Calibán* de su contexto específico de crisis política (el caso Padilla), lo que sobresale en la presente colección no es el aspecto testimonial, sino el reconocimiento de la labor autorreflexiva de Fernández Retamar y de su consciente inserción dentro de una larga tradición del ensayo nacional latinoamericano. Es importante reconocer que incluso los autores que optan por una óptica poscolonial no dejan de reparar en el rasgo fundamental del pensamiento de Fernández Retamar: su fe en la especificidad de Latinoamérica y su llamada a anclar la crítica en la tradición latinoamericana cuyo rasgo más distintivo es la hibridez.

Antes de introducir en más detalle las contribuciones que integran este volumen, vale la pena comentar brevemente la bibliografía crítica ya existente. Las aproximaciones a la labor intelectual de Fernández Retamar incluyen estudios sobre su poesía, sus ensayos, y su papel en el marco cultural de la Revolución Cubana. Si bien esta bibliografía no es particularmente amplia (véase la sección bibliográfica al final), resulta difícil de abordar y sistematizar debido a su carácter disperso y desigual (notas, reseñas, entrevistas, tesis doctorales, menciones en libros o ensayos).

Predominan en este panorama de conjunto artículos, notas y reseñas sobre *Calibán*, un ensayo escrito por Fernández Retamar entre el 7 y el 20 de junio de 1971 al calor de los dramáticos eventos catalizados por el caso Padilla. La controversia acerca de *Calibán* queda ejemplificada por las publicaciones en la revista *Diacritics*. Según Nadia Lie, el éxito de *Calibán* se debía tanto a su tono polémico como a la promesa de forjar una modalidad de crítica literaria que tomara en cuenta la especificidad cultural de América Latina (245). La misma Lie propone su propia aproximación a *Calibán* tras presentar un sucinto pero a la vez exhaustivo resumen de la crítica existente.

Si bien es cierto que no existe hasta la fecha un estudio que ofrezca una visión de conjunto de la labor intelectual y creadora de Fernández Retamar, el presente libro no aspira a subsanar esta carencia con una síntesis abarcadora. En nuestra capacidad de coordinadores hemos rechazado de antemano la imposible y, en nuestra opinión, contraproducente, tarea de forjar un consenso crítico. De hecho, si hay un hilo que une las contribuciones recogidas en este volumen es un hilo polémico: todos los ensayos se insertan, de un modo u otro, en el espacio dialogal tantas veces abierto por el mismo Fernández Retamar.

Podemos distinguir a grandes rasgos cuatro diferentes categorías de aproximaciones a la obra de Fernández Retamar incluidas aquí: 1) lecturas históricas; 2) lecturas teóricas; 3) lecturas literarias; y 4) lectura dialogal, o sea, entrevista. Al dividir los artículos así, de ninguna manera se sugiere que una lectura histórica no tenga elementos o implicaciones teóricas, ni que una lectura teórica no pueda ser literaria, etc. De hecho, los artículos que siguen a menudo muestran una hibridez constituyente, cruzando con frecuencia las fronteras disciplinarias. Las categorías solo responden a las tendencias más notables de cada artículo, y pueden servir como una primera lectura (que en el mejor de los casos provocaría otra más compleja).

Lecturas históricas. Dos artículos sobresalen por la profundidad y riqueza de su investigación histórica sobre y desde Calibán, el de Silvio Torres-Saillant y el de Juan Carlos Quintero Herencia. En su contribución Torres-Saillant plasma una visión de la contradictoria (contingente, llena de tensiones) realidad contemporánea caribeña a través de un análisis histórico que enfoca la figura de Calibán como sinécdoque cultural. En este doloroso recorrido por la historia y la geografía caribeña —desde Curazao hasta la diáspora caribeña en los Estados Unidos—, el crítico condena tanto a Próspero como a Calibán, y busca ir más allá del pensamiento dicotómico, rehabilitando la figura histórica de Calibán para un proyecto de solidaridad intracaribeña. Mientras Torres-Saillant propone una revisión de la historia caribeña a través de la figura de Calibán, Quintero Herencia opta por una revisión de "Calibán" a través de una historización de Cuba en las primeras dos décadas de la revolución. Esta historia discursiva y sobre todo topográfica contextualiza a "Calibán," mostrando cómo la revolución cubana (la coincidencia entre cultura y proyecto revolucionario, la actitud bélica de los años '60 y '70, el Caso Padilla, etc.) moldea este intento de especificar la naturaleza particular de Latinoamérica. Es decir, muestra cómo el discurso de la identidad latinoamericana, por lo menos de Martí a Fernández Retamar, emerge de un "campo de lucha" contra la amenaza del imperialismo norteamericano.

Lecturas teóricas. Hugo Achugar se pregunta si es posible teorizar desde Latinoamérica, o si el intelectual latinoamericano está condenado a balbucear o *gabble*, como balbuceaba Calibán. Cuestiones de memoria cultural y de historia local —los marcos o preocupaciones intelectuales que contextualizan la producción del propio Achugar— sirven como punto de partida para estas reflexiones. Apoyándose en la idea de Mignolo de que las historias locales son productoras de conocimientos que desafían las historias globales —y que todas las historias locales no son iguales—, Achugar indaga en la polémica sobre la viabilidad y originalidad de la cultura latinoamericana con respecto a culturas importadas. Al hacerlo, esclarece las líneas discursivas del debate sobre la posibilidad de una teoría latinoamericana, y hace mucho por contextualizar a Fernández Retamar y su "Calibán".

La contribución de John Beverley, "Calibán después del comunismo", busca una renovación posmoderna del proyecto de la izquierda latinoamericana (el proyecto del comunismo, el del Calibán de Fernández Retamar) a través del concepto del multiculturalismo y la "heterogeneidad no dialéctica" de Cornejo Polar. A través de un diálogo con pensadores tales como García Canclini, Sarlo, Morales, Taylor, Bhabha, Mouffe y Laclau, y obviamente el mismo Fernández Retamar, Beverley sugiere la "renovada" posibilidad del pueblo como sujeto hegemónico que se articula como fisurado, heterogéneo, resistente a los procesos transculturadores tanto de la modernidad como de la globalización.

Tomando como punto de partida la importancia que cobró la búsqueda de una autonomía de pensamiento latinoamericano en los años setenta, y la posición central que ocupaba Fernández Retamar en esta búsqueda, Ricardo Kaliman analiza dos posturas críticas contrastantes dentro de los actuales estudios culturales latinoamericanos que él ve como provenientes de este período: el marxismo (o materialismo) y el posestructuralismo. Tras una pormenorizada discusión de las dos tendencias críticas Kaliman sugiere que el materialismo sigue con más fidelidad los principios que irrumpieron en esa década y que debe funcionar como principio rector de los estudios de las culturas latinoamericanas. Sin embargo, se propone demostrar que el *Calibán* de Fernández Retamar se presta tanto a una lectura materialista como a una interpretación posestructuralista.

Horacio Machín, por su parte, traza la trayectoria de Fernández Retamar de intelectual nacional/transnacional (en los setenta, el momento de Calibán) a intelectual global (en los noventa, el momento de "Adiós a Calibán") y su consecuente conjugación de dos públicos, uno local y uno cosmopolita. Este ensayo interesa sobre todo por su exploración de la "navegación cosmopolita" de Fernández Retamar por la academia americana en los noventa y las ligeras modificaciones en las estrategias simbólico intelectuales que hacen posible lo que podemos llamar "la posmodernización" de esta figura, que según Machín, es el más arielista de los Calibanes latinoamericanos.

Zulma Palermo explora la posible vigencia del proyecto teórico de los años setenta, la búsqueda de una teoría autonóma de la literatura latinoamericana, cuyo inicio según la autora se encontraba en *Para una teoría de la literatura latinoamericana* de Fernández Retamar. El gran aporte del artículo de Palermo es el de actualizar estas ideas poniéndolas en diálogo con reapropiaciones recientes del proyecto setentista. La autora destaca en particular los trabajos recientes de Mignolo donde queda planteada la necesidad de crear epistemologías fronterizas capaces de apresar tanto el plurilingüismo y carácter multicultural de Latinoamérica como el complejo posicionamiento del latinoamericanista radicado en los Estados Unidos. Sin llegar a descartar el concepto de epistemologías fronterizas, Palermo se pregunta si esta teoría responde más a la situación vivencial del crítico que al campo mismo de estudio. La autora plantea también otro punto importante: el hecho de que la teoría parece obviar las diferencias de poder y "las contradicciones inherentes a la complejidad cultural" latinoamericana.

En un artículo sugerente y sintetizador Ileana Rodríguez intenta entablar un diálogo entre Norte, Centro, y Sur, conectando una variedad de discursos: estudios marxistas y estudios poscoloniales subalternos, literaturas latinoamericanas y latinas producidas en los Estados Unidos. Utilizando al *Calibán* de Fernández Retamar como puente, Rodríguez enfoca lo étnico como categoría de análisis cultural, pasando revista a la genealogía de la oposición Calibán/ Ariel e indagando sobre las convergencias y distancias entre las aproximaciones al tema de los marxistas (Fernández Retamar) y los poscolonialistas (Hulme). Además, aborda el debate sobre el mestizaje, privilegiando la cuestión de género como desafío especial al triunfalismo multicultural.

Lecturas literarias. La contribución de Luis Álvarez enfoca la poesía de Fernández Retamar, limitándose a la obra producida después de 1958, específicamente *A quien pueda interesar* y *Cuaderno paralelo.* El crítico traza con detenimiento la presencia de dos núcleos temáticos, el amor y la ideología de la solidaridad comunista (lo que Álvarez llama "contenidos conceptuales"), y señala la convergencia de estos dos en la temática de la "mujer América". Aunque uno podría hacer el reparo de que Álvarez no aborda de manera sistemática muchos contextos relevantes al análisis (contextos tanto literarios como históricos), el artículo tiene el valor de incursionar en un aspecto de la obra de este autor (su poesía) que ha sido descuidado por la crítica en general.

En su *Latin American Identity and Constructions of Difference* (1994), Amaryll Chanady propuso una lectura de *Calibán* como texto que homogeneizaba a todos los "otros" latinoamericanos bajo la rúbrica de Calibán. Aquí Chanady enfoca los principales ensayos de Fernández Retamar posteriores a *Calibán* para ver si su concepción de la diferencia interna a Latinoamérica ha cambiado. En una rica serie de lecturas cuidadosas traza la evolución del pensamiento de Fernández Retamar sobre Calibán, hasta llegar a su última intervención sobre el tema, "Adiós a Calibán" de 1993, que resulta ser una sutil crítica del concepto de mestizaje como proceso homogeneizador. A pesar de ello, Chanady nota que hay en Fernández Retamar una fe persistente con respecto a una supuesta evolución —de raíz marxista y utópica— de la sociedad.

Neil Larsen no analiza textos específicos de Fernández Retamar, pero su contribución surge del campo discursivo creado en parte por el ensayista cubano y dialoga directamente con sus exploraciones de la posibilidad de una crítica literaria latinoamericana. Larsen empieza preguntándose si *La novela histórica* de Georg Lukács ofrece herramientas críticas adecuadas para una lectura de *El siglo de las luces* de Alejo Carpentier, y afirma que sí, aunque bajo ciertas condiciones. Según Larsen, habría que modificar el planteo de Lukács con aportes del brasileño Roberto Schwarz, sobre todo con conceptos tales como "ideas fuera de lugar" y la "ideología de segundo grado". Estos conceptos ayudan a Larsen a reformular la conciencia histórica lukacsiana para tomar en cuenta la situación colonial y poscolonial latinoamericana. Por fin, el crítico ataca la lectura deconstructivista de *El siglo de las luces* propuesta por Roberto González Echevarría, alegando su inhabilidad de concebir lo que Larsen considera "una experiencia poscolonial de la historia como 'fuera de lugar' que preexiste cualquiera y toda textualización".

Silvia Spitta propone una rica relectura de *Calibán* desde una perspectiva que destaca la heterogeneidad de las sociedades latinoamericanas. Más específicamente, Spitta lee a Calibán invocando el concepto del "acomplejado", sinónimo, según la autora, del vivo criollo peruano, el chingón mexicano —en este caso, el que se apropia del lenguaje del colonizador para luego maldecirlo. Este término encubre un racismo (el acomplejado es el aindiado) heredado de la colonia, lo cual sería equivalente a una "epidermalización de la colonia" (siguiendo a Fanon y su "epidermalización" de un complejo de inferioridad por parte del sujeto colonial), y que implica también una espacialización de la ideología, lo cual tiene su ejemplo más visible en los cuadros de las castas coloniales. Para Spitta, Calibán es una figura emblemática de la diasporización de la cultura (ya que su madre Sycorax era argelina que llega exiliada a la isla), lo cual no encaja lógicamente con la insistencia de Fernández Retamar en asociar a Calibán con la tierra. De hecho, este desfase entre una cultura diaspórica y una cultura arraigada (esta última de clara derivación martiana) lleva a Fernández Retamar a abandonar a su Calibán (en "Adiós a Calibán") en el mismo momento en que comienza a encarar a Latinoamérica desde el Caribe, cambiando la metáfora del mestizaje por la de la transculturación.

Sibylle Fischer ofrece al lector un análisis brillante, conjugando la lectura de un ensayo reciente de Fernández Retamar, "Cuba defendida", con una indagación en la extraña posición ocupada por el poeta mulato Gabriel de la Concepción Valdés, alias "Plácido", en la historia literaria y la historiografía nacional cubanas. Este doble análisis le permite ver a Plácido como exponente de lo que la autora llama "una modernidad oblicua", consecuencia del colonialismo, que asimila libremente todas las tradiciones europeas en un juego combinatorio que fue leído como degradación o atraso por la élite criolla de su momento (y hasta hoy, o por lo menos hasta *Lo cubano en la poesía* de Cintio Vitier). Esta marginalización de Plácido obedece a una lógica homogeneizadora, que en su afán de crear un antagonismo fundamental entre blancos criollos y colonizadores no permitía la extrañeza de esta poesía ni la actividad antiesclavista radical. Plácido representa, pues, fisuras en la narrativa nacional, fisuras históricas que Fischer reconoce en la idea de Haipacu, un país imaginario (combinación de Haití, Paraguay, y Cuba) propuesta por Fernández Retamar en "Cuba defendida" como lugar de máxima resistencia al colonialismo y al neocolonialismo.

Lectura dialogal. Se reproduce aquí una entrevista hecha a Fernández Retamar por Fidel Coloma González, Ileana Rodríguez y Marc Zimmerman en 1980 durante una visita del crítico cubano a Nicaragua, precedida por una nueva introducción por parte de Zimmerman. En esta introducción Zimmerman subraya los contextos históricos tanto de *Calibán* y *Para una teoría de la literatura hispanoamericana* como de la entrevista, y expone claramente algunas de las debilidades del pensamiento calibánico, poniéndolo en contacto con el debate posmodernista en Latinoamérica y con las teorías de los estudios subalternos. La entrevista en sí representa una reconceptualización de algunos de los planteos básicos de *Para una teoría de la literatura hispanoamericana* y muestra a un Fernández Retamar que intenta reconocer la tradición crítica y revolucionaria dentro de la cual trabaja así como las discusiones que habían surgido alrededor de su texto.

Finalmente, un par de reflexiones surgidas durante el proceso editorial: Primero, ¿por qué no contribuyeron más cubanos al volumen? ¿Por qué no contribuyeron más escritores jóvenes? Fernández Retamar sigue siendo una figura polémica, tanto dentro como fuera de Cuba, y mientras unos lo ensalzan, otros lo vilipendian. Y si antes estas divisiones correspondían a divisiones geográficas, ahora no es éste el caso. Se puede decir que Fernández Retamar ha desaparecido como entidad concreta, y ha sido reemplazado por su propia *figura*, que ha llegado a ser un personaje en el drama social cubano y latinoamericano, de igual manera que los personajes de Próspero y Calibán y Ariel han entrado en el drama social. Fernández Retamar, un doble de Calibán para algunos, para otros un arielista que homogeneiza a los sujetos subalternos bajo la nómina de Calibán —de todas maneras se impone más allá de sus propios textos a través de ellos, pero excediéndolos, confundiéndose con las múltiples lecturas de esos textos. Retomando la idea de figura o personaje de otra manera, podría decirse que Fernández Retamar se ha sutilizado, se ha evaporado y ha entrado en circulación, como elemento aglutinador y disgregador de comunidades intelectuales. Se ha convertido en imagen, y la imagen sigue creando y recreándose, a través del diálogo con sus simpatizantes, y a través del silencio de sus opositores.

Otra consideración que surge al revisar el material recopilado en este tomo tiene que ver con el hecho de que el gran número de los trabajos se propone evaluar y actualizar el llamado proyecto setentista, el intento de trazar las líneas de un pensamiento autónomo latinoamericano. Pero si estos trabajos insisten en una historización saludable del proyecto setentista, buscando su emplazamiento en contextos histórico-sociales concretos, pecan frecuentemente de cierta a-historicidad, participando en lo que se puede llamar una visión presentista, olvidando el aporte fundamental de figuras intelectuales anteriores a Fernández Retamar. En la entrevista reproducida aquí el mismo Fernández Retamar cae en la trampa: ¿cómo explicar la selección sumamente parcial por parte del mismo Fernández Retamar y por parte de sus interlocutores de ciertas figuras como precursores y el olvido de otros más próximos en el tiempo y en las circunstancias? ¿Será esta selectividad un intento de sanear la historia literaria? Fernández Retamar sólo rescata a Martí, Mariátegui y Marinello, todos de una ideología más o menos afín a la suya, y deja de lado a precursores más cercanos pero de una posición política diferente como, por ejemplo, Lezama Lima, figura central en la juventud origenista de Fernández Retamar, que no poco esfuerzo hizo por crear una hermenéutica latinoamericana.

Finalmente, como ya se ha dicho, este volumen no aspira a la síntesis ni al consenso; tampoco se presenta como homenaje. Los homenajes operan muchas veces con conclusiones *a priori*, y por lo tanto cierran el diálogo en vez de abrirlo. Históricamente una de las aceptaciones del término era "juramento de fidelidad que se hacía a un rey o señor". Anticipando una suerte de contaminación etimológica, nos pareció mejor evitar tanto el término como la actitud sumisa que éste conlleva. En vez de una respetuosa repetición crítica, lo que el lector tiene entre sus manos es una labor en conjunto, dialogal, de exploración de un campo crítico discursivo abierto en parte —y seguramente ensanchado— por Fernández Retamar.

Nos queda solamente una tarea, y ésta grata, cual es la de agradecer a la editora de esta serie, Mabel Moraña, su generosa invitación a coordinar este volumen. La existencia de este libro se debe en gran parte a su visión—no se hubiera concretado sin su tenacidad y aliento. Su breve, pero no por esto menos atinada, contribución al volumen, reproducida aquí como *postscriptum*, muestra de nuevo su conocida perspicacia crítica, y lejos de pretender ser la última palabra sobre la función de Retamar en el campo de estudios latinoamericanos, es una clara y resonante invitación a continuar la conversación. Que así sea.

Elzbieta Sklodowska, *Washington University-Saint Louis*
Ben A. Heller, *Hofstra University*

Altamiranda, Daniel. "Las genealogías de Calibán: Fernández Retamar y la definición del rol del intelectual latinoamericano". *Torre de Papel* 7/3 (1997): 109-24.

Casal, Lourdes. *El caso Padilla. Literatura y revolución en Cuba. Documentos.* Nueva York: Nueva Atlántida, 1971.

Castells, Ricardo. "Fernández Retamar's 'The Tempest' in a Cafetera: From Ariel to Mariel". *Cuban Studies* 25 (1995): 165-82.

Chanady, Amaryll. "'Nuestra America mestiza' y la conceptualización de la especificidad latinoamericana". *Actes du Colloque de Montreal 1992. El indio, nacimiento y evolución de una instancia discursiva.* Edmond Cros, ed. Montpellier: Univ. Paul Valery, 1994. 169-83.

Diana, Goffredo y John Beverley. "These Are the Times We Have to Live In. Entrevista con Roberto Fernández Retamar". *Critical Inquiry* 21 (1995): 411-33.

Ellis, Keith. "¿Y Fernández?' in the Poetry of Roberto Fernández Retamar. *Revista Canadiense de Estudios Hispánicos* 10 (1986): 353-73.

Fernández Retamar, Roberto. *Caliban and Other Essays.* Edward Baker, trad. Introducción de Fredric Jameson. Minneapolis: University of Minnesota Press, 1989.

____ "Calibán, quinientos años más tarde". *Nuevo Texto Crítico* 11 (1993): 223-44.

Gallagher, Patrick. "Cuba: Ariel o Calibán?" *Torre de Papel* 3/3 (1993): 5-19.

García Gómez, Jorge. "La poesía, la piadosa (Introducción y apuntes a un poema de Roberto Fernández Retamar)". *Cuadernos Hispanoamericanos* 241 (1970): 176-83.

Gómez, Rafael. "Roberto Fernández Retamar y la descolonización cultural latinoamericana". *Confluencia: Revista Hispánica de Cultura y Literatura* 12/2 (1997): 49-61.

____ "Roberto Fernández Retamar: Cronista de la Revolución Cubana". Dissertation Abstracts International (DAI), Ann Arbor, MI. 54: 4 (1993): 1384A.

____ Del simposio internacional sobre Calibán. *Casa de las Américas* 185 (1991): 64-117.

Gordon, Samuel. "Roberto Fernández Retamar: Ensayo conversado". *Revista Iberoamericana* 159 (1992): 675-90.

Jameson, Fredric. "Prefacio a Calibán". *Nuevo Texto Crítico* 3/1 (1990): 3-8.

Joseph, May y Jennifer Natalia Fink (eds.). *Performing Hybridity.* Minneapolis: University of Minnesota Press, 1999.

Lie, Nadia y Theo D'Haen. *Constellation Caliban: Figurations of a Character.* Amsterdam-Atlanta: Rodopi, 1997.

Loyola, Hernán (ed.). *Calibán en Sassari: Por una redefinición de la imagen de América Latina en vísperas de 1992: Homenaje a Roberto Fernández Retamar. Nuevo Texto Crítico.* 1992.

Matibag, Eugenio. "Self-Consuming Fictions: The Dialectics of Cannibalism in Modern Carribbean Narrative". *Postmodern Culture* 1/3 (1991).

Medina-Valin, Niurka. "La poesía circunstancial de Roberto Fernández Retamar en su contexto histórico-cultural, 1948-1988". Dissertation Abstracts International (DAI), Ann Arbor, MI. 48.12 (1988): 3121A.

Mignolo, Walter. "Posoccidentalismo: el argumento desde América Latina". *Teorías sin disciplina. Latinoamericanismo, poscolonialidad y globalización en debate.* Santiago Castro-Gómez y Eduardo Mendieta, coord. San Francisco/México: University of San Francisco/Miguel Ángel Porrúa Grupo Editorial, 1998. 31-58.

Mishra, Sudes. "Frantz Fanon, Aime Cesaire, Roberto Retamar: Estranged and Estranging Bodies, or Gazing on Caliban: An Essay against Hybridity". *UTS Review: Cultural Studies and New Writing* 2/2 (1996): 108-28.

Moraña, Mabel. "El boom del subalterno". *Teorías sin disciplina. Latinoamericanismo, poscolonialidad y globalización en debate.* Santiago Castro-Gómez y Eduardo Mendieta, coord. San Francisco/México: University of San Francisco/Miguel Ángel Porrúa Grupo Editorial, 1998. 233-243.

Moreiras, Alberto. *Tercer espacio: literatura y duelo en América Latina.* Universidad Arcis, 1999.

Navarro, Desiderio. "Un ejemplo de lucha contra el esquematismo eurocentrista en la ciencia literaria de la América Latina y Europa". *Casa de las Américas* 122 (1980): 77-91.

Ortiz, Arturo. "Del indigenismo de Mariátegui al 'Calibán' de Fernández Retamar". *Selecta: Journal of the Pacific Northwest Council on Foreign Languages* 8 (1987): 128-34..

Prieto, Abel. "Trayectoria de una ensayística". *Casa de las Américas* 120 (1980): 45-55.

Rostagno, Irene. "Arte poética de Roberto Fernández Retamar: 'Que cualquier cosa sea posible'". *Dactylus* 6 (1986): 44-46.

Saldívar, José David. "The Dialectics of Our America". *Do the Americas Have a Common Literature?* Gustavo Pérez Firmat, ed. Durham: Duke University Press, 1990. 62-84

Schwarz, Roberto. *Misplaced Ideas: Essays on Brazilian Culture.* Londres: Verso, 1992.

Wong, Oscar. "Fernández Retamar y la conciencia crítica". *Plural* 61 (1976): 61-63.

La traición de Calibán: Hacia una nueva indagación de la cultura caribeña

Silvio Torres-Saillant

Tout botpipèl yo se botpipèl
(Todos los boatpeople son boatpeople)
Felix Morriseau-Leroy, "Botpipèl"

I. El lenguaje colombino y el trauma

La figura de Calibán nos remite como ninguna otra al centro neurálgico de la caribeñidad. Apunta intrínsecamente al *quid* de la experiencia histórica en el archipiélago antillano. Que le debamos el origen literario del personaje al poeta isabelino William Shakespeare —escritor occidental por excelencia a quien Harold Bloom en su desenfreno académico ha proclamado "inventor de lo humano"— en nada le resta valor como referencia de autonomía regional. Indiscutiblemente, Calibán tiene valor como sinécdoque cultural caribeña, para usar la frase de Michael Palencia Roth (21). Tampoco ha de inquietar la alterización etnológica implícita en la ideología que informó al bardo inglés al acuñar el nombre del personaje. Nutriéndose de la representación esbozada por Michel de Montaigne en el texto "Sobre los caníbales", incluido en su *Essais* (1580), Shakespeare formó del vocablo "caníbal" el anagrama Calibán para nombrar al antagonista de su pieza teatral *La tempestad* (1612). Entre los papeles de Shakespeare se conserva un ejemplar anotado de la versión en inglés de los ensayos de Montaigne. Traducida por un amigo suyo llamado Giovanni Floro, dicha versión se publicó en 1603 (Fernández Retamar 17).

Montaigne no dejó de problematizar la relación binaria que deducía una dicotomía moral de la diferencia cultural entre la Europa cristiana y la recién conquistada región que había recibido el nombre de Indias Occidentales. Con una ironía mordaz, el sabio francés se valió de la distancia entre estos dos polos culturales para aventurar una valoración crítica de la pretendida superioridad de Occidente con respecto a los pueblos llamados paganos. Consciente de la propensión europea a llamarle "barbarie a lo que no entra en nuestros usos" (Montaigne 153), Montaigne no se suscribió a la demonización de los habitantes de las Américas y descartó el que se les pudiera menospreciar moralmente, sobre todo con "respecto a nosotros, que los superamos en toda suerte de barbarie" (157). En ese sentido, Montaigne se distanció notablemente de la tradición colombina, que ya había reificado ontológicamente a los pueblos conquistados subrayando la antropofagia como factor central de su identidad. Ese proceso desnormalizador de alguna manera sirvió de base conceptual que autorizaba la violencia física desatada contra los aborígenes en cada una de las tierras americanas exploradas y colonizadas por los pioneros españoles de la barbarie colonial.

El Caribe y Calibán son figuras retóricamente inseparables debido a la intervención de Shakespeare, a través del texto de Montaigne, en la tradición colombina. Todo comenzó con la nominalización perpetrada por el Almirante Cristóbal Colón en su célebre *Diario*. Allí los vocablos caribes y caníbales indistintamente denominan a los pueblos indígenas que opusieron la mayor resistencia a la vorágine de la conquista española a partir del 12 de octubre de 1492. Eventualmente, todo un archipiélago, una región y el mar que la demarcaba quedaron atrapados por la red estigmatizadora del lenguaje colombino. Con el nombre de "los caribes", también llamados "caníbales", es decir, "come gente", se designó al Caribe: vocablo que nombra a las islas del archipiélago antillano junto a las zonas costeras que bordean la región y al mar sobre el cual reposan dichas islas. Al decir de Palencia-Roth, al cerrarse ese ciclo discursivo los españoles convenientemente resolvieron su carencia de mano de obra para completar la transacción colonial. Vista, pues, esta historia regional de la infamia, se hace digno de consideración el llamado del colega Colbert Nepaulsingh a que regresemos a la pila bautismal y repensemos la actual nomenclatura con el fin de mejor afinar las cuerdas discursivas que nos han de servir para explicar al Caribe como una zona culturalmente autónoma ("Things" 14; "A New Name" 5-10). Nepaulsingh nos conmina con vigorosa elocuencia a escoger "un nuevo nombre para el Caribe" y se adelanta a proponer el término "las islas del Nuevo Mundo". Dentro del mismo ánimo de revisión conceptual, el académico nos aconseja buscar la manera de distanciarnos de los esquemas mentales continentalistas, es decir, aquellos que asumen la superioridad de tierra firme con respecto a las islas ("Islands" 8).

Sin embargo, veo un riesgo muy grave en cualquier proyecto destinado a construir para el Caribe una genealogía autónoma. No me parece que haya manera sensata de evadir la herencia problemática del lenguaje colombino. No me parece posible desmadejar nuestra dolorosa ligazón con Occidente. Nuestro principio remite al trauma: indias estupradas, indios desbarrigados, dioses y templos taínos reducidos a cenizas por la tea incendiaria europea y números incontables de africanos condenados en vida a la muerte social de la esclavitud. Evocar ese penoso comienzo nos pone frente a un drama repleto de imágenes fatídicas: latigazos, horcas e inferiorización. Luego vienen la inmolación bélica y la huida a las montañas como únicas formas de aspirar a preservar la reñida y regateada dignidad humana. Al Caribe en ese momento le tocó el más devastador *Contranacimiento*, como le ha llamado el escritor barbadiense Kamau Brathwaite. En su esfuerzo por articular una periodología autóctona, Brathwaite utiliza ese término para describir el deplorable lado oscuro del *Renacimiento* que para la misma fecha producía en distintas ciudades europeas las más deslumbrantes expresiones de la escultura, arquitectura, pintura y literatura occidentales.

Pienso que es marchando hacia el centro mismo de nuestra historia catastrófica como se puede llegar al fondo de la caribeñidad. La gran originalidad de la cultura caribeña en nada altera el hecho irrefutable de que la mayoría de sus partes corresponden a los aportes de las distintas herencias culturales que coincidieron en la región durante la conquista y la colonización. África, Europa y la América aborigen se aunaron allí en un abrazo terrible. La sangre que corrió abonó el suelo de las islas y las costas, dando inicio al proceso de criollización del cual saldría lo caribeño como un producto nuevo en la historia de la cultura humana. Pero hay que admitir que el advenimiento de esa nueva entidad cultural respondió a una instigación imperial de Occidente. En otra parte hemos dicho que "Occidente literalmente creó al Caribe: Europa, respondiendo a la dinámica de la expansión colonial, procreó al Caribe a partir del siglo XV" (Torres-Saillant, *Caribbean* 5). Como lo deja claro el destacado escritor de Surinam Edgar Cairo en su novela *Dat vuur der grote drama's* (*Ese fuego de grandes dramas*, 1982), el bagaje del pasado se manifiesta de forma patente en la vida actual de los caribeños. Meditando sobre la relación inextricable entre el Caribe holandés y los Países Bajos, el texto sugiere lo difícil que es eludir la memoria de un pasado colonial y de la esclavitud, cuyo lastre permea lacerantemente la experiencia individual de cada persona antillana que hoy deja la (neo) colonia para asentarse en la "madre patria" (Rutgers 551). Pero reconocer esta interconexión entre los dos mundos no equivale a decir que son ni pueden ser lo mismo. El Caribe de ninguna manera puede ser una mera extensión cultural de las naciones europeas que protagonizaron la transacción colonial, no obstante cuantos parecidos pudiéramos encontrar entre ambas esferas. De hecho, una de las estrategias más frecuentemente socorridas por los artistas y los pensadores del Caribe ha sido acentuar el sustrato de su diferencia con respecto a Occidente como una manera de puntualizar los contornos de su identidad

(Torres-Saillant, *Caribbean* 5).

Hay, pues, un elemento irremediablemente derivativo en la cultura caribeña, pero el mismo en nada le ha restado expresión auténtica. De igual manera, la experiencia histórica desoladora que sobrevino a la región a partir del 1492, el pasado fracturado que parece repetirse *ad infinitum*, no ha impedido a la mente caribeña imaginarse un futuro promisorio marcado por una realidad integral. Aun con la fragmentación étnica y lingüística que se da en lugares como Surinam, el poeta R. Dobru (pseudónimo de Robin Ewald Raveles) ha plasmado en su afamado poema "Wan bon" una imagen de voluntariosa unidad: "Un árbol/tantas hojas/un árbol/Un río/tantos arroyos/todos van a dar al mar" (Citado por Kempen 634). El mismo poema, en otra estrofa, dice: "Un Surinam/ tantos cabellos distintos/tantos colores de piel/tantas lenguas/ un pueblo" (Citado por Rutgers 548). Tampoco ha dominado la desesperanza, ni siquiera en aquellos que, como el poeta surinamés Henny de Ziel, mejor conocido por el pseudónimo de Trefossa, tuvieron que abandonar el suelo natal y marcharse a la metrópolis. En su poema "Copenhagen", Trefossa observa la famosa estatua de la sirena sentada en una roca creada por el escultor Edvard Eriksen. En vez de distraerlo de su suelo natal, esa imagen europea se le transforma en la legendaria Watramama, deidad de las aguas en el folklore de Surinam. La primera estrofa dice: "¿qué encuentro aquí por el mar?/mira-mira!/¿Watramama, eres tú sentada en esa piedra?" (519). De igual manera encontramos que en la literatura producida en Saba, St. Eustacio y St. Martin, los tres territorios conformados por el Caribe holandés de barlovento, predomina una cosmovisión pan-caribeñista que se refleja en la lengua igual que en los temas (Badejo 679). Una expresión reveladora de esa integradora visión regional es sin dudas la publicación en Sranan tongo del poemario *Rights of Passage* (1967) de Brathwaite, traducido por D. France Oliviera bajo el título de *Primisi-ô* (1997). Que la traducción se hiciera en un idioma vernáculo antes que en holandés da a entender el deseo de acceder a la autoctonía que Brathwaite ha explorado a través del *nation language* como expresión auténtica de la región (Kempen 692).

II. Caribe, Contingencia y Calibán

Estas páginas privilegian la contingencia histórica, es decir el carácter accidentado del acontecer humano en la región, como vehículo mediante el cual acercarse a la complejidad que atraviesa la experiencia caribeña. Es decir, se adentran en una meditación sobre la realidad contemporánea del Caribe sin obviar las tensiones, contradicciones y frustraciones que saltan a la vista a lo largo de la historia pública de la región. Estructuralmente, se trata de organizar un conjunto de temas y variaciones en torno a la historia del Caribe a través de la figura de Calibán como sinécdoque cultural. Coincido con Fernández Retamar en que no existe "otra metáfora más acertada de nuestra situación cultural, de nuestra realidad" aunque difiero de él al circunscribir la aplicación del símbolo a la zona específicamente antillana. El eminente pensador cubano en su célebre ensayo lo aplicó a toda "nuestra América" (Fernández Retamar 30-31). Pero yo reduciría dicha aplicación por considerar que el Caribe constituye una zona cultural diferenciada que debe, para su mejor estudio, aislarse no sólo de Europa sino también de tierra firme latinoamericana. Esto es así no obstante la condición dual de las Antillas hispánicas que comparten simultáneamente las órbitas culturales del archipiélago y de tierra firme, desenvolviéndose en lo que Milan Kundera ha llamado "contextos mediadores" (48). Ya en *Caribbean Poetics* se ha desarrollado detalladamente esta diferenciación del Caribe como zona cultural autónoma, no obstante sus inexorables vínculos con Europa, Africa y Latinoamérica.

Puede afirmarse, inclusive, que la relativa marginalidad de que padecen la literatura dominicana, puertorriqueña y hasta cubana en las vistas panorámicas hilvanadas por académicos latinoamericanos se debe en gran medida a que los textos antillanos tienden a salirse del marco socio-estético y cultural que normalmente orienta a los eruditos en su construcción del canon latinoamericano. Tampoco está de más mencionar que aunque se nutriera ideológica y argumentalmente del ensayo de Montaigne, Shakespeare respondió al estímulo de un suceso específicamente caribeño para la composición de *La tempestad*. Sucedió que en 1609 "en el curso de una expedición con destino a Virginia, una nave que la tormenta había separado del resto de la flota, zozobró en la costa de una de las islas del archipiélago de las Bermudas. Los miembros de la tripulación pudieron refugiarse en la isla y lograron, varios meses después, por sus propios medios, arribar a Virginia, de donde fueron repatriados a Inglaterra" (Toumson 27-28). El acontecimiento, con elementos dramáticos que lo acercaban al plano de la ficción, suscitó "una literatura de actualidad abundante, multiforme" y es "a partir de esta anécdota 'bermudiana' que Shakespeare, sin duda, concibió su obra" (28). Es decir, hay razón para aseverar que Calibán nació textualmente en una cuna caribeña.

Habría que aproximarse a nuestra tarea avanzando la hipótesis, como especulación de trabajo, de que Calibán ha perdido la batalla en su pugna sempiterna con su terrible domesticador, el mago Próspero, y su oblicuo ayudante, el sinuoso Ariel. También la ha perdido contra sí mismo en su penosa incapacidad de distinguirse de aquellos a quienes en un momento viera como los enemigos de su pueblo y, por ende, adversarios suyos. Aquí viene al caso la evocación del comienzo antillano mediante la mirilla literaria, fijándonos no en la llegada del Almirante a las playas amerindias ni en el primer encontronazo entre los aborígenes y los invasores, sino en la primera matanza propiamente dicha. Hablo de lo que ocurrió en el cacicazgo de Xaragua para el año 1513. El episodio cegó las vidas de la memorable Anacaona, *dux femina facti* que comandaba la región, y todas las mujeres y los hombres que constituían su corte y su servicio. El gobernador Fray Nicolás de Ovando, arquitecto y ejecutor de la masacre, había hecho creer que venía en son de paz y sus huéspedes taínos cometieron el error de creerle. En un momento dado, después de que Ovando y su séquito disfrutan de la comida, la bebida y el entretenimiento—la dirigente taína se esmeraba en la ejecución del *areíto*, según cuentan las crónicas—, el gobernador dio la orden letal y el concierto de espadas, lanzas y pólvora puso súbito fin al diálogo amistoso entre indios y españoles. Con el asesinato colectivo perpetrado por Ovando y sus secuaces, se inauguró la tradición de suprimir al interlocutor y abrir paso incontestable al mónologo. A partir de entonces, la palabra valía sólo cuando venía de los amos.

Salomé Ureña de Henríquez, reconocida como la fundadora de la poesía dominicana, quiso en su poema *Anacaona* de 1880 rememorar la valentía de la reina de Xaragua y rendir tributo a la dignidad humana de los taínos que cayeron víctimas de la violencia de "aquellos seres extraños/que el mar arrojó a su suelo" (185). El poema, narrado en tercera persona, con perceptible aspiración épica en la visión histórica y la textura formal, celebra el espíritu de resistencia de los aborígenes y lamenta la pérdida del mundo edénico que se fracturó con la llegada de los españoles. Naturalmente, una mulata que formaba parte integral de la élite intelectual dominicana en el siglo pasado, Ureña de Henríquez se sentía demasiado leal a la herencia española de la que se enorgullecía su país como para presentar la matanza de una manera que pareciera consonante con la colonización misma. Su texto presenta la muerte de Anacaona y su corte, pues, como producto de la iniquidad individual de Ovando y sus aliados. El poema se las arregla para dejar intacta la "nobleza" de espíritu del Almirante aunque para la fecha de la masacre de Xaragua ya la violencia colombina había hecho estragos. La captura y muerte del cacique Caonabo ya había reducido a Anacaona a la tristeza de la viudez. Pero la poeta exalta al "descubridor", como se ve en el retrato desfavorable que hace del escudero Francisco Roldán Ximeno, el ayudante de Colón que tomó las armas para exigir un pedazo más equitativo del pastel de la conquista para la gente de su clase que formaba parte de la empresa colonial. La estrofa pertinente dice: "Roldán el infame que el digno homenaje/ de amor y respeto negaba a Colón,/ frenético alzando su voz sediciosa,/ moviendo en las filas fatal rebelión;/ tras mil enojosos disturbios prolijos/ que el alma amargaron del gran genovés" (Ureña de Henríquez 234).

Como contrapunteo ideológico, histórico y literario, el poeta haitiano Jean Métellus, casi 100 años después de Salomé Ureña, ha ensayado en su poema dramático *Anacaona* (1986) una evocación alternativa de la reina taína y la matanza de Xaragua. Como habría de esperarse, el material historiográfico de que se sirve el poema aparece más actualizado. El uso del dolo y la trampería por parte de Ovando no proviene de su deformación moral como individuo sino de una estrategia encaminada a avanzar los objetivos políticos y económicos del poder al cual él sirve. El exterminio de los taínos resulta necesario para contener el peligro de una posible alianza entre las dos comunidades que entonces compartían el fondo de la escala de poder en la colonia. Métellus pone al gobernador a decir que "Ce cerait une catastrophe si jamais se/ produisait la moindre collusion entre/ Indiens el Négres" (150). El comandante español se queja de las frecuentes fugas a las montañas por parte de los negros así como de sus acciones hostiles contra el régimen colonial (150). De la misma manera, la reina taína aparece consciente de la presencia de la comunidad negra en la isla y se solidariza con su causa libertaria. Esto resulta aceptable en el marco de lo verosímil, puesto que los primeros negros, históricamente hablando, ya habían llegado a Santo Domingo en julio de 1502, en la flota que comandaba el mismo Ovando, a quien los Reyes Fernando e Isabel habían confiado el gobierno de su primera colonia en el hemisferio occidental. También ya para el 1503 los documentos coloniales recogen la queja de las autoridades gubernamentales de la isla sobre los negros que huían a las montañas así como sobre las "dañinas" alianzas entre indios y negros. En la evocación de Métellus, Anacaona muere con el deseo de añadir a su gloria el título de "reina de los cimarrones negros e indios" (155).

Mientras Ureña de Henríquez evoca nostálgicamente en su obra el recuerdo de un mundo perdido, Métellus procura extraer de los acontecimientos de Xaragua la génesis de un legado de lucha contra la opresión colonial en la región del Caribe. En ese sentido, la poeta dominicana miraba sólo al pasado, mientras que el poeta haitiano pone sus ojos en el futuro. El texto de Métellus cierra con versos que aluden claramente a las insurrecciones en que se embarcarían poco después los indios y los negros en el esfuerzo de liberarse del aprobio colonial. El personaje de Yaquimex, quien funge como conciencia colectiva de la comunidad taína, anuncia la determinación de su pueblo de "partir hacia el Bahoruco" (154), marchar rumbo a las cimas de las montañas, adonde ya han llegado sus hermanos de Africa (156), y desde allí lanzar su ofensiva contra "estos monstruos vomitados por la mar" (158) y vengar a su reina y a sus compatriotas. Ese final cargado de emoción reivindicadora y la anticipación de las luchas libertarias que se avecinan en el porvenir dan al poema un marcado aliento optimista. Los dos últimos versos, "L'Afrique est venue/Aya bombé, Aya bombé" (159), casi parecen conectar este momento de potencial insurgencia con la rebelión de los esclavos que poco menos de tres siglos después desmantelaría al régimen colonial en Saint Domingue.

Sin embargo, si Salomé Ureña peca de inocencia ideológica al intentar repudiar la matanza de Xaragua sin condenar sistemáticamente el proyecto político de la conquista española en la isla de Santo Domingo, no menos peca Métellus cien años después al atribuirles a las víctimas de aquel episodio genocida unas virtudes revolucionarias que la historia, tal como la conocemos hoy día, sencillamente no recogió. Si al final del siglo pasado Ureña erró a favor de Próspero, puede decirse que Métellus a final del siglo presente se equivocó a favor de Calibán. Pues, lo que aconteció en las montañas del Bahoruco a partir de 1519, el movimiento insurreccional encabezado por el joven guerrero Guarocuya, un miembro de la derrotada clase dirigente en la sociedad taína, no concluyó heroicamente. Aquel acontecimiento no dejó un legado que pudiera servir como fuente de inspiración a los futuros luchadores por la libertad.

El Guarocuya histórico no se asemeja al que nos presenta el relato falsificador de Manuel de Jesús Galván, cuyo *Enriquillo: novela histórica* (1882) pasó a convertirse no sólo en un clásico de la literatura indigenista, sino que se estableció como la versión oficial sobre las hazañas del reputado líder taíno. La novela de Galván, igual que el poema *Anacaona* de Ureña, se las arregla para glorificar al jefe indio en su enfrenamiento contra las autoridades coloniales españolas sin enjuiciar al régimen colonial *per se*. Las injusticias contra las que pelean los indios, con el noble Enriquillo a la cabeza, se explican siempre como desviaciones de jerarcas aislados. Ni siquiera el venerable José Martí, quien colmó el libro de alabanzas en una carta al autor que desde entonces viene apareciendo como prólogo en las sucesivas ediciones de la novela, se dio cuenta del ardid conceptual que encerraba esa forma higienizada de presentar aquel conflicto colonial. Fue el libro de Pedro Mir *Tres leyendas de colores* (1969), un texto seminal para el entendimiento de los procesos culturales que dieron pie a lo que hoy es el Caribe, el que primero se encargó de rectificar la historia real de Guarocuya.

Mir le dedica el segundo tercio de su libro al levantamiento aborigen en el que se destacó Guarocuya, quien había crecido bajo la protección de un colono encomendero llamado Valenzuela. Bautizado con el nombre cristiano de Enrique y conocido por el diminutivo cariñoso de Enriquillo, Guarocuya recibió su educación en un convento franciscano y era casi un español, según señala Mir (130). La muerte de su buen amo, la pérdida de sus considerables privilegios y la conducta abusiva del hijo de Valenzuela, su nuevo amo, lo hicieron fijarse en la condición de execrable sujeción en que vivía su gente. Es este el contexto que lo lleva a ponerse al frente de una sublevación y a dirigir una lucha de guerrilla en las montañas del Bahoruco. Mir razonablemente minimiza el corte personal de las rencillas de Enriquillo contra los españoles, sosteniendo que una vez que su comunidad aceptó su liderazgo y le dio apoyo en el plano concreto de la acción, los actos del joven guerrero dejaron de ser personales (145). Enriquillo, sin embargo, demostró no tener madera de líder auténtico. La oposición a Próspero lo ubicó momentáneamente en el lugar de Calibán, pero el Ariel que dormía en sus adentros pronto se enseñoreó. Tan pronto Próspero le restauró su bendición, se volvió a adueñar de su conciencia la socialización cristiana y el privilegio de su anterior condición.

Las autoridades españolas, después de muchos años de enfrentamientos bélicos exitosos para las huestes de los insurgentes taínos, enviaron como emisario al padre Bartolomé de Las Casas, quien había sido guía espiritual de Enriquillo, habiéndole enseñado el catecismo en los días tiernos de la niñez. Hasta ahí llegó la rebelión. Los españoles se ofrecieron a restituirles todos sus privilegios al líder de la insurrección, además de condecorarlo con el título de Don Enrique. Enriquillo firmó un tratado de paz infame mediante el cual la fuerza guerrillera que lo había sostenido por quince años en las montañas ahora pasaba a convertirse en un brazo militar de las fuerzas de opresión colonial. Los términos del acuerdo incluían, por ejemplo, el que a partir de entonces las tropas de Enriquillo asistirían a las autoridades coloniales en la captura de otros insurgentes aborígenes todavía reacios a claudicar. Su servicio también incluía ayudar a apresar negros cimarrones, los cuales se le pagarían a un precio determinado por cabeza (Mir 156). Mir no se sorprende de que un líder con una trayectoria tan turbia como la de Enriquillo pasara con el tiempo a ocupar la cima del heroísmo en el imaginario nacional dominicano. La historiografía oficial lo privilegió como un símbolo inmaculado de la nacionalidad dominicana debido a un asunto de afinidad de conducta de clase. Sencillamente, un historiador con la mentalidad de un Ariel encontrará virtud en los Arieles del pasado. Galván, arquitecto de la apoteosis de Enriquillo, también fungió como uno de los principales ideólogos de la anexión de la República Dominicana al imperio español en 1861, aquel momento en que una atrincherada oligarquía criolla canjeó la soberanía de la nación por su bienestar material. Mir lo dice sucintamente: "Galván era un Enriquillo a la moderna" (166).[1]

IV. El Credo del Optimismo Radical

El legado de Enriquillo y la recurrencia del modelo de líder que se desprende de su ejemplo parecerían desautorizar cualquier visión esperanzadora del futuro regional. Pero ello no ha impedido el surgimiento de un tenaz ideal de autoafirmación regional que se niega a sucumbir a la imaginación pesimista. Extremada por una perseverante compulsión a proclamar la unidad y la futura felicidad de la región, dicha visión se mantiene viva hasta nuestros días en voces como la del escritor curazoleño Frank Martinus Arion. Es un caribeñismo intransigente que ha de lidiar con la amargura de que "Los caribeños no sueñan con elevar su realidad al nivel de la realidad de Europa, los Estados Unidos y Canadá; ellos sueñan con irse". Arion ilustra este aserto con posiciones como la del dirigente político Stanley Brown, quien después de abogar durante los sesenta por la descolonización, la emancipación y la independencia del dominio holandés, ha quedado abrumado por el cúmulo de derrotas y ahora, rendido, sólo ansía regresar de nuevo al exilio (Arion 449). Luego Arion señala, como ilustración adicional de lo precaria que anda la cosmovisión realmente caribeñista, la antipatía que estrenó el ilustre Martí hacia la gente y la cultura de Curaçâo. En su ensayo "Curazao", Martí habló de las mujeres criollas de esta manera: "Las pastoras son aquí mulatas anémicas, negras informes, viejas harapientas que ahuman a la orilla de la ría sardinas secas" (129-30). He aquí también la descripción condenatoria que hace Martí de la apariencia "amarillenta" de las gentes en la pequeña isla: "No con ese noble bronce, color naturalísimo del cuerpo que ostentan almas templadas a buen fuego,— sino con ese terroso matiz que acusa descuidada infancia, ascendencia oblicua, mente desocupada, sedentaria vida" (133). Igual de fulminante es la apreciación étnico-lingüística que hace el eminente escritor e independentista cubano del habla criolla en Curaçâo: "Ahí van, raza degenerada, raza enferma, hablando rápidamente, con la exuberante fluidez del trópico, una lengua innoble y singular, mezcla incorrecta y bochornosa de castellano y neerlandés, una lengua que está entera en su nombre: papiamento" (130). Arion también narra la desventura de contar entre los detractores de su isla al destacado escritor antillano Boeli van Leeuwen, también curazoleño, quien declarara recientemente que no le importaba otra civilización que la occidental, la acumulación del pensamiento judeo-cristiano y greco-romano (Arion 448). No sin congoja, Arion descarta a personalidades como Brown, Martí y Leeuwen tildándolos de carecer del suficiente grado de amor por lo caribeño.

No es poca la desilusión que provoca reconocer que muchas de las plumas más veneradas de la región antillana han puesto en duda la dignidad humana de su gente. A los ejemplos de Arion, podemos añadir casos tales como el de Antonio S. Pedreira, cuyo ensayo *Insularismo* (1934) le atribuyó al pueblo puertorriqueño una patología deforme (133); o René Marqués, que en su ensayo *El puertorriqueño dócil* (1953-1971) asoció a su pueblo con el defecto de la inacción histórica; o Juan Bosch, cuyo libro *Trujillo* (1950) abraza una fenomenología histórica que define a sus compatriotas dominicanos como una población víctima de dolencias congénitas. Hay casos más recientes de las indelicadezas de algunos de las más destacadas plumas antillanas, tales como el escritor de Trinidad V.S. Naipaul, quien en su notorio libro *The Middle Passage* (1962) optó por enemistarse con el Caribe, declarándolo históricamente infértil. Vale mencionar el aún más problemático caso de René Depestre, quien a partir de su primera obra *Etincelles* (1945) se destacó como uno de los más vigorosos portavoces de la reivindicación cultural y política del Caribe. Pero ha terminado cultivando, por un lado, una literatura erótica plagada de frivolidad y, por el otro, gestando una evocación cuasi-turística que caricaturiza la cultura de sus país para beneplácito de sus lectores europeos. Sin embargo, Arion no desmaya en su optimismo pancaribeñista y se decide a hurgar confiadamente en la experiencia histórica, cultural y ecológica de su país para contrarrestar la evidencia infausta recién citada. De ahí que, cuando después de una larga pesquisa se siente estar sobre la pista de un ave nativa de Curaçâo que se creía extinta pero que aparentemente aún vive, cree haber alcanzado la ruta que conduce a la integración regional. Al aceptar la invitación del amigo que se ofrece a llevarlo a su rancho a mostrarle el elusivo *korsou grandi*, Arion concluye en este tono: "Tiré mis viandas en su coche y marché hacia el Caribe" (452).

La propensión de artistas e ideólogos como Arion a ceñirse indomablemente a una visión constructiva, lo que podríamos llamar el optimismo radical de la mejor parte de la intelectualidad regional, ha permitido al pensamiento caribeño lidiar con episodios frustrantes e individuos decepcionantes que históricamente han atentado contra toda visión de coherencia cultural y política en el archipiélago y las costas. Ese testarudo empecinamiento en buscarle el lado amable a la experiencia caribeña ha surgido como respuesta ideológica a la apatía y la fragmentación nacional, étnica y lingüística que ha balcanizado la vida antillana. Cuatro idiomas europeos principales, unos veintinueve países y territorios con su singular historia nacional cada uno, innúmeras lenguas criollas y toda una gama de sistemas políticos distintos convergen en la región haciéndola parecer como un tapiz tejido con hilos de colores irreconciliables. Diferentes tipos de interacción con distintas capitales occidentales han producido un escenario multiforme con respecto a la textura de la relación entre las Antillas y sus anteriores amos coloniales. Y todavía persiste el legado de un pasado en que algunos de los desarrollos históricos más contundentes han obedecido a distintos tipos de intercambio entre las sociedades directoras que por siglos se han disputado el control político y económico de la región.

V. Calibán Tambaleante en Quisqueya

Las indelicadezas de algunos de los letrados más prominentes del Caribe —Leeuwen, Naipaul, Depestre, et al.— tiene su raíz en la historia de la perversidad de Calibán. Es hora de decir que Calibán se ha tambaleado demasiado a lo largo de su trayectoria en la región. Para ilustrar esa problemática conducta valdría la pena señalar los paradigmas de autoafirmación étnico-cultural que han monopolizado la imaginación de los ideólogos que han tenido a su cargo la definición de la nación en Quisqueya, la isla que comparten la República de Haití y la República Dominicana. Un buen punto de arranque lo brinda el principio del siglo veinte, aquel momento hace unos cien años cuando, frente a la marcha triunfal del poderío imperial de Norteamérica que concretaba en el hemisferio la política exterior conocida como la Doctrina de Monroe, la intelectualidad latinoamericana cayó en estado depresivo y se vio en la necesidad de afincarse existencialmente en la construcción de una doctrina dirigida a identificar la unicidad de su región como zona cultural. Con la derrota de España en la rencilla imperial de 1898, muchos temieron que la intrusión del "Norte revuelto y brutal que los desprecia"[2] daría al traste con los valores culturales y morales en los que a su parecer se basaba la unidad de la América Latina. Naturalmente, una perspectiva menos halagüeña de la unidad ibérica se fijaría en que la hispanidad tan defendida por los intelectuales remitía a un amargo drama de opresión genocida. Eugenio María de Hostos, un eminente puertorriqueño que pertenece también a la historia de la cultura dominicana, describió la conquista del hemisferio por los españoles a partir de la llegada de Colón en el 1492 como uno de los más grandes servicios rendidos a la humanidad por los siglos de los siglos (Hostos 169). La caída del imperio español y la irrupción del imperio norteamericano estimuló en muchos la evocación nostálgica de la herencia latina, concebida como diametralmente opuesta a la herencia nórdica de los Estados Unidos.

El texto que de manera más elocuente recogió la inquietud que agobiaba a la *intelligentsia* latinoamericana fue *Ariel* (1900), escrito por el ensayista uruguayo José Enrique Rodó (1872-1917). Allí Rodó vislumbró con horror el momento en que América Latina pudiera deslatinizarse y sucumbir a la nordomanía. Alzando su voz de alarma, desaconsejó el apego a los valores norteamericanos por considerar que esa influencia "nórdica" podría distanciar a las naciones ibéricas del hemisferio de los valores humanísticos y arrastrarlas al más desenfrenado materialismo (Rodó 3). Para Rodó, cuyo libro dialoga implícitamente con el drama filosófico de Ernest Renán titulado *Calibán* (1871), el personaje shakespeareano de Ariel sirve para representar el amor a la belleza, al saber desinteresado y a los más altos valores del espíritu, mientras que Calibán representa la vulgaridad de la vida exclusivamente material. Traducidos a la historia contemporánea, Ariel era una idealización de la tradición helénica que supuestamente había llegado a Hispanoamérica mediante la herencia latina que España había dejado en el hemisferio, a la vez que Calibán era el conjunto de anti-valores que presumiblemente informaba a la sociedad norteamericana.

Las dos naciones que comparten la isla de Quisqueya no se substrajeron de la glorificación de la latinidad que había cautivado la imaginación de la intelectualidad latinoamericana. Quizás podría especularse que a los intelectuales haitianos y dominicanos debía habérseles ocurrido distanciarse del sollozo de sus colegas en el resto del hemisferio debido a que la historia catastrófica de la isla claramente desmentía la pureza moral de la herencia latina. Pero no. Los letrados dominicanos y haitianos evocaron con unísona nostalgia las virtudes de la cultura española y francesa respectivamente, denunciando también el peligro que encerraba la tradición norteamericana. Al aferrarse a ese esquema dicotómico de las opciones culturales que tenía a su alcance su comunidad, dichos intelectuales se subscribieron a visiones enfáticamente eurocéntricas de la dominicanidad y la haitianidad. La intelectualidad haitiana, ya compuesta por negros o ya por mulatos, coincidía en que el país culturalmente debía seguir un patrón de civilización europea (Nicholls 11). Habría que esperar hasta el movimiento etnológico promovido por Jean Price Mars, J. C. Dorsainvil y Arthur Holly a principios del siglo veinte para que la herencia africana en Haití recibiera alguna simpatía (12). De igual manera los fundadores del discurso público sobre la cultura y la nación dominicanas, José Gabriel García, Manuel de Jesús Galván, Federico García Godoy y Américo Lugo coincidieron todos en abrazar una definición que declaraba al pueblo dominicano como una continuación inconsútil de los asentamientos de españoles que se establecieron en la isla a partir del 1492.

Los pronunciamientos haitianos acerca de la oposición moral entre las tradiciones culturales del lado latino del hemisferio y el lado germánico datan por lo menos de 1870 cuando Demesvar Delorme (1831-1901) publicó su voluminoso *Les theoriciens au pouvoir.* Dividiendo el hemisferio entre Norte y Sur, Delorme describió al segundo como una zona habitada por "una prole biológica de la Europa latina" (Delorme 579). Para Delorme, para contrarrestar la expansión material de los Estados Unidos en las Américas, Francia, como receptáculo de los más altos valores humanos, tendría que promover "el avance de su lengua civilizadora y expansiva" (582). La necesidad de afirmar la dicotomía a menudo requería la distorsión de hechos históricos básicos. Por ejemplo, precisamente en un momento en que el famoso compendio de Joseph Arthur de Gobineau sobre la desigualdad mental de las razas humanas ejercía considerable influencia, Delorme se ve en la necesidad de negar que en Europa existiera el prejuicio racial (Dash 17). Frédéric Marcelin haría similar negación en un libro de 1896 titulado *Choses haitiennes* y posteriormente su novela *Thémistocle-Epaminondas Labasterre* (1901) se haría eco de la dicotomía entre el materialismo anglo-sajón y el humanismo latino (Dash 17; Hoffmann 73). Algunas veces la oposición binaria adquiría la forma de manifiesto antinorteamericano, como en el poema titulado "Yankisme" que aparece en el volumen *Poesies nationales* (1892) por Masillon Coicou.

VI. Paradigmas exógenos

De esa manera alcanza prominencia una élite intelectual con la necesidad teórica de obliterar la memoria histórica de las atrocidades perpetradas por los colonos franceses en Saint Domingue así como el corte racista de las filosofías de la historia propuestas por varios pensadores europeos. Podría decirse que esa necesidad de falsificar la historia se desprendía de la falta de un modelo analítico que les permitiera evadir conceptualmente la rigidez del modelo binario *Estados Unidos vs Europa Occidental.* Ellos estaban demasiado distantes de su realidad cultural nativa para ocurrírseles un paradigma basado en valores autóctonos. Hasta alguien tan venerado como Antenor Firmin, se podría definir, en palabras de Duraciné Vaval, como "un espíritu europeo en un corazón haitiano" (Vaval 233). C. L. R. James ha observado que "por más de un siglo después de la independencia los haitianos intentaron producir una réplica de [...] la civilización francesa en las Antillas" (*The Black Jacobins* 393). James ilustra su observación citando a M. Constantin Mayard, el embajador haitiano en Francia que en 1938, empeñado en convencer a sus interlocutores acerca de la comunalidad entre Francia y Haití, afirmaba públicamente que Francia "en el molde de su propio tipo nacional, con su sangre, con su idioma, sus instituciones, su espíritu y su alma", había fundado en Haití "un tipo local, una raza heroica, en la que su savia todavía corre y a través de la cual se reproduce a cabalidad" (393).

Las elites intelectuales haitianas y dominicanas se identificaron con el credo moral y los valores culturales exteriorizados por Rodó. Es decir, se identificaron con la figura de Ariel, "genio del aire", dueño de una sensibilidad refinada, enteramente libre, desvinculado de las exigencias mundanas del comercio y el trabajo. En esa afinidad, daban a entender su desprecio por la clase trabajadora y los estratos bajos de la población en sus respectivas naciones, quienes a su vez pasaban a ocupar un plano de la escala social comparable al de la vituperada figura de Calibán en el modelo de Rodó. En ambos lados de la isla, la *intelligentsia*, no obstante el ardor patriótico de su retórica, tenía muy poca simpatía para con las masas desposeídas y mucho menos paciencia para los productos y las expresiones culturales provenientes de las clases subalternas. Pedro Henríquez Ureña, en un ensayo de 1904 en que proclamó a Rodó "el estilista más brillante de la lengua castellana", atinó a distanciarse de la filosofía política contenida en *Ariel* aclarando que Rodó "se dirige a una juventud *ideal*, la *élite* de los intelectuales; y en su obra hay escasas alusiones a la imperfección de la vida real en nuestros pueblos", y opone reparos a "algunos de los juicios severos" de Rodó sobre Norteamérica, prefiriendo celebrar la vocación igualitaria en la nación septentrional y se subscribe a "la concepción moderna de la democracia, base de las evoluciones del futuro" (Henríquez Ureña 24, 27).

Pero en general, la intelectualidad dominicana cayó presa del embrujo rodosiano. Afirma Diógenes Céspedes que la "aceptación del arielismo fue masiva por parte de la mayoría de los intelectuales de ambos sexos" y anota que ya para 1901, un año después de la edición original uruguaya, se publicaba en Santo Domingo la primera edición extranjera de *Ariel* (Céspedes 118-19). Para Céspedes queda claro que la pasión arielista respondía a una necesidad material. Era "un instrumento práctico al servicio de la sobrevivencia de esos intelectuales" en una naciente estructura social de poder que, en su paso hacia la modernización, amenazaba con desplazar a los intelectuales "románticos" (114, 140-41). El elitismo antidemocrático predicado por *Ariel*, mediante el cual Rodó propone que la "igualdad democrática puede significar una igual posibilidad, pero nunca una igual realidad", le creó a los intelectuales dominicanos un conveniente recurso de transición conceptual que les permitió enlistarse sin conflicto moral alguno a las filas de la dictadura de Rafael Leónidas Trujillo. "Es decir, que los nuevos intelectuales encontraron en la dictadura de Trujillo la realización del Estado arielista: la calidad contra la tiranía del número" (Céspedes 126, 125).

La manifestación cultural del desprecio hacia las masas comienza a hacerse notable en los pronunciamientos de los intelectuales dominicanos en el siglo XIX, durante las primeras décadas del período republicano. El patriarca literario Félix María del Monte repudió las prácticas religiosas, los bailes y las festividades que exhibían formas culturales de origen africano, que se asociaba con la parte de la población que ocupaba el tramo más bajo de la escala social (Del Monte 246). Para 1862 aparecen decretos policiales que prohíben las actividades vinculadas a la práctica de religiones populares (Deive 163). De igual manera, en el 1894 el mulato José Ramón López publicó una crítica despiadada contra las prácticas culinarias y los hábitos alimenticios de los campesinos de su país, a quien calificó como una raza de imbéciles ayunadores plagada de toda suerte de defectos morales, físicos e intelectuales (48-52). Hasta la negrofobia de la élite intelectual dominicana de principios de siglo puede entenderse como un componente de la visión antipopular puesto que la negrura corresponde de manera más pronunciada al fenotipo de las masas del pueblo.

En Haití, a decir verdad, la intelectualidad se pronunció enérgicamente contra el racismo negrofóbico. Textos como la obra de teatro *Ogé ou le prejugé de couleur* (1841) de Pierre Faubert, el ensayo *L'egalité des races humaines* (1885) de Antenor Firmin y *De la réhabilitation de la race noire par la Repúblique d'Haiti* (1900) de Hannibal Price ofrecieron contundentes respuestas a las "presunciones caucásicas" y la "fantasmagoría aria" contenidas en una gran parte del discurso occidental decimonónico. Pero de ahí a aceptar las formas culturales neoafricanas de la mayoría de la población, el trecho era muy largo. De ahí que el *vodou*, la religión practicada por la abrumadora mayoría del pueblo haitiano, rara vez encontrara defensores entre los intelectuales. Al contrario, normalmente ellos denunciaban esa expresión religiosa como un conjunto de "prácticas diabólicas", para citar a Delorme (569). En su discurso fundacional de la nación, Delorme se engañaba suponiendo que el *vodou* iba camino a la extinción y que su desaparición se agilizaría en la medida en que se expandiera la educación pública y se estableciera un efectivo sistema de preceptos morales. Intelectuales tales como Ahémar Auguste y Elie Benjamin se afiliaron al clero católico en el desarrollo de una "Liga Contra el Vodou", y surgieron órganos como el periódico *La Croix*, cuyo primer número fechado 14 de marzo de 1896 anunció una vigorosa campaña para erradicar el *vodou* (Paen 124).

Pero quizás no hay por qué sorprenderse si tomamos en cuenta que la tendencia a repudiar la religión del pueblo en Haití se remonta hasta los más venerables líderes de la revolución haitiana. Los líderes negros Toussaint Louverture y Jean Jacques Dessalines se opusieron al *vodou*, de la misma manera igual que lo hicieron Jean Pierre Boyer y los demás líderes mulatos (Nicholls 70). La élite mulata veía en esa fe popular un "reducto del barbarismo y la superstición" (91). El general mulato Fabré Nicolas Geffrard, quien reemplazó a Faustin Soulouque en el gobierno, después de firmar un concordato con el Vaticano en el 1860, se comprometió a hacerle la guerra al *vodou*: "apresurémonos a erradicar de nuestro suelo esos últimos vestigios del barbarismo y la esclavitud, la superstición y sus prácticas escandalosas" (184). No menos decepcionante ha sido el uso dado por la élite gobernante a las formas de la cultura popular a juzgar por las prácticas populistas del régimen de Françôis Duvalier, el dirigente que mayor daño le ha hecho a la población haitiana. Duvalier, proveniente de la corriente *noiriste* de la intelectualidad haitiana, se las arregló para poner el *vodou* a funcionar como un brazó de apoyo ideológico-espiritual de la sangrienta dictadura (Nicholls 228). Para ello necesitó usar la violencia contra un número determinado de *hougans* que se negaron a colaborar con la tiranía (234). Además, el tirano no anuló la prohibición legal que pesaba contra el *vodou* por una legislación de 1935 (xxv). Había que esperar hasta la constitución de 1987 para que la religión del pueblo gozara de aprobación legal. Para Duvalier, la aceptación del *vodou* no tenía otro fin que el de ayudar a consolidar su régimen totalitario, para lo cual hizo similar uso de otras prácticas populistas como la de adornar su gobierno con símbolos alusivos a la lucha de los esclavos que fundaron la república. En l 1964, su gobierno adoptó los colores negro y rojo para la bandera nacional, reviviendo de esa manera la enseña bicolor tal cual la había diseñado Dessalines al proclamar la independencia de Haití (234-35).

Quizás baste señalar, para concluir la discusión sobre la antipatía de la *intelligentsia* hacia la cultura popular, el desprecio por la lengua *creole*. El predominio del *creole* como la lengua principal de la gran mayoría de la población haitiana ha sido tan evidente que ya para 1905 un ministro de educación proponía su adopción como la lengua de instrucción en las escuelas públicas del país (Alexandre 189-91). Pero ello no sucedería sino hasta 1987 cuando la nueva constitución, un año después de la salida de la familia Duvalier, le confirió al *creole* el rango de lengua oficial junto con el francés. Igual que Martí al juzgar el papiamento de Curaçâo, los intelectuales haitianos desdeñaron la lengua creole, la lengua de las masas del pueblo, a la vez que celebraban hiperbólicamente la superioridad de la lengua francesa. Firmin, por ejemplo, sostenía que ninguna otra lengua había desplegado la aptitud del francés para expresar "de manera penetrante las nociones de libertad, de justicia y de dignidad humana" (664). En ese sentido, hay razón para decir que el pueblo haitiano y el pueblo dominicano han tenido que padecer la condición de que sus portavoces en el discurso público sean gentes que los desprecian. Se da un escenario en que o Calibán queda silenciado por la duplicidad de Ariel o Calibán, reproduciendo idénticamente la conducta de Próspero, usufructúa un liderazgo fraudulento que se vierte en contra de la población a la que se dice representar. Calibán a menudo actúa bajo la convicción de que para proteger su puesto en el poder necesita perpetrar contra su gente las mismas indignidades que él sufriera durante su cautiverio bajo Próspero.

VII. Radiografía del desencanto

El poeta haitiano Georges Sylvain (1866-1925) una vez caracterizó la experiencia histórica de su país de una manera que aplica igual al lado dominicano de la isla. La historia de la Hispaniola consiste en una serie de "exaltaciones del sentimiento popular, para pasar, con cada nuevo liderazgo que asciende al poder, de la más elevada efusión de esperanza al peor desencanto" (Sylvain 14). El caso de Enriquillo sugiere que el patrón destacado por Sylvain cuenta con una larga prosapia y los acontecimientos subsiguientes hacen pensar que el esquema ha seguido vigente hasta nuestros tiempos. Bastaría pensar en Dessalines, héroe de la revolución anticolonialista y fundador de la República de Haití en 1804 quien también fundó la tradición dictatorial caribeña. Valiéndose del abuso de poder y la crueldad, Dessalines, además de proclamarse emperador, puso en práctica un modelo de desarrollo que reproducía muchas de las características de la economía esclavista del régimen colonial. El pintor Edouard Duval Carrié explota esa ironía histórica en su obra "Le Nouveau Familier" que presenta a Dessalines sentado en una postura de vulgar autoritarismo luciendo las gafas negras típicas de los *tonton macoutes*, la banda paramilitar de la que se sirvió el régimen terrorista de Duvalier. El cuadro traza una línea de parentesco entre Dessalines y el dictador Duvalier.

Henry Cristophe, el otro gran héroe de la gesta emancipadora, alcanzó el plano de lo grotesco en la emulación de la pompa y la suntuosidad de las cortes europeas. A la muerte de Dessalines en 1806, el gobierno de la recién nacida república se dividió en dos, el Sur comandado por el mulato Alexandre Petion y el Norte presidido por Cristophe, quien en 1811 se hizo coronar Rey Henry I. El rey Cristophe no dejó de cometer atrocidades contra su pueblo. Según el testimonio del General Pamphile de Lacroix en un informe preparado para Napoleón Bonaparte, durante el gobierno de Cristophe a los trabajadores agrícolas se les impedía salir de sus conucos sin una autorización escrita expedida por sus capataces (Lacroix 411). Aunque menos pintoresco que Cristophe, Petión gobernó autoritariamente con el rango de presidente vitalicio y tales fueron sus complacencias para con los anteriores amos coloniales de Saint Domingue que llegó a aceptar la exigencia de indemnizar a Francia por las pérdidas económicas incurridas en el curso de la sublevación de los esclavos, la invasión francesa y la guerra de independencia (Nicholls 51).

No hay que ignorar tampoco las implicaciones que se desprenden de que Petion, al igual que Boyer, el otro mulato que lo sucedería en la presidencia a partir de 1818, llegó a Hispaniola como parte de la fuerza militar napoleónica comandada por el General Leclerc, el cuñado del Cónsul cuya misión no era otra que la de aplastar el levantamiento de los negros y restaurar la esclavitud. El General francés Lacroix, en sus memorias caracterizaba a Boyer, por ejemplo, como "enemigo visceral del régimen de Toussaint", considerándolo un "buen francés" que bien "podría servir de intermediario en los avances que habríamos de hacer a los alzados" (390). Estos casos de líderes tránsfugos que se mueven indecisos entre Dios y el diablo han acaecido en la historia política del Caribe con una frecuencia mayor a la que los eruditos han hecho notar. En el lado dominicano, Buenaventura Báez y Máximo Gómez vienen al caso. El primero sirvió al imperio español durante el período de la anexión (1861-1865), cuando una oligarquía criolla entregó la soberanía nacional a su antiguo amo colonial. El servicio rendido a la fuerza extranjera durante la invasión que siguió a la anexión, en contra de los patriotas que tomaron las armas para restaurar la república, le mereció a Báez el rango de Mariscal de Campo como oficial español. Sin embargo, no bien acababa de triunfar la causa nacionalista cuando ya Báez se las arreglaba para hacerse elegir presidente de la República. Gómez, por su parte, también sirvió como soldado del ejército invasor en contra de la causa libertaria de su país. Luego, tras la victoria de los nacionalistas y la expulsión de las fuerzas del imperio español, tuvo que trasladarse a la isla de Cuba, donde todavía sobrevivía el régimen colonial. Con el tiempo, en Cuba, Gómez llegó a identificarse con la lucha anticolonialista. Se enlistó en las filas de los independentistas, descollando como uno de los principales jefes militares del ejército de liberación y ganándose el sitial venerable de que hoy disfruta en la memoria histórica antillana.

En estos casos memorables de transfugacidad y legados conflictivos podemos ver reflejados el tambaleo y la ambivalencia de Calibán. En el Caribe, Calibán confunde por su multiformidad, sus mutaciones insólitas. Vestido de Ariel unas veces, se nos presenta idéntico a Próspero en otras.

Saltando al siglo XX, tanto el dominicano Trujillo como el haitiano Duvalier procedía de origen social humilde y pocos personajes de la historia pisotearon con mayor depravación que ellos los derechos ciudadanos de la población. Trujillo, quien perpetró una horrenda masacre contra miles de inmigrantes e hijos de inmigrantes haitianos en la zona fronteriza en el otoño de 1937, era el nieto de Ercina Chevalier, una mujer haitiana que se había radicado en la parte dominicana de la isla. Se trata de un caso más en la estela de contradicciones que ha plagado el historial del liderazgo político caribeño. Dicho metafóricamente, Calibán ha cambiado de casaca con una frecuencia inusitada. Su proteica conducta lo hace difícil de ubicar, e igual de difícil resulta predecir qué flanco tomará en la contienda entre los de arriba y los de abajo independientemente de sus propios orígenes.

XI. Homo migrans

Calibán tiene en su haber el doble y problemático legado de una porción notable de la población caribeña reducida a la indefensión y el desamparo. Podría argüirse que Calibán ocupa al mismo tiempo el otro lado de la ecuación, puesto que la gente a quien el deterioro social ha expulsado hacia el destierro también porta los colores de Calibán. En cierta medida, Calibán es víctima y victimario. Lo encontramos a la cabeza del Estado perverso que expulsa a los de abajo igual que en el rostro adolorido de los expulsados, los *boatpeople*, yoleros y balseros que el archipiélago arroja al inclemente mar. El cuento “Encancaranublado” de Ana Lydia Vega junta al haitiano Antenor (*boatpeople*), al dominicano Diógenes (yolero) y al cubano Carmelo (balsero) en un mismo bote famélico que desafía los vientos, las olas y los tiburones en su insólito camino hacia Miami. La desgracia compartida suscita una solidaridad forzada que posteriormente se quiebra ante el legado insidioso de las antipatías nacionales. Está a punto de zozobrar el bote cuando los rescata un barco de la guardia costera norteamericana, en el cual labora, en condición de subalterno, un puertorriqueño que ha de servirles como intermediario a nuestros tres exiliados (Vega 13-20). El relato nos presenta el lado siniestro de la movilidad transnacional caribeña, la irónica realización de una Confederación Antillana a la inversa: Haití, República Dominicana, Cuba y Puerto Rico aunados por una común necesidad de expulsar a su gente y una común debilidad con respecto a los Estados Unidos. En un relato titulado "El día de los hechos", la cuentista puertorriqueña le imagina una concebible consecuencia a la rencilla histórica entre haitianos y dominicanos. Allí el dominicano Filemón Sagredo muere abaleado por el haitiano Félicien Apolon, quien lo ha perseguido hasta Puerto Rico para cobrarle una deuda de sangre que se remonta a una historia de tensiones domínico-haitianas que abarca varias generaciones (Vega 21-27).

El relato "El día de los hechos" de Ana Lydia Vega sugiere la posibilidad de que los caribeños en el exterior reproducen las trifulcas nacionalistas que históricamente han dificultado la cohesión regional. También es posible imaginarse una consecuencia alternativa, como veremos más adelante. Pero no hay duda de que la dispersión caribeña ha cobrado fuerza en los últimos tiempos. Casimir describe una "coyuntura actual" en la que "toda la población vive pendiente de la oportunidad para emigrar a los países ricos. La emigración es quizás la única estrategia de supervivencia con la que coinciden todos los grupos sociales. Ningún gobierno es capaz de formular una estrategia política para atajar la despoblación y, a la vez, sostener u orientar y acelerar los cambios sociales internos" (Casimir 257). La mayoría de los haitianos residentes en los Estados Unidos inmigraron entre 1957 y 1986, durante los gobiernos represivos de Papa Doc Duvalier y su hijo Jean-Claude debido a una combinación de persecución política, la desarticulación social que produce la corrupción administrativa y el declive progresivo de la economía nacional (Laguerre, *American Odyssey* 21). La salida masiva de los dominicanos se dio a partir de los sesenta, a raíz de la muerte de Trujillo, quien había mantenido un control férreo de la salida de los ciudadanos hacia el exterior. Luego vino el fracaso de la revolución del 1965 y el clima de desesperanza que se adueñó de la población a raíz de tan desafortunado desenlace. Finalmente, Joaquín Balaguer, presidente títere de Trujillo a la hora de la muerte del tirano, regresó a vestir la banda presidencial el 1 de junio de 1966. El régimen de Balaguer, caracterizado por una violenta represión política y el asesinato de una gran parte de la oposición revolucionaria, llevó a cabo una restructuración económica que redujo las posibilidades de empleo de grandes porciones de la clase trabajadora. Del lado norteamericano, la ley de inmigración promulgada por Washington en 1965 aumentó las posibilidades para los caribeños de entrar a los Estados Unidos. Esa combinación de causas catapultó a grandes números de dominicanos hacia Norteamérica, dando inicio a un flujo migratorio que jamás se ha detenido (Torres-Saillant and Hernández 30-31).

Estamos, entonces, ante un escenario en que al ser humano caribeño se le presenta el destierro como una alternativa de sobrevivencia seductora. El poeta créole haitiano Félix Morriseau-Leroy ha evocado en el texto llamado "Boatpeople" el drama de su pueblo de una manera que aplica igual a balseros, yoleros y todos los demás caribeños que hoy se ven en la necesidad de abandonar su morada para asegurarse la sobrevivencia: "Estamos en un bote que zozobra/Ya pasó antes en Saint Domingue/Somos aquellos que llaman boatpeople/Nos escapamos por miedo a Fort Dimanche/Pero terminamos en Krome Avenue/Son ellos que nos llaman boatpeople/Salimos en búsqueda de empleo y libertad/ Amontonados en botes de carga— directamente a Miami/Nos comenzaron a llamar boatpeople/.../ No levantamos nuestras voces ni gritamos/Pero todos los boatpeople son iguales, lo mismo/Todos los boatpeople son boatpeople" (149). Las condiciones socioeconómicas y la historia política que convierten a los caribeños en *boatpeople* traen como resultado el surgimiento de un estado de incomodidad ontológica en que la gente siente haber perdido una patria sin necesariamente haber ganado otra. La movilidad constante entre la sociedad emisora y la sociedad receptora, tal como la evoca Luis Rafael Sánchez en su célebre ensayo *La guagua aérea*, denota un grado de indiscutible desarraigo. Sánchez, fijándose en el caso puertorriqueño, señala un fenómeno de identidad nacional profundamente escindida. Habla de "Puertorriqueños que se asfixian en Puerto Rico y respiran en Nueva York. Puertorriqueños que en Puerto Rico no dan pie con bola y en Nueva York botan la bola y promedian en bateo en cuatrocientos. Puertorriqueños a quienes desasosiega el tongoneo insular y los sosiega la cosmopolitana lucha a brazo partido. Puertorriqueños a los que les duele y preocupa vivir fuera de la patria. Puertorriqueños que querrían estar allá pero que tienen que estar acá" (Sánchez 19).

En la actualidad, la persona caribeña está condenada a irse. El hablante en el poema "Nabel String" de Merle Collins da varias razones, incluyendo éstas: "Porque los desposeídos como que se hacen más desposeídos pero aún siguen fieles/ a algún líder a causa de alguna memoria/Salimos algunas veces porque no andan muy bien las cosas/ y la mejoría se encuentra sólo en otra parte" (Collins 91). Irse a regañadientes, a la vez que al emigrante le sigue doliendo la tierra natal, aparte de la posible hostilidad que pueda encontrar en la sociedad receptora, produce un estado de ánimo ambivalente. La escritora surinamesa Astrid Roemer en su libro *Nergens ergens* ha articulado una de las manifestaciones de esa ambivalencia en el siguiente pasaje: "Yo tengo una relación de odio y amor con Surinam. Odio porque la historia enseña cómo fue que llegué aquí. Mis antepasados fueron arrastrados hasta aquí por la fuerza y emigraron bajo falsas pretensiones. Ellos sufrieron mucho y sus proles jamás recibimos a Surinam en legado como una tierra natal [...] Sin embargo, amo a Surinam porque nací aquí [...] La riqueza material de Holanda se obtuvo en parte a expensas de mi tierra natal. Después de cinco generaciones de pura opresión, yo tengo el derecho de escoger a qué país pertenecer. He escogido a Holanda, aunque Holanda no me haya escogido a mí" (Roemer, citada por Rutgers 552).

No podemos perder de vista, sin embargo, el caudal de promesa que se desprende de la emigración caribeña. Puesto que en el destierro esta población ha debido pagar caro por las ineptitudes e indignidades de las élites dirigentes de sus respectivos países, su experiencia en el exterior la induce a recapacitar sobre aspectos cruciales de su cultura y su sociedad. Dicho de otra manera, el espacio de la diáspora puede brindar una arena fértil para la renovación de Calibán. Allí se crean las condiciones para imaginar un viraje decisivo en el devenir histórico antillano. Parece posible imaginar a la diáspora caribeña revalorando las rencillas nacionales heredadas del patriotismo fraudulento promovido por las élites gobernantes en la región, haciendo menos plausible el desenlace que imagina Ana Lydia Vega en su cuento "El día de los hechos", en el cual el haitiano sigue al dominicano hasta Puerto Rico para matarlo. En el ámbito de la cultura popular, por ejemplo, las comunidades procedentes de las distintos países del Caribe anglófono, donde un proyecto político unificador como la West Indian Federation durante los sesenta no pudo cuajar, han logrado construir un punto de unidad en la celebración común del Carnaval. Ya hay celebraciones del Carnaval en unas cuarenta ciudades norteamericanas cada año, sugiriendo un significativo "potencial de unidad caribeña". El Carnaval tiene su origen en Trinidad, pero en los Estados Unidos se adopta por las otras comunidades. "En Eastern Parkway, la avenida de Brooklyn, New York, donde se da el más grande de los carnavales todos los días 5 de septiembre, no hay jamaiquinos, ni barbadenses, ni trinitarios— todos somos caribeños" (Belcom 191, 193).

En la diáspora, por ejemplo, los dominicanos y los haitianos pueden reconocerse como víctimas de una depravación común que ha condenado a las clases desposeídas de ambos lados de Quisqueya a la indefensión del destierro. El historiador Bernardo Vega señala esa presión común que empuja a ambos pueblos a la emigración: "Mientras los haitianos tratan de navegar en pequeños botes hacia la Florida, los dominicanos tratan de cruzar en yolas el Canal de la Mona para llegar a Puerto Rico. 'Ambafiles' son los haitianos que, queriendo emigrar, no logran el mejor de los destinos: Los Estados Unidos o Canadá. En los barrios de Nueva York, haitianos y dominicanos, por primera vez se juntan en grandes cantidades fuera de la Española" (Vega 420). Ese acercamiento que ocurre en la diáspora repercute de alguna manera en la tierra natal. Las observaciones de la periodista norteamericana Michelle Wucker sugieren que la experiencia migratoria de los dominicanos en los Estados Unidos tiene una influencia directa en la sociedad emisora al regresar periódicamente y traer a su país la conciencia adquirida de tolerancia étnica y diversidad cultural. De regreso de Nueva York, los dominicanos se reconocen en el gagá, una expresión cultural nacida de una fusión domínico-haitiana en los bateyes. En Palave, el escenario de una celebración de carnaval, "Lo haitiano y lo dominicano se mezcla con Nueva York. Haití ya no está del otro lado de la frontera, ni Nueva York allende los mares. Están aquí en los cañaverales que por tanto tiempo han representado la base del conflicto entre la República Dominicana y Haití. Los tres mundos se han fundido en uno" (Wucker 251).

XII. Conclusión: Calibán rehabilitado

La experiencia de la diáspora, pues, crea circunstancias favorables para la solidaridad intracaribeña, lo cual resulta esperanzador por la medida en que esa toma de conciencia pueda ser devuelta a la región y rectificar la política de la fragmentación fomentada por las élites dirigentes. Irónicamente, la misma expulsión de la tierra natal y los afanes de la lucha por la sobrevivencia en sociedades receptoras frecuentemente inhóspitas también puede servir para liberar al migrante de la lógica dicotomizante estimulada por el Estado emisor en la definición de los contornos de la nacionalidad. Liberada de la presión del Estado de *allá* y no completamente incorporada al de *aquí*, la diáspora accede a una condición de extraño privilegio al poder repensar su relación con la autoridad estatal, oportunidad que jamás se le presenta a la población que permanece en la tierra natal. Asimismo, los Estados dependientes del Caribe sienten la necesidad de preservar la lealtad de sus respectivas diásporas debido a la importancia económica que han alcanzado las remesas familiares y sociales que la comunidad emigrada envía a su país de origen. Mediante este significativo viraje en la cara de la moneda, los desterrados llegan a ganarse el derecho de exigir cambios en la sociedad que los expulsó. Textos del antropólogo Michel Laguerre

(*The Role of the Diaspora*) y del autor de estas notas (*El retorno de las yolas*) han dilucidado el crecimiento de la influencia de la diáspora en la vida pública de la sociedad haitiana y dominicana respectivamente. Ambas comunidades han pasado por procesos migratorios en que se les ha hecho imperativo aliarse con otros grupos étnicos para avanzar la defensa de sus derechos. Ese entrenamiento sociopolítico sin duda informa la participación de los migrantes en la vida de su país durante sus frecuentes visitas de regreso y en el marco de proyectos de colaboración transnacional que surgen a menudo. En su contacto con la tierra natal, por tanto, la diáspora tiende a abogar por un mayor respeto a los derechos humanos, la democratización de la economía, el fomento de la diversidad cultural, así como la eliminación de las antipatías étnicas y raciales en la definición de la nacionalidad.

La toma de conciencia que suscita la experiencia diaspórica da razón, entonces, para vislumbrar la marcha de la comunidad caribeña hacia una dinámica moralmente rehabilitadora para Calibán. Es decir, la diáspora se aboca a una revaloración de las ideologías legadas por las élites que consolidaron en la región antillana la lógica de la nacionalidad. En ese sentido se abre la posibilidad de reconocer con Jacques Viau Renaud, por ejemplo, que a veces la patria desborda los contornos nacionales promulgados por el discurso oficial. En uno de sus poemas menos conocidos, "Estoy tratando de hablaros de mi patria", Viau nos presenta a un hablante que percibe a Haití y a la República Dominicana como "dos terrenos complementarios/puntos cardinales de mi tristeza/caídos de la rosa de los vientos/como amantes cuyo abrazo se rompiera" (Viau 91). Hijo de Alfred Viau y Eliane Renaud, Jacques nació el 28 de julio de 1941 en Port-au-Prince, llegando a Santo Domingo a la edad de seis años, cuando su familia, políticamente en desgracia, buscó refugio en el lado dominicano de la isla. Durante la revolución de 1965, Jacques se unió a las huestes que lucharon por restituir al gobierno democrático. Tenía 23 años cuando, habiendo ascendido al rango de Subcomandante del Comando B-3, cayó herido por un mortero del ejército norteamericano que había venido en apoyo a los golpistas. La acción de este inmigrante haitiano que se inmoló por la causa libertaria del pueblo dominicano confirma la versión plasmada en sus versos, que evocan su doble lealtad hacia Haití y la República Dominicana: "He querido hablaros de mi patria,/de mis dos patrias,/de mi Isla/que ha mucho dividieron los hombres/allí donde se aparcaron para crear un río" (Viau 95).

Que el padre de Jacques Viau se enlistara en el servicio de la tiranía trujillista, llegando a escribir obras apologéticas que hasta parecían justificar la matanza perpetrada contra los haitianos y dominico-haitianos durante el otoño de 1937 en la frontera, debe también recordarse porque nos ayuda a mantenernos alertas con respecto a la complejidad del devenir histórico y de la experiencia humana en la región caribeña. El caso acentúa el hecho de que estamos ante una historia repleta de discontinuidades, regresiones, avances desarticulados y aparentes contradicciones. La narrativa de la historia caribeña no sigue un orden lineal. Por lo tanto no se debe intentar explicarla mediante un modelo de análisis demasiado comprometido con las polaridades y las dicotomías. Lo mismo ocurre con el análisis de la trayectoria de Calibán que en un número excesivo de veces aparece representado por el discurso de autoafirmación caribeña ubicado en un polo moral inherentemente benigno y opuesto diametralmente a la conducta opresiva de Próspero. En el presente ensayo, hemos querido explorar un camino distinto. Hemos aceptado el reto doloroso de lidiar con la cara menos noble de Calibán, reconociendo que ni venir de un estrato bajo de la escala social, ni ser negro, ni ser indio, ni haber padecido opresión colonial sirve para garantizar el que uno, al llegar al poder, lo utilice para socorrer a los desvalidos o para promover un estado de derecho en la sociedad.

La historia caribeña contemporánea desautoriza la aplicación de los prototipos shakespeareanos Próspero y Calibán como representación de polos morales distintos. Ya se hace evidente la necesidad de ampliar el alcance expresivo de la metáfora para dar cabida a aquellos caribeños dedicados a adelantar los mejores intereses de la ciudadanía, cuya línea ancestral remite no a Calibán sino a Próspero. En libros tales como la novela *De eerste Adam* (*El primer Adán*, 1966), el curazoleño van Leeuwen explora los problemas existenciales que enfrentan los hijos de los colonos blancos en su interacción con sus compatriotas negros. Educados principalmente en Europa, ellos tienden a sentirse desubicados en el viejo mundo. "Entonces buscan la manera de definir su posición en la isla con respecto a la mayoría no-blanca. En el proceso se aíslan, confrontando el sentimiento de superioridad de sus padres" de cuya actitud "hacia la comunidad negra" ellos buscan la manera de distanciarse (Rutgers 549). Así lo testimonia la literatura, pero en la historia propiamente dicha no han faltado los casos de distintos miembros de la estructura de poder que han sabido desvincularse de la lógica del imperio para enlistarse en la lucha de los oprimidos en pos de la justicia social. El legado humanístico de los personajes cercanos al ámbito de Próspero debe ocupar en el imaginario caribeño un sitial superior al de aquellos líderes que, no obstante su extracción calibanesca, hayan en algún momento vulnerado el bien de su comunidad.

Sirvan estas conisideraciones como punto de partida para promover una interpretación de la cultura caribeña que en vez de silenciar la mala conducta de Calibán se empeñe en encaminarlo hacia una rehabilitación histórica. Un Calibán rehabilitado deberá carecer de privilegios *a priori*, disfrutar sólo del rango que se gane en buena lid. Se trata de efectuar un cambio de liderazgo en el Caribe, es decir, arribar, a un estadio político en que no baste rotar las élites, y que exista la certeza de que nuevo también quiere decir mejor, más justo, más eficiente, más humano. La contrapartida intelectual de ese cambio histórico en la región será la reeducación del imaginario de tal manera que la gente pueda conocer a sus enemigos aunque comparta con ellos el origen social y el color de la piel. En ningún lugar de la región caribeña resulta tan urgente la rehabilitación de Calibán como en Hispaniola. Pues las dificultades irresueltas que se desprenden de las relaciones dominico-haitianas en esta isla ponen en tela de juicio la posibilidad misma de articular una visión coherente del Caribe. Como ninguna otra, la isla se presenta como un obstáculo que obstruye cualquier intento de imaginar al Caribe como una totalidad. La imaginación caribeña necesita salvar el obstáculo conceptual de armonizar las narrativas que los discursos nacionalistas oficiales construyeron como experiencias antitéticas y mutuamente exclusivas.

Sin imponer versiones forzadas de armonía ni concatenar una unidad simplista, el discurso caribeño tiene el reto de tejer en un mismo lienzo dos narrativas nacionales dispares y justipreciar el valor exacto de las disparidades resultantes de los traumas coloniales en las dos partes de la isla Hispaniola. En la superficie, la República Dominicana y Haití aparecen como textos contrastables: lenguas diferentes, tradiciones espirituales distintas, disímiles nexos europeos durante la transacción colonial, trayectos dispares al forjar los contornos de la nación. No sorprende, por tanto, que a la hora de articular su identidad los arquitectos de las dos naciones se suscribieran a paradigmas diferentes. Asimismo, puesto que hubo enfrentamientos bélicos entre ambos países a raíz de la declaración de la independencia dominicana —mediante la cual se desvincularon los dominicanos del orden jurídico haitiano— la distancia cultural con respecto a la nación vecina llegó a cobrar vigencia como recurso de autodefinición. Es decir, primó la lógica oposicionista en el discurso definitorio de lo nacional.

Sin embargo, hay pocas dudas de que los haitianos y los dominicanos, como co-partícipes de la experiencia histórica que comenzó la transacción colonial en el Caribe, son igualmente decisivos para una visión de coherencia regional. Ambos pueblos proceden del lugar donde se inauguraron la plantación, el genocidio de los aborígenes, la esclavitud negra, la criollización socio-política, la mixtura racial, el sincretismo religioso y la nativización de las lenguas traídas de Europa al hemisferio. Con la insubordinación de indios y africanos y el surgimiento de manieles o palenques como sociedades alternativas, Quisqueya le dio al mundo la imagen del cimarrón como modelo de conducta histórica y como tropo discursivo. Como ür-Caribe, espacio inaugural de la experiencia antillana, Hispaniola opone un terrible desafío que constantemente amenaza con contrarrestar el lema de la cohesión en torno al cual se ha formado el cuerpo de conocimientos en que se basa lo que hemos convenido en llamar, a partir de Edouard Glissant, el discurso caribeño.

Ya que, como reza la canción de La Lupe, "Lo que pasó pasó", no hay forma de cambiar el pasado con tal que tenga un desenlace más favorable que el que nos tocó, debemos conformarnos con mejorar la manera de entenderlo. Es ahí donde veo la posibilidad de que se opere en la historiografía quisqueyana una reforma comparable a la rehabilitación de Calibán que hemos vislumbrado en estas páginas. Es decir, veo la posibilidad que tiene la imaginación caribeña, fortalecida por la experiencia y el aprendizaje de su contingente diaspórico, de reinventarse a sí misma. Con su imaginación renovada, la comunidad caribeña habrá de encaminarse hacia un entendimiento holístico de su compleja realidad, no acuñando léxicos neologistas ni ensayando tropos nuevos para nombrar conocimientos viejos sino extrayendo interpretaciones nuevas del examen detenido de los mismos conceptos y los episodios históricos conocidos. Se trata, pues, de complejizar las metáforas y los tropos familiares y hundir el bisturí en las ideologías que han dominado el análisis de la experiencia humana en la región. De ahí, entonces, la nueva indagación de la cultura caribeña que proponen estas páginas: una relectura de la figura de Calibán con atención no sólo a su vocación de rebeldía sino a su deformación y su traición como una antesala desde la cual vislumbrar su rehabilitación.

La mala conducta histórica de Calibán en gran medida se desprende de su dependencia ontológica. Con excesiva frecuencia, a Calibán se le ha permitido justificarse con la mera oposición a Próspero. Se le ha exonerado de demostrar que, aparte de distinguirse de Próspero, también sirve para algo. (No hay necesidad de repetir aquí que a veces ni siquiera ha logrado distinguirse de Próspero). En varias ocasiones, no ha necesitado demostrar que realmente le importa el bienestar moral y material de la comunidad cuya representación se le ha confiado, haciéndosele fácil incumplir su deber sin sufrir las consecuencias de su fallo. Un Calibán rehabilitado, sensibilizado por las consideraciones de género, raza y clase esbozadas arriba, se vería obligado a redirigir su enfoque autodefinitorio. Desistiría de la actitud oposicionista con respecto a Próspero para hurgar en la posibilidad de dar con un paradigma más genuino. Ya hace más de quince años que Brathwaite propuso un modelo de autodefinición alternativo. Le sugirió a Calibán hurgar en sus propias raíces con tal que pudiera descender al plano subterráneo donde se encuentra sumergida la madre Sycorax. Si en vez de aprender a "maldecir" a Próspero "hubiera escuchado la voz de su madre; si pudiera hablar su lengua" Calibán tendría mayores posibilidades "cuando la opción de una revuelta se le diera" (Brathwaite, "Caribbean Culture" 35). Sycorax no aparece presencialmente en el texto de Shakespeare sino que permanece escondida como subtexto histórico y potencialidad cultural (Brathwaite, *The Colonial Encounter* 4). Para llegar a ella y nutrirse de un legado que por estar oculto se las ha arreglado para preservar su vitalidad, hay que acceder al fondo de lo autóctono en la región.

De igual manera, los estudios sobre la trayectoria de Calibán como sinécdoque cultural del Caribe deberán caer en la cuenta de que una historia tan zigzageante como la que protagoniza nuestro personaje shakesperiano, cuya trayectoria hemos decidido trazar, riñe notablemente con el progresivismo teleológico de la dialéctica hegeliana o marxista. Resulta por lo menos conveniente —si no necesario— comenzar a considerar modelos alternativos de análisis sobre la conducta de la historia en la región caribeña. Brathwaite de nuevo es quien sugiere un modelo conceptual alternativo que resulta teóricamente atractivo, puesto que promete dar cuenta de lo insólito en el Caribe. El poeta le llama *tidalectics*, la dialéctica de la marea (*tide*): "el movimiento del agua hacia atrás y hacia adelante como un cierto tipo de movimiento cíclico, digamos, antes que lineal" (Mackey 44). Concebido a partir de una visión centrípeta de la filosofía de la historia en el Caribe, al margen de la inexorabilidad teleológica occidental, el modelo de análisis basado en el fenómeno que Brathwaite llama *tidalectics* promete ahondar en las complejidades de la experiencia humana de la región. Posiblemente sea ése el paradigma apropiado para historiar la alucinante experiencia dominico-haitiana en Hispaniola y apuntar, de esa manera, hacia la posibilidad de encajar narrativas contrastables. Si se logra esa proeza conceptual, entonces se podrá sostener una teoría coherente y creíble de la unidad caribeña en las letras y en la historia.

Notas

[1] Este párrafo y el anterior son una traducción libre de un pasaje de mi *Caribbean Poetics: Toward a West Indian Aesthetic* (218).
[2] Frase tomada del fragmento de una Carta de Martí citada por Fidel Castro en el primer párrafo de su discurso "Segunda Declaración de la Habana" pronunciado en la Habana, Cuba, el 4 de febrero de 1962.

Bibliografía

Alexandre, Guy. "La relación francés/créole en Haití: Trato, función, evolución y perspectivas". *Francophonie et Caraïbe/Francofonía y Caribe.* Jacques Leylavergne, ed. Santo Domingo: Casa de Francia, 1993. 185-192.

Alexis, Jacques Stephen. *El compadre General Sol.* Colección Literatura Latinoamericana. La Habana: Casa de las Américas, 1974.

Arion, Frank Martinus. "The Great Curassow or The Road to Caribbeanness". *Callaloo* 21/3 (1998): 447-452.

Badejo, Fabian A. "Introduction to Literature in English in the Dutch Windward Islands". *Callaloo* 21/3 (1998): 676-679.

Belcom, Patricia. "All Ah We Is One: Caribbean Connection in New York". *Caribbean Connections: Moving North.* Catherine A. Sunshine y Keith Q. Warner, eds. Washington, DC: Network of Educators on the Americas, 1998.191-194.

Berrou, Raphaël y Padrel Pompilus. *Histoire de la littérature haïtienne illustrée par les textes.* Port-au-Prince: Editions Caraïbes, 1975. 2 vols.

Bloom, Harold. *Shakespeare: The Invention of the Human.* Nueva York: Riverhead Books, 1998.

Bosch, Juan. *Trujillo: Causas de una tiranía sin ejemplo.* Lima: Populibros Peruanos, 1959.

Brathwaite, Kamau. *The Colonial Encounter: Languages.* Mysore, India: The Center for Commonwealth Literature and Research University of Mysore, 1984.

_____ "Caribbean Culture: Two Paradigms". *Missile and Capsule.* Jürgen Martini, ed. Bremen: University of Bremen, 1983.

Cornevin, Robert. *Le théatre haïtien: Des origines à nos jours.* Ottawa: Leméac, 1973.

Casimir, Jean. *La invención del Caribe.* San Juan: Editorial de la Universidad Puerto Rico, 1997. Versión en español de *La Caraïbe: Une et divisible.*

Castor, Suzy. *Migración y relaciones internacionales (El caso haitiano-dominicano).* Santo Domingo: Editora Universitaria UASD, 1987.

Céspedes, Diógenes. *Política de la teoría del lenguaje y la poesía en América Latina en el siglo XX.* Santo Domingo: Editora Universitaria UASD & Ediciones Librería La Trinitaria, 1994.

Collins, Merle. "Nabel String". *Caribbean Connections: Moving North.* Catherine A. Sunshine y Keith Q. Warner, eds. Washington, DC: Network of Educators on the Americas, 1998. 90-91.

Danticat, Edwidge. *The Farming of Bones.* Nueva York: Soho, 1998.

Dash, Michael J. *Haiti and the United States: National Stereotypes and the Literary Imagination.* 2ª ed. Nueva York: St. Martin's Press, 1996.

Deive, Carlos Esteban. *Vodu y magia en Santo Domingo.* 3ª ed. Santo Domingo: Fundación Cultural Dominicana, 1992.

Del Monte, Felix María. "Cantos dominicanos". *Poesía popular dominicana.* Emilio Rodríguez Demorizi, ed. Santiago: UCMM, 1979. 244-246.

Delorme, Demesvar. *Les théoriciens au pouvoir.* 1870. Extracto incluído por Berrou y Pompilus. Vol. 1. 544-592.

Diederich, Bernard y Al Burt. *Papa Doc: Haiti and Its Dictator.* [1969]. Maplewood, NJ: Waterfront Press, 1991.

Fenwick, M.J. (ed.). *Sisters of Caliban: Contemporary Women Poets of the Caribbean, A Multilingual Anthology.* Falls Church, VA: Azul Editions, 1996.

Firmín, Anténor. Extractos de su obra en Raphaël Berrou y Padrel Pompilus. *Histoire de la litérature haitienne illustrée par les textes.* Port-au-Prince: Editions Caraïbes, 1975. 636-665.

Fernández Retamar, Roberto. *Calibán: Apuntes sobre la cultura en nuestra América.* 2ª ed. México, DF: Editorial Diógenes, 1974.

Franco, Franklin J. *La era de Trujillo.* Santo Domingo: Fundación Cultural Dominicana, 1992.

Fusco, Coco. "El Diario de Miranda/Miranda's Diary". *Bridges to Cuba/Puentes a Cuba.* Ruth Behar, ed. Ann Arbor: The University of Michigan Press, 1995. 198-216.

Henríquez Ureña, Pedro. *Obra crítica.* Mexico, D.F.: Fondo de Cultura Económica, 1960.

Hoffmann, Léon-François. *Essays on Haitian Literature.* Washington, DC: Three Continents Press, 1984.

Hostos, Eugenio María de. *Obras completas.* 2ª ed. Tomo 10. San Juan: Editorial Coquí, 1969.

James, C.L.R. "Haiti, History of". *Enciclopedia Britannica.* 15th ed. 1979. Micropaedia. Vol. 8. 550-552.

_____ *The Black Jacobins: Toussaint Louverture and the San Domingo Revolution.* 2ª ed. Nueva York: Vintage Books, 1963.

Justin, Joseph. *Le differend entre la République Dominicaine et la République d'Haiti.* Port-au-Prince: Imprimerie H. Amblard, 1912.

Kempen, Michiel van. "Vernacular Literature in Surinam". *Callaloo* 21/3 (1998): 630-644.

Klooster, Wim. *The Dutch in the Americas: 1600-1800*. Providence, RI: The John Carter Brown Library, 1997.

Kundera, Milan. "The Umbrella, the Night World, and the Lonely Moon". *The New York Review of Books* (19 de diciembre de 1991): 46-50.

Lacroix, Pamphile de. *La Revolution de Haiti*. [1819]. Pierre Pluchon, ed. Paris: Editions Karthala, 1995.

Laguerre, Michel S. "The Role of the Diaspora in Haitian Politics". *Haiti Renewed: Political and Economic Prospects*. Robert J. Rotberg, ed. Washington, DC: Brookings Institution Press, 1997. 170-182.

_____ *American Odyssey: Haitians in New York City*. Ithaca y Londres: Cornell University Press, 1984.

Las Casas, Bartolomé de, Fray. *Historia de las Indias*. Vol. II. Hollywood, FL: Ediciones Continente, S.A., 1985.

Lizardo, Luis Francisco. *Palma Sola: La tragedia de un pueblo*. Santo Domingo: Instituto de Formación y Educación Curricular, 1982.

López, José Ramón. *La alimentación y las razas. El gran pensamiento dominicano*. Santiago: Universidad Católica Madre y Maestra, 1975. 29-68.

Lovatón P., Max. "Prólogo". *El problema fronterizo domínico-haitiano*. Por José Ricardo Roques Martínez. Santo Domingo: Sindicato Nacional de Artes Gráficas, 1932.

Lovelace, Earl. *The Wine of Astonishment*. Caribbean Writers Series. Oxford: Heinemann, 1986.

Mackey, Nathaniel. "An Interview with Edward Kamau Brathwaite". *Hambone* 9 (1991): 42-59.

Martí, José. *Obras completas*. Vol. 19. La Habana: Editorial Nacional de Cuba, 1964.

Martínez-San Miguel, Yolanda. "De ilegales e indocumentados: Representaciones de la migración dominicana en Puerto Rico". *Revista de Ciencias Sociales* 4 (enero de 1998): 147-171.

Métellus, Jean. *Anacaona*. Collection Monde Noire Poche. Paris: Editions Hatier, 1986.

Mir, Pedro. *Tres leyendas de colores: Ensayo de interpretación de las tres primeras revoluciones del Nuevo Mundo*. [1969]. 2ª ed. Santo Domingo: Editora Taller, 1978.

Montaigne, Michel de. *Ensayos*. Vol. 1. Juan G. de Luaces, trad. Buenos Aires: Ediciones Orbis, 1984.

Montolio, Andrés Julio. *Resumen de una cuestión* (diferendo domínico-haitiano). Santo Domingo: n.p., 1911.

Morisseau-Leroy, Félix. "Botpipèl". *Caribbean Connections: Moving North.* Catherine Sunshine y Keith Q. Warner, eds. Washington, D.C.: Network of Educators on the Americas, 1998. 148-49.

Morpeau, Pierre-Moravia. *La question des frontières dominico-haitiennes et l'ogre yankee.* Port-au-Prince: Imprimerie du Courrier Haitien, 1924.

Moya Pons, Frank. *Breve historia contemporánea de la República Dominicana.* México, DF: Fondo de Cultura Económica, 1999.

_____ "Las tres fronteras: Introducción a la frontera domínico-haitiana". *La cuestión haitiana en Santo Domingo.* Wilfredo Lozano, ed. Santo Domingo: FLACSO/North-South Center University of Miami, 1993. 17-32.

Nepaulsingh, Colbert I. "Things Fall Apart; The Center Cannot Hold". *Latino Review of Books* (Winter 1998): 13-17.

_____ "A New Name for the Caribbean". *Latino Review of Books* (Spring 1996): 5-10.

_____ "Islands and Continents". *Latino Review of Books* (Fall 1996): 8-10.

Nicholls, David. *From Dessalines to Duvalier: Race, Colour and National Independence in Haiti.* Revised Edition. New Brunswick, NJ: Rutgers University Press, 1996.

O'Connell, Joanna. *Prospero's Daughter: The Prose of Rosario Castellanos.* Austin: University of Texas Press, 1995.

Péan, Marc. *L'illusion heroique: 25 ans de capoise 1890-1915.* Vol. 1. 2ª ed. s.n. Impr. H. Deschamps, 1977.

Palencia-Roth, Michael. "Mapping the Caribbean: Cartography and the Cannibalization of Culture". *A History of Literature in the Caribbean.* Vol. 3. Cross-Cultural Studies. A. James Arnold, ed. Amsterdam/Philadelphia: John Benjamins Publishing Company, 1997. 3-27.

Prestol Castillo, Freddy. *El Masacre se pasa a pie.* 5ª ed. Ver también 11ra. ed. Biblioteca Taller Permanente. Santo Domingo: Taller, 1998.

Price-Mars, Jean. *La República de Haití y la República Dominicana.* Vol. 3. Puerto Príncipe: Colección del Tercer Centenario de la Independencia de Haití, 1953.

Rego, Gladys do. "Poem". *Sisters of Caliban: Contemporary Women Poets of the Caribbean, A Multilingual Anthology.* M. J. Fenwick, ed. Falls Church, VA: Azul Editions, 1996. 298-299.

Rodó, José Enrique. *Ariel.* 1900. Madrid: Espasa-Calpe, 1971.

Rodríguez, Cayetano Armando. *La frontera domínico-haitiana: Estudio geográfico, jurídico, histórico.* Santo Domingo: Imprenta de J.R. Vda. García, Sucesores, 1929.

Rutgers, Winn. "Dutch Caribbean Literature". *Callaloo* 21/3 (1998): 542-555.

Sánchez y Sánchez, Carlos Augusto. *El caso domínico-haitiano* (Separata). Ciudad Trujillo: Editora Montalvo, 1958.

Sánchez, Luis Rafael. *La guagua aérea.* San Juan, PR: Editorial Cultural, 1994.

Senior, Olive. *Gardening in the Tropics.* Toronto, Ontario: McClelland & Stewart, 1994.

Sunshine, Catherine, y Keith Q. Warner (eds.). *Caribbean Connections: Moving North.* Washington, DC: Network of Educators on the Americas, 1998.

Sylvain, Georges. *Confidences et mélancolies.* 1898. Port-au-Prince: Imprimerie Henri Deschamps, 1979.

Torres-Saillant, Silvio. *El retorno de las yolas: Ensayos sobre diáspora, democracia y dominicanidad.* Santo Domingo: Ediciones Librería La Trinitaria & Editora Manatí, 1999.

_____ *Caribbean Poetics: Toward an Aesthetic of West Indian Literature.* Cambridge: Cambridge University Press, 1997.

_____ y Ramona Hernández. *The Dominican Americans.* The New Americans. Westport, CT: Greenwood Press, 1998.

Toumson, Roger. *Trois Calibans.* La Habana: Casa de las Américas, 1981.

Trefossa [Henny de Ziel]. "Kopenhagen". *Trotji Püema* (Amsterdam, 1957). Reproducido en *Callaloo* 21/3 (1998): 519.

Ureña de Henríquez, Salomé. *Anacaona.* 1880. *Poesías completas.* Biblioteca de Clásicos Dominicanos. Santo Domingo: Ediciones de la Fundación Corripio, 1989.

Vaval, Duraciné. *Histoire de la litérature haitienne ou 'L'âme noire'.* Port-au-Prince: Fardin, 1933.

Vega, Ana Lydia. *Encancaranublado y otros cuentos de naufragio.* 3ra ed. San Juan, Puerto Rico: Editorial Antillana, 1987.

Vega, Bernardo. *Trujillo y Haití.* Vol. 1. Santo Domingo: Fundación Cultural Dominicana, 1988.

Velázquez H., Federico. *La frontera de la República Dominicana.* Santo Domingo: Editorial Progreso, 1929.

Viau, Jacques. *Jacques Viau: Poeta de una isla.* Antonio Lockward, ed. Santo Domingo: Ediciones CEDEE, 1985.

Wucker, Michele. *Why the Cocks Fight: Dominicans, Haitians, and the Struggle for Hispaniola.* Nueva York: Hill and Wang, 1999.

El espacio de la maldición: escenográficas del *Calibán* de Roberto Fernández Retamar

Juan Carlos Quintero Herencia

> Así nos imaginamos al poeta saboreando una pipa de tabaco cubano, mientras allá por 1611 ponía fin a las fabulosas aventuras de Próspero y Miranda en la isla encantada. Mucho se ha especulado sobre la proyección de América en la composición de *La Tempestad*, y todos los críticos que han investigado estos datos dejan entrever la fascinación que ejercieron en Shakespeare las nuevas noticias de América.
>
> José Rodríguez Feo, "Shakespeare y América" (1964).

Desde este fin de siglo y milenio, la década de los sesenta parece para algunos un paraíso perdido, para otros una estación más en el *via crucis* de su modernidad. Sin embargo, al interior del imaginario "sesentista" pulsa un modo de la intervención crítica que aunque se dice en ocasiones "superado" nos parece que, de manera residual, todavía permea algunos de los posicionamientos críticos, "radicales" que circulan en la actualidad. Sobre todo continúan esta "tradición" ciertos posicionamientos que se viven como respuestas a imperativos morales o a interpelaciones inevitables. Pensamos en esos pronunciamientos que supuestamente aclaran desde la certeza de nuestra voz lo que somos o no somos; pronunciamientos que han sido, en ocasiones, subestimados por la obviedad de sus gestos y la familiaridad de sus espacios. En ciertos modos de la discusión de las llamadas izquierdas, sobre todo las que vivieron su protagonismo histórico durante la década de los años sesenta, el acto de posicionarse fue entendido como una gestualidad declarativa, muchas veces confesional que precedía o, peor aún, condicionaba la "veracidad" de la labor del intelectual que usaba la voz. Hablo de esos gestos que, aun hoy, de vez en cuando, para fundar una autoridad crítica anotan o cifran, comienzan o terminan con frágiles negaciones: *no somos contrarevolucionarios, no somos liberales, no somos académicos, no somos posmodernos, no somos eso que tú eres.* Se trata de un gesto defensivo que, tal vez, presuponga o ansie una peculiar visibilidad. Sin entrar ahora en la espesura de un vasto debate, dicha estrategia, que adjetivo como narrativa y dramática, sin embargo, es un modo de autorización prolífico en las discursividades intelectuales editadas durante los primeros años de la experiencia revolucionaria iniciada en Cuba en 1959.

La presencia de la Revolución cubana en el imaginario político latinoamericano agudizaría la necesidad discursiva de muchos campos intelectuales de repensar sus modos de nombrarse y organizarse ante lo que entonces parecía vaticinar la experiencia cubana: "la inminencia del futuro". En ese sentido, Cuba acicateó esta urgencia intelectual por tener una posición "clara" ante la anunciación del *telos* revolucionario. En particular, al interior de la breve esfera pública cubana de los años sesenta es posible rastrear esta lógica de autorización intelectual que gusta de subrayar la espacialidad de su *performance* moral como una marca que garantizaría la presencia del saber estético en el panorama político de la isla revolucionada. Según avanzaba la década en cuestión, en este escenario se levantó, a partir de las enunciaciones críticas de algunos intelectuales, un debate en torno a cuál sería el grado de efectividad política más alto al que podría aspirar una producción cultural allí colocada. Según vaya asomándose la década de los años setenta, dicho debate será resuelto a través de la forma de la co-incidencia. Nos parece que aspirar al grado más alto de efectividad política, por parte de una propuesta intelectual entonces, suponía para algunos demostrar la co-incidencia (espacial y moral) entre dicha propuesta y el proyecto nacional que administraba el joven Estado revolucionario. En este momento, nos interesa merodear ese gesto de autorización, que en el caso de la oficialidad cultural cubana debe filiarse a la palabra de los padres fundadores. En este escenario, armar un itinerario significante para la intelectualidad conlleva inevitablemente toparse con las palabras del líder, sea el líder de antaño o el que vive con nosotros. De este modo, antes de lidiar con el temible *Calibán* se impone un comentario sobre una de sus autoridades fundantes, una nota sobre uno de los que muestran la lengua a la usanza calibanesca.

Proliferan en los años sesenta cubanos gestos de autorización intelectual que al momento de definir la toma de "posición revolucionaria" inciden simultáneamente en los modos de representación del "presente" nacional o público *desde* el cual se enunciaba. Basta con recordar que la historia política oficial de la Revolución no sólo produjo relatos de continuidad temporal con las palabras de los fundadores: Martí como gestor del ataque al Moncada. También el propio Fidel Castro definiría la Revolución cubana como la culminación de las guerras de independencia del siglo XIX (véase Castro, *Porque en Cuba*). Pero una lectura de dichos relatos fundacionales debiera detenerse en las estrategias topográficas levantadas por dichas escrituras al momento de representar el fluir histórico que descansa sobre ellas mismas. Una compleja narrativa sobre la coincidencia espacial y temporal fue la condición de posibilidad para que el tiempo y el espacio de la intelectualidad cubana se plegara y adquiriera legitimidad dentro del proyecto institucional que la oficialidad le diagramaba a la nación cubana. Más aún, dicha *agitación espacial* es recurrente en muchos textos literarios producidos o editados en este período.

En lo que se considera la primera alocución a los intelectuales cubanos por el poder revolucionario, Fidel Castro produce una consigna que es toda una estrategia de colocación de los saberes intelectuales en el nuevo panorama político que emerge en la Isla a partir de 1959: "Dentro de la Revolución, todo: contra la Revolución nada." Castro en sus "Palabras a los intelectuales" diseña una topografía magisterial de tareas e instituciones culturales que constituirán el "adentro" institucional de la Cuba revolucionaria.[1] Pronunciado a manera de conclusión a las reuniones que llevaron a cabo los intelectuales en la Biblioteca Nacional "José Martí" en el año de 1961, este discurso reaccionó ante lo que fue una intensa polémica que, de hecho, finalizará con el cierre del suplemento cultural *Lunes de Revolución.* Conviene enfatizar que en el eje de estos debates se hallaba una preocupación en torno a la injerencia de la política cultural revolucionaria en las variadas formas de producción intelectual del país, al igual que en las instituciones llamadas a promover dicha producción. En esas reuniones convivían diversos interrogantes en torno a cuáles serían los modos de adhesión poético-políticos de los intelectuales al proceso revolucionario, ¿cómo se verificaría dicha adhesión?, ¿cuáles serían sus lugares de enunciación privilegiados: las declaraciones públicas de un autor, su trabajo intelectual específico o su integración a las labores productivas diagramadas por el Estado? En otras palabras, lo que allí se discutía, era ¿cómo sería conceptualizada y recibida la diferencia estética y política por la oficialidad?

En sus "Palabras..." el líder revolucionario ensaya una forma de legitimación de un "interior" que define y recoge la forma de lo revolucionario a través del recorte de distancias entre las esferas de producción artística y las necesidades educativas de la nación que buscaba satisfacer el joven proyecto estatal. Para la constitución de este "interior" institucional Castro establece como pre-requisito la apertura y supeditación de otras "interioridades" culturales, en este caso, aquellas pertenecientes al campo intelectual cubano. Desde las célebres "Palabras..." del líder, las nociones de autor, obra e institución literaria deberán ser repensadas en este nuevo mapa institucional del saber en Cuba. La co-incidencia de intereses y funciones entre ambas instituciones, en específico, literatura y Gobierno, producidas por el recorte del líder, verificarían, precisamente, la legitimidad político-moral de los usuarios o visitantes de esa topografía institucional desde la cual Castro enuncia. En la definición de lo revolucionario que levanta este discurso se activan mecanismos de hipóstasis y de espacialización moral recurrentes en las textualidades políticas producidas en las discusiones públicas de la Cuba revolucionaria. Castro allí señala, sin lugar a dudas, el lugar más alto en la jerarquía para la intervención pública, incluidas las intervenciones del intelectual; antes que artista hay que ser revolucionario: "Nosotros somos o creemos ser hombres revolucionarios. Quien sea más artista que revolucionario, no puede pensar exactamente igual que nosotros" ("Palabras..." 13). El líder cubano, ante los intelectuales, especificó las instancias que habrían de producir una espacialidad que fomentara y garantizara el "avance" histórico de la Revolución. La Revolución debía producir un espacio para la conversión tanto intelectual como política:

> [...] *los revolucionarios son la vanguardia del pueblo, pero los revolucionarios deben aspirar a que marche junto a ellos todo el pueblo*; [...] la Revolución debe aspirar a que todo el que tenga dudas se convierta en revolucionario. La Revolución debe tratar de ganar para sus ideas la mayor parte del pueblo; la Revolución nunca debe renunciar a contar con la mayoría del pueblo; a contar, no sólo con los revolucionarios, sino con todos los ciudadanos honestos que aunque no sean revolucionarios, es decir que aunque no tengan una actitud revolucionaria ante la vida, estén con ella. La Revolución sólo debe renunciar a aquellos que sean incorregibles reaccionarios, que sean incorregiblemente contrarrevolucionarios. [...] *La Revolución tiene que comprender esa realidad y, por lo tanto, debe actuar de manera que todo ese sector de artistas y de intelectuales que no sean genuinamente revolucionarios, encuentren dentro de la Revolución un campo donde trabajar y crear y que su espíritu creador, aún cuando no sean escritores o artistas revolucionarios, tenga oportunidad y libertad para expresarse, dentro de la Revolución.* ("Palabras..." 14, énfasis mío)

Castro ensamblará una nueva jerarquía moral que redefinirá los grados de honestidad pública adquiribles por el intelectual cubano en el mapa institucional revolucionario. Este es el contexto inmediato a la formulación emblemática de la frase: "Dentro de la Revolución, todo: contra la Revolución nada." Repetimos, "Palabras a los intelectuales" es un diagrama de interiores y exteriores institucionales que semantiza decisivamente la frase que lo identifica en el mapa intelectual latinoamericano. "Palabras a los intelectuales" puede ser leído, además, como una poética estatal de la representación del "buen terreno" para la producción intelectual nacional; este texto produce una imagen del espacio revolucionario que deberá contener la actividad pública del intelectual cubano. En "Palabras a los intelectuales" la voz del líder, también, se propone como el espacio de conciliación y cancelación de las discusiones que parecían dividir a los intelectuales en 1961 ante la joven política cultural de la Revolución. La estrategia discursiva del texto de Castro, en este sentido, es una estrategia fundamentalmente topográfica. Una estrategia que se despliega a través de una serie de relocalizaciones de sentidos y de preguntas que, consistentemente, funda la autoridad institucional de los aparatos estatales ante los cuales los intelectuales "deberán presentarse." En este discurso emerge un "nosotros" móvil que tiene un primer referente: el "nosotros" en las "Palabras a los intelectuales" son los "hombres de Gobierno" o los "agentes de esta Revolución." En otros momentos dicho "nosotros" pasará a designar la totalidad de los intelectuales allí reunidos, o a la Revolución misma.[2] Resumiendo lo que en otro lugar debe retomarse con detenimiento, "los adentros" de la Revolución en las "Palabras..." del líder significan y señalan hacia el "espacio" institucional que comenzaba a centralizar la política del Estado revolucionario. Las instituciones estatales recién creadas y por crearse no sólo producirían las definiciones de "lo revolucionario", ellas mismas son la "imagen" de lo revolucionario en Cuba.[3] La alocución de Castro nunca negocia la autoridad de la joven institucionalidad estatal para definir el espacio o las formas de lo revolucionario; pues quien define el espacio allí define la Revolución misma, y por lo tanto, decide la pertenencia y la utilidad de las producciones artísticas. La entrada "conciliadora" de Castro al debate entre los intelectuales va dirigida, precisamente, a establecer quiénes serán los artífices o protagonistas de una definición o de una experiencia revolucionaria. Lo contenido por las instituciones del Estado "será" la Revolución, porque *se está en* la Revolución; merodeamos la tautología. En los debates públicos de entonces *se es porque se está.* Esta forma de definición hipostasía, no sólo la forma y el contenido de lo revolucionario, sino la razón de ser, la existencia misma de la Nación:

> Esto significa que dentro de la Revolución todo; contra la Revolución, nada. Contra la Revolución nada, porque la Revolución tiene también sus derechos y el primer derecho de la Revolución es el derecho a existir y frente al derecho de la Revolución de ser y de existir, nadie. Por cuanto la Revolución comprende los intereses del pueblo, por cuanto la Revolución significa los intereses de la Nación entera, nadie puede alegar con razón un derecho contra ella.
> Creo que esto es bien claro. ¿Cuáles son los derechos de los escritores y de los artistas revolucionarios o no revolucionarios? Dentro de la Revolución: todo; contra la Revolución ningún derecho ("Palabras...", 14-15).

Luego del ataque imperial por Playa Girón, este discurso muestra sin claroscuros la gestualidad jurídica que lo organiza. Gestualidad y mandato de ley que han sido pensados por una incipiente oficialidad revolucionaria que no tiene ningún problema en fundir, desde su relato teleológico, la heterogeneidad nacional y su historia a un presente institucional legitimado por los rigores de la guerra. En la topografía defensiva que propone "Palabras a los intelectuales" se puede encontrar el diagrama de un mapa institucional que piensa a la Revolución como un enorme cuerpo histórico, formado y nutrido por una serie de "órganos", que garantizan su movilidad social e histórica. El cuestionamiento que supone la "duda" intelectual ante la política cultural revolucionaria genera en el discurso de Castro una defensa innegociable de los "órganos" e "instituciones" revolucionarias, además, de que el líder pormenoriza toda una serie de medidas para la fundación e institucionalización de diversos centros artísticos y culturales.

Y decíamos que el deber de la Revolución era habilitar ese "campo" de producción artística para que los intelectuales "en vías de conversión revolucionaria" pudieran ser integrados. Podría hablarse en esos primeros años, de un intento institucional que espiritualizaba los sentidos y las narrativas que constituirían los sujetos históricos o nacionales producidos por la Revolución. En su primera década el Estado revolucionario ensayaba propuestas administrativas para el ordenamiento social, cargadas de estímulos tanto morales como materiales, que debían "corregir" ciertas "actitudes ante la vida" que colocaban en el "exterior" revolucionario a algunos sujetos. No se puede dejar a un lado que corregir es un modo de fundar la rectitud. De este modo, la imagen de la Revolución devendrá, desde "Palabras a los intelectuales" (1961) hasta "El socialismo y el hombre en Cuba" (1965) de Ernesto Che Guevara, en una suerte de macro-institución alimentada y constituida por otras instituciones a las que sitúa, articula, supedita y finalmente legitima. Este espacio no sólo aspirará a extenderse sobre el mapa geo-político del mundo, sino que además la Revolución deberá ser un espacio de certificación y calibración de las moralidades que lo levantan o de aquellos que lo ocupan; quizás sea ésta la utopía sobre la efectividad de un ojo político que persigue con más ardor la oficialidad en Cuba. Sabemos que son constantes las calificaciones de este espacio como una zona de formación y de aprendizaje para los "nuevos" hombres y mujeres. La extensión espacial, la enorme visualidad y movilidad de la experiencia pública revolucionaria son concomitantes a esta legitimidad política que proclaman sus instituciones; esta espacialidad revolucionaria es un dispositivo que verifica la colocación ("altura" o "verticalidad") revolucionaria de aquellos que la ocupan. Así no es de extrañar el carácter expulsivo de esta espacialidad ante aquellos que, de alguna manera, cuestionan o desbordan las reglas para el uso de este espacio. Se trata de una lógica disciplinante que no debe buscarse, exclusivamente, en las crisis políticas que ha vivido la Revolución con los intelectuales. Desde sus inicios ese deseo, apenas pronunciado por Castro, de cobijar la "diferencia honesta" de esos "otros" intelectuales estuvo amenazado, más bien socavado, por una lógica institucional que anhelaba convertir la diferencia en mismidad o producir un "nuevo" sujeto cuyas expresiones de "libertad" no desbordaran el espacio jurídico que "encarnaba" la ley revolucionaria.

Detengámonos en un lugar clave en este escenario. Desde una institución cultural tan importante en los años sesenta como Casa de las Américas esa necesidad de integración y convocatoria política, que organizaba el discurso internacionalista de la Revolución, fue tematizada y diagramada por la discursividad editorial de su revista, pero también fue explicitada en sus textos y declaraciones institucionales. La apertura del campo intelectual cubano a formas de colaboración y solidaridad internas e internacionales incidió en las maneras con las que los campos intelectuales del momento intentaban relocalizar su presencia en lo histórico. En esta situación dominada por los énfasis de una exteriorización de las relaciones entre poder y escritura, donde "todo debía salir a la luz pública", la discursividad latinoamericanista de la revista emergió tematizando su forma y su funcionalidad pública como una instancia cultural que espacializaba la utopía americana. Así el diálogo en la revista *Casa de las Américas* con otras publicaciones (cubanas o internacionales) giraría en torno a su interés por mostrar la naturaleza y los problemas de una intelectualidad latinoamericana lanzada al ruedo público por las premuras críticas que exigía la utopía. Pero dicha funcionalidad cultural de la publicación, sin embargo, no fue diseñada con absoluta precisión al comienzo de la institución. La poética editorial de la revista fue formándose luego de un proceso de tanteos, luchas y conflictos.[4] Una de las primeras aspiraciones culturales de la *Casa* fue situarse en el mapa editorial latinoamericano y ofrecer un foro de discusión y encuentro, lejos de las directrices de instituciones culturales o editoriales oficiales reconocidas en ese momento en Latinoamérica. En un espacio como éste un nuevo tipo de intelectual de izquierda, marcado por una intensa vocación participativa en asuntos de política cultural ejercitaría su capacidad crítica.[5] Sin embargo, a principios de los años setenta esta vocación para la concurrencia de un imaginario común, facilitada por el módulo institucional latinoamericanista de la *Casa* (este módulo fue capaz de figurar y espacializar las "virtudes" políticas de un discurso sobre la identidad americana), gravitó hacia una concepción "antagónica"[6] de sus movilizaciones y operatividades culturales que lesionó seriamente su efectividad pública. En otras palabras, la forma y los tonos de la "guerra" fueron privilegiados por el discurso editorial de la *Casa* a la hora de articular una versión de las especificidades de la cultura cubana o latinoamericana. No se trata aquí de negar las marcas históricas de la violencia y las tonalidades propias de la confrontación que han conformado innumerables zonas de la cultura latinoamericana. Sin embargo, nos interesa repensar esos momentos que parecen cristalizar y naturalizar bajo una forma o escenario discursivo la "totalidad" de una historicidad cultural, generando, en muchas ocasiones, una enorme autoridad hermeneútica. En este sentido, la crítica o la apropiación muchas veces festiva del texto de Fernández Retamar, una y otra vez, salta sobre los rigores y la especificidad de los lugares desde donde dicho texto fue pensado y enunciado. Escamotear dicho contexto evita percibir mejor los tonos o los atributos que le adscribe Fernández Retamar a lo latinoamericano o a las formas descolonizadoras "nuestras" cifradas en el lenguaje de Calibán.[87]

De los énfasis no centralizadores o totalizantes de la *Casa de las Américas* a principios de la década de los sesenta quedará muy poco una vez la institución asuma la voz del endurecimiento cultural decretado por la política cultural revolucionaria en el Primer Congreso Nacional de Educación y Cultura (1971). Pero este "cierre" ¿fue producto de la "radicalización política" de las esferas gubernamentales de la Revolución ante la cual la "intelectualidad extranjera" quedó rezagada, o fue el resultado de un decreto oficialista que binarizó y unificó las prescripciones morales recurrentes en la discursividad política cubana? ¿Existe una línea de continuidad entre "Palabras a los intelectuales", las declaraciones del Congreso Nacional de Educación y Cultura de 1971 y el *Calibán* de Roberto Fernández Retamar?

Cabría aquí insertar el relato de un viajero. Hans Magnus Enzensberger, quien se ha preocupado en más de una ocasión por los temarios y problemas que presenta el periodismo y los modos de producción de la "industria cultural", narraba, emocionado, desde la Revolución cubana, las peculiaridades de la publicidad revolucionaria en la Isla, al enfatizar la novedad jurídica de dicha experiencia colectiva. Colocado ante el interrogatorio público al que fueron sometidos los invasores de Playa Girón en abril de 1961, Enzensberger ensaya todo un análisis sobre los modos de argumentación y crítica allí escenificados. El poeta alemán "presenció" el enjuiciamiento y la construcción de la verdad por una clase ante otra a partir de las intervenciones televisivas de los acusados ante sus jueces. Para Enzensberger lo revolucionario de dicha situación emergía de la transparencia producida por los medios; lo explícito de los gestos de clase de los sujetos envueltos en el interrogatorio, "la no interferencia de los medios" en el proceso fundaban la especificidad revolucionaria. Se trata de una situación, según Enzensberger, en la que era imposible o por lo menos irresponsable, un "reconcentramiento del sujeto aislado" propio de la clase (burguesa) derrotada en la invasión:

> La situación es revolucionaria. Precisamente por ello es posible el proceso [del interrogatorio] que estamos reviviendo. Porque es evidente que una clase dominante no permite que se le interrogue, a menos que ya esté vencida. Antes de llegar a esta situación, no da cuenta de sus actos, no da a conocer la estructura de su comportamiento, a menos que esto ocurra de forma indirecta o por error: un fallo, una indiscreción, en el cinismo de los iniciados, en la ingenua brutalidad del orden. Sólo cuando se plantea la cuestión del poder, sale a la luz del día toda la verdad de una sociedad (Enzensberger 21).

La antagonía "dilucida" este escenario; en él se enfrentan a plena luz dos clases que antes se han enfrentando con balas. Este escenario es el resultado de la colocación y la coincidencia de tipos nacionales en un espacio donde la crítica y los usos de la palabra vienen investidos por la inmediatez y transparencia ineludible que declara la Revolución como una lucha por la forma de la Patria. Los medios simplemente "transmitían" a los sujetos. Más aún, el carácter confrontacional de dicha situación jurídica, y necesariamente pública, determina, según Enzensberger, la visibilidad de los "contenidos" y los valores de clase que representan tanto los prisioneros como sus interrogadores. Podría decirse que es el carácter antagónico de la situación lo que vuelve lúcida, lo que *ilumina* y mediatiza esta zona pública que es por sí misma cifra de "lo revolucionario". La publicidad revolucionaria permite contemplar "la verdad" porque es un espacio donde se presenta, a través de los cuerpos y los rostros de la guerra, la lucha por "la verdad nacional". La historia de la lucha de clases se constituía y se ofrecía, traslúcidamente, a través de una emisión televisiva que también mostraba la forma de la Nación en medio del mapa que había hecho posible las agresiones imperiales norteamericanas. La verdad del sujeto y el proyecto político o de clase que lo articula co-inciden en un escenario que automáticamente registra y señala las pertenencias ideológicas de sus personajes; en este escenario somos transparentes. Los prisioneros ante las cámaras revolucionarias se saben, ante todo, observados por amigos y enemigos, por jueces y aliados internacionales; este saberse observado es lo que garantiza el trazo del "verdadero" panorama ideológico de los combatientes. La mirada (pública) de los otros y de "los nuestros" configura y asegura así las características y la pertenencia ideológica de los allí expuestos.[8]

La zona de lo público de la Revolución cubana durante esta década puede ser imaginada como un espacio que habilita una mirada ininterrumpida. No parecen haber mediaciones entre esa a suerte de línea imaginaria que une el ojo del espectador con los objetos o sujetos vistos en este espacio público. La Revolución ha fundido y entregado un aparato óptico al sentido de la Nación, con él recontextualiza el sentido del presente, los hilos de su pasado y sus líneas hacia el futuro. En este momento neurálgico para el devenir histórico de la Nación, los usos de la voz y los medios públicos presuponen o buscan la transparencia o claridad de los sujetos que los habitan y constituyen. Los usos de la voz, las posiciones y definiciones de dichos sujetos pasan a través del eje(ojo) histórico que la institucionalidad guerrillera entregará como la definición de lo revolucionario. Este eje(ojo) clasifica la procedencia, corrección, pertenencia, y en última instancia, la validez de estos posicionamientos desde el panorama de solidaridades que reclama el proyecto de emancipación nacional diseñado por el Estado cubano. Además, dicho eje ensambla y privilegia, constantemente, formas y tonos para narrar la nación desde un territorio discursivo dominado por figuras que acentúan lo confrontacional, la agonía propia de un escenario bélico. Allí la Nación revolucionada reclamará un "nosotros" ante un "ellos" agresor que, a pesar de su "absoluta diferencia" cultural, se vuelve imprescindible al momento de trazar, indeleblemente, las fronteras de "nuestro" territorio y el por qué de su teleología histórica. Creemos que "desde" este territorio podrían leerse esas constantes preocupaciones por un relato que dé cuenta del lugar o de las movilizaciones poético-políticas que ensayan los intelectuales ante la experiencia revolucionaria cubana.

Las gestualidades públicas que hallamos en la arena revolucionaria de los años sesenta pueden describirse como una serie de prácticas estratégicas preocupadas por demarcar la especificidad espacial del sujeto que las articula. Los usos de la palabra pública en esta arena comienzan, literalmente, localizando la espacialidad de sus propuestas; el individuo se sitúa (o lo sitúan) en medio de una escenografía histórica convulsa que lo convoca y reclama su participación. La espacialidad de esta arena pública está inscrita, en gran parte, por la lógica moral del enfrentamiento bélico. Por dicha espacialidad el sujeto se mueve, viaja y escribe su "eticidad". Para el intelectual movilizar y enunciar su "toma de posición" en esta escenografía debe revelar los signos de identidad de su "compromiso", de su filiación institucional y de su poética.

Más allá del broche que activan los decretos de la política y la oficialidad, (pero sin subestimarlos) propongamos otra zona para palpar este cierre discursivo del imaginario dialógico en la Cuba revolucionaria en un episodio clave en la historia de la *Casa de las Américas*. El importante ensayo del director de la revista Roberto Fernández Retamar, *Calibán: Apuntes sobre la cultura de nuestra América* (aparecido originalmente en la *Casa*, número 68, sept.-oct. 1971) puede considerarse como un texto que, hasta cierto punto, recoge la clausura de esta situacionalidad discursiva propia de los años sesenta en Cuba. Fernández Retamar ha señalado, en repetidas ocasiones, que el entorno inmediato de la producción de este ensayo fueron los debates en torno a la revista *Mundo Nuevo* y los sucesos del llamado "caso Padilla" (Fernández Retamar, "*Calibán* revisitado" y "Adiós a Calibán"). Nos parece decisivo subrayar algunas de las especificidades de esta escenografía pública que recogió la vida intelectual en la Cuba de los años sesenta, pues muchas de sus espacializaciones morales yacen supuestas en el escenario discursivo que levanta el *Calibán* de Fernández Retamar. La situación de co-incidencias temporales y espaciales, que dominó la breve esfera pública cubana en los años sesenta, estimuló en espacios como la *Casa de las Américas* formas de organización y emplanaje, complejas y heterogéneas, que escriben esta cercanía de territorios y efectos visuales generada por "la inminencia" de la Utopía revolucionaria. Las formas de espacialización del sentido de la inmediatez que trabajan géneros como el reportaje, la fotografía, el documental o el testimonio fueron máquinas de producción textual muy activas en la esfera pública cubana; sin dejar al lado la omnipresencia de la televisión en todo el proceso inicial del advenimiento de lo revolucionario.[9] Los modos de organización editorial de algunas de las publicaciones culturales cubanas de entonces gustaron de incorporar estas formas. En el caso particular de la *Casa de las Américas* el *collage* fue una de las estrategias de diseño y emplanaje preferida por los editores de la revista. La elección del *collage* como principio de organización del espacio interno de la revista es una forma de representación idónea para los móviles y proyectos culturales emblematizados por la *Casa*. Los recortes que supone el *collage* recontextualizan y multiplican los sentidos una vez intercomunican zonas y experiencias mediante la yuxtaposición de objetos, frases e imágenes diversas. En el caso del contexto público revolucionario el *collage* es un principio poético efectivo para representar y des-representar las diferentes versiones del orden de "lo real" durante un momento eminentemente crítico y visual. El estatuto de lo real en la sociedad revolucionaria, ya sea afectado por una coyuntura de guerra o discutido por los debates intelectuales y las polémicas literarias del momento, en ocasiones, fue representado desde los efectos del *collage*. El *collage* parecía cifrar lo múltiple, la pluralidad de planos y perspectivas que "detonaba" la Revolución. Lejos de capturar una "situación real", con todos sus ángulos y posibilidades lógicas, el *collage* aspira a negarle al objeto producido un carácter unitario, orgánico, interviniendo "su esteticidad" con diversos fragmentos de series "reales", de materiales que de alguna manera lo entrecomillan.[10]

Esta lógica grata a las yuxtaposiciones y los transportes temporales y topográficos es, además, detectable no sólo en las estrategias editoriales de encuadramiento de polémicas o debates en publicaciones de los años sesenta en Cuba y Latinoamérica, sino también es constitutiva de la forma de algunos textos escritos entonces.[11] El alegato cultural del ensayo del director de la *Casa* comienza colocándonos en el tejido mismo del escenario cultural cubano: se trata de un intercambio con un periodista extranjero de visita por la Revolución cubana. Fernández Retamar reacciona ante los presupuestos de una discusión pública:

> Un periodista europeo, de izquierda por más señas, me ha preguntado hace unos días: "¿existe una cultura latinoamericana?" Conversábamos, como es natural, sobre la reciente polémica en torno a Cuba, que acabó por enfrentar, por una parte, a algunos intelectuales burgueses europeos (o aspirantes a serlo), con visible nostalgia colonialista; y por otra, a la plana mayor de los escritores y artistas latinoamericanos que rechazan las formas abiertas o veladas de coloniaje cultural y político. La pregunta me pareció revelar una de las raíces de la polémica, y podría enunciarse también de esta manera: "¿existen ustedes?" Pues poner en duda nuestra cultura es poner en duda nuestra propia existencia, nuestra realidad humana misma, y por tanto estar dispuestos a tomar partido en favor de nuestra irremediable condición colonial, ya que se sospecha que no seríamos sino eco desfigurado de lo que sucede en otra parte. Esa parte son, por supuesto, las metrópolis, los centros colonizadores, cuyas "derechas" nos esquilmaron, y cuyas supuestas "izquierdas" han pretendido y pretenden orientarnos (Fernández Retamar, *Calibán* 7).[12]

Ante las críticas internacionales surgidas a raíz de los sucesos del "caso Padilla" y ante el cuadro de agresión que anunciaban los manejos secretos de la política estatal norteamericana, el texto de Fernández Retamar recorta, desde la *Casa de las Américas,* una cartografía literaria y moral que también puede leerse como el álbum familiar de "nuestra identidad". En el comienzo del *Calibán* se puede rastrear una articulación que le es específica a esta nueva situación pública que relocaliza la indagación del "enigma latinoamericano". El *Calibán* es un texto cuyas propuestas continúan trabajando desde los presupuestos investigativos que levantara el latinoamericanismo de fines del diecinueve una vez se postuló descifrar o representar el "enigma" americano. Esta estrategia de producción textual fundó gran parte de la autoridad pública que el latinoamericanismo, como discurso, goza en los campos intelectuales latinoamericanos por lo menos desde finales del siglo diecinueve. Textos paradigmáticos de esta tradición son "Nuestra América" de Martí, el *Facundo* de Sarmiento, el *Ariel* de José E. Rodó, entre otros. El *Calibán* prolonga las preocupaciones críticas de dicho latinoamericanismo, en específico aquéllas que provienen del latinoamericanismo martiano. Un rasgo clave de la lógica estratégica que comparte el texto de Retamar con esta tradición, como nos señalara Julio Ramos, es ese *situarse* ante el archivo de materiales y representaciones de la latinoamericanidad.[13] Pero el *Calibán* ensaya una diagramación espacial que, mientras se efectúa, le adjudica valores a esas zonas recortadas y ocupadas por los debatientes en pos de la identidad americana. La acción que comprende el situarse ante el archivo de materiales, que glosa lo "nuestro" en el *Calibán*, se inicia con la discusión e historización de las voces caníbal/caribe, pero sobre todo, a partir de una cita de *The Tempest* de William Shakespeare; cita que será resemantizada desde la "publicidad" que constituye el presente del texto al igual que sus propuestas políticas. A la escena que abre el ensayo, donde se recoge la pregunta del periodista extranjero sobre la existencia de una cultura latinoamericana (pregunta que Fernández Retamar califica defensivamente como "duda" colonialista), le es superpuesta la escena dramática de la pieza shakespereana:

> Ahora mismo que estamos discutiendo, que estoy discutiendo con estos colonizadores, ¿de qué otra manera puedo hacerlo sino en una de sus lenguas, que es ya también nuestra lengua, y con tantos de sus instrumentos conceptuales, que también son ya nuestros instrumentos conceptuales? No es otro el grito extraordinario que leímos en una obra del que acaso sea el más extraordinario escritor de ficción que haya existido. En *La tempestad,* de William Shakespeare, el deforme Calibán, a quien Próspero robara su isla, esclavizara y enseñara el lenguaje, le increpa: "Me enseñaste el lenguaje, y de ello obtengo/ El saber maldecir. ¡La roja plaga/ Caiga en ti, por habérmelo enseñado!" *(You tought me language, and my profit on't/ Is, I know how to curse. The red plague rid you/ For learning me your language!* (*La tempestad,* acto 1, escena 2) (*Calibán* 12, énfasis de Fernández Retamar).

El *Calibán* reconstituye el escenario del famoso drama shakespereano una vez lo moviliza sobre zonas de la discusión pública que hizo posible la Revolución cubana. Con la cita,

Fernández Retamar transporta del escenario shakespereano, algunos de sus tonos y sobre todo sus *figuras*, y así instaura el espacio discursivo donde se enfrentarán dos contendientes majestuosos por el sentido presente y futuro de lo americano.[14] El traslado de la cita shakespereana que funda el tono del *Calibán* aspira, sobre todo, a exacerbar los motivos teatrales y agónicos que se encuentran en el drama shakespereano desde las semantizaciones escenográficas (polares) que levantara la "publicidad" revolucionaria. La autoreflexividad teatral, la teoría dramática sobre los dobles o los dobleces de la trama, que despliega *The Tempest* entre escenas, serán postergadas como problemas en el *Calibán* y el autor cubano cargará su mano ante "las series americanas" de la obra donde pareciera cifrada "nuestra" diferencia, "nuestra" utopía y sobre todo la forma y los tonos de "nuestra" lengua.[15]

Con relación al imaginario utópico que parece sedimentado en la institucionalidad cultural cubana, visitemos una lectura reciente del ensayo de Fernández Retamar. Fredric Jameson declaraba imprescindible la traducción al inglés del *Calibán* aduciendo que la obra del autor cubano posee cualidades críticas que harían posible reconsiderar la funcionalidad social de la institución académica norteamericana:

> Poeta y ensayista, él todavía combina el supremo compromiso del intelectual clásico con el lenguaje en todas sus capacidades, el cual ha sido, en el capitalismo tardío, socavado sistemáticamente por la especialización y la siempre intensificante división del trabajo (algo frecuentemente deplorado de manera estrecha como la retirada de los críticos literarios y teóricos a la universidad). Mientras tanto, como "esteta" —si se permite caracterizar así la gran vocación poética y visionaria del Poeta que sobrevive en América Latina como en pocas tradiciones nacionales— su compromiso con la política es igualmente absoluto. Es decir, a diferencia de la ahora dominante "tradición" de la poesía y modernismo anglo-americano, en esta tradición alterna no se cree que la poesía y la política son inconsistentes [...] *Pero lo que significan para nosotros la obra de Fernández Retamar en particular y la literatura cubana en general también es este espectáculo estimulante de un Arte y Poesía realizados por la Revolución, como también encontrar su propio mito y telos en la figura de la revolución misma:* una lección respecto a la cual la poesía en nuestro propio lenguaje ha sido flemática, por lo menos desde Shelley, y en nuestra teoría poética y crítica completamente muda ("Prefacio a Calibán" 4-5).

Lejos de la apologética que a veces contiene un "Prólogo", y evitando tanto la nostalgia como el sistema de analogías unificantes con las que Jameson gusta de recubrir al trabajo intelectual en el "Tercer Mundo",[16] subrayemos los sentidos de lo escenográfico-revolucionario que quedan esbozados en la cita, pues éstos se proponen como potenciadores de otra "tradición" intelectual que puede rearticular la voz crítica del intelectual en lo público. Para Jameson con esa figura del "Poeta" visionario se puede levantar un modelo intelectual que intervenga en esferas poéticas y políticas sin problemas fronterizos; bajo esta "tradición" poesía y política son formas cónsonas de participación crítica en la esfera pública de una sociedad. Desde la obra de Fernández Retamar, Jameson propone pensar los modos de la poesía y la política como zonas compatibles, con lógicas de discusión y comportamiento concurrentes, que vehículen la voluntad de poder del intelectual. Jameson celebra (en medio de su polémica con "los posmodernos") esta tradición puesto que se trata de una tradición donde prima la combinación de saberes y porque en ella encuentra un escenario capaz de viabilizar modos del imaginario revolucionario al igual que formas de acceso al poder institucional. Es notable cómo, en la lectura de Jameson, la obra de Fernández Retamar se designa como un deslumbrante "espectáculo" revolucionario. Para el autor norteamericano la escritura de Férnandez Retamar está fundida, poética y teleológicamente, a esa otra gran fusión de esferas y experiencias que es la Revolución. Fernández Retamar, en tanto encuentra "su propio mito y telos en la figura de la revolución misma" (4-5), encuentra un campo de operaciones ideal, según Jameson, para la actividad intelectual. La centralidad escénica de esta voz intelectual, que Jameson subraya como modelo, ha adquirido su espectacularidad (en última instancia su legitimidad) a través de la figura de la hipóstasis: obra y Nación conforman una unidad en la producción del autor cubano.

Insistamos en las tretas de la hipóstasis como estrategia textual abundante en los textos que vieran estos años revolucionarios en Cuba. Ezequiel Martínez Estrada hipostasiaba la territorialidad topológica que recorta la *Utopía* de Tomás Moro a la especificidad político-social del proceso histórico cubano en un ensayo aparecido en la *Casa de las Américas* (Martínez Estrada).[17] La hipóstasis que ensaya Martínez Estrada requería de un transporte topológico desde los territorios del texto de Moro hacia el contexto social cubano como pre-requisito para la comprensión utópica que suponían ambas textualidades. Esta movilización topográfica le permite leer la serie de analogías que el autor argentino encuentra entre la geografía de la *Utopía* de Moro y la Utopía o geografía revolucionaria. Establecida la coincidencia topológica, Martínez Estrada procedía con el itinerario político y argumental de su ensayo. Por otra parte, en la película de Tomás Gutiérrez Alea *Memorias del subdesarrollo* (basada en la novela de Edmundo Desnoes con el mismo título) la constante movilidad del personaje principal (eje del sentido visual del filme) fundía las preocupaciones "internas" del sujeto a las especificidades de la escenografía habanera, enrareciendo las supuestas diferencias que existían entre los "adentros" y las "afueras" de la ciudad revolucionada. Por su parte, el *Calibán*, asume sin mayores problematizaciones la topografía que surge en *The Tempest*, en tanto prescinde del complejo tejido intertextual y autoreferencial del drama shakespereano en favor de la materialidad o "documentalidad" americana que parecen subyacer en el texto de Shakespeare.[18]

De *The Tempest* se toma una espacialidad cargada, un escenario, porque en éste se verifica un relato de violencia, de desposesión que es también un relato sobre el acceso al lenguaje del colonizador; ésta es la historia que Fernández Retamar ve dramatizada en las múltiples relaciones de Próspero, Calibán y Ariel. Este drama de oponentes y desposesiones es superpuesto al presente de la Revolución cubana; desde ahí se resemantizan y se problematizan los valores adscritos en el drama shakespeareano convirtiéndolo en un drama sobre la naturaleza de las relaciones coloniales. De este modo, la especificidad de los que debaten, o de aquellos contra los que se escribe en el caso del *Calibán*, será demarcada y categorizada a través de una metáfora ideologizante y jerarquizante de la diferencia americana que en este momento exige adhesiones incondicionales. Adhesiones que, además, se convertirán en la cifra misma de lo americano y ante las cuales cualquier exterioridad o diferencia será sospechosa de esconder una posible traición.

Un proceso antagónico permite ensamblar este *collage* beligerante. De este modo una prueba de fuego permitirá que los "instrumentos" conceptuales del lenguaje de "ellos" lleguen a ser "nuestros". La prueba marcial familiariza y naturaliza los nombres y los lenguajes otros. Esa identidad generada por la apropiación de una "instrumentalidad" lingüística, que en un principio no fue "nuestra" y que ahora ya lo es, es uno de los grandes centros argumentativos del *Calibán* y hace, además, que el propio ensayo se proponga como el espacio idóneo para el re-encuentro y la redefinición de las múltiples oposiciones que han constituido el discurso latinoamericanista. Repetimos, es vital para la articulación de este relato, que sus figuras y sentidos, estén literalmente fund(a)idos en un escenario. Desde este escenario se va a narrar un itinerario espacial y temporal que verifica el traspaso de tales "instrumentos" a "nuestra" territorialidad cultural.

La cita que reclama el *Calibán* como la cifra de la voz de lo "americano" localiza, en el sentido más literal, la reflexión y el escenario histórico que Fernández Retamar desplegará en su texto. Estamos ante un texto dominado por "escenas" que describen un itinerario. El *Calibán* abre con esa escena del periodista extranjero cuestionando "nuestra existencia" como entidad diferenciable de la europea, para luego transportar, con la cita shakespeareana, el escenario inscrito en *The Tempest*, para finalmente terminar en el mejor de los escenarios: la Revolución misma. La escena de la maldición calibanesca y la del intercambio periodístico son escenas homólogas, en tanto ambas suponen un enfrentamiento por la "verdadera" voz y forma de la identidad de un sujeto. Pero esta discusión y este itinerario han sido posibilitados por el anagrama de lo caribeño que Fernández Retamar ha leído en el uso shakespeareano de la voz caníbal. Caníbal es una voz de la violencia, vocablo violentado y producido por el "mal uso" de "ellos". Luego de la cita de Shakespeare y de la incorporación de su teatralidad comienza la sección "Para la historia de Calibán", sección que comienza discutiendo los sentidos de las voces caníbal/caribe:

> Calibán es anagrama forjado por Shakespeare a partir de "caníbal" —expresión que, en el sentido de antropófago, ya había empleado en otras obras como *La tercera parte del rey Enrique VI* y *Otelo*—, y este término, a su vez, proviene de "caribe." Los caribes, antes de la llegada de los europeos, a quienes hicieron una resistencia heroica, eran los más valientes, los más batalladores habitantes de las mismas tierras que ahora ocupamos nosotros. Su nombre es perpetuado por el Mar Caribe (al que algunos llaman simpáticamente el Mediterráneo americano; algo así como si nosotros llamáramos al Mediterráneo el Caribe europeo). Pero ese nombre en sí mismo —*caribe*—, y en su deformación caníbal, ha quedado perpetuado, a los ojos de los europeos, sobre todo de manera infamante. Es este término, este sentido el que recoge y elabora Shakespeare en su complejo símbolo (*Calibán* 12-13).[19]

El *Calibán* se propone como un ensayo de recontextualización de una pugna por el sentido del nombre y la geografía caribeña. El término caníbal, descontextualizado, separado de su "verdadero" territorio, ha degenerado y contaminado la verdadera voz que en un principio originó el nombre Calibán. La resistencia que proclama la voz *caribe* se encuentra cifrada en la deformación que recoge la voz *caníbal* y en el cuerpo de agua que recoge el archipiélago. Por lo tanto, la deformación adscrita al "nosotros" que representa Calibán es el entuerto significativo que hay que deshacer en el ensayo de Fernández Retamar. Este ensayo apuesta por la polarización como una forma de la recontextualización de dicha voz que aclararía los malos entendidos en los usos de la voz *caníbal*.

Si "nuestra historia", según el *Calibán,* es un itinerario de resistencias, de procesos de lucha que *nos han marcado* como un cuerpo histórico expropiado de su verdadero ser, el *Calibán,* como ensayo fundacional, debe proponer una periodización que tome como puntos de referencia aquellos escenarios que certifiquen este proceso ascendente de la identidad americana en su agonía por devolverle o invertir las antiguas y deformes valencias adjudicadas a "nuestra" especificidad. Así, el *Calibán* se propone, no sólo como una escritura que permite constituir el "verdadero" contexto donde escuchar una voz que localizada en otro (con)texto ha sido escamoteada, sino también como el registro de un itinerario histórico de alianzas y compromisos que nos ha definido "nuestro" escenario. La latinoamericanidad, para Fernández Retamar, es y ha sido un escenario de polaridades. A partir del *logos* inaugural que ofrece el espacio de la Revolución cubana se elabora un calendario que debe funcionar cómo la comprobación de "nuestro" intento por forjarnos un nombre, por alcanzar "nuestra certidumbre". Esta certidumbre permite reorganizar el *telos* (el antes y el después) de la cultura latinoamericana y el sentido de su topografía histórica. Desde ese "dato" es posible periodizar "nuestra" historia como una historia de resistencias y reivindicaciones. Se trata de un relevo de escenas confrontacionales:

> Se podrían ir marcando algunas de las fechas que jalonan el advenimiento de esa cultura: las primeras son imprecisas, se refieren a combates de indígenas y revueltas de esclavos negros contra la opresión europea. En 1780, una fecha mayor: sublevación de Túpac Amaru en el Perú; en 1803, independencia de Haití; en 1810 inicio de los movimientos revolucionarios en varias de las colonias españolas en América, movimientos que van a extenderse hasta bien entrado el siglo; en 1867, victoria de Juárez sobre Maximiliano; en 1895 comienzo de la etapa de la guerra de Cuba contra España —guerra que Martí previó también como una acción contra el naciente imperialismo yanqui—; en 1910, Revolución mexicana; en los años veinte y treinta de este siglo, resistencia en Nicaragua de Sandino y afianzamiento en el continente de la clase obrera como fuerza de vanguardia; en 1938, nacionalización del petróleo mexicano por Cárdenas; en 1944, llegada al poder del régimen democrático en Guatemala que se radicalizará en el gobierno; en 1946, inicio de la presidencia de Juan Domingo Perón, bajo la cual mostrarán su rostro los "descamisados"; en 1952, Revolución boliviana; en 1959, triunfo de la Revolución cubana; en 1961, Girón: primera derrota del imperialismo yanqui en América y proclamación del carácter marxista-leninista de nuestra Revolución; en 1967, caída del Che Guevara al frente de un naciente ejército latinoamericano en Bolivia; en 1970, llegada al gobierno, en Chile, del socialista Salvador Allende. (*Calibán* 78-79.)

La Revolución es el eje cognoscitivo que permite articular esta periodización. El *Calibán* es un texto que prima las relaciones duales, los procesos polares; ya la escena inicial del ensayo poseía prefigurada esta historia de confrontaciones por el nombre de "nuestra casa." En el *Calibán* los tiempos de la confrontación política o armada son los momentos privilegiados que certifican la presencia del "ser cultural latinoamericano". Repitámoslo, en el *Calibán* un proceso violento, antagónico, en el principio, permite que los "instrumentos" conceptuales, la lengua de "ellos" (Europa = colonización = imperialismo) lleguen a ser "nuestros" (Revolución = Latinoamérica). El origen diferenciado de "nuestro" nombre, lo latinoamericano, en específico, lo caribeño, emerge en el *Calibán* como una voz producida, en un campo de lucha (un valor forjado entre combatientes) que en el presente de la Revolución cubana adquiere su signo concreto y su contexto ideal.[20]

Por lo tanto la filiación calibanesca con el latinoamericanismo martiano localiza aún más la movilización del texto shakespeareano que haría posible la audición de la lengua descolonizadora del caribeño. Téngase presente que el latinoamericanismo martiano cifró su mejor alegato político a favor del saber letrado, en tanto un saber necesario en la constitución de un proyecto estatal/nacional, en el ya clásico ensayo "Nuestra América". Texto en el que la metáfora martiana decide sortear y recomponer las formas rotas, yuxtapuestas del "enigma americano". Pero "Nuestra América" no sólo es un antecedente formal y discursivo del *Calibán* de Fernández Retamar, sino también su máxima autoridad política y literaria. El título completo del célebre ensayo del director de la *Casa* contiene el título del ensayo de Martí. Como decíamos anteriormente, la pregunta ante el enigma americano es una forma de situarse, discursivamente en un contexto cultural y dicha colocación, a su vez, devela operatividades estratégicas que organizan los posibles usos de lo literario en la vida pública de la Nación latinoamericana. Recordemos además que "Nuestra América" y el *Calibán* fueron producidos para publicaciones de difusión periódica; "Nuestra América" ve la luz pública en *La Revista Ilustrada de Nueva York* el 10 de enero de 1891 y otra vez en *El Partido Liberal, de México,* el 30 de enero de 1891; el *Calibán* sale a la luz pública con el número 68, en el año 1971, en *Casa de las Américas.* Ambos son textos que se piensan desde debates públicos, hasta cierto punto, homólogos. A pesar de sus diferencias y particularidades contextuales, los contextos de enunciación pública inmediatos tanto a "Nuestra América" como al *Calibán* subrayan los problemas que supone articular "nuestra americanidad" ante la amenaza imperialista norteamericana como ante ciertas propuestas de gubernabilidad de los Estados latinoamericanos. Ambos ensayos diagraman sus estrategias desde series metafóricas insistentemente morales; ambos categorizan las zonas y los debatientes de esta identidad autóctona.[251]

La vocación genealógica del texto de Férnandez Retamar continúa la emblemática telúrica fundida en la figura del árbol que domina la "Nuestra América" martiana. Hay que recordar que en el entramado del texto martiano la especificidad de lo "nuestro" opera bajo la lógica de la metáfora familiar (la familia que debe reunirse; la madre que no debe abandonarse nunca). Las figuras de la familia, su doble homólogo el árbol (genealógico) son dos de las metáforas claves que constituyen el alegato latinoamericanista en el texto martiano. Los hijos "naturales" o "desnaturalizados" de la madre América, figuras poéticas de la metáfora familiar que organiza el campo de identidad latinoamericanista propuesto en "Nuestra América", serán también rearticulados en el *Calibán*. Sin embargo, en el *Calibán* los modos de la antagonía exacerban la operatividad y la topografía del relato familiar, recubriéndola con la beligerancia y la espectacularidad épica, para así explicar el proyecto latinoamericanista que se articula desde el presente revolucionario cubano. La filiación, la posibilidad de armar el "árbol genealógico" de "nuestra" latinoamericanidad, en el *Calibán* es resultado de la teleología que describe este texto; somos gestados por la violencia y hacia ella gravitamos. En la confrontación (ante conquistadores, oligarcas e imperialistas) y en el proyecto de identidad que supone la utopía de "nuestra" tradición, en medio del campo de batalla, reconoceremos a "nuestros" familiares:

> [...] la cultura gestada por el pueblo mestizo, esos descendientes de indios, de negros y de europeos que supieron capitanear Bolívar y Artigas; la cultura de las clases explotadas, la pequeña burguesía radical de José Martí, el campesinado pobre de Emiliano Zapata, la clase obrera de Luis Emiliano Recabarren y Jesús Menéndez; la cultura de "las masas hambrientas de indios, de campesinos sin tierra, de obreros explotados" de que habla la *Segunda declaración de La Habana* (1962), "de los intelectuales honestos y brillantes que tanto abundan en nuestras sufridas tierras de América Latina", la cultura de ese pueblo que ahora integra "una familia de doscientos millones de hermanos" y "ha dicho: ¡Basta! y ha echado a andar" (*Calibán* 77).

Hay una cultura que nos ha "gestado"; resulta interesante que la palabra "gestar" conjugue los sentidos de los hechos heroicos, de la hazaña, al igual que los sentidos de la preñez. La "familia" que somos emerge entre los labios del líder; el pasaje que citamos cita y re-escribe la célebre frase de Fidel Castro en la "Segunda Declaración de La Habana". La crítica a ciertas zonas del *corpus* cultural latinoamericano, surgido en medio de los fervores de la década de los años sesenta, podría comenzar con el cuestionamiento de esas conformaciones de una voz "contestataria" que se erige saludando los tonos o la lengua del líder. ¿Por qué la cultura latinoamericana debe "hablar" de sus identidades desde los énfasis que en la tribuna escoge el Comandante para *armar* "su" cultura?

Por otra parte, lo caribe en el *Calibán* no debe ser leído simplemente como un signo de identidad esencializado. Si bien estamos ante una identidad forjada por un proceso de conversión gobernado por la violencia sacra de la guerra (una violencia que parece sobredeterminar y corroer cualquier modo de autodefinición cultural latinoamericano), por otra parte, el *Calibán* apunta hacia los efectos múltiples de la violencia en la historia de la cultura y los usos de la lengua en América Latina. En otras palabras, a pesar de su fijación con la supuesta exclusividad de la violencia para nombrar "lo americano", el ensayo de Fernández Retamar presupone el tejido de representaciones y construcciones de lo "americano" signadas por complejos procesos de expropiación y violencia propios de los contextos coloniales. Lo americano como monstruosidad es también una intensa zona de discusión en la crítica poscolonial. Y la diferencia en la voz señala en parte "la monstruosidad" de Calibán; la monstruosidad de Calibán surge del ocultamiento de su verdadera voz (caribe) bajo la imposición de la máscara caníbal. Por lo tanto, "nuestra" diferencia, el relato de "nuestro" ascenso moral, simultáneamente narra la violencia que "nos ha constituido", al igual que reconoce un proceso de apropiación lingüística y cultural que no puede entenderse fuera de un intercambio de relaciones de poder entre colonizador y colonizado. De este modo y desde "el dolor martiano" y la "publicidad" revolucionaria cubana es que presenciamos cómo se re-escribe la distribución de papeles asignados por el *Ariel* de José Enrique Rodó en el *Calibán* de Fernández Retamar. La deformidad del Calibán, el carácter monstruoso de su lengua y su físico, es lo que autoriza política y, sobre todo, moralmente su selección como "nuestro verdadero símbolo". Pero lejos de explorar las ambigüedades de dicha "monstruosidad", el ensayo de Fernández Retamar apuesta por una inversión valorativa de esta monstruosidad, según "fuera representada" en el drama shakespeareano. Así "su" inversión orienta discursivamente la crítica latinoamericanista del *Calibán*. La definición de la diferencia latinoamericana que ofrece este ensayo discurre a través de la inversión de los valores inscritos en los textos modélicos europeos —una inversión que ideologiza lo "nuestro" a través de series metafóricas espaciales que acentúan la inmanente agonía del *locus* americano. La identificación de "lo nuestro" se decide precisamente en el reconocimiento y en la investidura del personaje que verdaderamente nos representa: en vez del Ariel somos/seamos el Calibán en el drama y Ariel no es "nuestro" enemigo. Se asume la máscara escénica "correcta", se toma una posición en escena y se procede a usar entonces "nuestra" lengua. Esas "características nuestras" emergen en un texto en el que la subjetividad europea se construye en el instante en que nombra mal su "otredad", su "margen." Este gesto es el que, doblemente, autoriza y conforma la "identidad" del ser europeo, pero también desde la Isla hace posible la inversión del Calibán.

En el ensayo de Fernández Retamar el momento que escribe el traspaso de los instrumentos, el instante que revela la apropiación de la tradición colonizadora europea, tiene su mejor signo a través de la figura y los tonos de la maldición. Desde esa escena de apropiación fundacional, desde los modos de la maldición, debe escucharse la lengua del Calibán de Fernández Retamar: "You tought me language, and my profit on't/ Is, I know how to curse. The red plague rid you/ For learning me your language!" En el *Calibán* lo que define a una intelectualidad revolucionaria es su capacidad para la maldición emblematizada por la lengua del "monstruo":

> [...] salvo aquella zona que orgánicamente provenga de las clases explotadas, la intelectualidad que se considere revolucionaria debe romper sus vínculos con la clase de origen (con frecuencia la pequeña buguesía), *y también debe romper sus nexos de dependencia* con la cultura metropolitana que le enseñó, sin embargo, el lenguaje, el aparato conceptual y técnico. Ese lenguaje, en la terminología shakespeareana, le servirá para maldecir a Próspero. Fue el caso de José María Heredia, exclamando en el mejor español del primer tercio del siglo XIX: "Aunque viles traidores le sirvan,/ del tirano es inútil la saña,/ que no en vano entre Cuba y España/ tiende inmenso sus olas el mar". O el de José Martí, al cabo de quince años de estancia en los Estados Unidos —estancia que le permitirá familiarizarse plenamente con la modernidad, y también detectar desde su seno el surgimiento del imperialismo norteamericano: "Viví en el monstruo, y le conozco las entrañas: y mi honda es la de David". Aunque preveo que a algunos oídos la sugerencia de que Martí y Heredia anduvieran maldiciendo les sonará feo, quiero recordarles que "tirano", "viles traidores" y "monstruo" tienen algo que ver con maldiciones. Shakespeare y la realidad parecen tener razón contra ellos. Y Heredia y Martí no son sino ejemplos arquetípicos. Ultimamente, no han faltado tampoco los que han atribuido a deformaciones de nuestra Revolución —Calibán, no lo olvidemos, es visto siempre como deforme por el ojo hostil— la violencia volcánica de algunos discursos recientes de Fidel, como el que pronunciara en el Primer Congreso Nacional de Educación y Cultura. (*Calibán* 83-84, énfasis de Fernández Retamar).[22]

A final de cuentas mal-decir: "más monstruo eres tú" desde una nueva posición de clase o nacionalidad al parecer transparentes y nítidamente recortables gracias a esta lógica bipolar, garantizará la independencia y efectividad crítica de dicho gesto. Antes de asumir a Calibán como "nuestro emblema", el ensayo propone devolver a este personaje "caribe" a su geografía política "correcta" y, de este modo, restituir el sentido transparente, originario, que la voz *caribe* posee en su "verdadero" entorno. La geografía, así, recoge y hace evidente la identidad. Por el reverso del traslado y la yuxtaposición de escenarios (*The Tempest* y el Mar Caribe revolucionario) se conjura "la voz" originaria ya que dichos espacios arrastran, como imantaciones, la historia violenta que desvinculó a Calibán de su "verdadera" escena. Así, geografía americana y espacio escénico hipostasiados en un tono, en un uso de la lengua harán posible el verbo de Calibán; el nombre y su buen uso son la cifra de la agonía que "nos" ha constituido. Se trata de fundar un instante y un *locus* ceremonial. Lo caribeño en el *Calibán* se torna un signo "evidente" de lo latinoamericano porque en la figura de Calibán de antemano yace hipostasiado un dispositivo institucional, surgido del presente cubano, que unifica la heterogeneidad latinoamericana desde la especificidad del presente político cubano. Se trata del dispositivo de espacialización moral de los usos de la palabra en el contexto cultural cubano que no registra las procedencias o diferencias de las subjetividades o temporalidades que confluyen en el entonces presente de la Revolución.[23] Recontextualizar la cita shakespeareana, en el ensayo, ha conllevado la rearticulación de un espacio dramático que se imagina como "necesario" para situar y definir al intelectual latinoamericano deseado por el campo intelectual cubano. El espacio dramático de *The Tempest* es útil en tanto parece prefigurar un "modo cubano" del saber intelectual, y por lo tanto permite "descubrir" la "verdadera polaridad" que ayudaría a delinear la matriz del intelectual latinoamericano:

> Asumir nuestra condición de Calibán implica repensar nuestra historia desde otro lado, desde el otro protagonista. El otro protagonista de *La tempestad* (o como hubiéramos dicho nosotros, *El ciclón*) no es por supuesto Ariel, sino Próspero. No hay verdadera polaridad Ariel-Calibán: ambos son siervos en manos de Próspero, el hechicero extranjero. Sólo que Calibán es el rudo e inconquistable dueño de la isla, mientras que Ariel, criatura aérea, aunque hijo también de la isla, es en ella, como vieron [Aníbal] Ponce y Césaire, el intelectual (*Calibán* 35-36).

Cifrar, exclusivamente, "lo latinoamericano", en esa capacidad para la maldición, en esa afición por las polarizaciones, conlleva una reducción de las complejidades tanto gestuales, temporales como culturales que circulan por América Latina bajo la lógica y los intercambios propios de la experiencia marcial cubana. Lo interesante es el alambicado itinerario que nos produce como "maldecidores" desde la figura del *Calibán* de Fernández Retamar, para terminar siendo producidos por el reverso de aquéllo que "nos" violentó. En primer lugar, se trata de colocarse bajo una tradición cuyos códigos de definición de lo propio son el resultado, primero, de la enunciación (martiana) al interior nacional de su némesis externo (viajar hacia la entraña "del verdadero monstruo" y asumir su mala representación), luego, el ensamblaje de una mirada historiográfica que produzca la distancia (agónica) entre el mar caribeño y la metrópoli y, finalmente, el destaque de una polarización contenida en la escenografía cultural cubana como pre-requisito para identificar y localizar "nuestra" "verdadera" identidad. Por otra parte, en el *Calibán* las categorías marxistas tienden por momentos, sobre todo en las consideraciones en torno a las filiaciones de clase de autores y proyectos intelectuales, a domesticar las especificidades de lo latinoamericano, sobreautorizando un modo de participación intelectual en el debate revolucionario. La situación agónica que arrastra la cita de *The Tempest*, recontextualizada en el mapa político de los años sesenta cubanos, es revestida con las "propiedades" que el marxismo le adscribe a los sujetos históricos (las clases) en tanto voceros o instrumentalidades de los valores de sus respectivas clases. Sin embargo, debemos señalar que el *Calibán*, como ensayo, se propuso discutir, muy a su modo, la historia de violencias, subjetivaciones y mezclas que configuran el archipiélago caribeño y "la latinoamericanidad". A pesar de la beligerancia de este ensayo, que sobrejerarquiza "los signos de la identidad" latinoamericana bajo la figura del *agon* guerrero, este texto intenta subrayar una especificidad cultural que ayude a pensar modos de descolonización del imaginario, las intensidades, los deseos y los proyectos de una cultura fundamentalmente irreductible.

La filiación y recontextualización del vocablo caníbal a través de los sentidos de la voz y el territorio geográfico de lo caribe, además de fijar un pretexto argumentativo para la crítica a ciertos intelectuales "de paso" por Cuba, participa de las estrategias discursivas que saturaron la topografía pública que recorrieron tanto la intelectualidad cubana como la latinoamericana. La lógica de esta situación antagónica que se propone historizar la constitución de un nombre (caribe) e impugnar la tachadura de los valores de un personaje (Calibán) en un drama shakespereano, participa de un "doble" registro geo-político que yace en esa coincidencia discursiva que recogen las enunciaciones intelectuales ante las demandas de la espacialidad institucional del Estado revolucionario. Nos topamos con una suerte de sinécdoque discursiva que fue consignada en el debate público de los años sesenta, y editada, en parte, en las páginas de la *Casa de las Américas*. La lengua del *Calibán* escribe los peligros y las tensiones que configuran un capítulo más de esa difícil relación que triangula al Estado, las utopías y la escritura literaria en América Latina. Lo penoso es la encerrona doble del maldiciente. Por un lado, su imposibilidad de pensarse más allá o acá del espacio que le "entrega" el líder para usar la voz, por el otro, su absoluta dependencia de un *corpus* "enemigo" al momento de imaginar la forma de su cuerpo. Cuando la operatividad institucional de un género o de un texto, preocupado por pensar los modos del "ser latinoamericano", asume la palabra estatal como la forma misma del "territorio nacional", como la cifra misma de sus especificidades históricas, la poética de dicha zona discursiva clausura sus puertas a otras versiones de lo revolucionario o lo latinoamericano que no se pliegan a ese itinerario de la agonía pública ante el "monstruo."

Notas

1 En la edición de las "Palabras ..." que manejamos se lee al final de la página 33: "Intervención a modo de resumen y conclusión de las reuniones efectuadas los días 23, 26 [sic] y 30 de junio de 1961 en La Habana, Salón de Actos de la Biblioteca Nacional "José Martí" en las que participaron figuras destacadas de la intelectualidad cubana. [El texto se ha tomado de: *Política Cultural de la Revolución Cubana. Documentos.* La Habana, Editorial de Ciencias Sociales, 1977. (N. del E.)". (Fidel Castro, "Palabras a los intelectuales"). Citamos de aquí en adelante por esta edición.

3 "Nosotros hemos sido agentes de esta Revolución, de la Revolución económico-social que está teniendo lugar en Cuba. A su vez esa Revolución económica y social tiene que producir inevitablemente también una Revolución cultural en nuestro país". (Fidel Castro, "Palabras" 7).

3 He discutido este discurso de Castro en "'Palabras a los intelectuales' de Fidel Castro: La geografía del líder".

4 Judith Weiss en su estudio pionero sobre *Casa de las Américas* cita a uno de los fundadores de la revista, Antón Arrufat: "The aims of the original editors were somewhat hazy. As Arrufat recalls, they never had many specific plans at first: 'Teníamos planes muy vagos porque éramos jóvenes. Teníamos intuiciones, impulsos, ideas bastante silvestres'". (*Casa de las Américas: An Intellectual Review in the Cuban Revolution* 45). Luisa Campuzano, actulamente miembro del Consejo de Redacción de la *Casa* señala la ausencia de modelos institucionales en los comienzos de la revista. "no hay un diseño preciso que oriente en sus primeros pasos este proyecto; entre otras razones, porque no se parte de un modelo, no existe una institución que imitar, reformar o revolucionar: hay que inventarla. Transcurridos escasos meses de tanteos empieza a dibujarse un plan en el que la literatura ocupa, por distintos caminos, un lugar principalísimo" (Luisa Campuzano, "La revista *Casa de las Américas* en la década de los sesenta" 55). Por otra parte en entrevista con Leonardo Padura, al

preguntársele si va "inmediatamente a trabajar a la revista *Casa de las Américas* luego del cierre de *Lunes de Revolución,* Antón Arrufat contesta: "No, estaba allí desde antes. Fundé la revista *Casa de las Américas* en 1960. Y lo hice alegremente, como se hacía todo en esa época. Un día compraba libros viejos en la calle Monserrat y en ese momento entró Fausto Masó, que estaba muy ligado a Haydée Santamaría, la presidenta de la Casa de las Américas. Los dos eran católicos en su origen y estuvieron vinculados al movimiento revolucionario de García Bárcena, y Fausto fue llamado a trabajar en la Casa. Fausto y yo también erámos muy amigos, y ese día me dijo: "¿Por qué no hacemos una revista en la Casa de las Américas?" Y yo le dije: "Ah, sí, vamos a hacerla". Como era todo en aquella época: idea que a uno se le ocurría, idea que se ponía en práctica inmediatamente. Fuimos a ver a Haydée, le ofrecimos la idea y ella dijo que sí, que hicieramos la revista" (Leonardo Padura, "Antón Arrufat: las otras zonas de la realidad" 60).

[5] Antón Arrufat según una entrevista hecha por Judith Weiss señalaba: "The original purpose of the Casa de las Américas was to offer a healthy alternative to the Fondo de Cultura Económica, perhaps the most dynamic publisher in Latin America. The Cubans felt that the Fondo tended to reflect the institutionalization of the Mexican Revolution and failed to provided an adequate forum for new and radical writers and artists. The review *Casa de las Américas* would serve to coalesce the efforts of the cultural center as well as to spread its young ideas in the same area covered by the Fondo". En la nota 64 del texto de Weiss se lee además: "Antón Arrufat, inteviewed in Havana, February 20, 1970. The views expressed by Arrufat concurred with those of Heberto Padilla (interviewed February 28 and March 1st., 1970) and Manuel Galich (in a conversation, February 23, 1970)" (Judith Weiss, *Casa de las Américas: An Intellectual Review in the Cuban Revolution* 42).

[6] Agonía puede ser un término sinónimo de lucha o combate. En este sentido el que agoniza pugna por la vida ante la posibilidad de la muerte. Pero quisiéramos enfatizar en este trabajo que la "antagonía calibanesca", que levanta Fernández Retamar como emblema, supone un contrario, un otro absoluto, polar ante el cual cobran sentido y forma los modos de la identidad. Aquí el agónico accede a la Verdad por medio de la muerte o supresión de su oponente o de sí mismo. La enorme autoridad del mártir en algunos relatos surge de su acceso a un momento álgido de la agonía. Agradezco los comentarios y el diálogo compartidos con Luis Alberto Pérez, quien en otro momento y mirando hacia otra "institucionalidad" se ha ocupado de los modos de la agonía (véase su "De los portones del cielo al paraíso perdido: la agonía y el éxtasis del intelectual finisecular").

[7] La ausencia o el mero esbozo de una reflexión sobre el tono y la forma calibanesca como situaciones propias del contexto cubano de finales de los años sesenta son constantes en algunas lecturas o usos apologéticos del texto de Fernández Retamar. Aún, entre lecturas críticas o cautelosas del mismo que abogan por una lectura que sitúe históricamente los usos de dicho texto, dicha ausencia es recurrente (véase por ejemplo, Gayatri Chakravorty Spivak, "Three Women's Texts and a Critique of Imperialism"; José David Saldívar, *Our America: Genealogy, Cultural Critique and Literary History* ; Hortense Spillers, "Who Cuts the Border? Some Readings on

'America'"; Edward Said, *Culture and Imperialism* y Coco Fusco, "El diario de Miranda/Miranda's Diary").

[8] En este sentido repensamos, en un trabajo en preparación, las respuestas de la lírica ante este deseo por una visibilibilidad plena de las morales del sujeto desplegado por la discursividad política de la oficialidad cubana en los años sesenta. Los versos de quien fue, y es, un protagonista de este período, el escritor Antón Arrufat, apuntan hacia las distancias deseadas por cierto *cuerpo poético* ante esta prescriptiva oficial: "No, aquí también nos miran. Vayamos/ más lejos, cerca del mar./ [...] Vayamos más lejos. Al monte: los árboles no tienen lengua y están ciegos. A la floresta,/ como diría un clásico, uno de ésos que también/ fue observado. (El teólogo es una especie eterna)" (Antón Arrufat 57).

[9] Esta epifanía de lo visible de los primeros años revolucionarios ha sido "testimoniada" en múltiples ocasiones. Recojo fragmentos de un recuento reciente de Antón Arrufat sobre su llegada a Cuba a principios de la Revolución: "Era una situación con esa magia del nacimiento de las epifanías, de algo que va a surgir [...] Todo iba cambiando a mi alrededor y yo también cambiaba en algo. Lo que antes era importante dejó de serlo, la moral empezó a cambiar, el hombre se acercó al hombre para comprometerse con él, por lo menos humanamente. Las estructuras mentales de las personas variaron, la gente empezó a perder el interés por el dinero, casi se vivía sin dinero. Uno andaba con una misma ropa: bastaba tener un pantalón, una camisa y un par de botas. Pero la gente estaba encantada. Era una especie de alegría generalizada. Se oían largos discursos por la televisión. En aquella época se gobernaba por la televisión y la gente se sentaba en sus hogares a ver y a oir los cambios futuros. Constantemente se hacían marchas en la calles" (Leonardo Padura, "Antón Arrufat: las otras zonas de la realidad" 57-58).

[10] No se debe entender, sin embargo, esta técnica como el cuestionamiento límite del estatuto artístico al interior de lo social, sino, como ha señalado Peter Bürger, como un reclamo institucional de la esfera estética para que sus producciones fueran leídas e interpretadas con criterios distintos a los que hasta ese momento se esgrimían para calibrar lo artístico (véase una discusión al particular en Peter Bürger, "The Avant-Gardiste Work of Art" 55-82).

[11] En este sentido cabe señalar una reacción paradigmática. Julio Cortázar, ante los acontecimientos de mayo de 1968 en París, ensamblaba un texto titulado "Noticias del mes de mayo" con las consignas, *graffitis*, citas y todo tipo de inscripciones públicas producidas a partir de los eventos. El texto explora infinidad de tipografías y espacializaciones editoriales. El texto fue publicado originalmente en el número 53 (marzo-abril 1969) de la *Casa de las Américas*. Fue re-editado en *Diez años de la revista Casa de las Américas* 1960-1970 y en *Ultimo round*, del mismo Cortázar.

[12] "'Nuestra América' no responde espontánea e inmediatamente a la problemática de la identidad, ni a la amenaza real del imperialismo norteamericano. Al plantearse la pregunta [¿qué o cómo somos?] el texto se sitúa ante el archivo de materiales, imágenes, representaciones, que desde las guerras de independencia se habían planteado la pregunta y habían definido el quehacer intelectual precisamente en función de la investigación del "enigma" de la identidad y de las condiciones y posibilidades del *buen gobierno*" (Julio Ramos, "'Nuestra América': arte del

buen gobierno" en *Desencuentros de la modernidad en América Latina: Literatura y política en el siglo XIX* 233, énfasis de Ramos). Ramos, además, subraya la tropología "de ineluctable inflexión *telúrica*" en "Nuestra América" como parte de una concepción de la literatura moderna que Martí venía trabajando desde sus textos en la década de los ochenta. Martí, nos dice Ramos, propone a la literatura como una zona diferenciada ante lo político-estatal que, sin embargo, contiene una "hermeneútica privilegiada" capaz de interpretar y reorganizar la totalidad americana perdida. Debemos consignar un precedente crítico al momento de discutir estas escenas "situacionales" del discurso latinoamericanista. Ricardo Piglia ha puntualizado los motivos de lo geográfico en la poética sarmientina al tomar como escena clave de los procedimientos discursivos del *Facundo* el comienzo del texto donde se narra, doblemente, el pasaje de fronteras de un sujeto marcado por la violencia, y la escritura de una cita en francés que, a manera de jeroglífico, marca dicha salida del territorio nacional. Piglia, en sus importantes "Notas" subraya los usos de la cita en Sarmiento, su capacidad de ciframiento y codificación textual, sin olvidar que en este gesto va presupuesta una concepción espacial clave en este proceso de producción textual: "Lo que está en juego es el manejo y la apropiación de la cultura europea. El escritor se define como un civilizador y *sus textos son el escenario donde circulan y se exhiben las lecturas extranjeras.* No hay que olvidar, en fin, que esa consigna escrita por Sarmiento es una cita" (Ricardo Piglia, "Notas sobre *Facundo*" 16, énfasis mío).

[13] El *Calibán* debe colocarse al interior de la extensa bibliografía dedicada a estudiar las complejas y difusas relaciones entre materiales o referencias del Nuevo Mundo y el imaginario utópico europeo. Para una discusión de la invención y presencia americana en el imaginario cultural europeo véase Fredi Chiappelli y Antonello Gerbi.

[14] En este sentido es notable la crítica y apropiación que hace del Calibán el ensayista cubano Iván de la Nuez en su libro *La balsa perpetua. Soledad y conexiones de la cultura cubana.* Lejos de filiarse a la fiesta calibanesca que parece haber representado el reciclaje de la figura del Calibán por la cultura latinoamericana en los años ochenta, de la Nuez apunta las maniobras estéticas (entre la macondización y el exotismo) que gobiernan dicho reciclaje. Para de la Nuez, esta nueva salida triunfal del Calibán reformula (más bien desactiva) la pasada radicalidad antagónica de un personaje que identificó a la izquierda cultural de los años sesenta. Por su parte, de la Nuez, desea utilizar del Calibán shakespereano sus momentos de fuga, de dispersión marina. En su capítulo inicial de la Nuez plantea que su texto: "Intenta eludir lo que nos está dado en *La tempestad*; en el círculo vicioso de una isla que se consume, sin salida, en las querellas entre la rebeldía, el poder y la alta cultura. Es decir, reducidos a la idea de un Calibán al que sólo le queda "maldecir en lengua ajena", enfrentado a un Próspero que, además de su enemigo, comienza a ser la razón de su existencia. La idea, aquí, es utilizar otro recurso shakesperiano —el *envés de la trama*— y perseguir ese momento en el que Calibán, al percatarse de la inutilidad de la lucha, opta por abandonar la ínsula y atraviesa el océano para explorar, sobrevivir, dejando algún rastro en el mar" (Iván de la Nuez 28).

[15] Cito la traducción al español del prólogo de Fredric Jameson a la edición inglesa del *Calibán*. Véase también Fernández Retamar, *Caliban and Other Essays*.

[16] Fredric Jameson ha pormenorizado sus concepciones sobre el arte postmoderno y el arte del "Tercer Mundo" en "Transformaciones de la imagen en la postmodernidad". Irma Rivera Nieves, por otro lado, ha discutido el imaginario de los nacionalismos culturales, al igual que la concepción de "alegoría nacional" con la que Jameson recubre la "estética del Tercer Mundo" como estrategias discursivas del autor norteamericano en su afán por "desautorizar" los atisbos políticos del imaginario postmoderno (Rivera Nieves).

[17] En una nota que encabeza el ensayo, Martínez Estrada explicaba el origen de su ensayo de la siguiente forma: "El descubrimiento de que la Isla de Utopía es la Isla de Cuba, pertenece al director de *Cuadernos Americanos*, D. Jesús Silva Herzog, quien generosamente me transfirió los derechos de exploración del *Orbe Novo*. Los errores que en este trabajo hubiere, son cartográficos, propios del conocimiento incompleto de nuestras tierras por los cronistas y geográfos, de ninguna manera imputables al Almirante". En una entrevista realizada, en 1962, por Elena Poniatowska a Jesús Silva Herzog, director de *Cuadernos Americanos*, Silva Herzog hablaba de su "descubrimiento"; Cuba es la isla de Utopía de Moro: "Bueno, no sé si se puede llamar descubrimiento. He encontrado ciertas analogías entre el libro *La Utopía* de Tomás Moro y la isla de Cuba, tanto desde el punto de vista geográfico como en cuanto a lo que ahí está pasando". En otro momento de la entrevista, y ante la insistencia de Poniatowska para que precisara el motivo de la relación Cuba-Utopía, Silva Herzog señalaba similitudes cartográficas y características comunes entre el mundo de los "utopianos" y el de los cubanos; todos estos "datos" convertían el libro de Moro en una suerte de texto profético del devenir cubano y latinoamericano (véase Poniatowska).

[18] Peter Hulme nos ha señalado el cáracter residual del imaginario americano en la construcción de *The Tempest*. Hulme establece que Shakespeare en esta pieza, aunque sea tangencialmente, opera con series discursivas relacionadas con el imaginario americano en boga en la Europa del momento (véase su "Prospero and Caliban"). Por otra parte, se podría rastrear en la *Casa de las Américas* parte de esta inversión de apropiaciones, "influencias" y modelos "originales" entre Europa y América sobre la que discurre el *Calibán*. La *Casa* había editado en 1964 con su número 25 un homenaje a Shakespeare. Este traía un ensayo de José Rodríguez Feo en donde éste leía en *La Tempestad* una suerte de imaginario residual que aludía a América: "Es cierto que la isla de *La Tempestad* está situada en el Mediterráneo, como claramente se especifican en el texto, pero abundan las alusiones de clima, la tierra y a sus moradores que parecen evocar una isla más lejana, como aquella descrita por Howe en sus Anales. No es posible una isla mediterránea con monos, salvajes como Calibán, y un clima que parece más bien tropical" (José Rodríguez Feo 5). Para una discusión de las relaciones entre *The Tempest* y el Nuevo Mundo véase de Charles Frey ("*The Tempest* and the New World").

[19] Hay una vasta bibliografía en torno a las figuras de *The Tempest* y las relaciones entre el colonizado y el colonizador. Peter Hulme ha discutido intensamente las relaciones y yuxtaposiciones entre términos y marcos

de referencias propios del Mediterráneo y los correspondientes al Atlántico como una forma de asedio a los ciframientos del material americano y de la experiencia colonialista inglesa en la topografía de *The Tempest* (véase su "Prospero and Caliban"). También pueden cotejarse: Paul Brown; Stephen Greenblatt; Bruce Erlich y Octave Mannoni.

[20] La masculinización militarista de este relato de "lo latinoamericano" o "lo revolucionario" en Cuba, la historia del acoso a la homosexualidad en la Isla al igual que otros episodios de la política cultural cubana ante las diferencias de identidades y géneros cuentan ya con una valiosa bibliografía crítica (véase Marvin Leiner, Ian Lumsden, Brad Epps, y José Quiroga. Debe señalarse también la reciente lectura del *Calibán* hecha por Ricardo L. Ortiz en la que éste coloca el ensayo de Fernández Retamar dentro del debate y la bibliografía en torno a las políticas sexuales de la Revolución (Ortiz).

[21] "Aunque hemos insistido en Sarmiento —emblema del proyecto civilizador— como un punto clave de referencia polémica en "Nuestra América", también conviene recordar el contexto específico en que se publicó el ensayo. "Nuestra América" apareció en 1891, en plena época del porfiriato, en *El Partido Liberal* de México, periódico oficial de aquel Estado desarrollista, abierto al capital extranjero como ningún otro en su momento histórico. De ahí que podamos leer el discurso de lo autóctono en "Nuestra América" como una crítica audaz, aunque necesariamente oblicua, de la política modernizadora del porfiriato" (Julio Ramos 236). Podría decirse que si en "Nuestra América" existe una crítica, "oblicua" ante la política modernizadora del porfiriato, el texto de Fernández Retamar se juega su efectividad modernizante a través de la legitimación genealógica de una voz intelectual, "heredada" y yuxtapuesta a la del texto martiano, pero enunciada ahora desde una institucionalidad cultural que parecía nombrar inequívocamente "nuestra" especificidad.

[22] Juan Duchesne Winter ha deconstruido la belicosidad y la "mascarada" que supone hacer compulsoria para el intelectual latinoamericano la identidad prescrita por el Calibán shakespeareano o por el Calibán que nos propone Fernández Retamar. Más aún, Duchesne Winter propone que Calibán oculta el cuerpo de Próspero: "En verdad, Calibán encarna el cuerpo oculto de Próspero, he ahí su maldición secreta. Recordemos que él también es una lectura hecha por Próspero, una de sus máscaras. [...] ambos son soñadores. Uno sueña artificios, el otro sueña criaturas. [...] Nosotros aproximaríamos ambas figuras más aún, la criatura protagonista del gran drama de Próspero es un 'nativo de su persona' más que de la isla donde habita. Hablamos del cuerpo de Próspero, excluído en su irrepresentabilidad dentro del código de representaciones armónicas elaboradas en sus libros. No hablemos de represión, sino de expulsión y proyección, el urdir un campo polar que configura las objetivaciones e instrumentaciones consustanciales a la magia del saber-poder a que se ha entregado Próspero. El cuerpo del gran mago se objetiva como instrumento en Calibán y al mismo tiempo, Calibán se subjetiva como cuerpo instrumentado en Próspero. Constituyen una pareja complementaria" (J. Duchesne Winter 75).

[23] Gayatri Chakravorty Spivak nos recuerda, en un breve comentario sobre esta oposicionalidad simbólica (Ariel/Calibán) que rige la propuesta de una nueva subjetividad intelectual latinoamericana propulsada en el

Calibán, que el texto de Fernández Retamar olvida la literalidad mínima del nombre Calibán y aún continúa funcionando dentro del campo de operaciones simbólicas europeas fijadas en el drama shakespeareano: "If, however, we are driven by a nostalgia for lost origins, we too run the risk of effacing the "native" and stepping forth as "the real Caliban", of forgetting that he is a name in a play, an inaccesible blankness circumscribed by an interpretable text. The stagings of Caliban work alongside the narrativization of history: claiming to be Caliban legitimizes the very individualism that we must persistently attempt to undermine from within" (Spivak 264).

Bibliografía

Arrufat, Antón. *Escrito en las puertas.* La Habana: Cuadernos Unión, 1968.

Brown, Paul. "'This Thing of Darkness I Acknowledge Mine': *The Tempest* and the Discourse of Colonialism". *Political Shakespeare: New Essays in Cultural Materialism.* Jonathan Dollimore y Alan Sinfield, eds. Ithaca, NY: Cornell University Press, 1984. 48-71.

Bürger, Peter. "The Avant-Gardiste Work of Art". *Theory of the Avant-Garde. Vol. 4 of Theory and History of Literature.* Michael Shaw, trad. Minneapolis: University of Minnesota Press, 1984. 55-82.

Campuzano, Luisa. "La revista *Casa de las Américas* en la década de los sesenta". *América: Cahiers du CRICCAL. Les discours culturel dans les revues latino-americaines de 1940-1970* 9/10, (1992): 55-63.

Castro Ruz, Fidel. *Porque en Cuba sólo ha habido una Revolución.* La Habana: Departamento de Orientación Revolucionaria del Comité Central del Partido Comunista de Cuba, 1975.

_____ "Palabras a los intelectuales". *Revolución, letras, arte.* La Habana: Editorial Letras Cubanas, 1980. 7-33.

Chiappelli, Fredi (ed.). *First Images of America: The Impact of the New World on the Old.* 2 vols. Berkeley: University of California Press, 1976.

Cortázar, Julio. *Último round.* México: Siglo XXI Editores, 1969.

_____ "Noticias del mes de mayo". *Diez años de la revista Casa de las Américas* 1960-1970. La Habana: Casa de las Américas, 1970. 240-253.

Duchesne Winter, Juan. "Capa de Próspero, piel de Calibán". *Postdata* 6 y 7 (San Juan-PR, agosto 1993): 71-79.

Enzensberger, Hans Magnus. "El interrogatorio de La Habana. Autorretrato de la contrarrevolución". *El interrogatorio de La Habana y otros ensayos.* [1973]. Michael Faber-Kaiser, trad. Barcelona: Editorial Anagrama, 1985. 7-55.

Epps, Brad. "Proper Conduct: Reinaldo Arenas, Fidel Castro, and the Politics of Homosexuality". *Journal of the History of Sexuality* 6 (October 1995): 231-283.

Erlich, Bruce. "Shakespeare's Colonial Metaphor: On the Social Function of Theatre in *The Tempest*". *Science and Society* 41 (1977): 43-65.

Fernández Retamar, Roberto. *Calibán: Apuntes sobre la cultura en Nuestra América.* [1972]. México: Editorial Diógenes, 1974.

_____ "*Calibán* revisitado". *Revista de crítica literaria latinoamericana* XI/24 (1986): 245-255.

_____ *Caliban and Other Essays.* Edward Baker, trad. Minneapolis: University of Minnesota Press, 1989.

_____ "Adiós a Calibán". *Casa de las Américas* 33 (Abril-Junio 1993): 116-122.

Frey, Charles. "*The Tempest* and the New World". *Skakespeare Quaterly* XXX (1979): 29-41.

Fusco, Coco. "El diario de Miranda/Miranda's Diary". *English is Broken Here: Notes on Cultural Fusion in the Americas.* New York: New, 1995. 3-20.

Gerbi, Antonello. *La disputa del Nuevo Mundo: historia de una polémica 1750-1900.* [1960]. Antonio Alatorre, trad. México: Fondo de Cultura Económica, 1982.

Greenblatt, Stephen. "Learning to Curse: Aspects of Linguistic Colonialism in the Sixteenth Century". *First Images of America: The Impact of the New World on the Old.* 2 vols. Fredi Chiappelli, ed. Berkeley: University of California Press, 1976. 561-580.

Hulme, Peter. "Prospero and Caliban". *Colonial Encounters: Europe and the Native Caribbean 1492-1797.* [1986]. Londres y Nueva York: Routledge, 1992. 89-134.

Jameson, Fredric. "Prefacio a *Calibán*". Will H. Corral, trad. *Nuevo Texto Crítico* III/5 (primer semestre, 1990): 3-8.

_____ "Transformaciones de la imagen en la postmodernidad". *Revista de crítica cultural* 6 (1993): 12-25.

Leiner, Marvin. *Sexual Politics in Cuba: Machismo, Homosexuality, and AIDS.* Nueva York: Westview, 1994.

Lumsden, Ian. *Machos, Maricones, and Gays: Cuba and Homosexuality.* Philadelphia: Temple University Press, 1996.

Mannoni, Octave. *Prospero and Caliban: The Psychology of Colonization.* Pamela Powes, trad. Nueva York: Frederick A Praeger, 1964.

Martínez Estrada, Ezequiel. "El nuevo mundo, la isla de Utopía y la isla de Cuba". *Casa de las Américas* V/33 (nov.-dic. 1965): 86-110.

Nuez, Iván de la. *La balsa perpetua. Soledad y conexiones de la cultura cubana.* Barcelona: Editorial Casiopea, 1998.

Ortiz, Ricardo L. "Revolution's Other Histories: The Sexual, Cultural, and Critical Legacies of Roberto Fernández Retamar 'Caliban'". *Social Text* XVII/58-1 (Spring 1999): 33-58.
Padura, Leonardo. "Antón Arrufat: las otras zonas de la realidad". *Crítica* 75 (Universidad Autónoma de Puebla-México, Abril-Mayo 1999): 47-71.
Pérez, Luis Alberto. "De los portones del cielo al paraíso perdido: la agonía y el éxtasis del intelectual finisecular" *bordes* 2 (Río Piedras, PR, 1995): 43-53.
Piglia, Ricardo. "Notas sobre *Facundo*". *Punto de Vista* III/8 (1980): 15-18.
Poniatowska, Elena. "Diálogo con Jesús Silva Herzog". *Casa de las Américas. Notas y reportajes* II/15-16 (nov. 1962-feb. 1963): 75-77.
Quintero Herencia, Juan Carlos. "'Palabras a los intelectuales' de Fidel Castro: La geografía del líder". *Papeles de Montevideo. Literatura y Cultura* 2 (octubre 1997): 125-134.
Quiroga, José. "Homosexualities in the Tropic of Revolution". *Sex and Sexuality in Latin America.* Daniel Balderston y Donna J. Guy, eds. Nueva York y Londres: New York University Press, 1997. 133-151.
Ramos, Julio. *Desencuentros de la modernidad en América Latina: Literatura y política en el siglo XIX.* México: Fondo de Cultura Económica, 1989.
Rivera Nieves, Irma. "La postmodernidad: un chance de libertad". *Postdata* 8 (dic. 1993): 6-22.
Rodríguez Feo, José. "Shakespeare y América". *Casa de las Américas* IV/25 (jul.-ago. 1964): 3-5.
Said, Edward. *Culture and Imperialism.* Nueva York: Vintage, 1993.
Saldívar, José David. *Our America: Genealogy, Cultural Critique, and Literary History.* Durham, NC: Duke University Press, 1991.
Spillers, Hortense. "Who Cuts the Border? Some Readings on 'America'". *Comparative American Identities: Race, Sex, and Nationality in the Modern Text.* Nueva York: Routledge, 1991. 1-25.
Spivak, Gayatri Chakravorty. "Three Women's Texts and a Critique of Imperialism". *Race, Writing and Difference.* Henry Louis Gates, ed. Chicago y Londres: Chicago University Press, 1986. 262-280.
Weiss, Judith. *Casa de las Américas: An Intellectual Review in the Cuban Revolution.* Chapel Hill, NC: Estudios de Hispanofilia, 1977.

Sobre el "balbuceo teórico" latinoamericano, a propósito de Roberto Fernández Retamar

Hugo Achugar

> Quel sera l'avenir?
> La révolte des peuples sans histoire.
> E. M. Cioran, *Cahiers 1957-1972*

En Uruguay, durante los meses de enero y febrero de 1999, la discusión sobre los desaparecidos durante la dictadura así como el enfrentamiento entre el poder civil y los militares que se continúa desde 1985 en la etapa posdictatorial tuvo una inflexión inédita. La construcción del llamado "Plan de Saneamiento III" —que tiene como objetivo lograr que el 95% de la población del Departamento de Montevideo, y no solo la capital, acceda a los beneficios de un sistema de saneamiento para sus aguas servidas— motivó que el Ejército Nacional, la administración del Departamento —en manos de la izquierda— y distintos sectores del espectro político nacional discutieran si la cañería que debía, según lo proyectado, atravesar un cuartel, debía modificar su recorrido o no. El cuartel en juego ha sido señalado como uno de los lugares donde fueron enterrados varios de los "desaparecidos" durante la dictadura militar (1973-1985). Lo que estaba en juego y lo que se argumentó, a favor y en contra, pasaba por la revisión del pasado, el tema de los derechos humanos, la autoridad del Ejército y la del Estado departamental, la preservación de los eventuales restos de los desaparecidos, amén de razones técnicas y de seguridad así como de competencias.[1]

¿Por qué comenzar un ensayo sobre la obra crítica de Roberto Fernández Retamar de comienzos de los '70 y sus implicaciones teóricas con una referencia a los avatares del Plan de Saneamiento III del Departamento de Montevideo a finales de la década de los '90? La respuesta tiene que ver con las llamadas "historias locales" y la importancia de las mismas en la producción de los discursos teóricos vinculados con el o los "Latinoamericanismos".

Según Walter Mignolo, los cuatro proyectos críticos de superación de la modernidad —posmoderno, poscolonial, posoriental y posoccidental— "contribuyen a la restitución de las historias locales como productoras de conocimientos que desafían, sustituyen y desplazan las historias y epistemologías globales, en un momento en que el sujeto descarnado del conocimiento postulado por Descartes y articulado por la modernidad, es cada vez más difícil de sostener" (Mignolo 43).

La "restitución de las historias locales como productoras de conocimientos", como es obvio, si bien puede funcionar de igual modo no necesariamente implica que las historias locales sean las mismas para todo el mundo. La "historia local" de un sujeto social no es la "historia local" de otro, aun cuando ambos pertenezcan a la misma comunidad; o, dicho de otra manera, no solo se produce en función de una "historia local" sino en función del posicionamiento dentro de dichas historias locales. No tienen el mismo posicionamiento los familiares de los desaparecidos que los militares aun cuando todos, de algún modo, tengan la misma "historia local" de la dictadura.

El sujeto social piensa o produce conocimiento desde su "historia local", es decir, desde el modo en que "lee" o "vive" la "historia local" en virtud de sus obsesiones y del horizonte ideológico en que está situado. La "historia local" desde la que el presente trabajo está escrito tiene que ver con la dictadura uruguaya (y en cierto modo con las demás dictaduras del Cono Sur), con la memoria, con el poder, con la reconstrucción del pasado, con la construcción de la nación en el presente fin de siglo, con el debate sobre la "viabilidad" nacional de un país como Uruguay, con los procesos de integración y, también, con la construcción que los diferentes "latinoamericanismos" hacen de América Latina y por lo tanto de aquellos que vivimos en una parte de esa parte del mundo. Tiene que ver, además, con una precisa caracterización de la dictadura, de los derechos humanos, de los procesos de integración y del lugar de enunciación que es América Latina y en particular, Suramérica.

Precisamente, el debate sobre el Plan de Saneamiento III y el cuartel del Batallón del Ejercito número 13 en Montevideo tiene que ver con la memoria de la dictadura y con el "desarrollo" higiénico de una ciudad, tiene que ver con el conflicto entre pasado y futuro, tiene que ver con la pelea por el poder (o si se prefiere por el gobierno) entre la izquierda y la derecha en una etapa posdictatorial. Un "pos" que dialoga con los cuatro "pos" indicados por Mignolo y que es central en la producción de conocimientos y no solo con la historia política.

Es obvio pero también necesario recordar que las "historias locales" desde la que Roberto Fernández Retamar, Walter Mignolo, Roberto Schwarz y quien esto escribe reflexionamos no son necesariamente equivalentes.[2] Claro está que, además, las dimensiones temporales de las respectivas "historias locales" no tienen todas la misma duración —respectivamente, la revolución cubana, los "estudios de área" en la academia norteamericana, el proceso brasileño y la dictadura uruguaya— y que bien se podría hablar de "historias locales" de corta o larga duración. Entre las últimas se podrían señalar la "historia local" de la "conquista", "independencia", "occidentalización" o "ingreso al capitalismo" de América Latina. También se podría proponer una eventual "historia local" —deseable para algunos, repudiable para otros— que fuera la del "futuro ingreso al comunismo" de América Latina desde la que alguno quisiera pensar o haber pensado; en este último caso, no se trataría de un proyecto crítico de la modernidad "pos" sino "pre". "Pre" o "pos", las "historias locales", como todo relato, presuponen héroes y villanos, orígenes y fines, nudos y conflictos, estrategias y modelos narrativos.

1. A propósito de historias y filiaciones, de discursos menores y mayores

Antropófagos, bárbaros, caníbales, indios, salvajes, colonizados, dominados, subalternos, esclavos, marginados, "pueblos sin historia", la lista con que se denominan o califican a algunos de los personajes de la historia latinoamericana —héroes o villanos, según quien cuente la historia— podría continuar largo rato. Sustantivos y calificativos que, no siendo necesariamente sinónimos, evocan archivos, filiaciones, narraciones, tradiciones y perspectivas diferentes.

Algunos de esos archivos o filiaciones plantean que en el principio estuvo William Shakespeare y su conocida *The Tempest* o, de un modo más prolijo, que fueron Colón, Montaigne y otros europeos quienes elaboraron la o las visiones de los "habitantes originales" del continente americano que luego serían heredadas para caracterizar a los posteriores —"mezclados" o "transculturados"— latinoamericanos. Uno podría ir más atrás todavía y sostener que el archivo original hay que buscarlo en Herodoto o en las respectivas *Anabasis* de Jenofonte y de Arriano. Uno podría también soñar con viajar en el tiempo y poder ser testigo del momento en que alguien denominó por primera vez a un individuo no perteneciente a su tribu como "extranjero". Aunque si se prefiere el "documento", escrito o gráfico se trataría de poder encontrar el primer documento que estableció diferencias o categorizó al diferente, el primer ser humano que identificó a aquel a quien se quería dominar o conquistar, a aquel a quien se percibía como una amenaza o a quien era beneficioso comprender como enemigo. O como ocurrió durante la dictadura uruguaya, aquel que estableció categorías de ciudadanos —A, B, C— y permitió que unos hablaran y otros no, que unos opinaran y otros no; como había ocurrido cuando la "conquista" con los indios, como parece ocurrir ahora con la división del trabajo intelectual y la "hegemonía" de determinadas lenguas.

No hay una única historia de las filiaciones o de las genealogías del Otro sino muchas. Algunas incluyen a Herodoto, Jenofonte, Arriano, Colón, Shakespeare, Montaigne, Renan como eslabones de una trama compleja que en América Latina llega hasta finales del siglo XX y que incorpora, entre muchos otros, a Domingo F. Sarmiento, a José Enrique Rodó, a Aníbal Ponce y a Roberto Fernández Retamar. Otras o variantes de la anterior incluyen a Vicente de Valverde, al Inca Garcilaso de la Vega, a Bartolomé de las Casas, a Guamán Poma de Ayala, a José Martí, a José Carlos Mariátegui.

Mientras algunos incluyen a Rodolfo Kusch, otros se violentan por que se considere siquiera un autor que, para ellos, estuvo vinculado o fue utilizado por la dictadura argentina. Por otro lado, hay quienes incluyen a Fidel Castro, mientras otros piensan que eso es inadmisible. Los archivos, las filiaciones, las genealogías son múltiples —ya lo señalamos— y no sólo se nutren de "escritores" sino que pueden incluir cartógrafos, pintores y escultores.

En la década de los veinte, Oswald de Andrade, a su vez, proponía su filiación para la cultura brasileña:

> Filiação. O contato com o Brasil Caraíba. *Ori Villegaignon print terre.* Montaigne. O homen natural. Rousseau. Da Revolução Francesa ao Romantismo, a Revolução Bolchevista, a Revolução Surrealista e ao bárbaro tecnizado de Keyserling. Caminhamos. (14)

La filiación de Oswald de Andrade posibilita considerar la inclusión de la insurrección de Tupac Amaru, las rebeliones de los esclavos negros, la gesta independentista del XIX, la Revolución Mexicana, la Boliviana, la Cubana, así como otros eventos o personajes. Todo eso enriquecería el panorama de las distintas filiaciones propuestas y posiblemente llegaría, incluso, a fundar otras. No se ha hecho todavía un mapa histórico de las distintas filiaciones que tanto desde dentro como desde afuera de América Latina han sido elaboradas por los múltiples y heterogéneos sujetos involucrados en la historia de esta parte del mundo. Las filiaciones como toda historia de los orígenes son un campo de batalla donde los distintos sujetos pelean por la memoria. Archivo, genealogía, filiación son formas de la memoria. Y la memoria, es sabido, no es una ni única.

El Otro, el Otro canibal o bárbaro, el Otro objeto de un discurso, el Otro necesario para que el yo se constituya como sujeto, aparece y reaparece en la construcción de las filiaciones o lo que es lo mismo en la construcción de la memoria, sea individual, colectiva, pública, histórica u oficial. Situar y filiar al Otro posibilita establecer el posicionamiento de quien habla, posibilita diseñar o inventar memorias, posibilita construir pasados o borrar historias.

No me interesa, en esta oportunidad, una revisión arqueológica del pasado ni volver a considerar los diversos archivos o las múltiples filiaciones ni elaborar el mapa histórico del conjunto de dichas filiaciones, lo que me importa en este momento es subrayar la relación entre narración del pasado y necesidades del presente, entre "filiación" e "historia local". Algo que, por cierto, no es novedad y que, de hecho, es bastante antiguo.

Patick J. Geary, al considerar los procesos de memoria y olvido en el siglo XI europeo, ha estudiado y descrito los diversos modos en que se produjo la manipulación del pasado en esa época. Una manipulación que al parecer siempre es consciente, como resulta de lo afirmado por Arnoldo de Regensburg, un monje de Bavaria citado por Geary, quien hacia 1030 escribió lo siguiente:

> Not only is it proper for the new things to change the old ones, but even, if the old ones are disordered, they should be entirely thrown away, or if, however, they conform to the proper order of things but are of little use, they should be buried with reverence. (8)

Arnoldo de Regensburg justificaba el balance y la liquidación del pasado en términos de "orden" y "utilidad". Según Geary, las supresiones y transformaciones del pasado que se realizaron en el siglo XI obedecieron a las necesidades del momento y la visión que hoy tenemos del pasado anterior a dicho siglo es una herencia de esa construcción. Más aun, sostiene que "a menos que entendamos las estructuras sociales y mentales que actuaron como filtros" en esa construcción "estamos condenados a malinterpretar los siglos anteriores" (7, mi traducción). No me interesa, insisto, proponer una revisión arqueológica del pasado. Lo que Arnoldo de Regensburg sostiene en el pasaje citado está presente, palabra más o palabra menos, en el debate —o al menos en algunas posiciones dentro de ese debate— del presente fin de siglo a propósito del pasado que nos ha constituido: el pasado de la conquista europea de América Latina, el pasado de los levantamientos indígenas, el pasado de las rebeliones de los esclavos, el pasado de la gesta independentista y la construcción de los estados-nación en el XIX, el pasado de la modernización del siglo XX, el pasado de las luchas obreras y el pasado de las múltiples dictaduras. Se trata, entonces, del debate sobre las o la narración/construcción del pasado y, al mismo tiempo, del debate sobre los sujetos de esa o esas narraciones en el presente. O, dicho de otro modo, un debate sobre la o las memorias y la o las identidades, entre construcción del pasado y construcción del futuro en la "brecha" (Arendt) del presente.

Hannah Arendt comienza su "Preface: The Gap Between Past and Future" citando un aforismo de René Char que dice: "Nôtre héritage n'est précedé d'aucun testament". Al aclarar el sentido de la frase comenta lo siguiente:

> [...] it is the namelessness of the lost treasure to which the poet alludes when he says that our inheritance was left us by no testament. The testament, telling the heir what will rightfully be his, wills past possessions for a future. Without testament or, to resolve the metaphor, without tradition —which selects and names, which hands down and preserves, which indicates where the treasures are and what their worth is —there seems to be no willed continuity in time and hence, humanly speaking, neither past nor future, only sempiternal change of the world and the biological cycle of living creatures in it. (5)

La relación entre pasado y presente es una relación entre pasado y futuro. [3] Narración del pasado, memoria, tradición, herencia, testamento funcionan, en cierto nivel, como sinónimos. La filiación —como el testamento— establece una tradición, una memoria, una herencia. Suele ocurrir, sin embargo, que hay herencias que se rechazan, que hay legados que despojan, que hay tradiciones que se cambian, que, en lugar de memorias, hay olvido. Entre otras cosas, por la sencilla razón de que el testamento supone la existencia de un sujeto —individual o colectivo— que lo enuncie y también, la existencia de un heredero —individual o colectivo— que acepte ser interpelado por el mencionado testamento.

La metáfora del testamento es particularmente productiva en el debate contemporáneo en y sobre América Latina: ¿hay un único testamento? ¿quiénes son los herederos? ¿qué forma parte de la herencia y qué, no?

Testamento, tradición, narración del pasado, configuración del futuro, memoria —y todos sus posibles plurales-, ¿desde dónde pensarlos? ¿Cómo pensar ese debate? Un debate que está centrado en sobre quién, cómo y desde dónde teorizar las narraciones del pasado; un "quién" y un "cómo" múltiples, al igual que un "dónde" polifacético que es, al mismo tiempo teórico, cultural, histórico, simbólico y no necesaria o exclusivamente geográfico.

¿Desde dónde y cómo teorizar el pasado? O, ¿desde dónde y cómo teorizar el presente?; ya que después de todo teorizar el pasado implica teorizar el presente y viceversa.

> Seen from the viewpoint of man, who always lives in the interval between past and future, time is not a continuum, a flow of uninterrupted succession; it is broken in the middle, at the point where "he" stands; and "his" standpoint is not the present as we

ussually understand it but rather *a gap in time* which "his" constant fighting, "his" making a stand against the future, keeps in existence. (cursivas mías)

This small non-time-space in the very heart of time, unlike the world and the culture into which we are born, can only be indicated, but cannot be inherited and handed down from the past; each new generation, indeed every human being as he inserts himself between an infinite past and an infinite future, must discover and ploddingly pave it new.

The trouble, however, is that we seem to be neither equipped nor prepared for this activity of thinking, of settling down in the gap between past and future. (...) tradition has worn thinner and thinner as the modern age progressed is a secret to nobody. When the thread of tradition finally broke, the gap between past and future ceassed to be a condition peculiar only to the activity of thought and restricted as an experience to those few who made thinking their primary bussiness. It became a tangible reality and perplexity for all; that is, it became a fact of political relevance. (13-14)

El problema, como señala Arendt, no sólo consiste en no estar equipados o preparados para resolver la brecha entre pasado y futuro sino además en que esta brecha ha dejado de ser una condición propia (y exclusiva) de aquellos que tienen el pensamiento como una actividad primordial. Más aun se ha vuelto un hecho políticamente relevante. Ahora bien, si resolver la brecha entre pasado y futuro es un hecho políticamente relevante, lo que parece pasar a ocupar un lugar fundamental es el problema del sujeto. Pues ya no son solo los habitantes de la "ciudad letrada" que describiera Ángel Rama quienes están involucrados sino "todos". Y el "todos" puede ser leído de múltiples, complejas y complicadas maneras. Quién es o a quiénes incluye ese "todos" constituye en sí mismo un problema. La problemática que involucra el tema de los múltiples sujetos incluidos en ese "todos" se relaciona con el tema de la ciudadanía pero también con la gramsciana tensión entre hegemonía y subordinación. Una de esas maneras que nos interesa considerar en esta oportunidad es la que esbozan quienes hablan de "discursos minoritarios" o de "literaturas menores".

Las nociones de "literatura menor" (Deleuze y Guattari) y de "discurso minoritario" (JanMohamed y Lloyd) —más allá de sus notorias diferencias— parten de situaciones de enunciación en que "mayorías" y "minorías" son situacionales e implican posicionamientos precisos. Si bien en América Latina abundan los "discursos minoritarios" también hay discursos "mayoritarios" que, sin embargo, en otras partes —Europa en general, España en particular pero también los EEUU, etc— funcionan como "minoritarios". En todo caso, "menor y minoritario" o "mayor y mayoritario" son conceptos situacionales y posicionales que siempre deberían ser "ubicados" histórica, social, regional y culturalmente. Si, por ejemplo, el discurso de José Enrique Rodó fue central, mayoritario o hegemónico en la América Latina de 1900, también y a la vez era un discurso "minoritario" o, incluso, "invisible" en los Estados Unidos de Norteamérica. ¿Es eso así de simple?

Réda Bensmaia asimila la situación de Kafka, [4] descrita por Deleuze y Guattari, a la de un "[...] Mexican American who speaks Spanish at home but writes in English". Este planteo de Bensmaia se basa en la equiparación con el "problema de los inmigrantes y especialmente de sus hijos, el problema de las minorías, el problema de una literatura menor, pero también el problema de todos nosotros [...]" (215). El "todos nosotros" marcado por Bensmaia implica un posicionamiento que, en este caso, supone la identificación del "todos" (o el "todos nosotros") con los inmigrantes, sus hijos y por extensión, las minorías.

Ahora bien, la determinación de una "literatura menor" o de un "discurso minoritario" presupone la noción de un discurso "mayor o mayoritario". Pero ¿qué es un discurso "mayoritario"? O ¿cuándo un discurso se constituye como "mayoritario"?

En un sentido, tanto el discurso de Jenofonte como el de Arriano narran historias de conquistadores; en el caso de Arriano su *Anabasis* y su *Indica* son celebraciones de Alejandro Magno donde el Otro es una "digresión" del relato central.[5] Por lo mismo, los suyos son o serían discursos "mayoritarios", oficiales, hegémonicos, etnocéntricos porque su posicionamiento es ese y porque además se habla desde una situación de poder. Sin embargo, para Deleuze, Goethe y Kleist pertenecen, respectivamente, a una "lengua mayor" y a una "lengua menor". Afirmación que, leída desde América Latina, suena por lo menos como curiosa pues ambos autores son sin duda canónicos y representantes de un "discurso mayor o mayoritario", un discurso en alemán que por extensión implica el discurso de la cultura europea.[6] Mas aun, posiblemente también para los *gestarbeiter* que viven y trabajan en Alemania Goethe y Kleist sean figuras intercambiables de la lengua mayor.

Esto nos introduce en otro problema, de algún modo implícito en lo planteado por Arendt; el problema del receptor del testamento o del discurso de la tradición. Seguramente, para grandes sectores de la sociedad latinoamericana, Rodó, Martí o Fernández Retamar —independientemente de que dentro del discurso mayoritario de América Latina ocupen el lugar de la "lengua mayor" o el de la "lengua menor"— son todos igualmente representantes de un discurso mayoritario y hegemónico. Lo son por el mero hecho de ser represantes del discurso de la "ciudad letrada" y también por el hecho de estar escritos en español. Discurso minoritario y lengua menor no son nociones identificables y exigen readecuaciones a la hora de pensar lo que ocurre en América Latina o a la hora de confrontar América Latina y el discurso hegemónico del "Commonwealth teórico".[7]

¿Cuál es la lengua del discurso latinoamericano elaborado en América Latina? ¿Es una lengua mayor o menor? ¿Es un discurso minoritario o mayor? Es obvio que hay más de un discurso y más de una lengua en América Latina. Al respecto, hay quienes como Xavier Albó que llegan a sostener que el latinoamericanismo de los letrados latinoamericanos es un discurso teórico mayor que no da cuenta del discurso ya no sólo menor sino en otras lenguas como las habladas por los descendientes de los habitantes originales de esa parte del mundo que ni siquiera se reconocen en el nombre "extranjero" y "europeo" de América Latina.[8] Sin embargo, el "discurso mayor" al interior de América Latina funciona al exterior y especialmente en el contexto del "Latinoamericanismo" anglosajón como un discurso menor. Por otra parte, los latinoamericanos que cruzan la frontera y devienen migrantes o pertenecientes a la "minoría" hispana o latina y que traen una notable diversidad de herencias y que pertenecen o son sujetos de distintos tipos de discurso son homogeneizados pasando a funcionar todos como sujetos del discurso de los migrantes —recientes o seculares— es decir sujetos o hablantes de una "lengua menor".

La situacionalidad del sujeto y de los discursos implica también una situacionalidad del o de los receptores. Hegel (171-180) pensaba que en América no era posible el discurso teórico. ¿Pueden los "latinoamericanos" en América Latina tener "teoría", menor o mayor? ¿Cuáles son esos latinoamericanos? ¿Pueden formular un discurso teórico o sólo pueden tener "sentimientos", producir "realismo mágico", "carnaval", "hiperinflación", "tango", "enchiladas", "murales", "narcotráfico", "corrupción" y "golpes de estado"? ¿Pueden los latinoamericanos marginalizados y subalternos producir discursos teóricos o deben limitarse a traducirlos del inglés, como solían hacerlo antes del francés y del alemán?

¿No será que todo aquello que no sea parte del testamento escrito y prescrito por la visión elaborada desde el archivo iniciado por Shakespeare, por Arriano, por Colón y muchos otros no puede ser escuchado? ¿No será que el lugar del discurso —mayor o menor—, de los latinoamericanos —letrados o iletrados, de izquierda o de derecha, hombres o mujeres, mineros o académicos— para los oídos del hemisferio norte es siempre el de balbuceo y el de la incoherencia o inconsistencia teórica?

2. El "balbuceo" teórico y la "incoherencia" de Calibán

PROSPERO: Abhorred slave,
Which any print of goodness wilt not take,
Being capable of all ill! I pitied thee,
Took pains to make thee speak, taught thee each hour
One thing or other: when thou didst not, savage,
Know thine own meaning, but wouldst gabble like
A thing most brutish, I endow'd thy purposes
With words that made them known. But thy vile race,
Though thou didst learn, had that in't which
good natures
Could not abide to be with; therefore wast thou
Deservedly confined into this rock,
Who hadst deserved more than a prison.

CALIBAN: You taught me language; and my profit on't
Is, I know how to curse. The red plague rid you
For learning me your language!"
(*The Tempest*; Acto I, Escena 2, vv. 353-366, pp. 19-20)

El discurso de Calibán es interpretado por Próspero como "gabble" es decir, como un "discurso incoherente"; de hecho, la "incoherencia" que Próspero le adjudica a Calibán es, más que la del "balbuceo", [9] la del "pavo", "a thing most brutish" que no sabe hablar. Próspero ha intentado enseñarle a hablar a Calibán pero éste solo ha aprendido a "hablar incoherentemente", a "decir pavadas/gabble", a "balbucear/ babble" como "a thing most brutish". En realidad, según Próspero, Calibán sólo ha aprendido a "hacer ruidos como los pavos". De "gabble" a "babble" se pasa del animal al niño, pero la idea que comparten ambos términos es la degradación del discurso, la afirmación de que a Calibán le es imposible "hablar coherentemente" y por lo tanto no es un hablante competente. Calibán no puede hablar correctamente el idioma de los conquistadores aunque sí pueda maldecir, no puede elaborar un discurso mayor y sólo puede "maldecir/decir mal"; es decir, elaborar un discurso de resistencia, un discurso menor.

El discurso de Calibán —que Próspero califica de "gabble"— sería a los oídos hegemónicos una mala imitación del discurso dominante, una mera "mimicry". ¿Es esto cierto o se trata de un discurso propio de Calibán que Próspero no comprende?[10] No hay referencia acerca de la lengua original o propia de Calibán. No hay registro de la lengua original de Calibán, la lengua "aborigen" ha sido borrada, silenciada. La única que permanece, la única registrada es la lengua aprendida. Por lo mismo, lo "mal" aprendido solo puede producir a los oídos del Próspero, una mala imitación, un "balbuceo". El escenario de la lengua que diseñó Shakespeare en *The Tempest* no despierta ambigüedades: "gabbling" y "babbling" son negativos; pero lo negativo sólo existe como tal para Próspero y Calibán no lo entiende del mismo modo. "Babbling" para Calibán es afirmativo, establece su resistencia al poder de Próspero. En el diseño del escenario de la lengua que realiza Shakespeare en el siglo XVII "Babbling" es negativo; la interpretación de Calibán no es válida. Pero ese escenario no terminó con *The Tempest* sino que se ha prolongado hasta el presente.

En *Calibán*...Fernández Retamar argumenta, al referirse a esas "*linguas francas*" que hablan/hablamos los latinoamericanos, lo siguiente:

> Ahora mismo, que estamos discutiendo, que estoy discutiendo con esos colonizadores, ¿de qué otra manera puedo hacerlo sino en una de sus lenguas, que es ya también *nuestra* lengua, y con tantos de sus instrumentos conceptuales, que también son ya *nuestros* instrumentos conceptuales? No es otro el grito extraordinario que leímos en [...] *La tempestad*, [...] el deforme Calibán, a quien Próspero robara su isla, esclavizara y enseñara el lenguaje, lo increpa: [...] / El saber maldecir. [...] (*Calibán* 12)

Lengua aprendida, ahora *nuestra* lengua, en la que sólo es posible "maldecir", "decir mal", "balbucear" y por lo mismo "lengua menor", "discurso menor". El escenario de la lengua que diseñó *The Tempest* se ha prolongado hasta el presente. El "balbuceo" de la lengua menor no puede producir un pensamiento "sistemático" y "metódico". Al iniciar *Para una teoría...*, Fernández Retamar, partiendo de José Gaos, observa que

> Este criterio [lo sostenido por Gaos acerca de que en el pensamiento hispanoamericano y español, la "parte más original y valiosa es la del ensayo y el artículo y la del discurso"] aconseja que, en lo que toca a los estudios de teoría literaria en nuestra América, no nos limitemos a las obras que asumen la forma del tratado o curso sistemático y metódico, y en cambio tomemos en consideración otras; al parecer menos rigurosamente estructuradas en torno a esta disciplina[...] (*Para una teoría* 43)

El escenario parece repetirse. El discurso teórico latinoamericano no suele presentarse en forma de "tratado o curso sistemático y metódico" sino bajo la forma menos rigurosa del ensayo y del artículo e incluye no sólo a "teóricos puros" o "críticos" latinoamericanos —como Alfonso Reyes, Pedro Henríquez Ureña, etc— sino también, siempre en palabras de Retamar, a "protagonistas de nuestra literatura" —como Martí, Darío, etc—. Al parecer no es posible o no es aconsejable el "tratado o curso sistemático y metódico" sino el "balbuceo" teórico: el ensayo, el artículo y el discurso o, como se argumentara recientemente, el "Pensamiento" latinoamericano Aquellos que piensan que hay un solo modo o una sola vía para el trabajo teórico —su modo o el modo que sus instituciones definen como *la* vía—, no pueden reconocer el discurso del otro como estructurado y calificarán del balbuceo todo lo que ellos interpreten como "no sistemático" y "no metódico". Nuevamente parece que hay un modo hegemónico o prospereano de teorizar y otro caníbal, subordinado menor.

La respuesta de Calibán a Próspero implica la reivindicación de su discurso, implica su derecho a balbucear no en tanto un discurso inválido o incoherente sino como su propio, válido, estructurado discurso. ¿Qué es lo que se establece: una diferencia o el uso prospereano de la diferencia como una descalificación? Posiblemente ambas: diferencia y descalificación. Para Fernández Retamar, la actividad teórica en América Latina es diferente. Para Gaos, la actividad teórica en América Latina es diferente y merecedora de descalificación. Sin embargo, en la medida en que Fernández Retamar adhiere a la idea de Gaos acerca de la diferencia, su propia formulación se contamina con la descalificación propuesta por Gaos y vuelve su propio discurso ambiguo, lo cual socava su argumentación acerca de la diferencia como algo positivo.

La segunda observación de Retamar va en otro sentido y es la siguiente:

> [...] las obras que mencioné al principio [*El deslinde* de Alfonso Reyes y *La estructura de la obra literaria* de Félix Martínez Bonatti], son intentos de teoría de la literatura escritos *en* Hispanoamérica, pero *no* teorías *de* la literatura hispanoamericanas. La razón de ello es simple: aspiran a ser teorías *generales*. (*Para una teoría* 43, énfasis en el original)

Esta segunda observación —a mi entender, la de mayor peso e interés en la argumentación de Retamar— le permite, luego de revisar la idea de una "literatura universal", la siguiente afirmación:

> Las teorías de la literatura hispanoamericana, pues, no podrían forjarse trasladándole e imponiéndole en bloque criterios que fueron forjados en relación con otras literaturas, las literaturas metropolitanas. Tales criterios, como sabemos, han sido propuestos —e introyectados por nosotros— como de validez universal. Pero también sabemos que ello, en conjunto, es falso, y no representa sino otra manifestación del colonialismo cultural que hemos sufrido, y no hemos dejado enteramente de sufrir, como una secuela natural del colonialismo político y económico. Frente a esa seudouniversalidad, tenemos que proclamar la simple y necesaria verdad de que *una teoría de la literatura es la teoría de una literatura.* (*Para una teoría* 48, énfasis de R.F.R.)

La posición de Retamar es la de quien piensa que la "historia local" (el lugar desde donde se habla o la situación de enunciación) determina la producción de conocimientos y teorías. También sostiene que existe la posibilidad de "introyectar" teorías producidas en otras historias locales y propuestas como universales. Universalidad que aparece como "seudouniversal" y "seudouniversalidad" que aparece como "secuela natural del colonialismo político y económico".

Retamar va más lejos y sostiene que el tercer mundo en virtud de su pasado colonial tiene todo en común —como es lógico esperar del momento histórico en que se encontraba Cuba y la Revolución— lo que abre toda una línea de discusión que no seguiremos en esta oportunidad pues supone la problemática homogeneización del "tercer mundo". Esta homogeneización del pasado colonial —muy posiblemente tributaria de las necesidades políticas locales de la Revolución Cubana a mediados de los setenta— no parece mantener la argumentación de la determinación que la "historia local" tendría en la producción de conocimientos. En ese sentido, Roberto Schwarz en su ensayo "Brazilian Culture" parecería apuntar a otra argumentación estableciendo que la variable de clase en las historias locales se vuelve preponderante a la hora de establecer "originalidades" o imposiciones (copias) coloniales. Lo que, parafraseando tanto a Schwarz como a Retamar, permitiría afirmar que un discurso teórico es el discurso teórico de una clase; idea que, por otra parte, no hace sino recoger toda la larga tradición del pensamiento marxista.[11]

Pero hay otra dimensión en la observación o en la afirmación de Retamar acerca de la necesidad de reaccionar "Frente a esa seudouniversalidad" proclamando "la simple y necesaria verdad de que *una teoría de la literatura es la teoría de una literatura.*" La radicación del discurso teórico literario en "la teoría de una literatura" supone no sólo la vigencia de una "historia local" o, de acuerdo a lo planteado por Schwarz, a la realidad de los proyectos de clase (o de una clase) sino también la proclamación de la seudo universalidad de ciertas propuestas teóricas; algo que el feminismo, entre otras propuestas, ha señalado hasta el cansancio. De hecho, supone el cuestionamiento de la misma idea de la "mundialización".

Al retomar estos aspectos, parecería estarse corriendo el riesgo de la imposibilidad de proponer la viabilidad de un discurso teórico válido para más de una situación o para más de una historia local o incluso para más de una clase, género, etc. No es, sin embargo, lo que está en el discurso de Retamar, quien problematiza la propia noción de "Hispanoamérica" y plantea su condición histórica. Más aún, Retamar —retomando muchos de los planteos de Mariátegui—, sostiene que la unidad de Hispanoamérica o de América Latina no podrá realizarse dentro del orden burgués. Es decir, la posibilidad de un conocimiento científico o universal no es descartada sino que es proyectada a un futuro en que el orden burgués haya sido derrotado (y aunque no se extienda en ello, cuando haya surgido el "sujeto" capaz de elaborar un discurso científico verdadero y universal: el proletariado).

Retamar problematiza la idea de una literatura universal al preguntarse si "¿existe ya esa literatura universal, esa literatura mundial, no como agregado mecánico, sino como una realidad sistemática?" (44). Al retomar la idea de Goethe acerca de una "Weltliteratur", sostiene que

> [...] la expansión capitalista europea había sentado las premisas para una literatura universal, porque había sentado las premisas para la verdadera *mundialización del mundo* (45, énfasis en el original).

Y agrega

> Pero esas premisas no podrían ser coronadas dentro del marco capitalista: esa tarea correspondería precisamente al sistema que iba a quebrar —por el momento, de modo todavía incompleto— a ese marco. (45)

Retamar fundamentaba la imposibilidad de una teoría universal en el hecho de que el mundo todavía no era uno ni en la época de Goethe ni en 1972 cuando él escribe su ensayo. Leído hoy, 1999, luego de la caída de la Unión Soviética y en plena época de la "globalización económico-financiera" o de la "mundialización de la cultura" la afirmación de Retamar parece pensamiento deseoso.

Sin entrar a discutir el tema más general de la eventual "globalización" o "mundialización" que, como sostiene Appadurai, en muchos casos es apenas sinónimo de "norteamericanización", "japonización", etc, parecería necesario recordar —algo que es hoy casi un lugar común— que junto con o como una parte indispensable de esos procesos "globales" se dan también procesos "locales" o de "localización". El término "glocal" es, al respecto, sumamente elocuente.

Lo anterior, sin embargo, no resuelve la cuestión acerca de la posibilidad de un discurso teórico o científico válido de modo universal. Por otra parte, la cuestión de un discurso global o de un discurso local supone además la cuestión del sujeto. A no ser que dada la actual relación de fuerzas y la localización del poder hegemónico a nivel económico y militar se entienda que la producción de conocimientos sólo pueda estar radicada en el hemisferio norte y, principalmente, en los EE.UU. y que los únicos sujetos capaces de producir conocimientos sean aquellos que están en el Norte, aun cuando originariamente hayan nacido en América Latina, India, Pakistán, Australia o, por qué no, en países "menores" de Europa.

Al respecto, resulta interesante recoger lo que Fernández Retamar senalaba en 1971 al comentar el "legado" de Martí y de Rodó lo siguiente:

> Ahora bien, si ese conocimiento [el de la obra de Martí] por las curiosas circunstancias aludidas, le estuvo vedado —o sólo le fue permitido de manera limitada— a las primeras promociones de este siglo, las que a menudo tuvieron por ello que valerse, para ulteriores planteos radicales, de como una "primera plataforma de lanzamiento" tan bien intencionada pero al mismo tiempo tan endeble como el decimonónico *Ariel*, ¿qué podremos decir de autores más recientes que ya disponen de ediciones de Martí, y sin embargo, se obstinan en desconocerlo? No pienso, por supuesto, *en estudiosos más o menos ajenos a nuestros problemas, sino, por el contrario en quienes mantienen una consecuente actitud anticolonialista* [énfasis mío]. La única explicación de este hecho es dolorosa: *el colonialismo ha calado tan hondamente en nosotros, que sólo leemos con verdadero respeto a los autores anticolonialistas* [énfasis mío] *difundidos desde las metrópolis* [énfasis en el original]. (*Calibán* 39-40)

Pero aun en el eventual caso de que el lugar del saber sea identificado con o sea decidido por los nuevos Prósperos de la academia norteamericana o del Commonwealth teórico, la universalidad del discurso teórico parece seguir siendo problemática, al menos en el campo de las ciencias humanas. Para Retamar, el problema de la universalidad pasa por la discusión del tema de Occidente. Así, para él, Occidente y occidentalismo son categorías que pertenecen a la dicotomía orden burgués/ socialismo. De hecho, Retamar reclama el derecho al discurso teórico de quienes pertenecen a los márgenes del mundo capitalista.

Una vez más, el problema parece estar entre Calibán y Próspero, entre hablar o no hablar, pensar o no pensar. Spivak ha sostenido que el subalterno no puede hablar y que en el momento de hablar abandona o dejar de estar en la situación de subalterno. Homi Bhabha y Luce Irigaray han planteado, con distintas implicaciones y desde distintos posicionamientos— que lo único que le queda a ciertos sujetos "marginales" o "híbridos" es la "imitación" (*mimicry*).[12] ¿Pueden teorizar los bárbaros latinoamericanos, pueden hablar o sólo pueden balbucear? ¿Deben hablar "prospereanamente" o deben balbucear "bárbaramente"? Hablar distinto era ser bárbaro; literalmente, "balbucear". ¿Hay una sola forma de teorizar? ¿Tengo yo, en tanto bárbaro, el derecho a mi propio discurso o debo teorizar como lo hace Próspero?

¿Es posible plantearse el "balbuceo teórico" como una descripción del discurso teórico latinoamericano? O, incluso ¿como el discurso teórico no euro-norteamericano o más aun, como el discurso no Commonwealth teórico? ¿Es el "balbuceo teórico" una categoría de análisis válida, pertinente y productiva? O ¿es apenas una caracterización equivalente a bárbaro o barbarie con la que se descalifica todo discurso que no siga las reglas de producción establecidas desde el lugar del saber hegemónico o que aspira a la hegemonía? Es decir, ¿en qué medida los que no teorizan como "yo" son bárbaros que no saben hablar griego o, lo que sería lo mismo, apenas "balbucean" pues no teorizan dentro mi sistema? ¿en qué medida quienes no producen su conocimiento siguiendo las reglas discursivas y "teóricas" del "centro" o de las "universidades del hemisferio norte" son bárbaros que sólo pueden balbucear? ¿Quiénes determinan que un discurso es "balbuceo", el sujeto que habla o el que escucha?[13] ¿Es posible, parafraseando libremente lo planteado por Deleuze, pensar en un "uso menor" de la teoría?, ¿es posible pensar "uso menor" y "balbuceo teórico" como categorías positivas o al menos válidas? ¿La crítica cultural y el "ensayismo" o el pensamiento latinoamericanos son balbuceos teóricos carentes de validez por no regirse con los parámetros académicos del pensamiento "escolar" —en el doble sentido de la palabra— del Commonwealth teórico y de los jardines de la academia?

¿No está ocurriendo algo similar en el diálogo entre latinoamericanistas del norte y del sur a lo que ocurría en el diálogo entre Próspero y Calibán? ¿No sigue ocurriendo hoy en día, cuando desde el prosperiano discurso del Commonwealth teórico del poscolonialismo anglosajón o desde ciertas posiciones del "latino-norteamericanismo" se escucha el "gabbling" latinoamericano? ¿No será que, al decir de Retamar, lo único que merece "verdadero respeto (son) los autores anticolonialistas *difundidos desde las metrópolis*" y que los difundidos desde América Latina son apenas "gabble" para los oídos metropolitanos o para aquellos de nuestros oídos en el que el colonialismo ha calado tan hondamente?

Planteado de otro modo, ¿cómo se relaciona todo esto con el problema del salvaje, del antropófago o de Calibán, con el problema del sujeto o del hablante latinoamericano y con el problema de la "teoría" en relación con América Latina? ¿en qué medida los planteos de Retamar constituyen un pensamiento único y en qué medida revelan una situación más general?

Cuando en 1975 Roberto Fernández Retamar publica *Para una teoría de la literatura hispanoamericana y otras aproximaciones*, el proyecto crítico latinoamericano —lo que Antonio Cornejo-Polar llamó el "gran proyecto epistemológico de los 70" (14)— incluía muchas otras voces y parecía haber alcanzado un momento culminante.

De hecho, la formulación de Fernández Retamar surge en medio de inquietudes críticas y planteos teóricos presentes en varios países de América Latina; como habían evidenciado el llamado "Conversatorio de Lima de 1974" —en el que habían participado, entre otros, Nelson Osorio y Antonio Cornejo Polar— y aun antes, la polémica entre Oscar Collazos, Mario Vargas Llosa y Julio Cortázar, así como los distintos proyectos editoriales y varios de los ensayos de comienzos de la década del '70 de Ángel Rama. En Argentina se consolidaban distintos proyectos críticos, algunos luego continuados en México, otros en los EE.UU. y otros, en condiciones menos fáciles, en la propia Argentina. En Perú y luego en Alemania, Alejandro Losada aspiraba a dar cuenta de los sistemas sociales y literarios. En Brasil, además de la obra de Antonio Candido (y de sus polémicas con Haroldo de Campos) se desarrollaba toda una labor crítica que incluía entre otros a Roberto Schwarz. A lo anterior cabría agregar el trabajo desarrollado en el Centro de Estudios Latinoamericanos "Rómulo Gallegos" por Domingo Miliani y el grupo de investigadores de distintos países latinoamericanos congregado en dicho Centro. Hacia finales de los '70, trabajos como *El cambio de la noción de literatura* de Carlos Rincón o *Ao vencedor as batatas: forma literária e proceso social* de Roberto Schwarz, entre muchos otros, señalaban que "el proyecto crítico latinoamericano" tenía una presencia múltiple. Por último, los coloquios y ensayos —convocados y publicados tanto por Casa de las Américas en La Habana como por la Biblioteca Ayacucho en Caracas—, daban cuenta si no de un "proyecto" digitado —la idea de proyecto podría sugerir una suerte de "conspiración" o de "estrategia" que nunca existió—, de una suerte de convergencia de esfuerzos no necesariamente idénticos ni tampoco homogéneos. De hecho, el planteo de Fernández Retamar encontró resistencias en muchos de los críticos activos en ese momento, algunos de los cuales (Rama, Miliani) entendían que la propuesta de *Para una teoría...* corría el riesgo de proponer un "ameghinismo crítico".[14]

Tanto el entusiasmo como los reparos que la propuesta de Fernández Retamar provocó entre los diferentes participantes del debate crítico latinoamericano —adentro y fuera de América Latina— confirman la importancia del texto publicado en 1975 y su articulación tanto con la situación de América Latina (en particular la del Cono Sur, incluido Brasil) como con la de Cuba.

Ahora bien, ¿en qué medida la propuesta de *Para una teoría de la literatura hispanoamericana* representó una intervención tanto en el debate interno de Cuba como en el debate de América Latina?, y sobre todo, ¿en qué medida ese o esos ensayos constituyeron la fundamentación teórica del "balbuceo teórico" de Calibán? Es decir, ¿en qué medida el o los balbuceos teóricos de América Latina constituyeron un discurso menor?

Antes de responder esta pregunta es necesario volver a considerar las relaciones entre Ariel, Calibán y Próspero.

3. Sobre Ariel, Calibán y Próspero

Para un sector de la academia del primer mundo y también de América Latina, José Enrique Rodó y su *Ariel* simbolizan la posición del intelectual elitista característico de "la ciudad letrada" de que hablara Ángel Rama:

> En el centro de toda ciudad, según diversos grados que alcanzaban su plenitud en las capitales virreinales, hubo una *ciudad letrada* que componía el anillo protector del poder y el ejecutor de sus órdenes [...] (Rama 33)

Rodó simbolizaría, para quienes defienden esa posición, el intelectual ligado al poder y el ejecutor de sus órdenes.

El cuestionamiento a Rodó es viejo y tiene una larga historia (gran parte de esa historia la recoge Retamar en su *Calibán*) así como la acusación de arielismo tampoco es nueva. Unos años antes de que Retamar publicara su relectura del *Ariel* de Rodó, en 1967, Carlos Real de Azúa, a propósito de un coloquio y posterior libro editado por Lipset sostenía:

> El primero y más usado (de un nutrido lote de estereotipos) consiste en atribuir la resistencia a la yanquización al hecho de que los intelectuales son "arielistas" (306) [y luego agrega] [...] el mar de ambigüedades que el manejo de las categorías de lo "moderno" y lo "tradicional" conlleva cuando es la sociología norteamericana la que los maneja. [...] por ello subrayé que los valores de modernidad capitalista y que —aun los prohijados— no se conciben como incompatibles con otro lote de valores, tradiciones y comportamientos que connotan desde sus más sumergidos estratos populares y culturales a nuestros pueblos. Que estos valores poco o nada tienen que ver con el "arielismo" sólo puede ignorarlo quien desconozca la estricta localización de ese "arielismo" en un marco de vigencias culturales que sólo en las primeras décadas del siglo poseyeron cierta tenue vitalidad y que fueron acremente revisadas tras la primera guerra mundial. [...] los mismos sectores intelectuales esclarecidos de las oligarquías latinoamericanas rechazaron por contraproducente y ambigua la normativa ariélica. [... dichos intelectuales] no escondían su estupefacción ante una preceptiva del desinterés, la contemplación y el ocio noble propiciada en un continente

> hundido en el atraso, la pobreza, la dependencia y las estériles querellas facciosas. (307)

Más que el *Ariel* de Rodó, el problema es el arielismo; es decir, lo que se hizo con *Ariel*. El problema es el arielismo como sinónimo de discurso antidemocrático y elitista. Es cierto que esa lectura de *Ariel* y del arielismo parece ser válida. Pero ese es *un* modo de leer a Rodó.

Ariel, sin embargo y por ende el propio Rodó, pueden ser y han sido leídos de otra manera. *Calibán* es, precisamente y entre otras cosas, una relectura del *Ariel* de José Enrique Rodó; pero sobre todo es una relectura y una modificación sustancial del planteo acerca de la función del intelectual latinoamericano. *Calibán* es además el cuestionamiento del discurso metropolitano que duda de la existencia del discurso latinoamericano o que lo considera poco importante por ser mera reproducción o mímica. No en vano el ensayo comienza y se presenta como una respuesta a una pregunta formulada por "un periodista europeo, de izquierda por más señas" (7).

> La pregunta me pareció revelar una de las raíces de la polémica, y podría enunciarse también de esta otra manera: "¿existen ustedes?" Pues poner en duda nuestra cultura es poner en duda nuestra propia existencia, nuestra realidad humana misma, y por tanto estar dispuestos a tomar partido en favor de nuestra irremediable condición colonial, ya que se sospecha que no seríamos sino eco desfigurado de lo que sucede en otra parte. Esa otra parte son, por supuesto, las metrópolis, los centros colonizadores [...] (7).

El cuestionamiento es claro. Y la situación o la historia desde la que se enuncia —"la reciente polémica en torno a Cuba"— es tan clara como el establecimiento de la identidad del *ellos*—"algunos intelectuales burgueses europeos (o aspirantes a serlo), con visible nostalgia colonialista"— y del *nosotros* —"la plana mayor de los escritores y artistas latinoamericanos que rechazan las formas abiertas o veladas de coloniaje cultural y político".

El comienzo de la década de los '70 era un momento político particular para Cuba. Luego de haberse realizado el Congreso Cultural, luego de haberse producido el "caso" Padilla, se desata la polémica a la que alude Retamar en el comienzo de *Calibán* y la división entre los intelectuales que apoyan la revolución cubana y aquellos que la critican. Ambrosio Fornet describió esa época de la Revolución cubana, época en la que se produjo un intenso debate dentro y fuera de Cuba, de la siguiente manera:

> Cada cual tomaba como pretexto la existencia del otro para justificarse. La ofensiva del dogmatismo no hacía más que cohesionar a los liberales; la cohesión de los liberales recrudecía el dogmatismo. Cada vez que los dinosaurios se movían —como diría Jorge Ibarra—, las mariposas saltaban; cada vez que las mariposas saltaban, los dinosaurios se movían. En este círculo vicioso los únicos que salían perjudicados eran los bichitos que había sobre la tierra, las matas que ya se habían sembrado y el terreno mismo. (51)

Es en ese contexto que hay que leer *Calibán*, es en ese contexto que hay que entender la relectura del trío conformado por Ariel, Calibán y Próspero que plantea Retamar y es en ese contexto que hay que leer su propuesta acerca de la función del intelectual latinoamericano. Es en ese contexto que, al comenzar la segunda parte de *Calibán* y luego de hacer la arqueología del personaje, Roberto Fernández Retamar dice

> Nuestro símbolo no es pues Ariel, como pensó Rodó, sino Calibán. [...] No conozco una metáfora más acertada de nuestra situación cultural, de nuestra realidad. (30)

Y de inmediato pasa a elaborar una larga lista que funciona como la filiación de "nuestra situación cultural". La lista incluye próceres de la independencia, mártires como Tupac Amaru, luchadores sociales, poetas, escultores, la música popular antillana, Carlos Gardel pero también Villalobos, el muralismo mexicano, Violeta Parra, Fidel, el Che, etc. Es la filiación de Retamar y de todos aquellos que se identifican con ella.

Lo interesante no es tanto la mezcla de esta "enumeración" no caótica sino la elaboración implícita de un "ellos" y un "nosotros", de Arieles y Calibanes. Arieles ellos, dice Retamar, los "algunos intelectuales burgueses europeos (o aspirantes a serlo), con visible nostalgia colonialista". Calibanes nosotros, proclama Retamar, "la plana mayor de los escritores y artistas latinoamericanos que rechazan las formas abiertas o veladas de coloniaje cultural y político". Sin embargo, el ellos y el nosotros que dibuja desde el comienzo y que mantiene durante largo tiempo es reformulado en otra antinomia. Una en la que Ariel es menos enemigo que Próspero.

Si bien una parte importante de la argumentación del ensayo está destinada a desmontar el *Ariel* de Rodó y el símbolo mismo del intelectual preocupado del espíritu al servicio de Próspero, el rechazo o el cuestionamiento fundamental está dirigido más que a Ariel, a Próspero. El fuerte e indudablemente cuestionamiento de la propuesta rodoniana no implica, sin embargo y como ya vimos, desconocer la función y la utilidad histórica del ensayo de Rodó.

Apoyándose en Mario Benedetti, de quien recoge la siguiente cita, dice:

> Pese a sus carencias, omisiones e ingenuidades [...], la visión de Rodó sobre el fenómeno yanqui, rigurosamente ubicada en su contexto histórico, fue en su momento la primera plataforma de lanzamiento para otros planteos posteriores, menos ingenuos, mejor informados, más previsores [...] la casi profética sustancia del arielismo rodoniano, conserva, todavía hoy, cierta parte de su vigencia (31),

Retamar comenta: "Estas observaciones están apoyadas por realidades incontrovertibles" (31). Más adelante y luego de cuestionar fuertemente la interpretación de Emir Rodríguez Monegal, Retamar afirma

> Bien vistas las cosas, es casi seguro que estas líneas no llevarían el nombre que tienen de no ser por el libro de Rodó, y prefiero considerarlas como un homenaje al gran uruguayo, cuyo centenario se celebra este año. El que el homenaje lo contradiga en no pocos puntos no es raro. (34)

Ariel y Calibán son dos formas de nuestra cultura para Retamar, que uno sea el intelectual tradicional o *belleletrístico* y el otro, el intelectual orgánico o revolucionario (82) no implica que ambos no sean, en palabras de Retamar, sino "siervos en manos de Próspero, el hechicero extranjero" (35). Esto es lo que antes le ha permitido afirmar en relación a Rodó que "si bien es cierto que equivocó los símbolos, como se ha dicho, no es menos cierto que supo señalar con claridad al enemigo mayor que nuestra cultura tenía en su tiempo —y en el nuestro—, y ello es enormemente más importante" (31).

Próspero, el mayor enemigo, es para Retamar "el hechicero extranjero". Pero además Próspero, ya lo dijimos, representa o constituye el lugar del saber; el saber que puede descalificar a Calibán y que puede "encandilar" a Ariel, el saber que le permite dominar la isla que habitan "todos". Y Próspero representa o constituye, también, el saber del poder, un saber propio de un "hechicero extranjero".

4. Balance y liquidación

Nancy Harstock se pregunta, al plantearse el problema de la relación entre activistas y académicos:

> Who is it for? To whom are we ultimately accountable? How can we recognize and assess the political stakes involved in seemingly irrelevant academic distinctions. What are the political issues on the agenda for feminist academics? (19)

En relación con el problema del diálogo entre diferentes participantes o lo que en otros contextos se ha llamado la "esfera pública internacional" —todo lo cual supone o podría implicar de hecho un espacio de "conversación" en el sentido en que lo plantea Rorty—, habría que preguntarse cómo funcionan las relaciones de poder y quién es o quiénes constituyen el sujeto trascendental en el discurso académico del latinoamericanismo. O mejor habría que preguntar quiénes se autoproclaman los verdaderos "herederos" del latinoamericanismo. ¿Cuántos latinoamericanismos hay? Hay un latinoamericanismo basado en los EE.UU. y un latinomericanismo basado en América Latina, pero eso no es todo. Ni estos dos latinoamericanismos son homogéneos. Ni todos tienen la misma historia local. Ni todos se posicionan de la misma manera.

Los planteos de Fernández Retamar son retomados por unos, adulterados por otros, apropiados por aun otros más e incluso traducidos al inglés. El Plan de Saneamiento que atraviesa el cuartel de Montevideo es celebrado por unos, lamentado por otros y demonizado por otros más. Cómo leer el presente que es una forma de leer el pasado y de construir el futuro. ¿El futuro de quién o quiénes?

"¿Cuál será el futuro? La revuelta de los pueblos sin historia."; se preguntaba y se respondía Cioran. El eventual optimismo que podría ser leído como inspirador de ese pasaje sorprende en un pensador poco dado al pensamiento si no utópico al menos "feliz". La respuesta aunque de apariencia simple y directa, plantea varios problemas. Cuáles son esos pueblos sin historia? Qué significa no tener historia? Los que viven al margen de la historia en el sentido occidental; es decir, fuera del "tiempo histórico occidental" o los que viven dentro de la historia de occidente pero en una posición marginal o subordinada? Será que los que no tienen historia son los que no pueden hablar y solo "balbucear". Será que el balbuceo teórico no merece el papel sobre el que está escrito. Será que los nuevos Prósperos que ocupan el poder reescribirán la historia y están dispuestos a proceder como proponía Arnoldo de Regensburg hacia 1030. Me será permitido poner en boca de los actuales Prósperos esta cita apócrifa de Regensburg y hacerle afirmar lo siguiente:

> No sólo es apropiado que las nuevas cosas cambien las viejas sino incluso que si las cosas viejas están desordenadas deberían ser tiradas u olvidadas o si, en cambio, se acomodan al orden

> adecuado de las cosas pero son de escaso uso, deberían ser enterradas con un saludo a la bandera. Después de todo, yo Próspero sé lo que es mejor tanto para Calibán como para Ariel y, por si fuera poco, el presente y el futuro me pertenecen.

Para terminar quisiera agregar dos preguntas más: ¿Será verdad que no hay solo un discurso poscolonial y que no permanece idéntico a si mismo a lo largo de la historia y a través de lenguas y culturas? Prodrá ser que el "balbuceo teórico" es el lugar que el actual discurso poscolonial anglosajón reserva para el discurso poscolonial en otras lenguas? No hay una respuesta simple. Es particularmente complejo si se toman en cuenta las peculiares situaciones en que viven los latino-norteamericanos, como hace José D. Saldivar y que lo obligan a inscribir su discurso teórico en un "space of hybridity and *betweeness* in our global Borderlands composed of historically connected postcolonial spaces" (153). Este espacio no esta configurado sólo por aquellos "historical connected poscolonial" sino también por espacios colonizadores pues los EE.UU. siguen siendo para América latina una fuerza colonizadora.

Lo que permanece sin resolverse y pendiente es el pasado de nuestro propio presente. Lo que permanece "*unsettled*" y sin resolverse es un diálogo múltiple entre los diferentes interlocutores. Lo que permanece sin resolverse y "*unsettled*" es la necesidad de transformar el monólogo de Próspero en una asamblea auténticamente democrática en la que el "balbuceo teórico" de Calibán participe en igualdad de condiciones.

Notas

[1] Al respecto, ver la prensa de Montevideo especialmente los diarios *El Observador* y *La República* —ediciones de enero y febrero de 1999— donde se da cuenta de las distintas posiciones y argumentaciones.

[2] No sólo las "historias locales" no son equivalentes sino que, como resulta de lo sostenido por el propio Walter Mignolo, tampoco lo son los idiomas. A pesar de validar las "historias locales" como productoras de conocimiento que desplazan las epistemologías globales, Mignolo sostiene (al referirse a un intento de contextualización del discurso de Retamar en función de lo sostenido por el argentino del Barco) que "el momento de enorme energía y producción intelectual de América Latina" (supuestamente los '70) "tiende a desdibujarse en la escena teórica internacional debido a la fuerza hegemónica del inglés, como idioma, y de la discusión en torno al posmodernismo y del poscolonialismo, fundamentalmente llevada adelante en inglés" (39). El planteo de Mignolo parece sugerir que la reivindicación y restitución de las "historias locales" como productoras de conocimiento que desafían, (...) las historias y las epistemologías globales [...]" sólo es posible en inglés. Lo cual habilitaría preguntar si esa afirmación no tiene que ver con "las historias locales" desde donde Mignolo reflexiona y escribe —el campus universitario norteamericano y el surgimiento de un "mercado"

teórico latino-norteamericano— así como a la creciente "anglo-sajonización" de la reflexión sobre América Latina. Al respecto, vale la pena recordar lo señalado por Antonio Cornejo Polar en su (póstumo?) ensayo "Mestizaje e hibridez: los riesgos de las metáforas. Apuntes" y su cuestionamiento y preocupación ante el crecimiento de la producción sobre América Latina en inglés.

[3] En ese sentido se podría decir que todo discurso es a la vez una "respuesta acerca de lo pasado y una propuesta sobre el futuro"; esto es lo que en un contexto diferente señalaba en mi *Poesía y sociedad.*

[4] Es interesante llamar la atención sobre el hecho de que tanto Arendt como Deleuze y Guattari, parten de Kafka para sus reflexiones. En el caso de Deleuze y Guattari para elaborar su noción de "literatura menor", en el de Arendt para considerar la "brecha" entre pasado y futuro.

[5] Arriano dedica los primeros dieciocho capítulos de *Indica* a la descripción de la India que recorre Alejandro y concluye el capítulo XVIII diciendo: "As my design in compiling this book was not to describe the customs of Indians, but to release how Alexander's fleet was conveyed from India into Persia, let the preceding portion of it be considered a digression from my narrative" (420).

[6] Tomo de Deleuze más que su propuesta teórica, las palabras. Por eso hablo de parafrasear libremente. Para Deleuze, Goethe escribió en una lengua mayor mientras que Kleist en una menor. Su formulación está pensada dentro de la gran tradición canónica, habla de "los grandes autores", autores que por otra parte pertenecen al paradigma de la modernidad y de las vanguardias históricas y posteriores. Sus referencias son Kafka, Beckett, Roussell, e.e. Cummings, Artaud, Celine, etc. El pasaje donde refiere a un *uso menor* del lenguaje es el siguiente: "They (Kafka y Beckett, H.A.) do not mix two languages together, not even a minor language and a major language, although many of them have made their linkage to minorities the sign of their vocation. Rather, what they do is invent a *minor use* for the major language, within which they express themselves completely: they *minorize* language, as in music where the minor mode refers to dynamic combinations in a state of perpetual disequilibrium. They are big by virtue of minorization: they cause language to flee, [...]" (Deleuze 25, subrayado del autor).

[7] En mi ensayo "Leones, cazadores, ..." doy cuenta en parte de cómo funciona el "Commonwealth teórico" en relación con el discurso desde América Latina.

[8] No es oportuno entrar a considerar el silencio de Albó en relación al posible origen "aborigen" que plantea el nombre de América como un término de los indígenas nicaragüenses; término que hoy nombra las Sierras de "Amerique". Una muestra de la argumentación de Albó se puede ver en *The Postmodern Debate....*

[9] Según el *Webster Dictionary* "gabble" es "1. Loud or rapid talk without meaning. 2. Inarticulate sounds rapidly uttered, as of fowls" y "gabbling" es "rapid, indistinct utterance; babble" (745).

[10] Cabría discutirse en esta oportunidad lo planteado por Roberto Schwarz en "Brazilian Culture" a propósito de la copia y la imitación, pero ello rebasa ampliamente los límites del presente ensayo.

[11] No cabe en esta oportunidad entrar en la discusión clase versus etnia, género, etc.

[12] No podemos en este momento discutir en profundidad lo planteado por Bhabha e Irigaray pero sería productivo confrontarlos con lo argumentado por Roberto Schwarz al respecto.

[13] "Gregor, in Kafka *Metamorphosis*, warbles more than he speaks, *but this again is according to the testimony of others*" (Deleuze 23, énfasis mío).

[14] Aludiendo a los planteos del paleontólogo y antropólogo argentino Florentino Ameghino (1853-1911) quien afirmó que todos los mamíferos, incluyendo los humanos, se habían originado en las pampas argentinas.

Bibliografía

Albó, Xavier. "Our Identity Starting from Pluralism in the Base". *The Postmodern Debate in Latin America.* John Beverley y José Oviedo, eds. Durham: Duke University Press, 1993. 18-33.

Achugar, Hugo. *Poesía y sociedad. (Uruguay 1888-1911)* Montevideo: Arca, 1986.

Appadurai, Arjun. *Modernity at Large: Cultural Dimensions of Globalization.* Minneapolis: University of Minnesota Press, 1996.

Arendt, Hannah. *Between Past and Future, Six Excercises in Political Thought.* Nueva York: Viking Press, 1961.

Arriano. *Anabasis of Alexander* and *Indica.* Edward J. Chinnock, trad. Londres: George Bell & Sons, 1893.

Bensmaïa , Réda. "On the Concept of Minor Literature. From Kafka to Kateb Yacine". *Gilles Deleuze and the Theather of Philosophy.* Constantin V. Boundas y Dorothea Olkowski, eds. Nueva York/ Londres: Routledge, 1994. 213-228.

Bhabha, Homi K. *The Location of Culture.* Londres/Nueva York: Routledge, 1994.

Bloom, Harold (ed.). *Caliban.* Nueva York: Chelsea House Publishers, 1992.

Cioran, E. M. *Cahiers (1957-1972).* Paris: Gallimard, 1997.

Cornejo Polar, Antonio. *Escribir en el aire. Ensayo sobre la heterogeneidad socio cultual en las literaturas andinas.* Lima: Editorial Horizonte, 1994.

_____ "Mestizaje e hibridez: los riesgos de las metáforas. Apuntes". *Revista Iberoamericana* LXIII/180 (julio-setiembre 1997): 341-344.

Corominas, Joan. *Breve diccionario etimológico de la lengua castellana.* Madrid: Gredos, 1967.

Dalton, Roque, Ambrosio Fornet, et. al. *El intelectual y la sociedad.* México: Siglo XXI, 1969.

Deleuze, Gilles y Félix Guattari. *Kafka: Toward a Minor Literature.* Dana Polan, trad. Réda Bensamaïa, foreword. Minneapolis: University of Minnesota Press, 1986.

Fernández Retamar, Roberto. *Calibán. Apuntes sobre la cultura en Nuestra América.* México: Diógenes, 1971.

____ *Para una teoría de la literatura hispanoamericana y otras aproximaciones.* La Habana: Casa de las Américas, 1975.

Fornet, Ambrosio.

Geary, Patrick J. *Phantoms of Remembrance. Memory and Oblivion at the End of the First Millennium.* Princeton: Princeton University Press, 1994.

Harstock, Nancy. "Rethinking Modernism". *Cultural Critique* 7 (1987): 187-206.

Hegel. "Introducción especial"-Capítulo II, Parte 2-"El nuevo mundo". *Filosofía de la historia universal.* Primer Tomo. José Gaos, trad. *Revista de Occidente* (1946).

Irigaray, Luce. *Ce sexe qui n'en est pas un.* París: Editions de Minuit, 1977.

JanMohamed, Abdul R. y David Lloyd. "Introduction: Toward a Theory of Minority Discourse: What Is To Be Done?". *The Nature and Context of Minority Discourse.* Abdul R. JanMohamed y David Lloyd, eds. Oxford: Oxford University Press, 1990. 1-16.

Lie, Nadia y Theo D'haen (ed.). *Constellation Caliban. Figuration of a Character.* Amsterdam/Atlanta: Rodopi, 1997.

Mignolo, Walter. "Posoccidentalismo: el argumento desde América Latina". *Teoría sin disciplinas.* Santiago Castro y Enrique Mendieta, eds. México: Porrúa, 1998.

Osborne, Lawrence. " Does Man Eat Man?". *Lingua Franca* VII/4 (April/May 1997): 28-38.

Rama, Ángel. *Aportación original de una comarca del tercer mundo: Latinoamérica.* México, DF: UNAM, Coordinación de Humanidades, Centro de Estudios Latinoamericanos, Facultad de Filosofóia y Letras : Unión de Universidades de América Latina, Cuadernos de cultura latinoamericana, No. 73, 1979.

Real de Azúa, Carlos. "Elites y desarrollos en América Latina". *Escritos.* Tulio Halperin Donghi, selección y prólogo. Montevideo: Arca, 1987. 287-310.

Saldívar, José David. *The Dialectics of Our America. Genealogy, Cultural Critique and Literary History.* Durham: Duke University Press, 1991.

Shakespeare, William. *The Tempest.* David Horne, ed. New Haven: Yale University Press/Londres: Oxford University Press, revised edition, 1995.

Schwarz, Roberto. *Misplaced Ideas: Essays on Brazilian Culture.* John Gledson, trad. Londres: Verso, 1992.

Spivak, Gayatri. "Can the Subaltern Speak". *Marxism and the Interpretation of culture.* Cary Nelson y Lawrence Grossberg, eds. Urbana: University of Illinois Press, 1988.

Zea, Leopoldo. *Discurso desde la marginación y la barbarie.* Barcelona: Anthropos, 1988.

Calibán después del comunismo

John Beverley

Para Doris Sommer

> ¿La filosofía no ha hecho ningún progreso? Si uno rasca donde pica, ¿no se trata de progreso?
> Ludwig Wittgenstein

La lógica del "Calibán" (1969) de Roberto Fernández Retamar es una lógica de *otredad* cultural potencialmente subversiva. Calibán es el sujeto latinoamericano formado por la civilización europea en su doble movimiento de colonialismo y capitalismo, pero cuya identidad como sujeto lo lleva necesariamente a impugnar esa civilización. Para Retamar, como para gran parte de su generación, la posibilidad de Calibán fue concretamente la posibilidad del comunismo: es decir, la posibilidad (o la necesidad) de "cambiar la vida". Por contraste, uno de los fenómenos que define la posmodernidad como tal es precisamente la caída del comunismo.

¿Sería posible reimaginar y reanimar el proyecto del comunismo —es decir, a Calibán— no sólo *en* la posmodernidad, sino en cierto sentido *desde* la posmodernidad? La pregunta parece a la vez perversa y quijotesca. Perversa por todo lo que sabemos del Gulag, de los campos de matanza de Camboya, de los crímenes de Stalin (y de todos los pequeños Stalins), de la represión y la falta de democracia aun en condiciones de lo que se solía llamar "normalidad socialista". Quijotesca por el simple e inescapable hecho del fracaso histórico de un sistema y de una ideología que justificaban esa represión y esos crímenes en nombre de la construcción de un futuro humano más justo y democrático.

Es cada vez más evidente que los regímenes que surgieron de ese fracaso han resultado en mayor o menor grado problemáticos, especialmente en lo que era la URSS y Yugoslavia. Este hecho ha provocado dentro y fuera del mundo post-soviético una nostalgia por lo que puede aparecer en las condiciones actuales como una "época dorada" del estalinismo de los años cincuenta y sesenta. Sin embargo, es evidente también que la simple restauración del estalinismo —o la instauración de nuevos regímenes de ese tipo (como podría haber ocurrido en el Perú con Sendero Luminoso, por ejemplo)— aun si fuera todavía posible, llevaría con el tiempo al mismo *impasse* y crisis que experimentó el campo del "socialismo real" en los ochenta, porque las semillas de ese *impasse* y crisis estaban presentes en la forma misma de centralización económica, política y cultural de la dictadura del partido comunista, forma que puede parecernos hoy una variante particular de una dictadura de la burguesía.[1]

Hay muchas razones para defender el derecho de Cuba de seguir su propio camino contra la presión del bloqueo impuesto por el gobierno norteamericano, o para preferir el modelo chino de transición hacia una economía mixta, en lugar del ruso. Pero nadie —ni los mismos cubanos o chinos— piensa hoy que China o Cuba son modelos ejemplares de un nuevo tipo de sociedad post-capitalista. Esta carencia de normatividad es precisamente lo que expresa el concepto cubano de "período especial en tiempos de emergencia". La proyección estratégica de estos regímenes es más bien usar el monopolio político-burocrático del partido para facilitar la integración del país a la economía global, sin los desajustes vertiginosos que ocurrieron en el caso de la URSS.

Paradójicamente, algo parecido ocurre con las variantes contemporáneas de la social democracia, desde el PT brasileño o el PRD mejicano hasta el Nuevo Laborismo de Tony Blair y la Tercera Vía (debo indicar que mi propia filiación política ha sido con la tradición social-demócrata). Como Clinton, que es en cierto sentido su modelo, las nuevas formas de la social-democracia representan un reajuste hábil a las condiciones actuales impuestas por la globalización. Pero, al fin y al cabo, ese reajuste consiste esencialmente en que acepten la hegemonía del capital globalizado. Reproducen la función tradicional de la social democracia de ajustar las reivindicaciones obreras y populares a los intereses capitalistas, y viceversa, ofreciéndose como "mediadores" más eficaces de la lucha de clases que los tradicionales partidos de la burguesía. No proponen una *alternativa* a la globalización o a la lógica del capital —otras formas de comunidad, valores, producción, cultura, democracia, regocijo.

Lo que compartían, más allá de su antagonismo secular, la social democracia y el comunismo es que en principio se presentaban ideológicamente como *formas de la modernidad*. El debate entre capitalismo y el comunismo que subyace la Guerra Fría fue hasta cierto punto un debate sobre cuál de los dos sistemas podía mejor llevar a cabo la posibilidad de una modernidad política, económica, científico-tecnológica, y cultural latente en el mismo proyecto burgués. La premisa básica del marxismo como ideología modernizadora era que la sociedad burguesa no podía cumplir con su propia promesa de emancipación y bienestar debido a las contradicciones inherentes en el modo de producción capitalista —contradicciones sobre todo entre el carácter social de la producción y el carácter privado de propiedad y acumulación. Liberando las fuerzas de producción de los lazos de las relaciones de producción capitalistas —así decía el argumento clásico— los regímenes de socialismo de estado podrían más o menos rápidamente sobrepasar esas limitaciones y "ganar" sobre el capitalismo. La respuesta —en última instancia ganadora— del capitalismo fue que la fuerza del mercado libre sería más dinámica y eficaz en producir la modernidad y el desarrollo económico.

Lo que no estaba en cuestión en este argumento, sin embargo, era la categoría de la modernidad en sí, ni la idea —de clara, aunque no siempre reconocida, procedencia hegeliana— de un proceso teleológico "necesario" para producir esa modernidad. Esta ambivalencia estaba implícita en la teoría de la dependencia, y explica el cambio de rumbo ideológico de un hombre como Cardozo en Brasil. Si la teoría de la dependencia fue esencialmente una explicación del *retraso* (o "subdesarrollo") de los países de la periferia capitalista con respecto a una modernidad (económica, política, etcétera) supuestamente "lograda" del centro, entonces la modernidad es la meta o el principio de valor con relación al cual se juzga el abyecto presente nacional, y el mercado libre, o el capitalismo de estado, o el socialismo son sólo *medios* para conseguir esa modernidad, medios que en última instancia deben ser juzgados por su efectividad pragmática en producir la modernidad. Pero, ¿puede existir una idea del socialismo/comunismo que no está conectada con el *telos* de la modernidad? Como se sabe, Marx y Engels sólo comenzaron a entrever esta posibilidad en sus últimas reflexiones sobre las comunas campesinas rusas como base posible de un colectivismo agrario.[2]

La modernidad conlleva el ideal y, a la vez, la posibilidad material de una sociedad transparente a sí misma —la generalización del principio de la "razón comunicativa", para recordar el concepto de Habermas. Por lo tanto, la lógica de la modernización es aculturadora o transculturadora.[3] Lo que opone la posibilidad de una sociedad transparente a sí misma es la proliferación de diferencias y heterogeneidades producidas por el mismo proceso de colonización europea, esclavitud, economía de plantación, sexismo, y racismo, desastres y flujos demográficos, desarrollo combinado y desigual, etcétera, etcétera, que acompañan la historia del capitalismo y las circunstancias particulares de su implantación en América Latina. Podemos coincidir en llamar esa heterogeneidad —que representa diferentes lógicas de lo social y diferentes maneras de experimentar y conceptualizar la historia dentro de una misma formación social o estado-nación— el multiculturalismo.

Para muchos lectores, el término tendrá la desventaja evidente de estar asociado con ciertos debates norteamericanos, y a partir de allí, de sugerir la intromisión de una agenda ajena a "nuestra América". Pero es evidente que algo que los Estados Unidos y los países del Caribe y América Latina comparten, en mayor o menor grado, dependiendo de sus circunstancias históricas, es un carácter multiétnico y multilingüístico y multicultural que deriva en parte de la herencia del colonialismo.

Como se sabe, Néstor García Canclini ha propuesto algo parecido a la idea de un multiculturalismo *interior* a las sociedades latinoamericanas en su idea de "tiempos mixtos" y el resultante carácter "híbrido" de las formas de producción y consumo cultural en América Latina. Para Canclini, como para el proyecto de estudios culturales latinoamericanos en general, la sociedad civil es el lugar privilegiado de la heterogeneidad y la hibridación multicultural, contra la lógica supuestamente homogeneizante y monológica del estado-nación "moderno". Curiosamente, sin embargo, la identificación entre la hibridez multicultural (y de allí nuevas formas de ciudadanía) y la sociedad civil —identificación que nace de un esfuerzo por desplazar la autoridad cultural y hermenéutica de la "ciudad letrada" hacia la producción/recepción cultural de las clases populares— termina legitimizando hasta cierto punto la hegemonía del mercado y el actual proceso de globalización. La lógica misma de las políticas de identidad que acompañan el principio del multiculturalismo apunta en la dirección de asumir que el proyecto gramsciano de conquistar la hegemonía ya no es una posibilidad, porque ya no existen las bases para formar un nuevo sujeto "nacional-popular". Hay sólo identidades fronterizas —desterritorializadas o en proceso de desterritorialización o reterritorialización. A la manera de Foucault, el poder es visto como una relación diseminada en todos los espacios sociales, en vez de estar concentrada en el estado y los aparatos ideológicos del estado.

De allí que el multiculturalismo pueda aparecer a primera vista como congruente con la hegemonía del neoliberalismo. Implícito en esta paradoja está el reto más profundo que el neoliberalismo ofrece a la izquierda: en principio, la doctrina neoliberal no presupone ninguna jerarquía de valor *a priori*, aparte de la función del mercado y de *market choice* en sí. Si *market choice* es un acto esencialmente "racional" (de acuerdo con el fin de maximizar ventaja y minimizar desventaja), y además "libre" en un sentido formal, entonces la racionalidad comunicativa de Habermas ya está latente en cierto sentido en la generalización de las relaciones de mercado y la democracia parlamentaria, y estamos, como opinaba Fukuyama, en el fin de la historia. Pero, ¿sería posible derivar del principio del multiculturalismo una posibilidad más radical, ya que, para repetir, lo que designa el multiculturalismo (como la figura de Calibán para Retamar) son desigualdades, diferencias, y antagonismos producidos o reproducidos por la historia misma del capitalismo? En general, la respuesta de la izquierda —tanto comunista o ex-comunista como social demócrata— a esta pregunta ha sido negativa. El multiculturalismo implica en mayor o menor grado un principio de *relativismo* cultural y epistemológico. La izquierda, por contraste, ha preferido en general refugiarse en la idea del socialismo como una forma de racionalidad crítica-científica "moderna", pero opuesta a la vez a la "razón instrumental" del mercado y del estado burgués, y a las enajenaciones de la "industria cultural" capitalista, representadas sobre todo en el consumo.

El proyecto de Beatriz Sarlo en la Argentina de Menem y la redemocratización —una variante de la "crítica negativa" de la Escuela de Frankfurt— por ejemplo, depende precisamente de la capacidad de movilizar la normatividad de los valores científico-humanistas y estéticos de la alta cultura burguesa contra la hegemonía del capitalismo en su forma actual (Sarlo). En una dirección paralela, Hugo Achugar revindica, contra lo que él ve como el prestigio de las nuevas corrientes teóricas en la academia metropolitana (y, sobre todo, norteamericana), una defensa de la tradición de pensamiento cultural representada por la "ciudad letrada" criolla en sus expresiones más progresistas y en su capacidad de recuperar y movilizar las formas de la "memoria local".[4]

La crítica de Sarlo de las nuevas formas de la sociedad de consumo implantadas en América Latina y la defensa de la función benjaminiana del letrado criollo como "receptor" de lo local de Achugar surgen de un reconocimiento vivencial de que la globalización implica, entre otras cosas, un descentramiento de la autoridad del intelectual tradicional (para recordar el concepto de Gramsci) —descentramiento que exige una contra-respuesta o reterritorialización de autoridad cultural. Nadie cuestionaría la fuerza de negación crítica que puede ofrecer la tradición letrada latinoamericana o la memoria local en la globalización. Sin embargo, puede haber en estas propuestas el peligro de un neo-arielismo. La ansiedad del intelectual tradicional ante los efectos supuestamente nocivos de la cultura de masas globalizada es, en parte, una ansiedad ante la democracia. Si una postura arielista (o frankfurtiana) representa de hecho una forma de resistencia cultural dentro de la globalización —lo que algunos críticos coinciden en llamar un "regionalismo crítico"— hay que reconocer que representa también un estamento social y un proyecto cultural todavía hegemónicos (aunque en crisis) en su propio espacio nacional y/o regional.[5]

¿Ofrece entonces lo que Sarlo denuncia como el "neopopulismo de los medios" de estudios culturales una alternativa coherente a este neo-arielismo? Para Retamar la posibilidad de Calibán fue sobre todo una cuestión *literaria*. Pero en cierto sentido el lugar de Calibán esta pasando de la "ciudad letrada" nacionalista-progresista que celebra su ensayo (es decir, en el propio contexto cubano del ensayo, el lugar de Orígenes y/o Casa de las Américas) a estudios culturales, donde Calibán reaparece transvestido como Teresa — la protagonista popular de la película cubana *Retrato de Teresa*— o La Malinche o "la nueva mestiza" lesbiana de Gloria Anzaldúa. Lo que está en juego en la propuesta de estudios culturales — George Yúdice hace esto explícito en su deseo de hablar de "políticas culturales" (*cultural policies*) en vez de política cultural (*cultural politics*)— es la posibilidad de pensar y a la vez alentar nuevas formas de ciudadanía y "participación" en el contexto de la globalización y la desterritorialización y reterritorialización cultural que se está produciendo en América Latina. De allí la articulación estratégica de estudios culturales como una especie de "correa de transmisión" entre la sociedad civil, el estado, las corporaciones transnacionales, las ONGs y fundaciones, y la academia.

Pero el proyecto de estudios culturales, aunque se suele presentar en un registro posmodernista, corre el riesgo de simplemente *transferir* la dinámica cultural de modernización de la "ciudad letrada" —es decir, de las formas de *high culture* nacional-burguesa— a la cultura de masas globalizada, vista ahora como más eficaz, más capaz de producir la desfamiliarización cultural esencial a la formación de una sensibilidad moderna. En particular, el énfasis que —partiendo de la teoría de la recepción— estudios culturales dan a la refuncionalización de la producción de mercancías a través del consumo conduce en la dirección de ver al consumo como una especie de praxis política en sí (o de pensar que la política funciona hoy dentro de una lógica de consumo). Lo que expresa la famosa consigna de Canclini —"el consumo también sirve para pensar"— es que con la globalización económica, la sociedad ha llegado a un umbral histórico en el cual ya no es posible pensar la ciudadanía y la democracia independiente del consumo.

En las propuestas de Canclini sobre hibridización cultural, la posición de sujeto desde la cual se pueden registrar los efectos de la hibridización no es exactamente la del sujeto popular supuestamente involucrado en esos procesos de transmutación. Se trata más bien de una apropiación esencialmente *intelectual* de la cultura de masas por intelectuales tradicionales, ubicados esencialmente en la academia o en las ONGs y socialmente en una clase media o clase media alta profesional. En ese sentido, el proyecto de estudios culturales no rompe con los valores de la modernidad. Los "tiempos mixtos" de Canclini se resuelven en el presente caótico y dinámico de la gran megalópolis capitalista como São Paulo, ciudad de México, o Buenos Aires, y los nuevos flujos demográficos y culturales "glocales" que posibilita. El proceso de hibridización reproduce —pero ya en el ámbito de las culturas populares o de masa, y en un registro post- o para-nacional— la teleología "moderna" expresada anteriormente en la idea de mestizaje cultural o transculturación. Estudios culturales llega a ocupar el lugar de un proyecto revolucionario de la izquierda no sólo fracasada, sino vista ahora como imposible y/o indeseable.

En un nuevo libro sobre la relación entre cultura y política en Guatemala hoy (*La articulación de las diferencias*), Mario Roberto Morales critica a la vez la estrategia de lucha armada de la guerrilla guatemalteca en los años ochenta y el "binarismo" que subyace a la emergencia de las nuevas políticas de identidad indígena en su país. En su lugar, defiende un proceso de "mestizaje cultural" modelado sobre la base del concepto de hibridez de Canclini. Reconoce la persistencia del carácter multiétnico y multilingüístico de un país como Guatemala, la justicia de muchas de las reivindicaciones indígenas, y la posibilidad de cierta autonomía relativa de los grupos indígenas dentro del espacio nacional y diferencia en particular su uso del concepto de mestizaje de su aceptación tradicional en el discurso mundonovista (por ejemplo en Martí o Vasconcelos). Por lo tanto, entiende por "mestizaje cultural" no tanto la "superación" de diferencias etno-culturales sino la ampliación, negociación, e hibridación de esas diferencias en condiciones de democratización (para parafrasear su propia formulación). Esta posibilidad implica a su vez una nueva forma de lo "nacional", modelada sobre la representación que ofrecen los estudios culturales de lo social como proceso de hibridización (y, en efecto, el libro de Morales es una nueva forma del ensayo nacional tradicional).

Pero cabe preguntar ¿si tanto la cultura indígena como la ladina en Guatemala participan de un proceso común de mestizaje/hibridización/transculturación, entonces en que consiste en primer lugar su diferencia? Los efectos de la globalización que Morales señala en la cultura guatemalteca actual también llevan —por la lógica de desarrollo combinado y desigual— a *intensificaciones* de las diferencias —en este caso, a una agudización radical de una conciencia basada en una identidad "maya". Uno puede estar de acuerdo o no con la expresión ideológica de esta conciencia, pero el fenómeno de su surgimiento y fuerza es innegable. Es precisamente esta intensificación de la diferencia lo que potencializa y hace necesario a la vez el "diálogo inter-étnico" que Morales promueve en su libro contra una política de identidad "mayista". Pero no hay diálogo —o, para usar el término de Rorty, "conversación"— posible entre posiciones de sujeto fundamentalmente desiguales. Es decir, para que haya "diálogo inter-étnico" uno tiene que conceder en primer lugar la autoridad de la voz del otro. Pero esto implicaría, otra vez, un desplazamiento de la autoridad del letrado —es decir, del propio Morales— como el "conductor de pueblos" nacional.

Volveremos a este problema enseguida. Por el momento, es suficiente notar que para una rearticulación propiamente posmoderna de los estudios culturales me parece más útil que el concepto de hibridez de Canclini la idea de una "heterogeneidad no dialéctica" bosquejada por Antonio Cornejo-Polar en uno de sus últimos ensayos ("Una heterogeneidad no dialéctica"). Pensando en el fenómeno del gran flujo migratorio de la sierra hacia las ciudades costeñas del Perú en las últimas décadas (que equivale a una especie de diáspora *interior* al país), Cornejo rechaza la opción, que asocia explícitamente con Canclini, de pensar la identidad del sujeto de esa migración como "desterritorializada". Aunque de hecho varias identidades y territorialidades co-existen en ese sujeto, no debe entenderse como transculturado o híbrido. Más bien, es un sujeto descentrado o esquizofrénico, construido alrededor de dos (o más) ejes de identidad que son contradictorios de una forma que no resulta en una supresión-superación (*Aufhebung*) de la contradicción: "Acoge [el sujeto migrante] no menos de dos experiencias de vida que la migración, contra lo que se supone en el uso de la categoría de mestizaje, y en cierto sentido en el del concepto de transculturación, no intenta sintetizar en un espacio de resolución armónica" (844-845).

Si se entiende la hibridez o el mestizaje como el campo de negociación o (para usar el concepto de Homi Bhabha) de "traducción" de diferencias, entonces la disputa es sólo terminológica: híbrido o heterogéneo, da más o menos lo mismo. Pero detrás de la apelación a la hibridez y/o la transculturación perdura una ansiedad: una ansiedad de clase (burgués o pequeño burgués), de estamento (letrado), de etnia (ladino-criollo-pituco), y de género (en su mayoría masculino) de ser desplazado por un sujeto popular-subalterno multiforme, ansiedad que se traduce en un deseo de contener el protagonismo y la posibilidad desbordante de ese sujeto dentro de un marco aceptable *para nosotros*, por decirlo así.

La propuesta de Cornejo sugiere la posibilidad de un nuevo discurso de lo nacional con relación a posiciones de sujeto multiculturales. Pero, si pasamos de una lógica de la hibridez o la transculturación a la de una de "heterogeneidad no dialéctica" —es decir, a una lógica de diferencias que *no* se resuelven en un proceso teleológico de formación de una cultura "nacional" o (como prefiere Canclini) "glocal"— surge entonces la pregunta inherente en la crítica que hace Morales de la política de identidad mayista en Guatemala: ¿No es por definición la articulación de las "diferencias" en sí una limitación a la posibilidad de formar un bloque potencialmente hegemónico, ya que esto requiere la articulación de una "voluntad colectiva", según la conocida expresión de Gramsci?

Podemos resumir el problema de esta manera: si las políticas de identidad son esencialmente una demanda de igualdad de oportunidad o de representación formal —de acuerdo con la categoría del sujeto— entonces son compatibles con la hegemonía neoliberal. Según un conocido argumento de Mouffe y Laclau en el grado en que las identidades multiculturales encuentran en sí mismas el principio de su propia racionalidad, sin tener que buscar ésta en un principio trascendente o universal que garantizara su legitimidad ontológica o histórica, producen una posición de sujeto "democrático" (*Hegemony and Socialist Strategy* 167). Es decir, el multiculturalismo se conforma con la utopía neoliberal de una interacción de sujetos autónomos "plurales" gobernados en última instancia sólo por las reglas del juego democrático y del mercado. Es más: las demandas multiculturales expresan el deseo y la posibilidad de la integración de sectores relativamente privilegiados de grupos anteriormente subalternos al estado y al mercado capitalista. A su vez, el estado y el mercado comparten la necesidad de organizar poblaciones heterogéneas e híbridas en categorías identitarias fijas: indígena, gay, mujer, víctima de SIDA, protestante, etc. (El problema, por supuesto, es que una persona concreta puede ser todas estas cosas a la vez: esa persona sería precisamente el nuevo Calibán).

Pero si estas demandas no son sólo para igualdad o "representación" formal, sino para una igualdad cultural, económica, cívica, y epistemológica a la vez, entonces la lógica de las políticas de identidad multiculturales sobrepasa la posibilidad de ser contendida dentro de la hegemonía neoliberal, y conduce hacia lo que Mouffe y Laclau llaman una posición de sujeto "popular". Se trata de un sujeto capaz de dividir el espacio político en dos campos opuestos: el campo de un "bloque popular" y el campo de la elite o "bloque de poder". La autoconstitutividad de cada una de las identidades diferenciales es, a la vez, el resultado de un desplazamiento de un *imaginario igualitario* compartido, un imaginario que nace de las desigualdades (económicas, etnoraciales, de género, de cultura, etc.) producidas por la modernidad capitalista.

En su concepto de un "imaginario igualitario" Mouffe y Laclau anticipan el argumento del filósofo canadiense Charles Taylor de que el multiculturalismo implica una "presunción de valor igual" (Taylor, "The Politics of Recognition"). Homi Bhabha señala que, para Taylor, esta presunción "no deriva del lenguaje universal de valor cultural [...] porque se enfoca exclusivamente en el reconocimiento para lo excluido" ("Editor´s Introduction" 449-50; mi traducción). En otras palabras, la presunción no depende de un principio ético o epistemológico que existe como *anterior* a la demanda de reconocimiento cultural en sí misma. Según Taylor, un juicio valorativo auténtico no puede presumir un valor. Más bien, la demanda de reconocimiento cultural pone en marcha un "juicio procesal" (*processual judgement*), que involucra la necesidad de "negociar" diferencias culturales para llegar a una nueva "fusión de horizonte" (*fusion of horizon*) que no estaba presente en el comienzo del diálogo.

Pero estas ideas de *processual judgement* y *fusion of horizon* sugieren en el argumento de Taylor otra vez una teleología de transculturación o hibridización que parece negar la fuerza de la "otredad" que se trata de "negociar" en primer lugar (entre otras cosas, porque esa otredad no tiene que expresarse necesariamente en una teleología de transculturación o hibridización). Como señala Bhabha, "[L]o que Taylor encuentra particularmente inaceptable en la presunción de valor igual es la extensión de derechos civiles al dominio de juicio cultural" (449). Pero su solución, "trabajar a través de la diferencia cultural para ser transformado por el otro", continúa Bhabha,

> no está tan claramente abierta al otro como suena. Esto es porque la posibilidad de una "fusión de horizonte" de valores —el *nuevo* patrón de juicio— no es tan nueva; está fundada sobre la noción del sujeto dialógico de la cultura que teníamos *precisamente en el comienzo* del argumento. *Ese* patrón no ha cambiado [...] Hay [en Taylor] una presunción de reconocimiento dialógico como forma de reciprocidad social y psíquica que hace de la fusión de horizontes una norma de valor o entereza cultural esencialmente consensual y homogeneizante, basada en la idea de que la diferencia cultural es fundamentalmente sincrónica. (449-50)

Bhabha quiere enfatizar aquí que no puede ser un principio abstracto ético o epistemológico de reciprocidad o "reconocimiento" —es decir, un principio particular al supuesto "universalismo" de la moderna cultura burguesa occidental— lo que dinamiza la "presunción de igual valor". Es más bien el carácter históricamente *específico* de las relaciones de subalternidad, marginalización, y explotación producidas por la hegemonía de esa misma cultura. Para Taylor, "La diferencia está constituida y totalizada *dentro de* cada cultura"; de allí que el diálogo multicultural "involucra *dos* sujetos culturales unitarios (individuales o colectivos)". Pero el problema de lo que Bhabha llama "el sujeto minoritario" (aunque debe quedar claro que está hablando de la inmensa mayoría de la humanidad) "no es la cuestión de *reciprocidad*—'la relación de los dos'—sino la problemática de *proximidad* [...] El sujeto minoritario producido por la proximidad de diferencia (en vez de reciprocidad) emerge de una historia de prácticas discriminatorias y exclusionarias *sin* la temporalidad coeva que el dialogismo necesita para un reconocimiento exitoso" (450).

Taylor representa para Bhabha la limitación de las energías subversivas generadas por el multiculturalismo a una lógica "liberal"—lo que en los Estados Unidos solemos llamar "*liberal multiculturalism*" (cuando no *corporate multiculturalism*). Pero Bhabha señala también el peligro de que una política de identidad que no se abre a una "fusión de horizontes" corre el riesgo de quedar atrapada en una articulación defensiva y rígida, no sólo "incapaz de participar en una política transformativa, colectiva" sino en cierto sentido —como en el caso de lo que Nietzsche entiende por *ressentiment*— cómplice con las estructuras de dominación y subordinación que pretende resistir (452).

La idea inherente en mi argumento aquí, por contraste, es que se puede derivar la posibilidad de reformular el proyecto del comunismo desde el principio del multiculturalismo. Como señalan Mouffe y Laclau, la posibilidad de sobrepasar los límites de la actual hegemonía burguesa sería, en un sentido primario, nada más que la lucha por la "autonomización máxima de esferas" sociales de acuerdo con la generalización de una lógica igualitaria (187). Pero esto ocurre precisamente cuando se presiona desde dentro de varias formaciones culturales y políticas de identidad para llegar al extremo de sus demandas. Es decir, a un extremo en que estas demandas (por "reconocimiento", "derechos", libertad, igualdad formal, autonomía territorial, bi- o multilingüismo, etc.) ya no pueden ser expresadas adecuadamente dentro de las formas legales y los aparatos ideológicos del estado actual. Esta ecuación entre lo popular y lo heterogéneo no implica, por lo tanto, generalizar el principio del multiculturalismo a todo el espacio social, como ocurre en la celebración del poder de gestión de la sociedad civil en estudios culturales. Si la "posición de sujeto *popular*" es precisamente la expresión político-cultural de un principio de igualdad implícito en la heterogeneidad multicultural, entonces no puede incluir dentro de sí misma la "diferencia" representada por el bloque de poder. El carácter multicultural de lo popular tiene que ser articulado contra algo que *no es* —lo que Laclau designa como su "afuera constitutivo".

Este "afuera" tendría que ser, en cierto sentido, la lógica de aculturación o transculturación de la modernidad burguesa en sí. De allí que el proyecto de la izquierda no debe presentarse como una manera de "completar" el proyecto de la modernidad. No porque se trata de una vuelta a, o defensa de, un pasado nostálgico (lo que Marx y Engels entendieron por la categoría de "socialismo feudal" en el *Manifiesto*): el sujeto democrático-popular colectivo que aparecería en el registro de esta articulación —el nuevo Calibán— es un sujeto que carece de nostalgia por un "pasado perdido" pero a la vez resiste una incorporación plena a las formas de disciplinamiento de la modernidad. Su deseo, más bien, es para una condición de autonomía personal, igualdad, y democratización social máxima *en todas las esferas* —deseo incompatible en la última instancia con las jerarquías (de control, de autoridad cultural, de raza y etnia, de género, de riqueza, etc.) que ese disciplinamiento requiere e impone.

En otras palabras, la unidad de los elementos del "pueblo" depende de un reconocimiento de la *inconmensurabilidad* de esos elementos y, por lo tanto, de la proliferación de "contradicciones en el seno del pueblo" como valores positivos en vez de "problemas" (de desarrollo, de falta de educación o "normatividad socialista"). Lo que define la —renovada— posibilidad del "pueblo" como sujeto hegemónico hoy no es, por lo tanto, la noción jacobino-nacionalista o fascista del pueblo como sujeto idéntico a sí mismo —noción que hace del pueblo esencialmente el sujeto predilecto del estado moderno— sino precisamente la articulación del pueblo como un sujeto internamente fisurado y heterogéneo.[6] Un proyecto renovado de la izquierda para "cambiar la vida" —el nuevo Calibán— sería la expresión política de este reconocimiento de la heterogeneidad e inconmensurabilidad de lo social, sin sentir la necesidad de resolver las diferencias en una lógica unitaria o transculturadora de "modernización".

Unas observaciones finales:

1) Como hemos visto, para Mouffe y Laclau las políticas de identidad multicultural pueden apuntar a la vez hacia una "posición de sujeto *democrático*" compatible con la hegemonía neoliberal, o hacia la "posición de sujeto *popular*" de un nuevo bloque histórico potencialmente hegemónico. Pero lo que es evidente en su argumento es que lo que prevalece en *ambas* alternativas es la *misma* lógica socio-cultural (de subalternidad, de exclusión, discriminación, falta de igualdad). Esta coincidencia sugiere la

posibilidad de una "convergencia" o "alianza táctica" entre las formas más avanzadas del liberalismo (como, por ejemplo, el feminismo "burgués", el movimiento "gay", el ecologismo, los movimientos en favor de derechos humanos) y el esfuerzo por recomenzar o reanimar el proyecto de la izquierda, una convergencia que sobrepasaría en sus demandas e interpelaciones los límites inherentes en los gobiernos social demócratas o comunistas actuales.

2) Si en un registro "post" se ha insistido mucho en la "sobredeterminación" de la identidad de clase por otras identidades y lógicas de lo social, también hay que reconocer que esas identidades a su vez están sobredeterminadas por las relaciones de clase, y que la lógica de esas relaciones es una "lógica fundamental". Si el multiculturalismo es solo una manera de producir un nuevo *yuppie* étnico o femenino o gay, entonces no hemos avanzado mucho en la dirección de un nuevo Calibán; más bien, hemos producido lo que en Miami se llama un *yuca* (*young, upwardly mobile Cuban-American*). Pero esto es reconocer que la clase es también, en su aspecto político-cultural (es decir, como clase-por-sí), *una identidad.*

3) Muchos pensadores de la izquierda arguyen la "incompatibilidad sistemática" (la frase es de Fredric Jameson) entre el principio del mercado y el socialismo, haciendo referencia a las enormes consecuencias destructivas —tanto en lo cultural-ideológico como en lo económico— de la reintroducción descontrolada de relaciones de mercado capitalistas en las sociedades post-comunistas. Pero el principio de la relación entre el mercado y la democratización en el pensamiento neoliberal no implica necesariamente una identificación absoluta entre el mercado y el capitalismo, o del principio del mercado como tal con el "mercado libre" creado por el capitalismo histórico. Esa identificación depende más bien de la función ideológica del neoliberalismo de asegurar la hegemonía del capital global. No obstante, el mercado no es una institución social exclusiva del capitalismo, ni es la existencia de relaciones de mercado como tal lo que define el capitalismo como modo de producción: puede haber modos de producción —como un sistema generalizado de producción de pequeña mercancía— que dependen del mercado pero que no son capitalistas y vice versa, puede haber modos de producción basados en relaciones de producción explotadoras que no dependen del mercado —por ejemplo, el feudalismo. El problema entonces no es en sí mercado versus planificación, o sociedad civil versus estado. Se trata más bien de indagar qué configuración social ejerce la hegemonía tanto en el estado como en la economía o las instituciones de la sociedad civil: es decir, en última instancia se trata de un problema *político* y *cultural* más que puramente "económico".

4) El espacio geopolítico de la modernidad está formado por la nación-estado. Como se sabe, la globalización implica una superación relativa de la nación-estado. Sin embargo, el espacio de la hegemonía —su territorialidad— es todavía "nacional" (y, viceversa, en cierto sentido la "nación" es, como Gramsci lo vio, un "efecto" de la hegemonía) (véase *Cuadernos de cárcel*, "Notas sobre la historia de Italia"). Por lo tanto, en vez de abandonar la idea de la nación y de movernos exclusivamente a un registro "post-nacional", es necesario desarrollar *desde* el multiculturalismo y la/s cultura/s popular/es un imaginario nuevo de la nación-estado y de su relación con nuevas formas de territorialidad para-nacionales.[7] "Desde el multiculturalismo" porque este imaginario no puede ser simplemente una reafirmación de la "nación histórica", ya que la "nación histórica" —y sus instituciones, como el canon de la literatura nacional— es en parte inconmensurable con la "heterogeneidad no dialéctica" (para recordar el concepto de Antonio Cornejo-Polar) de las clases y grupos sociales subalternos que esta nación pretende representar dentro de su territorialidad.

5) La secularización como valor, y las formas de una cultura propiamente secular (la ciencia, la literatura y el arte moderno, la historia y las ciencias sociales, el lenguaje de derechos civiles, etcétera) son, como los ideales de democracia e igualdad social, productos de la modernidad, y están, hasta cierto punto, interrelacionadas con esos ideales. Pero el objeto de una sociedad igualitaria y democrática no debería ser la secularización en sí (una meta además imposible de conseguir), o el dominio de la ciencia o los "expertos" (que, en las condiciones actuales, equivaldría a decir el dominio de las grandes multinacionales que han monopolizado o están en proceso de monopolizar la tecnología y la informática). Si para ganar la hegemonía las clases y los grupos sociales subalternos tienen que devenir esencialmente lo que ya es hegemónico—es decir, la "moderna" cultura burguesa (científica, literaria, etc.)—, entonces las clases dominantes (nacionales o transnacionales) y la cultura dominante continuarán prevaleciendo, aun después de ser derrotadas (como se sabe, esta paradoja definió en parte la crisis del proyecto del comunismo). Por otro lado, el principio del igualitarismo en sí presupone, a la vez, que dentro del "imaginario igualitario" caben formas de subordinación dentro de los parámetros de sociedades o religiones "tradicionales" simplemente por ser no-modernas o anti-modernas, o "locales" (por ejemplo, formas de subordinación patriarcal o de casta o etnia). Como hemos visto, un neo-tradicionalismo o "fundamentalismo" puede ser altamente compatible con la reproducción de una sociedad y un estado "moderno" autoritario (como en el caso de Chile bajo la dictadura de Pinochet o en Irán). La posibilidad *radical*

del multiculturalismo reside estrictamente en una insistencia en el igualitarismo. Pero, para recordar el argumento de Bhabha mencionado arriba, esta insistencia no depende simplemente de un "principio" ético. Cualquier relación de subordinación o desigualdad social produce su contrario: una denegación de la autoridad de la posición dominante y un deseo de igualdad.

Por razones evidentes, el proyecto de reanimar o reimaginar la posibilidad de un nuevo Calibán tiene que ser por el momento más un proyecto en el campo de la "cultura" que en la política o en la economía. Pero el posmodernismo también implica un cambio en el lugar de la cultura. Según el famoso ensayo de Jameson *Postmodernism, or the Cultural Logic of Late Capitalism* (que ha devenido él mismo, en su diseminación global, un artefacto de la posmodernidad), en el contexto de la generalización social y la diseminación de la cultura de masas, el modelo weberiano de la modernidad —según el cual el arte y la cultura funcionan como esferas autónomas o semi-autónomas y el formalismo es su representación teórica-crítica— comienza a desmoronarse. La cultura hoy atraviesa lo social en formas nuevas y todavía no teorizadas, de tal manera que todas las instancias de lo social —desde la estructura de la psique revelada por la teoría psicoanalítica hasta la economía política y la organización del estado— son "culturales" en alguna medida.

La nueva centralidad de la cultura (o del tema de la cultura, que no es exactamente lo mismo), y su correlato, el concepto semiótico de la identidad, confirió al campo académico de la crítica literaria la función de una vanguardia conceptual, paradójicamente en un momento en que ese campo comenzaba a perder su propósito y su autoridad tradicional. De allí nace el poder de gestión y la correspondiente responsabilidad que la actual coyuntura confiere a nuestros quehaceres como trabajadores de la cultura. Pero el reconocimiento de la dimensión cultural de la hegemonía también viene acompañado por un sentido de la necesidad de abandonar lo que José Joaquín Brunner ha llamado "la visión 'cultural' de la cultura" propia de la crítica literaria y de las humanidades en general, y de cuestionar nuestra propia función pedagógica en formar los sujetos de la modernidad.[8]

Hacia el final del ensayo de Retamar, la posibilidad de Calibán se perfila sobre todo en una visión —representada por un fragmento de un discurso de Che Guevara— de una "nueva" universidad posrevolucionaria abierta al pueblo. La posibilidad de un nuevo Calibán no podría fundarse en una creencia similar en la función redentora de la educación— una creencia *sui generis* "moderna". Esa posibilidad implicaría no sólo un imaginario político-cultural radicalmente nuevo, sino también una especie de "crítica de la razón académica": es decir, un cuestionamiento radical de la función de la universidad y de nuestra propia complicidad como intelectuales en producir y reproducir relaciones de desigualdad social y cultural.

NOTAS

[1] Es quizás pertinente observar al respecto que la transición del comunismo al capitalismo fue o está siendo efectuada sin una verdadera revolución social —lo que equivale a decir, sin un cambio de clase dominante.
[2] Es interesante notar que los límites del proyecto de la URSS se revelaron sobre todo en su enfrentamiento con el fundamentalismo islámico en la guerra de Afganistán.
[3] La política cultural de la izquierda más relacionada con la teoría de la dependencia fue la idea de transculturación propuesta por Ángel Rama, sobre la base del aporte inicial —que incluye la invención del neologismo— de Fernando Ortiz en *Contrapunteo cubano del tabaco y el azúcar.*
[4] Dice Achugar: "[L]a construcción que se propone de América Latina, dentro del marco teórico de los llamados estudios postcoloniales, parecería apuntar a que el lugar desde donde se habla no es o debe ser el de la nación sino el del pasado colonial [...] [El] lugar desde donde se lee América Latina parece ser, por un lado, el de la experiencia histórica del *Commonwealth* y por otro [...] el de la agenda de la academia norteamericana que está localizada en la historia de su sociedad civil" (381).
[5] Quizás sea útil recordar aquí que uno de los argumentos fundacionales de la nueva derecha latinoamericana fue la crítica del arielismo hecha por Carlos Rangel en su libro *Del buen salvaje al buen revolucionario* (1976).
[6] Este sentido del "pueblo" está cercano a lo que Jean François Vois Lyotard entiende por "lo pagano" o Paolo Virno por "la multitud" —es decir, un sujeto social colectivo, pero no totalizable en *una* identidad.
[7] Un ejemplo de esto es la idea de *borderlands* o territorialidad "familiar" en las obras de escritoras latinas en Estados Unidos: por ejemplo, *Dreaming in Cuban* de Cristina García, *How the García Girls Lost Their Accents* de Julia Alvarez, *Translated Woman* de Ruth Behar, o *Borderlands/La frontera* de Gloria Anzaldúa.
[8] Es decir, la visión que identifica a la cultura en efecto con los suplementos de los diarios de domingo. José Joaquín Brunner, "Notes on Modernity and Postmodernity in Latin American Culture".

BIBLIOGRAFÍA

Achugar, Hugo. "Leones, cazadores e historiadores: A propósito de las políticas de la memoria y del conocimiento". *Revista Iberoamericana* 180 (1997): 379-87.

Bhabha, Homi. "Editor's Introduction". *Front Lines/Border Posts.* Número especial de *Critical Inquiry* 23/3 (1997): 449-450.

Brunner, José Joaquín. "Notes on Modernity and Postmodernity in Latin American Culture". *The Postmodernism Debate in Latin*

America. John Beverley, José Oviedo y Michael Aronna, eds. Durham NC: Duke University Press, 1995. 34-54.

Cornejo-Polar, Antonio. "Una heterogeneidad no dialéctica: Sujeto y discurso migrante en el Perú moderno". *Revista Iberoamericana* 176-177 (1996): 837-44.

Gramsci, Antonio. *Cuadernos de la cárcel*. México: Era, 1981.

Jameson, Fredric. *Postmodernism, or the Cultural Logic of Late Capitalism*. Durham NC: Duke University Press, 1995.

Laclau, Ernesto y Chantal Mouffe. *Hegemony and Socialist Strategy: Towards a Radical Democratic Politics*. Londres: Verso, 1985.

Morales, Mario Roberto. *La articulación de las diferencias o, el síndrome de maximón: los discursos literarios y políticos del debate interétnico en Guatemala*. Guatemala: FLACSO, 1999.

Rangel, Carlos. *Del buen salvaje al buen revolucionario*. Caracas: Monte Avila, 1976.

Sarlo, Beatriz. "Los estudios culturales y la crítica literaria en la encrucijada valorativa". *Revista de Crítica Cultural* 15 (1997).

Taylor, Charles. "The Politics of Recognition". *Multiculturalism, Examining the Politics of Recognition*. Amy Gutman, ed. Princeton: Princeton University Press, 1994.

Virno, Paolo y Michael Hardt (eds.). *Radical Thought in Italy. A Potential Politics*. Minneapolis: University of Minnesota Press, 1996.

Calibán vive.
Marxismo y posestructuralismo en los estudios de las culturas latinoamericanas

Ricardo J. Kaliman

1.

No puede comprenderse el estado actual de los estudios de las literaturas y las culturas latinoamericanas sin considerar el significativo punto de inflexión que se produce en los años '70, en el marco de una creciente identidad continental que pugna por la autonomía de pensamiento con respecto a la hegemonía europea y norteamericana, así como por una mayor sensibilidad para con las especificidades de las prácticas coterráneas. La emergencia y consolidación de este proyecto, con el decisivo impulso de la revolución cubana, transformó radicalmente las prácticas institucionales, introduciendo códigos y modalidades que desde entonces forman parte insoslayable de ellas. El nombre de Roberto Fernández Retamar constituye un rasgo característico de este signo, que, superando diversas vicisitudes y transformándose de acuerdo a ellas, sigue vigente como recurrente e iluminador punto de referencia.

Sería impropio, por cierto, pretender que todo el conjunto de la institución fue afectado de la misma manera por esta irrupción. Desde muchas posiciones previamente establecidas, el propio compromiso político y social provocó no sólo un distanciamiento sino, en algunos casos, un sistemático rechazo de las perspectivas y las líneas de acción que emergían en el contexto arriba esbozado. Sin embargo, a pesar de tales reticencias, no parece exagerado afirmar que quienes se articulan en las tendencias más independientes y sensibles a la realidad latinoamericana concuerdan en asignar a los años 70 un papel significativo en la interpretación del curso actual de sus esfuerzos. Pero aun dentro de ese acuerdo, y como por otra parte es de esperarse, los disensos surgen —y a veces de manera muy marcada— a la hora de establecer precisamente cuáles son los derroteros que hoy representan más lealmente los principios que irrumpieron en aquellos años. Por cierto, no se trata de una fidelidad ciega a ciertos dogmas, aunque no faltan actitudes que lucen como tozudos fundamentalismos, o, más a menudo, sean interpretadas como tales desde las posiciones rivales, las cuales naturalmente se arrogan a sí mismas el privilegio de la vanguardia. Se trata más bien del reconocimiento de que, aunque por motivos diversos —y el desacuerdo ronda ya en la identificación de esos motivos— nuestro pensamiento de hoy sea diferente al de aquellos años en ciertos aspectos, al mismo tiempo es de alguna manera heredero de esa particular tradición contrahegemónica, entendiendo, como Raymond Williams, que una tradición no es un "segmento histórico inerte", sino "una versión intencionalmente selectiva de un pasado configurativo y de un presente preconfigurado" (Williams 137).

Es precisamente sobre esas "selecciones" y "configuraciones" que pretendo aquí echar una mirada reflexiva, que me parece se ha vuelto cada vez más necesaria. Aunque sin duda no nos faltan lúcidas historizaciones del proceso del discurso crítico latinoamericano (Cornejo-Polar 11-13), los últimos años, según creo, han sido testigos de una cada vez más marcada polarización entre dos posturas cuyos respectivos perfiles es necesario trazar si se pretende poner el debate en términos razonables, frente a las poco deseables alternativas de disimular sus contradicciones bajo un pacto superficial, o bien sencillamente refugiarse en la comunidad propia, haciendo olímpico caso omiso de los posibles cuestionamientos que podrían esgrimirse desde la otra parte.

Mientras el título de este trabajo anuncia simbólica y sonoramente la opción desde la cual presentaré mis argumentaciones, en su subtítulo he cifrado las dos posturas a las que me refiero, bajo los respectivos nombres de "marxismo" (que reemplazaré en el curso de la exposición por el más preciso de "materialismo") y "posestructuralismo". Desde mi punto de vista, la oposición se condensa en términos de la concepción de la verdad que cada una de estas aproximaciones presupone. Por un lado, lo que aquí estoy llamando marxismo postula una realidad externa y objetiva que es fuente y árbitro de los esfuerzos por el conocimiento humano. Por otro lado, bajo el nombre de posestructuralismo aludo a una concepción de la verdad como una cuestión de retórica, y que en consecuencia atribuye su producción y circulación a la capacidad de persuasión del discurso. Naturalmente, sin embargo, estas respectivas concepciones de la verdad conllevan diferencias metodológicas y de estrategia política que condicionan y orientan el trabajo intelectual enmarcado en cada una de ellas. Por cierto, no pretendo que el conjunto de los estudiosos de las culturas latinoamericanas se reparta estricta y matemáticamente entre los defensores de una u otra de estas opciones con todas sus consecuencias teóricas, metodológicas y políticas. En un sentido estricto, no creo que ninguno de nosotros pueda presumir de una coherencia tan absoluta y rigurosa en cuestiones tan permanentemente sujetas a revisión, reformulación y profundización como éstas. Sin embargo, el rasgo central que acabo de identificar, la concepción de la verdad, traduce dos postulados operativamente distinguibles en la institución, cuya explicitación y esclarecimiento puede no sólo evitar malentendidos y contribuir a poner el debate en su justo lugar, sino también a mejorar nuestra propia comprensión del trabajo que realizamos y de sus consecuencias políticas.

Por lo señalado al principio, no resulta sorprendente que la obra de Roberto Fernández Retamar dé pie para sostener cada una de estas actitudes, al punto que, cualquiera sea nuestro enrole, podemos con todo derecho sentir que nuestro trabajo enfila tras sus huellas. Si su pregón por la incorporación del marxismo como marco de trabajo para comprender la realidad latinoamericana es explícito y sistemático, al mismo tiempo su estrategia profundamente ensayística y militante abona la legitimidad de la persuasión como instrumento de conocimiento. Es en homenaje a ese indiscutible magisterio y al reconocimiento de que es esa huella la que todos queremos seguir andando, que pretendo aquí argumentar un deslinde de esta aparente dispar consecuencia. En mi interpretación, el proyecto que la obra de Retamar emblematiza está orientado definitivamente y por sobradas razones a partir de un principio fundamental del materialismo, a cuyo enunciado y fundamentos epistemológicos y políticos me referiré inmediatamente, para luego considerar, en la sección 3, cierta aparente limitación de esa perspectiva que bien puede usarse —y se ha usado— para legitimar el cambio de dirección que supone el posestructuralismo. En la sección 4, sin embargo, discutiré los presupuestos que subyacen a esa operación, para abonar una revaloración del materialismo seminal de Retamar, a cuyos textos retornaré, bajo esa luz, en la sección final.

2.

A pesar de las caricaturescas simplificaciones que demasiado a menudo definen al marxismo —e incluso al pensamiento del propio Marx— por dos o tres rasgos de un mítico y prodigioso esquematismo, una somera revisión de lo que se ha escrito sobre el tema (véase Eagleton), o hasta de algún respetable artículo enciclopédico, bastaría para comprobar las ambigüedades y los profundos disensos que cruzan el uso de este término. Debería resultarles por lo menos un poco incómodo a quienes están convencidos de la homogeneidad del marxismo darse con que los mismos experimentalistas que Lukács condenaba como síntomas del decadente individualismo burgués fueran señalados por Adorno como el resguardo de la actitud revolucionaria. O, para dar un ejemplo más arraigado en los fundamentos teóricos del proceso social, que los sujetos absolutamente interpelados y posicionados con los que el influyente althusserianismo intentó desmontar el reduccionismo determinista de la "causalidad expresiva" de, por ejemplo, Goldmann, se transforman en Williams en agentes capaces de ejercer presiones contra los límites de la estructura social (véase Althusser, Goldmann, Williams). Y si uno se extiende más allá del círculo de los reconcentrados y sutiles teóricos (que, por cierto y contra lo que a alguien podría ocurrírsele, no monopolizan en absoluto el abrevadero conceptual académico), se encuentra con que, para algunos, el rasgo central del marxismo es la crítica del sistema capitalista, mientras que para otros su concepto esencial es el de la historia como lucha de clases. Y todavía hay quienes lo interpretan como una práctica de denuncia y rebeldía contra toda estructura de opresión entre los seres humanos, en franca oposición con los que le atribuyen un proyecto de autoritario control social, para no hablar de la confrontación entre quienes lo reducen a diabólico subterfugio encaminado a minar las bases de las creencias religiosas y los que encuentran en sus propuestas el camino más ajustado a su fe. Los variados sentidos que el término "marxista" adopta se parecen entre sí más por un wittgensteiniano "aire de familia" que por un núcleo compacto de rasgos que lo caracterizara de manera inconfundible, como parece sugerirse no sólo cuando se reivindica la autenticidad exclusiva de alguna forma de marxismo sino también cuando se habla de posmarxismos o de superaciones del marxismo en general.

Aunque usualmente se tiende a subrayar la predominancia de la "teoría de la dependencia", en verdad la incorporación del marxismo en el discurso crítico latinoamericano, sobre todo a partir de los '70, se concretó a través de una buena variedad de las diversas interpretaciones del marxismo, a veces incluso de maneras potencial o efectivamente contradictorias. Pero para rastrear la nota central que subyace a esta búsqueda, el factor determinante del propio contexto latinoamericano que creó las condiciones para la receptividad del marxismo, así como orientó el modo particular en que esa recepción se produjo, regreso a los textos de Retamar, de cuyo papel central en todo este proceso ya he hecho mención, con el fin de fijar el sentido que tengo en mente cuando rotulo con esa denominación esta vertiente del trabajo actual. Si bien hay en la insistencia de Retamar por el marxismo como marco epistemológico adecuado a los estudios sobre Latinoamérica un nada desdeñable condicionamiento del contexto revolucionario cubano, esta opción se presenta en su obra no sólo por esta vinculación con el socialismo o, ya en el caso particular de nuestro continente, con los procesos de lucha anti-imperialista, sino también, y de particular relevancia en el campo de la producción de conocimiento, explícita y recurrentemente, por ciertos postulados epistemológicos que entraña y que, en su definición, acompañan y complementan a los proyectos políticos.

Tomando una frase de Lenin, en efecto, Retamar caracteriza en varias ocasiones al marxismo como el "análisis concreto de la situación concreta". Por ejemplo, en su clásico "Algunos problemas teóricos de la literatura hispanoamericana":

> [C]omo se ha dicho tantas veces —al parecer, nunca demasiado— el marxismo no es un dogma, sino una guía para la acción: incluso para esa forma de la acción que es la elaboración teórica, la cual no está hecha de una vez para siempre, ya que el alma del marxismo, decía Lenin, es "el análisis concreto de la situación concreta".
> En nuestro caso, no se trata, por tanto, ni de aplicarnos sin más criterios elaborados a partir de realidades ajenas (en el mejor de los casos, criterios nacidos del análisis de otra situación), ni de pretender cortarnos, a espaldas de la historia, de cualesquiera otras realidades, y abultar supuestos o incluso verdaderos rasgos propios, con la voluntad de proclamar una absurda diferencia segregacionista, sino de precisar nuestra "situación concreta". (11)

O, en "Nuestra América y Occidente":

> [A]lgunos comentaristas de Mariátegui han dicho que él era marxista pero que desarrolló criterios propios en relación con los problemas de nuestra América. En realidad debe decirse que de veras era marxista porque desarrolló tales criterios. Lenin, quien enriqueció el marxismo en la época imperialista y del triunfo de la primera revolución socialista (circunstancias que Marx y Engels no llegaron a vivir) consideraba que "el alma viva del marxismo" era "el análisis concreto de la situación concreta". (152-3)

Esta fórmula encierra —y a menudo se acompaña explícitamente en sus textos— de varios pronunciamientos, de entre los cuales me interesa concentrarme en dos: por un lado, el énfasis en el respeto a la singularidad de la realidad estudiada, mediante el cual no sólo se reivindica una práctica de producción del conocimiento que se atenga a la particularidad latinoamericana sino que, por ese mismo motivo, se dimensiona a la vez esa práctica en el mismo espíritu con que se autoconcibe el proceso revolucionario cubano; por otro lado, al mismo tiempo que apunta al reconocimiento incondicional de la diferencia, y precisamente en la medida en que la subraya, la definición suscita la pregunta sobre la legitimidad de las generalizaciones, es decir, de las categorías más abstractas a través de las cuales "analizar concretamente la situación concreta". Ambos aspectos están íntimamente conectados, y en conjunto configuran una toma de posición relativamente precisa en el seno de los marxismos.

Por lo pronto, quizá lo primero que salta a la vista es su relación con el desafiante alegato de Marx contra el idealismo en *La ideología alemana*:

> Totalmente al contrario de lo que ocurre en la filosofía alemana, que desciende del cielo sobre la tierra, aquí se asciende de la tierra al cielo. Es decir, no se parte de lo que los hombres dicen, se representan o se imaginan, ni tampoco del hombre predicado, pensado, representado o imaginado, para llegar, arrancando de aquí, al hombre de carne y hueso; se parte del hombre que realmente actúa y, arrancando de su proceso de vida real, se expone también el desarrollo de los reflejos ideológicos y de los ecos de este proceso de vida. (Engels y Marx 26)

Aunque no siempre con la vehemencia metafórica de este pasaje, Marx insistió sistemáticamente en esta concepción del estudio de las sociedades. En contraste con la rutina de la filosofía idealista de asignar preeminencia a sus propias abstracciones por sobre los reclamos de la experiencia, puede decirse que este imperativo voluntariamente inverso, que pone a la vida concreta de los seres humanos como punto de partida para el conocimiento, signa lo que cabe entender como "materialismo" en su sentido más estricto y principiado. Esta precisión es más que pertinente, por cuanto el término "materialismo" se asocia frecuentemente con un postulado bastante más particularizado, según el cual las relaciones materiales de producción son la variable independiente en la determinación de los procesos históricos, y, en particular, muy relevante para nuestros intereses en los estudios de las culturas, de los contenidos ideológicos involucrados en esos procesos; en otras palabras, la célebre determinación de la superestructura por la base, que algunos encuentran prefigurada en las imágenes de "ecos" y "reflejos" del pasaje citado, pero que surge sobre todo en cierto pasaje del "Prefacio" a la *Contribución a una crítica de la economía política*.

No obstante, no es lógicamente necesario hacerse cargo de este modelo economicista para adoptar los imperativos materialistas. Por el contrario, puede argumentarse —y no faltan quienes lo hayan hecho lúcidamente (Williams 93s.)— que el materialismo, cuando se lo interpreta dogmáticamente en el sentido más particular, entraña una contradicción con su sentido más general. En efecto, el esclerosamiento de la metáfora de la base y la superestructura como representaciones de estratos fijos de la estructura social, que se puso de manifiesto en la teoría y la práctica del primero, constituye la consolidación, precisamente, de abstracciones apriorísticas que se imponen sobre los procesos concretos, lo cual es precisamente el procedimiento contra el que se alzan los principios del segundo, cuyo perfil y vocación puede condensarse en el lema de que "la realidad manda sobre las categorías" (y no a la inversa).

Estas precisiones son particularmente relevantes aquí porque es este materialismo en el sentido amplio el que Retamar reivindica en sus textos como instrumento para un fin que es definitorio del paradigma que representa y que, para él, se encuentra nítidamente prefigurado en Mariátegui y Martí: el estudio independiente de la realidad latinoamericana, liberado de las hormas coloniales y generado a partir de su propia naturaleza y sus propias urgencias. En efecto, tanto en Marx como en Retamar, el principio materialista, lejos de cobijarse en una supuesta neutralidad epistemológica, equivale a una resuelta toma de posición política, porque presupone la denuncia de las categorías idealistas, cuya aparente arbitrariedad no es en absoluto inocente. Al despojarse de las exigencias de adecuación a la experiencia real, se les allana el camino para acomodarse a las perspectivas sociales desde las cuales se generan, es decir, en los hechos, las de los sectores dominantes en las esferas correspondientes: la burguesía, el colonialismo, el imperialismo, un puro y etnocéntrico Occidente. Esta confluencia de las motivaciones epistemológica y política constituye un sello característico del discurso crítico latinoamericano que aquí estamos estudiando, encarnado en la sistemática preocupación por las prácticas vigentes en los sectores subalternos y marginales que la perspectiva hegemónica denigra o simplemente silencia. De ahí la programática preocupación, hasta el día de hoy vigente, por los sistemas indígenas y populares, por la oralidad en todas sus manifestaciones, por las formas de resistencia, transculturación y heterogeneidad, y, en general, por la representación de la diversidad y la conflictividad que emerge apenas uno tiende el ojo sobre la "situación concreta" de las culturas latinoamericanas.

3.

Ahora bien, el planteo básico del materialismo, así expuesto, no está exento de problemas y complejidades que pudieron permanecer invisibles en el contexto del propio Marx, pero cuya atención se volvió cada vez más imperiosa. ¿En qué medida es realmente posible dar a las abstracciones un sustento riguroso en la experiencia? ¿Basta decidirse a mirar la realidad "tal como es" para que ella se nos revele en su verdadera naturaleza? En un contexto intelectual donde las categorías metafísicas encontraban un camino tan llano y despejado para reproducirse, resulta quizá comprensible la ilusión sustancialista de que la alternativa materialista era una mera cuestión de voluntad. Pero una vez encarado el proyecto y considerado, ya no sólo en los términos de esa oposición al idealismo, sino en su propia naturaleza, comienzan a revelarse los obstáculos que se le presentan y que, en cierta medida, constituyen el substrato antropológico sobre el que quizá se alzaba precisamente el aparato del idealismo: en verdad, la experiencia humana nunca es conceptualmente virginal, sino que está siempre, y necesariamente, pre-construida, pre-interpretada, pre-orientada, por categorías cuyo origen está tan lleno de interrogantes como la realidad misma que orientan y que, sin embargo, tendemos a confundir con la realidad misma.

Si hiciera falta abonar esta comprobación, podemos encontrar en el propio proceso del discurso crítico latinoamericano, e incluso a partir de las propuestas del mismo Retamar, un ejemplo que ha cobrado particular significación en recientes debates. Me refiero a la convocatoria por una teoría propia de la literatura hispanoamericana, tras el razonamiento de que "toda teoría de la literatura es la teoría de una literatura" ("Para una teoría de la literatura" 82). Desde cierto punto de vista, esto podría tomarse como una especificación del planteo materialista general y su determinación de capturar la singularidad de la realidad continental: la reflexión sobre la literatura hispanoamericana, como un aspecto de la cultura viva y concreta de sus sociedades estaría guiada por los parámetros que ella misma requiere antes que por las categorizaciones que han abierto su camino a partir de reclamos de contextos ajenos a ella. Pero, ¿qué hay del concepto mismo de literatura? Como hoy bien sabemos, este recorte dentro de las prácticas discursivas y culturales humanas no es en absoluto un hecho natural e incontrovertible, sino por el contrario una operación históricamente localizable a la que costaría mucho absolver de la acusación de violencia simbólica (en el sentido de Bourdieu) es decir de una imposición arbitraria que oculta su carácter impositivo precisamente a partir del ocultamiento de su carácter arbitrario.[1] Naturalmente, no es mi intención dejar zanjado este debate, que, según mi modo de ver, es la encrucijada central para una definición de los estudios culturales latinoamericanos, sino sólo poner de relieve cómo podemos confundir secular e institucionalmente la realidad en sí con las propias categorías impresas en nuestra subjetividad.

Lo que aquí estoy llamando posestructuralismo encuentra en esta circunstancia una de sus bases de sustentación, aunque sus conclusiones van más allá de las que podemos extraer de casos como el que acabamos de comprobar en nuestras propias prácticas. Lo que esta posición postula es que no se trata tan sólo de que las categorías históricas permean y localizan nuestra percepción de la realidad, sino que ellas constituyen la realidad misma, o, dicho de otra forma, y equiparando estas categorías con el lenguaje, o más precisamente el discurso, lo que se sostiene es que la realidad misma es una construcción discursiva, con lo cual implican que su validez es inherentemente localizada; y su objetividad, pura ilusión. Nótese que esto concuerda con una posición política íntimamente emparentada con la que le atribuía arriba al materialismo: también aquí se pone en tela de juicio y se denuncia la arbitrariedad de las categorías mediante las cuales la hegemonía interpreta la realidad y que tiende a difundir para asegurarse el control social. Pero para el marco posestructuralista, la opción no es la de proponer categorías alternativas que se ajusten mejor a la realidad, puesto que aquí lo que aparece como ideológico es la pretensión misma de ese ajuste: es el propio concepto de verdad como adecuación a la realidad el que legitima y consolida las estructuras de poder:

> Existe un combate "por la verdad", o al menos "alrededor de la verdad" —una vez más entiéndase bien que por verdad no quiero decir "el conjunto de cosas verdaderas que hay que descubrir o hacer aceptar", sino "el conjunto de reglas según las cuales se discrimina lo verdadero de lo falso y se ligan a lo verdadero efectos políticos de poder"; se entiende asimismo que no se trata de un combate "a favor" de la verdad sino en torno al estatuto de verdad y al papel económico-político que juega. (Foucault 188)

Lo cual no quiere decir, por cierto, que no se puedan reconocer toda una variedad de estrategias alternativas concomitantes con el credo posestructuralista: la desconstrucción derridiana, por ejemplo, que a través del cuestionamiento a las oposiciones jerarquizantes de la filosofía, persigue el desenmascaramiento de la naturaleza inevitablemente metafísica de sus referencias. O bien, si la verdad es una cuestión de discurso, uno puede orientar su acción en pos del control de las posiciones desde las que éste se ejerce, como propone Foucault:

> Si designar los núcleos [de poder], denunciarlos, hablar públicamente de ellos, es una lucha, no se debe a que nadie tuviera conciencia, sino a que hablar de ese tema, forzar la red de información institucional, nombrar, decir quién ha hecho,

> qué, designar el blanco, es una primera inversión del poder, es un primer paso en función de otras luchas contra el poder. Si los discursos como los de los detenidos o los de los médicos de las prisiones son luchas, es porque confirman un instante al menos el poder de hablar de las prisiones. (84)

Otra estrategia compatible es la reivindicación del derecho de las múltiples perspectivas no hegemónicas a manifestarse y desarrollarse, pero ya no para oponer su pretensión de mayor legitimidad sino en función de su propia, localizada y autónoma legitimidad que le corresponde por el solo hecho de haber alcanzado una dimensión socializada en determinado grupo humano y que sólo es puesta en tela de juicio por las arbitrariedades de la estructura de poder. Por razones que no sería difícil desentrañar, este curso de acción, sobre todo a través de la línea de pensamiento que se perfila bajo el nombre de "poscolonialismo", parece ser el más favorecido en el discurso crítico latinoamericano.

Creo que a esta concepción de la verdad le corresponde adecuadamente el mote de "posestructuralismo", en cuanto encuentran sus legitimaciones en la episteme —para usar sus propios términos— generada en la tradición intelectual parisina del tercer cuarto del siglo XX, aunque esta herencia no sea en verdad siempre reconocida explícitamente. Todavía está por hacerse el estudio de las condiciones sociales e intelectuales del campo francés que dieron lugar a este influyente marco epistemológico y político, estudio que sin duda contribuiría a situarlo históricamente, esclarecer su arqueología y relativizarlo a un grado que sus propios cultores no parecen vislumbrar, a pesar de la indudable capacidad de relativización que a menudo ponen en marcha cuando se trata de cualquier otro marco de producción de conocimiento (por supuesto, cuando estos análisis superan los límites de una simple reducción de todo otro marco al recurrente relato maestro de la modernidad, con referencias casi automáticas a Descartes y Hegel).[2] Asimismo, la historización del posestructuralismo pondría de relieve no sólo el carácter institucional de su génesis, sino incluso sus matices hegemónicos, por lo menos en el sentido de que se localiza en las academias de las sociedades mundialmente centrales. En este caso particular, estas comprobaciones no serían ociosas, ya que a menudo se les atribuye a los postulados posestructuralistas una capacidad de generación de políticas alternativas, en virtud de cierto mítico descentramiento fundacional.

Sin embargo, aun en ausencia de una consideración detenida y fundamentada sobre la génesis social de las asunciones posestructuralistas, no me parece desencaminado aventurar el curso de los argumentos que dan cuenta de su aceptabilidad y su difusión desde el punto de vista de su razonabilidad, un componente que, a pesar de todo, representa un papel significativo en la conformación de las subjetividades humanas, y transitivamente de los académicos, que también somos humanos. Así, podemos trazar su genealogía conceptual a partir de la separación saussuriana entre signo y referente, distinción que en Saussure no tenía mayores pretensiones ontológicas que la de una reducción fenomenológica, destinada a delimitar un objeto intencional. Metodológicamente, sin embargo, se acompañaba de la atractiva propuesta del concepto de valor basado en la oposición y la diferencia, lo cual llevaba a intentar explicar todos los fenómenos del lenguaje —y de los códigos de comunicación en general— en términos del sistema conformado por signos en mutua relación. Por cierto, el modelo saussuriano resultaba relativamente elegante en contraposición a la acumulación caótica de definiciones del diccionario. Pero, además, era aceptablemente positivista (lo cual no deja de ser curiosamente paradójico, sobre todo al considerar el declarado antipositivismo de los sucesores que aparecerán al final de este relato), en la medida en que desprendía al lenguaje de la subjetividad humana, para concebirlo como una esfera autónoma con su propia dinámica.

En el seno del estructuralismo esta perspectiva se radicalizó: lo que en Saussure era un modelo que representaba al lenguaje se convirtió en la naturaleza intrínseca de éste, en la cual y por la cual nos encontramos en el mundo. Una perspectiva significativa y definitoria es, por ejemplo, la de Benveniste afirmando que la propia subjetividad es un efecto del lenguaje. De hecho, la negación del referente es, en consecuencia, una actitud ya presente en el estructuralismo clásico, y se manifiesta como un hecho establecido en el contexto epistémico en el que surge lo que hoy conocemos como posestructuralismo. En efecto, éste no es sino el resultado de intentar superar las incomodidades e incluso contradicciones que el estructuralismo debe confrontar, al aceptar el carácter omniestructurante del lenguaje y al mismo tiempo intentar dar cuenta rigurosa y minuciosa de sus propiedades, desde la subjetividad que se supone es una resultante del propio lenguaje. O, puesto de otra forma, al atribuir un carácter metafísico o ilusorio a la realidad, sólo para otorgarle —quizá imperceptiblemente— el status de única realidad al propio lenguaje. Por cierto, el propio dilema no puede entenderse como tal si no se ha aceptado previamente esa concepción del lenguaje. Me atrevería a aventurar que buena parte de los postulados progresistas del posestructuralismo perderían su fuerza motivadora y su capacidad persuasiva, y que de hecho la pierden, en aquellos contextos intelectuales en los que esa concepción no se ha consolidado en la comunidad académica. Quizá, en consecuencia, la confrontación que aquí estoy escudriñando pueda remitirse a la que contrasta, por un lado, a las subjetividades ganadas por la convicción de que la realidad es una construcción discursiva con, por otro lado, las que, en cambio, le asignan algún tipo de trascendencia con respecto a las subjetividades y su configuración socializada.

4.

La articulación más explícita y ordenada de lo que aquí estoy llamando las convicciones posestructuralistas la he encontrado en el libro *Belief and Resistence*, de Barbara Herrnstein Smith. En verdad, rara vez uno encuentra que estos presupuestos epistemológicos se expongan y sometan a fundamentación de una manera tan abierta y con tanta voluntad de claridad, sea porque se los da por sentado como aceptados en el contexto institucional al que se dirigen, sea porque se prefiere exponerlos de una manera que en la misma práctica se convierta en un cuestionamiento de los criterios de precisión y sistematicidad que se le atribuye al pensamiento "moderno" que se trata de confrontar. Ésta es sin duda una de las razones por las que me parece pertinente traer a colación aquí, aunque sea brevemente, la posición de Smith. Pero otra, no menos importante, es la de evitar la referencia a practicantes específicos de los estudios de las culturas latinoamericanas mismos, considerando que, como decía arriba, resulta difícil pensar que alguno de nosotros se haya inclinado por alguna de estas posiciones sin los matices y ambigüedades propios de un terreno tan resbaloso y que, por otra parte, como la experiencia lo enseña, la personalización enrarece la discusión más de lo que contribuye a encarrilarla.

En el citado volumen, Smith recoge una serie de trabajos suyos presentados en distintas circunstancias y cada uno de los cuales articula desde diferentes perspectivas y en relación con diferentes contextos (políticos, éticos, epistemológicos) su posición dentro de lo que ella llama la controversia intelectual contemporánea. El conjunto se anuncia como un examen de los términos de ese debate, pero la autora en ningún momento pretende ocultar su definida preferencia por el que llama —en realidad lo llama de diversos modos, pero sobre todo— el polo "constructivista", que se opondría, siempre según su imagen de la situación, al "axiológico" u "objetivista". A lo largo del libro, presenta numerosas caracterizaciones de las opciones en juego en esta confrontación, pero todas convergen en una oposición aparentemente paralela a la que yo aquí estoy discutiendo: de un lado, los que defienden las concepciones clásicas de la verdad, como representación fiel de una realidad independiente del sujeto y del otro, los que, en cambio, la entienden como una función de la comunicación y la hacen derivar de las relaciones pragmáticas que se establecen con determinadas condiciones de enunciación (Herrnstein Smith, especialmente 23s).

Uno de los argumentos, de entre los numerosos y enriquecedores que Smith construye, es particularmente atractivo para los que estudiamos los hechos culturales, porque es heredero de un persuasivo razonamiento que la misma autora avanzara en su *Contingencies of value*. Tras desnudar los fundamentos, usualmente presupuestos y rara vez precisados, de la concepción del valor estético como intrínseco a la obra de arte, para exhibir sus debilidades, Smith pasaba a desarrollar, en el capítulo 3 de ese libro, un modelo alternativo según el cual el valor de una obra de arte se explica para cada individuo en términos de su "economía" personal de necesidades y expectativas que pone en juego en relación con esa obra en un momento determinado (*Contingencies* 30s). A pesar de que encuentro sumamente provechoso este análisis del valor estético, en particular con miras a las posibles resoluciones de la inquietud antes mencionada por la naturaleza del objeto "literatura", no me parece igualmente convincente la proyección hacia el ámbito epistemológico que la autora propone en *Belief and Resistence*. En efecto, esta operación se basa en que usamos la misma palabra, "valor", en las expresiones "valor estético" y "valor de verdad", en un nominalismo que oscurece el hecho de que en cada caso estamos tratando con esferas distinguibles de la subjetividad humana, distinguibles en el sentido de que bien pueden presentar, y sostendré que de hecho presentan, propiedades significativamente diferentes para la cuestión que me ocupa aquí.

Lo que tengo en mente apunta, por cierto, a postulados que están en juego en esta discusión. Parece que habría un cierto grado de acuerdo en esta discusión en torno a que el conjunto de experiencias subjetivas a las que aludimos cuando mentamos la experiencia estética son de naturaleza estrictamente cultural, en el sentido de que son una función del contexto de socialización de cada uno de nosotros, en tanto individuos históricamente situados. Sin duda, cualquier ser humano es capaz de percibir formas, pero lo estético no es la percepción misma, aunque sin duda la implique, sino un conjunto complejo de vivencias que de alguna manera se originan de ella: por lo menos, un cierto grado de atención que prestamos a esas formas, una selección orientada a determinados rasgos y relaciones, unas determinadas configuraciones que construimos a partir de esos rasgos y relaciones, un conjunto más o menos complejo de asociaciones que de manera consciente o más o menos refleja se suscitan a partir de esas configuraciones, y aun unas sensaciones de satisfacción o insatisfacción que resultan de todo este proceso. No sólo la naturaleza y cualidad de todas estas vivencias no son comunes a todos los seres humanos, y su variación está altamente condicionada por los hábitos culturales de los distintos circuitos sociales por los que transitamos, sino que la propia conceptualización de lo estético, como una esfera diferenciada y especializada de la conducta humana, parece ser propia de las circunstancias históricas que no sin cierta vaguedad logramos sugerir con el rótulo de "cultura occidental".

Pero, sin embargo, una cosa es prestar atención a ciertas propiedades de los objetos (las implicadas en lo que aquí estoy llamando, en un sentido amplio, "formas"), establecer relaciones entre ellos, asociarlos con otros contenidos psíquicos, etc. Otra cosa es decidir si el objeto tiene o no esas propiedades. Si las opciones implicadas en las vivencias estéticas, cuando se las considera estrictamente en el marco de esa circunscripción que se ha consolidado en la cultura académica occidental, pueden hacerse depender de la historia personal de cada individuo (e incluso, como la propia Smith a menudo subraya, de condiciones absolutamente coyunturales y momentáneas, tales como el estado de ánimo de un lector) y es, para cada caso particular, describible y explicable en términos de procesos enteramente subjetivos, no ocurre lo mismo con los rasgos de los objetos en relación con los cuales se pone en movimiento esa vivencia, que se resisten empecinadamente a ceder su independencia con respecto a la voluntad, expectativas y caprichos de los sujetos humanos. Naturalmente, esta cualidad no es prerrogativa de los rasgos estéticamente relevantes sino de todo un conjunto de fenómenos en el que los seres humanos desarrollan su vida incluidos, por supuesto, los seres humanos mismos. El valor de verdad se asigna sobre esta resistente autonomía, que en última instancia no depende ya de historias personales ni condicionamientos culturales y que podríamos llamar "realidad" en un sentido estricto.

Seguramente conviene, para evitar malentendidos, agregar algunas precisiones. Por un lado, y sólo como un breve apunte que reseñe lo que en realidad conlleva complejidades filosóficas demasiado intrincadas para detenernos aquí, señalar que más que de objetividad deberíamos hablar de intersubjetividad de la realidad, en la medida en que también deben considerarse las determinaciones de los mecanismos de percepción y elaboración de las percepciones que son propios de la especie humana pero que son idénticos en todos sus miembros y, en consecuencia, son "objetivos" para todo fin práctico en materia de producción de conocimiento, que es una práctica que los humanos realizamos en interacción y para la interacción con otros humanos.

Por otro lado, y seguramente de mayor relevancia en esta discusión, tengo que subrayar la expresión "en última instancia" en la definición del valor de verdad, en cuanto no se puede desconocer la mediación socializada del acceso subjetivo a esos rasgos objetivos, en particular de las categorías mediante los cuales los ordenamos, los interpretamos e incluso los predecimos o al menos nos formulamos permanentemente hipótesis sobre ellos. Este es, por supuesto, un factor determinante de la variabilidad cultural de la verdad, de la cual surge la analogía con la experiencia estética que, a su vez, da pie para la proyección de Smith de las propiedades de esta última sobre las propiedades de la primera. Sin embargo, esta similitud no debe hacernos perder de vista la diferencia fundamental y que es, una vez más, que la historia de las categorías con las que se elabora la realidad es ella misma una función de la realidad: la especie humana hubiera pagado caro, y de hecho lo ha pagado y lo sigue pagando, el pretender imponer sobre la naturaleza sus propias fantasías.[3]

Sobre la base de esta última reflexión, puedo ahora destacar la diferencia que no surge a primera vista entre la oposición que Smith diseña y la que estoy considerando en este artículo. En efecto, en el propio nombre de "constructivismo" con el que clasifica las convicciones "posmodernistas" y "posestructuralistas" (éstas últimas explícitamente alineadas en su libro en sintonía con su propia posición), se revela lo que de todos modos también declara en otros momentos y es que entiende que la posición contraria, al asignar un grado de objetividad a la realidad, no es capaz de reconocer la relatividad cultural de las categorías con las que se interpreta y conoce esa realidad, lo cual no es ni lógicamente necesario ni, de hecho, la única alternativa a la concepción retórica de la verdad. A la luz de las reflexiones que vengo desarrollando, podemos definir al materialismo como una práctica que, al acomodarse al postulado de que la realidad constituye una esfera independiente de las subjetividades humanas y de que, en consecuencia, existen contenidos experienciales que no pueden dejar de ser percibidos por ningún miembro de la especie humana e incluso, agreguemos, ciertos modos de conceptualizar esa experiencia que también son una función del modo de funcionamiento de la mente humana; produce el consecuente imperativo metodológico de que esa realidad es el árbitro de la producción de conocimiento misma. Esto no implica en absoluto desconocer la historicidad y relatividad cultural de muchas de las categorías con las que se instancia en cada caso concreto nuestra relación con la realidad. Más bien al contrario, exige el reconocimiento de esa relatividad. De hecho, toda la historia del concepto de ideología, con sus idas y venidas, puede leerse como el esfuerzo por comprender precisamente la dinámica histórica de la producción de imágenes socializadas del mundo.

El esfuerzo cognoscitivo en términos materialistas, en consecuencia, consiste precisamente en tomar conciencia de esas categorías, someterlas a la prueba de la experiencia y modificarla en consonancia con los éxitos y los fracasos de esa prueba. Esta me parece la interpretación más natural de la metáfora del cielo y la tierra de Marx: en lugar de imponer las ideas sobre la realidad, el materialismo procede enseñoreando a la realidad sobre las ideas.

5.

Lo que vengo presentando hasta aquí constituye una reivindicación del materialismo no sólo como principio rector del trabajo en los estudios de las culturas y quizá incluso de las ciencias sociales en general, sino también como la modalidad de trabajo que más ajustadamente se entronca en la tradición del discurso crítico latinoamericano impulsada decisivamente durante los años '70 y simbolizada por la obra de Fernández Retamar. En verdad, es ésta la conclusión a la que pretendo que mis reflexiones arriben. Pero todavía me falta desarrollar por qué creo que el pensamiento de Retamar, y el conjunto de inclinaciones teóricas y prácticas que encarnó en esos años, dio pie también a lo que aquí estoy llamando posestructuralismo y, sobre todo, por qué creo que a pesar de eso el materialismo constituye su continuidad más consecuente. A eso dedicaré entonces esta sección final.

A principios de los '70, Retamar produjo una formidable reinterpretación de Calibán, el espíritu instintivo y maligno que en *La tempestad* de Shakespeare conforma con su antítesis, el espiritual Ariel, la pareja de sirvientes que el mago Próspero ha dominado para controlar la isla en la que se encuentra y prepara su venganza. El Calibán de Retamar no pretende estrictamente oponerse en realidad al Ariel que Rodó fabricara en 1900. Más bien, se trata de una reedición del mismo gesto que intenta condensar la identidad latinoamericana en un esfuerzo por esclarecer las fronteras que la separan, la distinguen y la enaltecen por sobre el avasallante poderío de Estados Unidos. Pero si el uruguayo, en las alas del modernismo, destacaba las altas y sublimes metas morales que él consideraba propias de una aristocrática cultura hispánica y que eran nítidamente contrastables con el pragmatismo del prosaico capitalismo norteamericano, el intelectual cubano, con energía revolucionaria, pone de relieve el espíritu de rebeldía y la indestructible ligazón con la tierra que se esconde detrás de las siniestras particularidades con las que Shakespeare diseñó su personaje. El hallazgo de Retamar se encamina a través de una doble vía, las cuales incrementan, cada una en sí misma tanto como por su mutua vinculación, la efectividad de su Calibán. Sus análisis, por una parte, adoptan la forma de una crítica ideológica que rastrea hasta los ensayos de Montaigne el modo en que el personaje shakesperiano —cuyo nombre es un anagrama de "caníbal"— constituye una representación imperialista de la cultura americana, cristalizada en un salvajismo que requiere del rigor con que Próspero lo esclaviza y lo "encauza". Pero, por otro lado, hay un sutil estudio del discurso que el dramaturgo inglés pone en boca del personaje, en el que, aun dentro de esa construcción peyorativa alza su voz para denunciar la injusticia del sojuzgamiento del invasor y reclamar su derecho a la libertad.

Naturalmente, esta lectura de Calibán no alcanzó la notable repercusión que hasta el día de hoy mantiene por el brillante ejercicio de crítica literaria que supuso su construcción, sino sobre todo porque Retamar lo convierte simultáneamente en el símbolo de la actitud contestataria y liberadora latinoamericana de la que la revolución cubana sería sólo el primer movimiento y vaticinio. Bajo el signo de Calibán, consecuentemente, reúne una vasta galería de figuras históricas y contemporáneas de Latinoamérica, que su voluntad política —y el ideario continental que nutre las utopías del momento, así como las muy concretas urgencias del proceso de la revolución cubana— ansía recoger como una tradición convergente hacia un futuro común. Es claro que en esta operación se elude manifiestamente la consideración de las diferencias que, desde diversos puntos de vista, distinguen a unos de otros entre los así reunidos y se obliteran particularidades significativas si de lo que se tratara es de comprender la trayectoria y el contexto en el que la acción histórica de cada uno de ellos cobra sentido.

Desde un punto de vista político, esta operación es, diría yo, irreprochable. A la hora de las alianzas en torno a un ambicioso objetivo compartido, y sobre todo si ellas se tejen en confrontación con un poderoso obstáculo, resulta absolutamente inconducente detenerse en lo que separa y se vuelve premioso subrayar lo que une, tanto entre los protagonistas activos del presente como en la formulación emblemática del pasado dentro del cual se pretende cifrar el sentido de la lucha actual. Al mismo tiempo, sin embargo, este mismo análisis y esta misma justificación tiñe a la categoría de una abierta voluntad de construcción retórica, que desatiende metodológicamente lo que no se alinee decididamente detrás de la misión que se le pretende encomendar. Toma de la historia y de la realidad circundante, e incluso de la leyenda, lo que conviene a su necesidad y descarta, o por lo menos silencia, aquello que podría obstaculizarla.

¿Qué clase de verdad es entonces el Calibán de Retamar? Una posibilidad es, mirado hoy desde cierta distancia, señalar que no resulta del análisis riguroso y concreto de la situación concreta, como pregona el propio materialismo, sino que más bien responde a los criterios de la verdad posestructuralista: una persuasiva construcción localizada en una situación específica y para una audiencia predispuesta a aceptarla como verdad. Esta circunstancia explicaría por qué cundió en los escritos académicos en un momento en que funcionó como emblema de una generalizada convicción y explicaría también su relativo repliegue de hoy, cuando esa convicción ha sido reemplazada por un cierto escepticismo frente a los grandes proyectos de transformación social y los ímpetus progresistas se diseminan en esfuerzos puntuales casi individuales o, en todo caso, de pequeños grupos. El Calibán de Retamar, en este contexto, esgrimiría para algunos un incómodo perfil setentista que neutraliza su eficacia retórica. Así, desde una perspectiva posestructuralista, Calibán fue verdad en un momento, mientras hubo quien actuara convencido de ello, pero ya no lo es, o por lo menos no lo es tanto, sino que sobrevive como verdad para unos pocos, entre los resabios de la utopía.

Pero ocurre que las cosas pueden analizarse de un modo sustancialmente diferente. Si es cierto que la aplicación del Calibán de Retamar como categoría comprehensiva resulta flagrantemente selectiva a la hora de considerar los casos concretos históricos que bajo su bandera se reúnen, no es menos cierto que la motivación más profunda para esta construcción sí responde a experiencias concretas, apremiantes y, sobre todo, indiscutibles. El hambre, el dolor, la angustia, en efecto, que afectan a grandes sectores de las poblaciones del continente, no son construcciones discursivas, sino vivencias de la realidad, que surgen de la naturaleza misma del cuerpo y sus necesidades y que no desaparecen porque no se hable de ellas, sino que por el contrario, recrudecen bajo el punzamiento del silencio. El Calibán de Retamar emblematiza el imperativo de que la producción de conocimiento se reformule en consonancia con esta realidad, para abrirse a las voces marginadas por la acción hegemónica del colonialismo. En consecuencia, su resonancia no se explica tan sólo por las condiciones coyunturales de un ánimo receptivo entre ciertos intelectuales, sino también por la conciencia de esa verdad y de sus consecuencias, a la vez éticas y epistemológicas. Esta interpretación de la verdad de Calibán recupera su coherencia con el materialismo. Más aun, diría que hace de Calibán una de las voces que se alza a favor de esta opción dentro del debate que aquí he tratado de reseñar. Y si se acepta que el materialismo, a su vez, y como he argumentado aquí, conserva incólume sus principios fundamentales, entonces Calibán es una voz que sigue sonando.

NOTAS

[1] Véase Bourdieu y Passeron. "Todo poder de violencia simbólica, o sea, todo poder que logra imponer significaciones e imponerlas como legítimas disimulando las relaciones de fuerza en que se funda su propia fuerza [...]" (44).

[2] Y, además, sin embargo, creo que hasta se podría aventurar que esta capacidad crítica es una herencia de la práctica de la crítica ideológica, que también circuló abundantemente en el campo intelectual francés de los '60 y los '70. En otro trabajo ("Un muerto que habla"), he llamado a esto el "ideologés", una lengua que habla el discurso posmoderno, suponiendo los presupuestos de la crítica ideológica, como una gramática que se utiliza sin tener siquiera conciencia de ello.

[3] Tal vez conviene dejar mencionada, sólo en afán de una mínima exhaustividad, otra densidad que debería considerarse en esta cuestión: la de que otra fuente de la variación cultural está en la inevitable "parcialidad" de las verdades socialmente aceptadas en un determinado contexto social en un cierto momento, la cual no contradice el principio de autonomía de la realidad, sino que más bien incluso lo refuerza, en la medida en que decir que algo es parcialmente verdadero equivale a decir que se ajusta a la realidad en la medida que lo requieren las prácticas y necesidades vigentes en un determinado momento.

BIBLIOGRAFÍA

Althusser, Louis. "Ideología y aparatos ideológicos del Estado". *Ideología y aparatos ideológicos del Estado. Freud y Lacan.* [1970]. Buenos Aires: Nueva Visión, 1988. 7-66.

Bourdieu, Pierre y Jean Claude Passeron. *La reproducción. Elementos para una teoría del sistema de enseñanza.* [1970]. Barcelona: Laia, 1977.

Cornejo Polar, Antonio. *Escribir en el aire. Ensayo sobre la heterogeneidad socio-cultural en las literaturas andinas.* Lima: Horizonte, 1994.

Eagleton, Terry . *Ideología. Una introducción.* [1991]. Barcelona: Paidós, 1997.

Engels, Friedrich y Karl Marx. *La ideología alemana.* [1845]. Buenos Aires: Pueblos Unidos, 1973.

Fernández Retamar, Roberto. "Algunos problemas teóricos de la literatura hispanoamericana". *Revista de Crítica Literaria Latinoamericana* 1/1 (1975): 7-38.

_____ "Nuestra América y Occidente". *Algunos usos de civilización y barbarie.* [1976]. Buenos Aires, 1993. 117-161.

_____ "Calibán". [1971}. *Todo Calibán,* número especial de *Milenio* 3, Buenos Aires, 1995. 13-45.

____ "Para una teoría de la literatura hispanoamericana". [1973]. *Para una teoría de la literatura hispanoamericana. Primera edición completa.* Bogotá: Caro y Cuervo 1995. 74-87.

Foucault, Michel. *Microfísica del poder.* [1978]. Madrid: La Piqueta,1992.

Goldmann, Lucien. *El hombre y lo absoluto. El dios oculto.* [1955]. Barcelona: Península, 1968.

Herrnstein Smith, Barbara. *Contingencies of Value. Alternative Perspectives for Critical Theory.* Cambridge: Harvard University Press, 1988.

____ *Belief and Resistence. Dynamics of Contemporary Intellectual Controversy.* Cambridge y Londres: Harvard University Press, 1997.

Kaliman, Ricardo J. "Un muerto que habla: en favor de la crítica ideológica". *Nuevas Perspectivas desde/sobre América Latina: El desafío de los Estudios Culturales.* Pittsburgh/Buenos Aires/ Santiago: IILI/Ediciones Cuarto Propio, 2000 (en prensa).

Williams, Raymond. *Marxismo y literatura.* [1977]. Barcelona: Península, 1980.

Roberto Fernández Retamar, profesional de la utopía

Horacio Machín

> Nada ha borrado el agua, Juana, de lo que fue dictando el fuego.
> Roberto Fernández Retamar

> If humanity is to have a recognizable future, it cannot be by prolonging the past or the present. If we try to build the third millennium on that basis, we shall fail. And the price of failure, that is to say, the alternative to a changed society, is darkness.
> Eric Hobsbawn

> Authority comes to language from outside.
> Pierre Bourdieu

La primera conferencia de Roberto Fernández Retamar a la que asistí fue en Stanford University (1994). Me impresionó su tensión entre calibanismo y arielismo,[1] una tensión intelectual en la que el calibanismo guió las palabras y el arielismo, los silencios significativos. Conocía a Fernández Retamar por la lectura de sus ensayos y poemas (inolvidables: "Juana," "¿Y Fernández?" e "Historia del olvido"). Pero esta lectura no me había permitido descubrir lo que en su conferencia resultó ser algo evidente: Fernández Retamar es un maestro de *epidexis*.

Los antiguos sofistas griegos llamaban *epidexis* al difícil arte de persuadir montando un espectáculo atractivo con palabras sugerentes, ideas claras e imágenes condensadas. En Stanford, Fernández Retamar fue un maestro de *epidexis* que supo comunicar una imagen de "nuestra América" como deseo intelectual. Dicha imagen utópica, por su valoración discursiva del idealismo axiológico, el heroísmo espiritual y el hispanismo *otro*, constituyó una metáfora cultural arielista que me permitió acceder a la siguiente intuición: *Fernández Retamar es el más arielista de los Calibanes latinoamericanos.*[2]

Los debates acerca de la posmodernidad admiten una distinción entre quienes la consideran como una teoría acerca de algo que ocurre en el mundo y los que la consideran algo de lo que se habla. A los efectos de este trabajo, la posmodernidad es una sensibilidad intelectual derivada de la manera de concebir el presente y, de la cual hablamos nosotros, los intelectuales. Como es sabido, Fernández Retamar es un testigo calificado de su tiempo (particularmente de las décadas de los sesenta y principios de los setenta [Cf. VVAA *Homenaje a Fernández Retamar*]). Aquí, considero en qué sentido o sentidos Fernández Retamar es, *también*, un testigo intelectual del presente y, en particular, cuál es su sensibilidad intelectual derivada de su manera de concebir el presente.

En lo que sigue, exploro las estrategias simbólicas de Fernández Retamar, en los noventa, que van más allá del estado, focalizo su *habitus*[3] intelectual *cosmopolita* en la academia americana y su uso de la tradición de "nuestra América" como creación. Mi hipótesis / ficción es que estas estrategias de Fernández Retamar configuran su pasaje de artesano moderno a profesional "posmoderno" de la utopía de "nuestra América"

Después de *Calibán*

Para la memoria narrativa de Fernández Retamar (en los noventa), su representación de los intelectuales sigue siendo la misma que en los años sesenta. *Calibán* es un "concepto-metáfora" o un "personaje conceptual" que, en 1971, fue una intervención cultural estratégica frente a la "excesiva" atención internacional puesta en el "caso Padilla." A esta dimensión internacional de *Calibán*, se le sumó otra (nacional y/o trasnacional) que Fernández Retamar no toma en cuenta para su re-creación del pasado inmediato. *Calibán* se publicó en pleno período de endurecimiento del estado, esto es, en el "quinquenio gris" de 1970 a 1975. Para este autor :

> El problema no es ni elogiar el quinquenio gris en su aspecto intelectual, porque sería una mentira, ni dejarlo de situar en su contexto específico. Yo no voy a elogiar los errores de la revolución porque no puedo olvidar que son mis errores. Sí creo que hubo en Cuba un proceso de "osificación" ideológica a partir de esos años [...] Una etapa dogmática no es la etapa en que sólo hay dogmatismo, es la etapa en la que predomina el dogmatismo. (Marras 329)

Esta etapa dogmática, seguramente, fue difícil. Tanto para los intelectuales escritores que la legitimaron brindándole su apoyo crítico, sin compartir por entero su dogmatismo (Fernández Retamar), como para los que no cumplieron, en esta etapa, ninguna función intelectual. Por ejemplo, cuando Fernández Retamar escribió *Calibán*, el escritor y poeta Pablo Armando Fernández, actual presidente de la UNEAC (Unión Nacional de Escritores y

Artistas Cubanos) trabajaba como linotipista. Para él, la "cerrazón cultural" duró ocho años y "fue muy difícil ser escritor y vivir en Cuba":

> Yo no existía realmente como escritor y apenas como persona. Eran tiempos de quietismo y de una enorme pobreza en realizaciones artísticas. Entre el 68 y el 76 apenas ocurrieron cosas en la literatura cubana. En ese período, me pasé siete años trabajando en una imprenta. (*Rebeldes y domesticados* 143)

Fernández Retamar es sensible a los "errores" de la etapa del dogmatismo. Pero no saca consecuencias de esto para su (re)creación del pasado en el presente. En este sentido, su memoria hace un recorte estratégico ("nacional") de dicha experiencia. Este recorte es un recurso que Fernández Retamar usa también para su "diálogo" *cosmopolita*.[4] Fernández Retamar es claro acerca de cuáles son los límites de este "diálogo": "En ningún orden podemos aceptar ser juzgados con la vara de medir propia de otras experiencias" ("Los nuevos primeros días" 12). Con esta restricción previa ("nuestra" experiencia), el "diálogo" intelectual se reduce a una suerte de trasnacionalismo intelectual literario. El mismo es uno que sólo favorece la circulación internacional de los intelectuales (no de las ideas) y evita hacer cualquier especificación de sus marginalidades (y/o alteridades) culturales locales.[5]

Para una lectura contemporánea de *Calibán* (1971), quizás, lo más llamativo sea no el voluntarismo intelectual con el que este ensayo fue escrito sino aquél con el que fue leído. En 1971, su feliz articulación de ideología y simbolismo halagó a un público intelectual pre-existente cuyo "sentido común" de izquierda internacional, en los noventa, se eclipsó. Este "sentido común"', es el que Fernández Retamar intenta re-crear, de manera dual, en su navegación *cosmopolita* americana. Por un lado, Fernández Retamar "declara" que su representación de los intelectuales sigue siendo *la misma* que en 1971. Y, por otro, la refracta haciéndola pasar por la genealogía simbólica posmoderna de lo que Saldívar denomina "The School of Caliban". Lo nuevo aquí es que, para esta re-creación, Fernández Retamar usa no una sino dos metáforas que se superponen: una, local moderna y, otra, global posmoderna.

En los noventa, Fernández Retamar oscila entre narrar el "después" y el "adiós" a *Calibán* y, de hecho, opta por ambas opciones. *Calibán* deja de ser un ensayo puntual y pasa a ser un proyecto en re-creación permanente. Por ejemplo, Fernández Retamar (*Calibán. Contra la Leyenda Negra*) narra el "malentendido" de un joven estudiante suyo, que leyó por primera vez *Calibán* y le dijo que no sabía que Fernández Retamar admiraba tanto a Borges. La complicidad narrativa de este "malentendido" —*después de*

Calibán—remite a la "otra serenidad" intelectual que el autor ("Ángel Rama y la Casa ...") anuncia. El "*adiós a Calibán*" plantea una dificultad narrativa mayor: cómo re-crear la eficacia simbólica perdida de *Calibán* sin dilapidar su capital simbólico acumulado durante varias décadas. Como buen poeta, Fernández Retamar sabe que de este laberinto sólo se sale por arriba. Así, para Fernández Retamar, *Calibán* es un poder simbólico constituyente cuyo poder simbólico constituido sigue siendo *el mismo*. Esta doble opción simbólica (*Calibán* = poder constituyente y/o constituido) es, al mismo tiempo, vanguardista y conservadora.

En su entrevista, Diana y Beverley le preguntan a Fernández Retamar si "Adiós a *Calibán*" significa un cambio en sus posiciones y él responde:

> "Farewell to Caliban" was intended as an ironic title that expressed my desire —my need— to move on to other concept-metaphors [...] But in no way was it meant to signal a farewell to the concerns that animated the original essays. On the contrary, I fully expect that these concerns will be with us for a long time to come [...] the problems I discussed in "Caliban," particularly the question of the role of intellectuals in the process of descolonization and national liberation, far from having disappeared, have become even more acute. My farewell was not to a "subject," then, but rather to a particular essay. (423-24)

Explorar la continuidad y el cambio en las estrategias simbólicas de Fernández Retamar, en los noventa, presupone transitar por un terreno minado de metáforas. Una precaución mínima es tomar en cuenta lo que el mismo autor dice, lo que él hace y lo que esto significa.

Fervor de la Argentina, por ejemplo, es una "antología personal" en la que Fernández Retamar deja entrever su trabajo con la memoria cultural, narra la experiencia intelectual vivida y, al mismo tiempo, constituye una verdadera etnografía intelectual existencial. En suma, estas estrategias de la memoria cultural viva *latinoamericana*, son en *Fervor de la Argentina*, el anverso de las estrategias de la memoria cultural *americana "hemisférica"* que Fernández Retamar despliega en la posmoderna academia americana.

Doble vocación

En los años noventa, Fernández Retamar circula en la academia americana a través de redes discursivas (estudios culturales y poscoloniales) que le permiten negociar sus significados académicos (por ejemplo: estudios neocoloniales *versus* poscoloniales) y dejar fuera de esta negociación simbólica los significados culturales que Fernández Retamar estima centrales. Fuera de este "diálogo" intelectual, resulta difícil determinar cuál es el nexo discursivo de Fernández Retamar en la academia americana.

Por ejemplo, la re-invención de la figura intelectual de Martí que hace Fernández Retamar es imprescindible para cualquier lectura contemporánea. Martí es la fuente más importante del pensamiento *anti-colonial* de Fernández Retamar según indica:

> Martí's work could not have been produced in Havana, Mexico City, Caracas or even Buenos Aires, which was the most cosmopolitan Latin American city at the time. It required New York as its stimulant, or perhaps irritant. I wrote many years ago that Martí also belongs to the tradition of radical thought in the United States. (en Diana y Beverley 430)

Esta inclusión —metafórica, no histórica[6]— de Martí en el horizonte intelectual de la izquierda académica americana, la intentan, con mayor detención, Jeffrey Belnapp y Raúl Fernández en *José Martí's 'Our America' From National to Hemispheric Cultural Studies.* En esta colección, se destaca el excelente ensayo del historiador David Noble, "The Anglo-Protestant Monopolization of 'America'" que "might be called a genealogical critique of the tradition that produced him" (Belnapp y Fernández 20). En este ensayo, Noble revisa su propia trayectoria intelectual y dice que la lectura de Martí le sirvió a él para evadirse del etnocentrismo intelectual propio de su disciplina: *American Studies.*

Para Noble, la lectura de Martí, crítico cultural en New York, sirve para hacer algo con lo que los *American Studies* hicieron de él. Para Fernández Retamar, en los setenta, Martí es un arsenal cargado de futuro: "el verdadero hogar de Martí era el futuro" (*Calibán* 41). En los noventa, Fernández Retamar ("Ángel Rama") prescinde de la carga del futuro: "No quiero saber del futuro, quiero sencillamente que el futuro me sorprenda" (Marras 317). Quizás, estas palabras, anticipen una imagen de la utopía intelectual de perfil bajo, donde todos los futuros son contingentes.

Según Jeffrey Belnapp y Raúl Fernández:

> In rethinking the significance of Martí within a new technological cultural environment [...] it is perhaps most important to underscore once more the place of the nation-state in Martí's "Our Americanism" perspective. Unlike a simplistic nineteenth-century nationalist, Martí strategically wielded the naturalistic nationalism of his day in order to negotiate the complexities of the hemisphere's geopolitical dynamics. From twin vocations as

national activist and a transnational journalist, he learned to read national events in relation to transnational forces. (23)

Esta "doble vocación" martiana, le da mayor continuidad al nacionalismo utópico cultural de Fernández Retamar que, por ejemplo, su confianza "en la imaginación, esa fuerza esencialmente poética" (*Fervor* 239).

¿Cuál es el porvenir de esta "doble vocación"? Según la opinión de teóricos contemporáneos, el porvenir de esta forma de nacionalismo, como el de cualquier otra, es el porvenir de una ilusión. Para Fredric Jameson, la propia idea de nación implica ya un término relacional entre las partes componentes del sistema mundial ("on Cultural" 47). Eric Hobsbawn considera que el nacionalismo perdió toda validez y que la historia del siglo XXI no quedará confinada a los límites de los estados nacionales ni a los de los paradigmas nacionalistas:

> [This history] will inevitable have to be written as the history of a world, which can no longer be contained within the limits of "nation-states" as these used to be defined, either politically, or economically, or culturally, or even linguistically. It will see "nation-states" and "nations" or ethnic/linguistic groups primarily as retreating before, resisting, adapting to, being absorbed or dislocated by, the new supranational restructuring of the globe. Nations and nationalism will be present in this history, but in subordinate, and often rather minor roles. (*Nations* 182)

En los noventa, lo "local" y lo "global"[7] no son dominios separados de la experiencia, sino procesos culturales que tienen lugar en espacios sociales conectados nacional y trasnacionalmente. Esto invalida cualquier intento (más o menos imaginario) por compartimentar la experiencia y la vida social nacional/transnacional. Así, por ejemplo, las propias estrategias intelectuales de Fernández Retamar constituyen resistencias simbólicas que son, al mismo tiempo, transnacionales (frente a la hegemonía neoliberal) y/o nacionales (frente al peligro de la *pax americana*).

En lo que sigue, exploro la navegación cosmopolita americana de Fernández Retamar (en los años noventa) y la considero como diaspórica. Para esto, uso, libremente, el criterio que destaca Said para el exilio intelectual: "while it is an *actual* condition, exile is also for my purposes a *metaphorical* condition" (*Representations* 52), y las reflexiones de Ángel Rama (*La riesgosa*).

> El escritor exiliado funciona en relación a tres públicos [...] el público mayoritario del país o cultura en la cual se encuentra instalado provisoriamente, el público también amplio de su país de origen al cual aspira a continuar hablando y por último [...] el pueblo de la diáspora [...] Lo nuevo es el desafío a su creación que establece la situación del escritor exiliado, quien ya no está hablando desde la convivencia con esa cultura en la que nació y en que se formó, sino desde el centro de un haz de fuerzas que registran divergencias.
>
> Rama, *La riesgosa*

La navegación cosmopolita americana de Fernández Retamar da lugar a un intercambio simbólico intelectual "posmoderno" del tipo *yo sé que tú sabes que yo sé.* Éste no convalida los referentes de la autenticidad (vía Sartre) y la organicidad (vía Gramsci) que Fernández Retamar mantiene hacia fines de los noventa, pero los reserva para uso local. En los noventa, la co-existencia de estas dos posiciones de sujeto intelectual (y sus dos públicos) implica, de hecho, un cambio en las estrategias simbólico intelectuales de Fernández Retamar. En suma, se trata aquí de la experiencia diaspórica de un legislador cultural *heroico* que viaja como un intérprete cultural cosmopolita.

Para Stuart Hall:

> The diaspora experience [...] is defined, not by essence or purity, but by the recognition of a necessary heterogeneity and diversity; by a conception of "identity" which lives with and through, not despite difference; by hybridity. Diaspora identities are those which are constantly producing and reproducing themselves anew, through transformation and difference. (235)

En este sentido, la navegación de Fernández Retamar es diaspórica porque: 1) está "constantemente produciéndose y reproduciéndose" a sí misma (Hall 2) "habla desde el centro de un haz de fuerzas que registran divergencias" (Rama, *La riesgosa*) y 3) "trata de estar en medio de los dos lados" (Said, *Culture*). Lo nuevo es que esta navegación, en los noventa, admite la existencia de dos verdades culturales prácticas: una, para su público intelectual local/ nacional y, otra, para su público global/trasnacional. Esto presupone una cierta profesionalización simbólica de Fernández Retamar, al mismo tiempo intelectual heroico epigonal y/o cosmopolita en la posmoderna academia americana. Dicha profesionalización simbólica implica el uso de dos metáforas para re-crear a *Calibán*, una moderna (local), y otra posmoderna (global).

La navegación diaspórica de Fernández Retamar deja una estela simbólica dual que se alinea (sabiéndolo o no) con los partidarios de la teoría del caos. En el campo de la reestructuración de los paradigmas de las ciencias sociales latinoamericanas en los noventa, los partidarios de la teoría del caos defienden la contingencia y la determinación de las estructuras como dos posibilidades no excluyentes.[8] Esta alineación de las estrategias simbólicas de Fernández Retamar se produce sin que éstas intenten siquiera rozar el imaginario social de las ciencias sociales. Refiriéndose a lo nuevo en dicho imaginario, González Casanova dice:

> El nuevo paradigma de las ciencias sociales habrá de subsumir el marxismo-leninismo y el estructural-funcionalismo, el posmodernismo radical y las "nuevas ciencias." Lo hará en torno a las memorias concretas de los pueblos, políticas e intelectuales, y mirando hacia un porvenir de democracia universal que devuelva a las palabras su sentido. ("Reestructuración" 148-49)

Citando a Valéry, Fernández Retamar dice: "en el cementerio marino quien luz restituye, supone en sí triste mitad de sombra" ("Los nuevos primeros días" 320). Estas palabras (poéticas y/o proféticas) encierran un eco mesiánico no compatible con la "otra" sensibilidad intelectual posmoderna. De todos modos, sería absurdo pensar que la proteica figura intelectual de Fernández Retamar fuera, además, un modelo de transparente coherencia. Said se refiere a las complejidades que plantea la figura intelectual de Sartre y dice: "these complications give texture and tension to what he said, expose him as a fallible human being, not a dreary and moralistic preacher" (*Representations* 14). Por extensión, pienso que estas palabras se pueden decir, también, de la figura intelectual de Fernández Retamar en los noventa.

En "Ángel Rama y la *Casa de las Américas*," Fernández Retamar traza un perfil que privilegia la integración, subestima el conflicto y reduce sus divergencias con Rama[9] a cuestiones de familia. Con esto, el debate de las ideas se vuelve "familiar", lo cual no coincide con ningún sector de la realidad (in)comunicativa de América Latina.[10] Fernández Retamar incluye a Rama dentro de la familia de cosmopolitas latinoamericanos *"artesanos de una historia siempre renovada"* (58) y dice:

> Ángel comprendió esta filiación cuando escribió en 1979 [...] nosotros los latinoamericanos sólo podemos existir con una viva

> conciencia utópica, si por ella se entiende la satisfacción de nuestros apetitos humanos y espirituales. (63)

La memoria cultural de Fernández Retamar, en los ochenta, no es la de Rama en la misma década, ni la del propio Fernández Retamar en los noventa. Así, por ejemplo, los mapas de *La ciudad letrada* no pasan el examen de ingreso en *Caliban School* (Saldívar). Esto, porque la cartografía que traza Rama tiene un interés utópico cognoscitivo. El mismo es utópico pero no es compatible con las metanarrativas posmodernas. En suma, a diferencia de lo que ocurre con las cartografías simbólicas de Fernández Retamar y Saldívar (en los años noventa), la de Rama (en los ochenta) es simbólico *cognitiva.*

Para la ensayística de Ángel Rama en los ochenta (Cf. Machín, "Ángel Rama"), que no confunde el imaginario social con el de las ciencias sociales,[11] dicho imaginario social no es incompatible con el imaginario cultural. Para el imaginario literario cultural que constituye Fernández Retamar, el imaginario social no pasa su control de calidad:

> Creo que en América latina se han hecho esfuerzos considerables en las ciencias sociales, pero no al nivel que alcanzó la literatura [...] No creo que las ciencias sociales hayan estado francamente a ese nivel. ("Los nuevos primeros días" 328)

Las relaciones entre el imaginario social de las ciencias sociales (Cf. González Casanova, "Reestructuración") y el imaginario histórico cultural de la literatura son más estrechas de lo que Fernández Retamar está dispuesto a admitir. El mismo año que Fernández Retamar publicó *Calibán*, 1971, el escritor uruguayo Eduardo Galeano publicó, *Las venas abiertas de América Latina.* Este ensayo de Galeano, inclasificable para los cánones literarios de su tiempo, usó el paraguas de identidad intelectual que le brindó la teoría de la dependencia. Entre otras cosas, este uso le permitió liberarse del arielismo intelectual.

Una lectura contemporánea de *Calibán* junto con *Las venas abiertas de América Latina* ofrece ventajas comparativas. Se trata de dos ensayos, que guardan entre sí afinidades electivas. Entre otras, ambos ensayos: 1) participan de una misma sensibilidad utópica (socialismo utópico), política (adhesión incondicional a la Revolución Cubana) y creadora (la objetividad es el territorio del enemigo) y 2) se oponen al arielismo. Pero esto de distinta manera, y con distintos resultados. Para Fernández Retamar, el arielismo es el "hermano gemelo" que su ensayo niega para constituirse a sí mismo. Para Galeano, el arielismo es un elitismo (aristocratismo del espíritu) que su ensayo elimina sin dejar huellas. El resultado es que, en Fernández Retamar, el arielismo es un componente que forma parte de su literatura y, en Galeano, el arielismo está borrado de su escritura.[12]

Las estrategias simbólicas de Fernández Retamar equidistan en un espacio simbólico intermedio, a mitad de camino entre sus dos públicos, el local "nacional" y el global "transnacional." A esta equidistancia no le es ajena el hecho de que Fernández Retamar es un funcionario del estado, y en particular, del "lado derecho" (Bourdieu)[13] del estado. Si bien Fernández Retamar es un funcionario, no todo funcionario es Fernández Retamar. Así, sus estrategias simbólicas tienen un plus intelectual que va más allá del estado. Esta relación con y más allá del estado, que es propia de las estrategias de Fernández Retamar, le da una especificidad que las distingue, por ejemplo, de las estrategias académicas trasnacionales de José Saldívar (estudios culturales) y Edward Said (estudios poscoloniales).

Para su público global, en *Calibán. Contra la Leyenda Negra*, Fernández Retamar legitima la *Caliban School* y, para su público local (nacional/trasnacional), Fernández Retamar anticipa el peligro de la *pax americana*. Por ejemplo, en su discurso ante el Congreso de la Unión de los Escritores y Artistas Cubanos, Fernández Retamar usa la metáfora "Carril 3" como una resistencia simbólica que anticipa el peligro de la *pax americana* posbloqueo:

> ¿Estamos preparados para enfrentar ese reto, como lo hemos estado para enfrentar el bloqueo? Necesitamos elaborar desde ahora un Carril 3 con el cual enfrentar las amenazas del 2 y pasar a la defensiva. (Cultura y Sociedad 5)

Este discurso de Fernández Retamar, socialmente pedagógico y moralmente edificante, no es el discurso de un intelectual cosmopolita que se dirige a los sectores más dinámicos y creativos del campo cultural, sino el de un intelectual público funcionario de cultura. En suma, Fernández Retamar anticipa aquí el diálogo intelectual posbloqueo, pero, para ello, no usa la metáfora de la apertura multicultural democrática, sino, la consigna defensiva: "nuestra divisa tiene que ser ninguna concesión al retorno" (3).

En los noventa, la cuestión de la representación de los intelectuales pasa por la de la democracia. Pablo González Casanova se refiere a la democracia y a la nueva problemática de conflictos y negociaciones, revoluciones y evoluciones, que plantea la emergencia social de lo nuevo, por ejemplo la del movimiento social de los zapatistas en México, y dice:

> Esta problemática obliga a reorganizar los conceptos en lo que no existía "antes": la idea directriz de una democracia universal

> no excluyente, de una democracia unida en la diversidad. ("Reestructuración" 148-49)

Para González Casanova, lo nuevo implica "reorganizar los conceptos en lo que no existía antes ("Globalism" 39)". Para Fernández Retamar, implica renovar las metáforas existentes para reciclar su causalidad expresiva perdida.

El antropólogo cultural Néstor García Canclini, en su artículo "Una modernización que atrasa. La cultura bajo la regresión neoconservadora", se refiere al "nosotros" multicultural democrático y dice:

> nuestra primera responsabilidad es rescatar estas tareas propiamente culturales de su disolución en el mercado o en la política: repensar lo real junto con lo posible, distinguir la decadencia de la modernización selectiva, reconstruir desde la sociedad civil y con el Estado una multiculturalidad democrática. (12)

Este "nosotros" intelectual de García Canclini (Cf. Machín "Intérpretes") no se superpone con el de Fernández Retamar que, según él, es *el mismo* que en 1971. Tal vez, este artículo de García Canclini en *Casa de las Américas* sea una apertura intelectual de su director. Si esto es así: ¿cuál es el nexo discursivo de Fernández Retamar con la "multicultural democrática" (García Canclini)? En mi opinión, este nexo es el que tejen en el aire sus estrategias cosmopolitas en la academia americana.

Así, la representación de los intelectuales en Fernández Retamar, en los años noventa, es la *misma* y cambia. Es la *misma,* porque sigue siendo una representación expresiva (no cognitiva); y, cambia, porque Fernández Retamar le anexa una estela cosmopolita que aporta las siguientes novedades simbólicas: 1) "Nuestra América" es *también* la vuestra (el adiós aquí no es a *Calibán,* sino a su latinoamericanismo); 2) *Calibán* deja de ser un acto militante y se convierte en un proyecto que espera su realización completa; 3) Fernández Retamar reestablece la distancia entre el intelectual literario y el político que, en 1971, *Calibán* había clausurado. En su conjunto, estas estrategias simbólicas de Fernández Retamar inauguran una nueva flexibilidad intelectual (por adición y no por sustracción). Esta renovación intelectual, tiene lugar no en sus declaraciones explícitas, que toman en cuenta a su público local, sino, en sus estrategias *cosmopolitas* en la academia americana.

Después de la caída del mundo socialista que, simbólicamente, coincide con la del muro de Berlín (1989), las estrategias de Fernández Retamar tejen, en el aire, alianzas simbólicas "posmodernas". Por ejemplo, Fernández Retamar legitima la *Caliban School* de José David Saldívar:

> The Chicano critic José David Saldívar observes in his book *The Dialectics of Our America* that the genealogy of Martí's thought intersects with that of emergent tendencies in U.S. culture and literature. Saldívar pays me the signal honor of placing me in that genealogy. I feel a part of it. (*Calibán. Contra* 430)

La legitimación académica de la *Caliban School* es una re-creación de *Calibán*. A través de ésta, Fernández Retamar se auto-incluye en su genealogía simbólica posmoderna. En mi opinión, esta auto-inclusión de Fernández Retamar pone en la plataforma de lanzamiento a la figura intelectual de Martí, ahora como crítico multicultural democrático y/o americano hemisférico. A diferencia de lo que ocurre con los estudios culturales poscoloniales, que le dan voz a las subjetividades "invisibles" (mujeres, poblaciones indígenas, etc.), Fernández Retamar le da voz a la siempre re-comenzada figura intelectual de Martí.

Otro ejemplo de cambio en la sensibilidad intelectual de Fernández Retamar (por aumento de su ambigüedad y no de su reflexividad) es el siguiente cambio "posmoderno". En 1995, Fernández Retamar elogia, con suma generosidad intelectual, la primera novela de Cristina García, *Dreaming in Cuban*:

> I have read with pleasure and interest Cristina García's *Dreaming in Cuban*, wondering, like every one else, if this is a Cuban novel that happens to be written in English or a North American novel that happens to be about Cubans. (431)

Cristina García vivió hasta los dos años en Cuba y escribió su novela (en inglés) con una memoria cubana. Para esta novela posmoderna, toda historia es contingente y todo cambio es coyuntural:

> I think about the Granma, the American yacht El Líder took from Mexico to Cuba in 1956 on his second attempt to topple Batista. Some boat owner in Florida misspells "Grandma" and look what happens: a myth is born, a province is renamed, a Communist party newspaper is launched. What if the boat had been called *Barbara Ann* or *Sweetie Pie* or *Daisy*? Would history be different? We' re all tied to the past by flukes. (220)

La elogiosa crítica de la novela de Cristina García que hace Fernández Retamar apunta a su público cosmopolita. La misma resulta impensable para su público local, donde Fernández Retamar, como funcionario de cultura, no puede promover esta independencia de criterio. La misma, y la legitimación académica de la *Caliban School* (Saldívar), son estrategias con las que Fernández Retamar (en los noventa) introduce *ligeras* modificaciones en su representación de los intelectuales. Éstas hacen que dicha representación sea, *ligeramente*, la misma.

Otra sensibilidad

> I am asking *the* basic question for the intellectual: how does one speak the truth? What truth? For whom and where?
>
> Edward Said

Para la sensibilidad histórico literaria de los estudios poscoloniales, la escritura de la historia es , como se indicara antes, una que le da voz a las subjetividades "invisibles". Los lectores tienen aquí un papel activo. A través de sus lecturas, insertan fragmentos de su "memoria" colectiva, sus historias personales y sus experiencias de vida cotidiana. Por ejemplo, Edward Said (*Culture, Representations*, "Invention") argumenta en favor de esta manera de re-pensar la historia y de constituir una nueva identidad intelectual trasnacional.

Los estudios culturales poscoloniales, en los noventa, fusionan sus perspectivas teóricas y metodológicas. Esta fusión tiende un puente colgante entre la teoría y el análisis cultural. Así, la teoría pierde su centralidad discursiva y las cuestiones que antes sólo ella encaraba, ahora son enfrentadas también por el análisis cultural. Por ejemplo, la cuestión que señala Bart Moore-Gilbert:

> How to negotiate solidarity and alliance between different postcolonial social formations and interests, and the respective critical practices which these have generated while at the same time respecting their historical and cultural particularities. (4)

Tal vez, el mayor cuestionamiento de la teoría en el campo de los estudios poscoloniales sea el hecho por Ajaz Ahmad, en *In Theory: Classes, Nations, Literatures*. La teoría del "orientalismo" (Said), había sido revisada antes (Spivak, Bhabha), pero, nunca cuestionada frontalmente. Para Ahmad, dicha teoría es una "retórica inflacionaria" (38) políticamente conservadora, no sólo en sus ideas sino, también, en sus efectos, y una expresión más del poder que Occidente ejerce sobre el resto del mundo. Separada de las realidades del Tercer Mundo, ésta se limita al "textual work of the institutionalized western literary critic" (76). La trayectoria de Said (*Culture, Representations*, "Invention") muestra una pérdida de interés por la teoría y un creciente interés por la experiencia vivida y por una nueva identidad intelectual trasnacional.

Bart Moore-Gilbert se refiere a la interpretación política de la cultura que implica esta nueva sensibilidad intelectual histórico literaria y dice:

> The key question, in this respect, concerns with the problem of constructing a new culture which also recognizes and respects legitimate differences and which does not preserve the political statu quo by attempting to negotiate away real and material conflicts of interest by appeals to a 'higher' reality embodied in a quasi-spiritual sphere of shared texts. (72)

Said (*Culture, Representations*) revisa su propia experiencia intelectual y distingue entre la figura del intelectual público literario y la del político. De una manera similar, la memoria narrativa de Fernández Retamar, en *Fervor de la Argentina*, sugiere una distancia entre el intelectual público literario y el político que, en 1995, ratifica explícitamente:

> I don't consider myself primarily a political figure. Therefore, when I talk of a Left that, following new paths, could take on the reality the world is living today, I'm thinking essentially of the Left in intellectual terms, taking the idea of intellectual in its broadest sense, which, while it doesn't exclude politicians —my debt to Gramsci is too great for that— doesn't privilege either. (en Diana y Beverley 427)

¿Implica esto un abandono del modelo del intelectual "comprometido"? Las estrategias simbólicas de Fernández Retamar responden a esta pregunta sí y no. La respuesta afirmativa es su navegación cosmopolita americana y, la negativa, sus declaraciones de que, después de *Calibán*, lo nuevo es sin novedad.

Si el *test* (político y/o epistemológico) de Ahmad lo extrapolamos a las estrategias simbólicas de Fernández Retamar, vemos que éstas lo resisten mejor, en su aspecto político, que la teoría de Said. En mi opinión, esta resistencia deriva de que su autoridad "viene de afuera".[14] Así, las estrategias simbólicas de Fernández Retamar, mantienen un doble vínculo con las prácticas materiales y políticas concretas. Por un lado, son exactamente lo que el estado quiere que éstas sean y, por otro, constituyen un "nosotros" intelectual transnacional, más allá del estado.

Este doble vínculo político intelectual, establece una diferencia entre su "nosotros" y, por ejemplo, el "nosotros" académico de Saldívar:

> We shift from a totalizing interpretation toward analysis informed by postcolonial location and liminality so that we can begin to remap cultural theory in the Borderlands and further question how the U. S. academy, itself a political institution, can respond to the conditions that generated our oppression. (*The Dialectics* 149)

Este objetivo académico que se propone Saldívar, la renovación del canon de los *American Studies*, no creo que sea central para Fernández Retamar. Excepto que él esté pensando en re-inventar a Martí, ahora, como el precursor espontáneo de los futuros *Hemispheric American Cultural Studies* del siglo XXI.

Las estrategias simbólico intelectuales de Fernández Retamar y las de Said ensayan una sensibilidad intelectual diaspórica que trata de vivir en ambos lados y de mediar entre ellos (Said, *Representations* xvi). Esto implica una sensibilidad común, pero, no implica, necesariamente, una coincidencia reflexiva. Por ejemplo, para Said (*Culture, Representations*) no hay un punto de retorno al universalismo liberal académico occidental.[15] Para Fernández Retamar, el universalismo arielista es un cadáver simbólico que sigue muriendo bajo la forma de un *arielismo actualizado.* Éste acompaña sus re-creaciones del calibanismo como la sombra al cuerpo.

Arielismo actualizado

> The limits of human understanding must be defined, not in universal terms, but in terms of their social constitution.
>
> Pierre Bourdieu

En 1995, Fernández Retamar publica en España *Calibán. Contra la Leyenda Negra.* Dos ensayos, originalmente, de 1971 y 1975, unidos ahora por un texto puente escrito en los noventa: "Adiós a *Calibán*" re-titulado "Posdata de enero de 1993." Este texto puente lo es también en otro sentido. Introduce, para el mercado español, el "diálogo" cosmopolita de Fernández Retamar con los estudios culturales y poscoloniales.

En su *Prólogo,* Carmen Alemany hace una introducción hagiográfica de la obra ensayística de Fernández Retamar y no vacila en elogiar su textualismo y su retórica universalizante. Este elogio, por elevación y sin proponérselo, se vuelve una crítica cultural de alta cacería. Pues, según Alemany, Fernández Retamar "analiza los hechos históricos a través de las citas" y:

> Calibán, ese personaje diferente, el otro, la otredad que tanto reivindica Fernández Retamar, incluye a muchos pueblos de la Tierra, no sólo a los de América Latina; de este modo, esta otredad se convierte en universalidad, de ahí la importancia de este encendido ensayo. (19)

El textualismo de Fernández Retamar, desde la perspectiva multidisciplinaria de los estudios culturales y poscoloniales, puede ser visto como un obstáculo para desarrollar dicha perspectiva. La interpretación de Alemany hace un cortocircuito entre dos otredades superpuestas. La otredad posmoderna que Fernández Retamar estrena en la academia americana (en los noventa) y la de su viejo universalismo arielista (en los setenta). Tal vez a esto contribuya que el único ensayo escrito en los noventa, "Posdata de 1993" es una re-visión de *Calibán* enmarcada dentro del diálogo cosmopolita que Fernández Retamar mantiene con un sector de la "posmoderna" academia americana.

La lectura "universalista" de Alemany, no favorece la imagen cosmopolita—"*our global Borderlands*" (Saldívar)—que Fernández Retamar cultiva en la academia americana. Por ejemplo, para la lectura de Saldívar:

> While the Cuban-Marxist work of Fernández Retamar is indispensable for analyzing theory in terms of location and the dialectics of difference, it needs modification when extended to our global Borderland context [...] His work in the 1990s, along with that of many postcolonial intellectuals, sees his production as inescapably political, always 'written for' alliances in our global Borderlands (*Dialectics* xvii).

Fernández Retamar legitima el universalismo encontrado de estas dos lecturas, la "paleo-occidental" (Alemany) y la global cosmopolita (Saldívar). Esta doble legitimación estratégica deja en claro que, en Fernández Retamar, el nacionalismo cultural de "nuestra América" no opera como una categoría descriptiva, sino como evanescente configuración estratégica que (re)crea dicha tradición utópico intelectual. En los noventa, la variante que presenta esta re-creación es que la misma no es *latinoamericana,* sino *americana hemisférica.*

Dialéctica de la occidentalidad (1960) es un magnífico ensayo de Arturo Ardao, historiador de las ideas en América latina, sub-director de *Marcha* (1939-1973) y espíritu arielista uruguayo. Ardao formula aquí una pregunta retórica que, en mi opinión, anticipa el espacio simbólico del *universalismo arielista actualizado,* por el que Fernández Retamar transita en dos oportunidades. La primera, en los setenta, con su recreación del *hispanismo otro* en *Contra la*

Leyenda Negra y, la segunda, en los noventa, con su legitimación y auto-inclusión en la *Caliban School*: "I feel part of it" (*Calibán. Contra* 430).

Dice Arturo Ardao:

> La cuestión de las relaciones entre Europa y nuestra América se sigue encarando como la expresión de un conflicto. La cuestión misma, ¿no cambia su sentido tradicional ante la verdadera universalización y, en definitiva, transformación dialéctica del concepto de Occidente? Y en la dinámica de esa transformación, la personería asumida por el pensamiento euroamericano de lengua inglesa, ¿no es un motivo de reflexión para el pensamiento euroamericano de lengua española? (*Dialéctica* 21)

La respuesta de Ardao a esta pregunta retórica es *Dialéctica de la occidentalidad*. Las respuestas de Fernández Retamar son dos, una, afirmativa: *Contra la leyenda Negra* y, otra, negativa: legitimación de la *Caliban School*. Esta última re-crea su arielismo actualizado, ahora, en clave posmoderna.

La tradición como creación

> Memory, like tradition—in some sense or another—is about organizing of the past in relation to the present [...] Tradition therefore, we may say, is an *organizing medium of collective memory*. There can no more be a private tradition than there could be a private language. The "integrity" of tradition derives not from the simple fact of persistence over time but from the continuous "work" of interpretation that is carried out to identify the strands which bind present to past.
>
> Anthony Giddens

La tradición es una cuestión que atraviesa varias disciplinas y, sobre todo, es una cuestión eminentemente práctica.[16] En América Latina, en la "década perdida" de los ochenta, se invirtieron los papeles intelectuales: la modernización pasó a ser un referente de la derecha y la tradición uno de la izquierda. Este cambio de guardia intelectual le brinda un interés adicional al uso de la tradición de "nuestra América" como creación que hace Fernández Retamar en los noventa.

La noción de tradición está, generalmente, asociada con las de etnicidad y nacionalismo. Frente a los enfoques de la tradición como reacción, que la consideran una reacción a la pérdida del significado y las seguridades psíquicas del pasado (idealizado), fruto de la modernización, enfoques recientes como, por ejemplo, el de Anthony Giddens consideran la tradición como una creación.

Gran parte del trabajo teórico de Giddens está dedicado a establecer las características distintivas de la modernidad frente a las sociedades tradicionales, y su nexo con la globalización contemporánea:[17]

> Globalization is really about the transformation of space and time. I define it as action at a distance, and relate its intensifying over recent years to the emergence of means of instantaneous global communication and mass transportation. (*Beyond Left* 4)

Según Giddens, tal como lo sostiene en su artículo "Living in a Post-Traditional Society", en la sociedad global contemporánea, la tradición se "destradicionaliza" ("Living"). Esto es, existe junto con otras prácticas sociales, es una elección entre otras posibles (6), tiene que explicarse a sí misma y se vuelve más abierta a la interrogación y al discurso. Junto con esto, adquiere mayor importancia su modo de validación (5). En suma, para Giddens, en la vida social contemporánea se vive no en un mundo tradicional, sino, en un mundo de tradiciones:

> Where the past has lost its hold, or becomes one "reason" among others for doing what one does, pre-existing habits are only a limited guide to action; while the future, open to numerous "scenarios", becomes of compelling interest. (*Beyond Left* 16)

Este aumento en la ambigüedad y la reflexividad de las tradiciones que señala Giddens, arroja luz sobre el uso de la tradición como creación que hacen, en paralelo, Fernández Retamar y Said en los noventa.

Recientemente, en "Invention, Memory, and Place", Said destaca que a las complejidades de la memoria, como empresa histórica, social y política, en los noventa, se le anexan las dificultades de la invención y/o creación de la tradición ("Invention"). De alguna manera, éstas ya fueron prefiguradas por el ensayo pionero de T. S. Eliot "Tradition and the Individual Talent" (1919). Así, la memoria colectiva (invención de la tradición) no es algo inerte y pasivo, o que remita a una cierta forma de autenticidad. Al contrario, es un campo de actividad constante, donde los sucesos del pasado son seleccionados, reconstruidos y dinamizados con significados políticos. Las estrategias de Fernández Retamar hacen un doble uso de la tradición. Uno, es el uso tradicional de la tradición como reacción, que caracteriza, principalmente, a sus estrategias "locales" (nacional/tranacionales) y, otro, el uso postradicional —la tradición como creación—, que caracteriza, sus estrategias "globales" cosmopolitas en la academia americana.

Dice Said :

> The invention of tradition is a method for using collective memory selectively by manipulating certain bits of the national past, suppressing others, elevating still others in an entirely functional way. Thus memory is not necessarily authentic, but rather useful. ("Invention" 179)

Para Said (*Culture*, "Invention"), el uso de la tradición como creación implica constituir una representación más compleja del otro y, sobre todo, una nueva identidad intelectual trasnacional. Para Fernández Retamar, el uso de la tradición como creación implica re-inventar la tradición utópica de "nuestra América" como un deseo intelectual trasnacional.

En este uso no tradicional de la tradición como creación, que hacen en paralelo Said y Fernández Retamar, se pone de manifiesto un fuerte sentido de la interacción recíproca entre la (re)creación del pasado y la creación del presente. Este sentido, también está presente, por ejemplo, en los estudios culturales poscoloniales que analizan la construcción política de las diferencias de género. Fernández Retamar muestra una renovada sensibilidad frente a las cuestiones de género. Por ejemplo, cuando se refiere a lo nuevo *después* de *Calibán*, dice:

> ante la excesiva presencia de varones en la edición original (dicho mejor, ante la excesiva ausencia allí de mujeres, que reveló mi triste arrancada machista) [...] incluí ahora los nombres de varias de ellas al hablar de la historia, de la cultura de *Calibán*. (*Fervor* 281)

Por contraste con esta ligera memoria de Fernández Retamar como un uso del olvido, que no aclara si esta nueva inclusión es una con o sin novedad, valgan las imágenes poéticas con las que Fernández Retamar recrea la memoria como una experiencia vivida:

> Fue la embriaguez y la desolación y la esperanza
> De un orden más estricto hecho de relámpagos fijos (*Juana* 42)

Conclusión

La navegación cosmopolita de Fernández Retamar en la academia americana es la de un piloto de la tradición "nuestra América" que usa, creativamente, una cartografía simbólica posmoderna. Dicha navegación implica el uso de dos verdades culturales prácticas, una, para su público local y, otra, para su público global cosmopolita. Este uso de dos verdades culturales prácticas, le permite a Fernández Retamar navegar con cierta eficacia simbólica en un lado y el otro. Dicha eficacia señala una profesionalización simbólico-intelectual de Fernández Retamar legislador cultural heroico que, además, navega como intérprete cultural cosmopolita en la academia americana. Este triunfo "posmoderno" de Fernández Retamar es la excepción de muchos fracasos.

En los noventa, el escritor cubano no abandona su creencia en la "coherencia orgánica de la cultura", pero, la reserva para su público local. Lo que es relativamente estable en las estratregias simbólico intelectuales de Fernández Retamar es el trabajo con el que estas estrategias erosionan sus propios límites (intelectuales y/o sociales). Este trabajo, es uno que no cimenta la uniformidad orgánica de la cultura, sino que, más bien, organiza sus diferencias. El mismo deja una estela simbólica contingente, cuyas oscilaciones, ensoñaciones, deseos y contradicciones, en su conjunto, hacen de Fernández Retamar un intérprete cultural en la rebelión del coro postradicional contemporáneo.

Después de este largo viaje de exploración pienso que, de cara al siglo XXI, las estrategias simbólico intelectuales de Fernández Retamar en los noventa, son tan superfluas como necesarias. Son superfluas, porque, aun en su triunfo "posmoderno", repiten una política intelectual que está condenada de antemano al fracaso. Y, son necesarias, porque constituyen un valioso laboratorio social para aprender de la experiencia intelectual vivida.

Las estrategias simbólicas duales de Fernández Retamar dejan poco espacio para la auto-reflexividad crítica. Pero, lo compensan intelectual, creativa y generosamente, con ligeras modificaciones, adioses y despedidas de *Calibán* que, en su conjunto, constituyen "un momento hacia otra serenidad" (*Calibán. Contra* 91). Por todo esto, como lector de Fernández Retamar, espero que su última despedida sea, una vez más, la penúltima.

Notas

[1] Haciendo referencia a *Ariel* de Rodó, Fernández Retamar dice que *Calibán*: "no existiría sin aquel hermano mayor, del que lo separan setentiún años, no pocas ideas y la tersa prosa del gran uruguayo, y al que lo une lo demás, y en primer lugar el amor a nuestra América, a la verdad, al arte, al espíritu, hoy tan acorralados" ("Adiós a Calibán" 86-7).

[2] Fernández Retamar: "Ernesto Che Guevara, el más calibanesco de los Arieles que personalmente he conocido" ("Ángel Rama" 229).

[3] Para el concepto de *habitus* ver Bourdieu: "The habitus —embodied history, internalized as second nature and so forgotten as history— is the

active presence of the whole past of which it is the product" ("Thinking" 56).

[4] Para el cosmopolitismo intelectual contemporáneo, ver Cheah y Robbins.

[5] Para la cuestión teórica de los márgenes y/o las alteridades culturales que se definen en un doble proceso, esto es, no sólo en relación con un centro opresor sino también en relación con los márgenes inmediatamente adyacentes, ver Gates. Para una posición que resulta convergente (sin proponérselo), ver Bengelsdorf y Deere.

[6] Para una interpretación histórica del imaginario social de la izquierda intelectual americana en la época de Martí en New York, ver: Fink. Una de las virtudes de este trabajo es que su historia de los intelectuales no se limita a la genealogía de sus metáforas.

[7] Para las transformaciones de lo local y lo global, ver: González Casanova, "Globalism".

[8] Para la teoría del caos y la reestructuración de los paradigmas en las ciencias sociales latinoamericanas ver: González Casanova, "Reestructuración".

[9] En *La ciudad letrada* Angel Rama dice: "Comparto el criterio de Abelardo Villegas, quien poniendo el acento en el componente *cambio social profundo,* más que en el de *ruptura violenta,* habla de 'las dos revoluciones latinoamericanas de este siglo; la mexicana y la uruguaya'" (137). Esta clasificación que usa Rama excluye la Revolución Cubana. Para Rama el hogar de la utopía no es el futuro, sino la memoria viva del pasado cultural en el presente.

[10] El propio Fernández Retamar destacó esta situación no comunicativa en su artículo "América Latina el transfondo de occidente".

[11] Desde las ciencias sociales latinoamericanas, el teórico político y social Agustín Cueva, por ejemplo, tampoco confunde el imaginario social con el de las ciencias sociales: "En *Cien años de soledad,* los personajes perciben como circular un tiempo que es en realidad lineal; en las ciencias sociales de hoy, parece que en cambio está de moda percibir como ascendente un movimiento que es perferctamente circular."(81)

[12] Para una distinción entre historia de la literatura y de la escritura, ver Jitrik (89).

[13] Para esta distinción de funcionarios del lado derecho del estado (por ejemplo, Fernández Retamar) y del lado izquierdo (por ejemplo, un profesor académico o un maestro de escuela) ver Bourdieu, *Acts* 1-10.

[14] Según Bourdieu: "authority comes to language from outside" (*Language* 109).

[15] Según Said: "Universality means taking a risk in order to go beyond the easy certainties provided us by our background, language, nationality, which so often shield us from the reality of others" (*Representations* xiv).

[16] Para la importancia de la tradición dos textos pioneros son "Thesis on History" de Walter Benjamin y "Tradition and the Individual Talent" de T. S. Eliot: tradition "involves, in the first place, the historical sense ... [which is] not only [a sense] of the pastness of the past, but of its presence." (38).

[17] Para una crítica de la globalización ver Bourdieu y Wacquant. Para una crítica política de la teoría social de Giddens ver Callinicos. Para la "tercera vía", ver Giddens *The Third Way: The Renewal of Social Democracy.*

Ahmad, Ajaz. *In Theory: Classes, Nations, Literatures.* Londres: Verso, 1992.

Angel, Raquel. *Rebeldes y domesticados. Los intelectuales frente al Poder.* Buenos Aires: El Cielo por Asalto, 1992.

Ardao, Arturo. "Dialéctica de la occidentalidad". *Filosofía de la lengua española.* Montevideo: Alfa, 1963. 15-28.

Beck, Ulrich, Anthony Giddens, Scott Lash (Eds.). *Reflexive Modernization. Politics, Tradition and Aesthetics in the Modern Social Order.* Stanford: Stanford University Press, 1994. 56-109.

Belnapp, Jeffrey y Raúl Fernández. *José Martí's "Our America." From National to Hemispheric Cultural Studies.* Durham: Duke University Press, 1988.

Bengelsdorf, Carolle y Carmen Diana Deere. "Juan Valdés Paz: Social Researcher, Cuba" (Interview). NACLA. Report on the Américas XXXI/1 *Voices on the Left* (1997): 26-28.

Benjamin, Walter. *Illuminations.* Hanna Arendt, ed. Nueva York: Schocken, 1969.

Bourdieu, Pierre. *Acts of Resistence. Against the Tyranny of the Market.* Nueva York: The New Press, 1998.

_____ *Language and Symbolic Power.* Cambridge: Harvard University Press, 1994.

_____ *The Field of Cultural Production. Essays on Art and Literature.* Randal Johnson, ed. Nueva York: Columbia University Press, 1993.

_____ "Strategies de reproduction et modes de domination". *Actes de la Recherche* 105 (1994): 3-12.

_____ "Thinking About Limits". *Theory, Culture and Society* 9(1992): 37-49.

_____ "The Genesis of the Concepts of Habitus and of Field". *Sociocriticism* 2 (1985): 11-24.

Bourdieu, Pierre y Loic Wacquant. "The New Global Vulgate". *The Baffler* 12 (1999): 69-78.

Briceño-León, Roberto y Heinz R. Sonntang (Eds.). *Pueblo, época y desarrollo: la sociología de América Latina.* Caracas: Nueva Sociedad, 1998.

Calhoun, Craig. *Critical Social Theory.* Cambridge: Blackwell, 1995.

Callinicos, Alex. "Social Theory Put to the Test of Politics: Pierre Bourdieu and Anthony Giddens". *New Left Review* (1999) 77-102.

Cueva, Agustín. *Ideología y sociedad en América Latina.* Montevideo: Ediciones de la Banda Oriental, 1988.

Cheah, Pheng y Bruce Robbins (eds.). *Cosmopolitics. Thinking and Feeling Beyond the Nation.* Minneapolis: University of Minnesota Press, 1998.

Diana, Goffredo y John Beverley. "These Are Times We Have to Live In: An Interview with Roberto Fernández Retamar". *Critical Inquiry* (1995): 411-33.

Eliot, T. S. *Select prose of T. S. Eliot.* Frank Kermode, ed. Nueva York: Harcourt Brace Jovanovich, 1975.

Fernández, Pablo Armando. "Galgos y podencos en la cultura cubana". *Rebeldes y domesticados. Los intelectuales frente al poder.* Raquel Ángel, ed. Buenos Aires: El Cielo por Asalto, 1992. 139-52.

Fernández Retamar, Roberto. *Calibán. Contra la Leyenda Negra.* España: Ediciones de la Universitat de Lleida, 1995.

____ *Fervor de la Argentina. Antología personal.* Buenos Aires: Ediciones del Sol, 1993.

____ *Hacia la Nueva.* Cuba: Ediciones Unión, 1989.

____ *Juana y otros poemas personales.* Nicaragua: Ministerio de Cultura, 1981.

____ *Calibán.* [1971]. Montevideo: Aquí testimonio, 1973.

____ "Adiós a Calibán". *Ensayos en homenaje al Doctor Arturo Ardao.* VV.AA. Montevideo: Universidad de la República, 1995. 83-96.

____ "Los nuevos primeros días". *América Latina. Marca Registrada.* Sergio Marras, ed. Buenos Aires: Grupo Editorial Zeta S.A., 1992.

____ "América Latina y el trasfondo de Occidente". *América Latina en sus ideas.* Leopoldo Zea, coord. México: Siglo Veintiuno Editores, 1986. 300-33.

____ "Ángel Rama y la Casa de las Américas". *Casa de las Américas* 192 (1993): 48-63.

____ "Calibán 500 años más tarde". *Nuevo Texto Crítico* 11 (1993): 233-44.

____ Cultura y Sociedad, http;//www.granma.cubaweb/cu/7nov98/cultura/ articulo1/html.p.5. Internet 20 julio 1999.

Fink, Leon. *Progressive Intellectuals and the Dilemmas of Democratic Commitment.* Cambridge: Harvard University Press, 1997.

Galeano, Eduardo. *Las venas abiertas de América Latina.* [1971]. México: Siglo XXI, 1984.

García, Cristina. *Dreaming in Cuban.* Nueva York: Alfred A. Knopf, 1992.

García Canclini, Néstor. *Culturas híbridas. Estrategias para entrar y salir de la posmodernidad.* México: Grijalbo, 1990.

____ "Una modernización que atrasa. La cultura bajo la regresión neoconservadora". *Casa de las Américas* 193 (1993): 3-12.

Gates, Henri Louis Jr. *The Signifying Monkey. A Theory of Afro-American Criticism.* Nueva York/Oxford: Oxford University Press, 1988.

Giddens, Anthony. *The Third Way: The Renewal of Social Democracy.* Cambridge: Polity Press, 1998.

_____ *Beyond Left and Right: The Future of Radical Politics.* Cambridge: Polity Press, 1994.

_____ *The Consequences of Modernity.* Cambridge: Polity Press, 1990.

_____ "Living in a Post-Traditional Society". *Reflexive Modernization. Politics, Tradition and Aesthetics in the Modern Social Order.* Ulrich Beck, Anthony Giddens, Scott Lash, eds. Stanford: Stanford University Press, 1994. 56-109.

Giddens, Anthony y Christopher Pierson. *Conversation with Anthony Giddens. Making Sense of Modernity.* Stanford: Stanford University Press, 1998.

Gramsci, Antonio. *Antonio Gramsci. Selections from Cultural Writings.* G. Forbes y G. Nowell-Smith, eds. Cambridge: Harvard University Press, 1991.

González Casanova, Pablo. "Reestructuración de las ciencias sociales: hacia un nuevo paradigma". *Pueblo, época y desarrollo: la sociología de América Latina.* Roberto Briceño-León y Heinz R. Sonntang, eds. Caracas: Nueva Sociedad, 1998. 135-49.

_____ "Globalism, Neoliberalism, and Democracy". *Social Justice* 23/1-2 (1996): 39-48.

Hall, Stuart. "Cultural Identity and Diaspora". *Identity, Culture, Difference.* J. Rutherford, ed. Londres: Lawrence and Whisart, 1990. 222-37.

Hobsbawn, Eric. *The Age of Extremes. A History of the World, 1914, 1991.* Nueva York: Vintage Books, 1994.

_____ *Nations and Nationalism Since 1780. Programme, Myth, Reality.* Cambridge: Cambridge University Press, 1990.

Jameson, Frederic. *Postmodernism or the Cultural Logic of Late Capitalism.* Londres/Nueva York: Verso, 1991.

_____ "On Cultural Studies". *Social Text* 34 (1993): 17-52.

Jitrik, Noé. *La selva luminosa. Ensayos críticos 1987-1991.* Buenos Aires: Facultad de Filosofía y Letras, UBA, 1992.

Machín, Horacio. "Intérpretes culturales y *democracia simbólica*". *Nuevas perspectivas desde/sobre América Latina. El desafío de los estudios culturales.* Mabel Moraña, ed. Pittsburgh/Santiago: Instituto Internacional de Literatura Iberoamericana/Cuarto Propio, 2000.

_____ "Ángel Rama y 'La lección intelectual de *Marcha*'" *Ángel Rama y los estudios latinoamericanos.* Mabel Moraña, ed. Pittsburgh: Serie Críticas, Instituto Internacional de Literatura Iberoamericana, 1997. 71-94.

Marras, Sergio. *América Latina. Marca Registrada.* Buenos Aires. Argentina: Grupo Editorial Zeta S.A. 1992.

Moore-Gilbert, Bart. *Postcolonial Theory. Contexts, Practices, Politics.* Londres: Verso 1997.

Moraña, Mabel (Ed.). *Nuevas perspectivas desde/sobre América Latina. El desafío de los estudios culturales.* Pittsburgh/ Santiago: Instituto Internacional de Literatura Iberoamericana/ Cuarto Propio, 2000.

_____ *Ángel Rama y los estudios latinoamericanos.* Pittsburgh: Serie Críticas, Instituto Internacional de Literatura Iberoamericana, 1997.

Noble, David W. "The Anglo-Protestan Monopolization of 'America'". *José Martí's "Our America". From National to Hemispheric Cultural Studies.* Jeffrey Belnapp y Raúl Fernández, eds. Durham: Duke University Press, 1988. 253-274.

Rama, Ángel. *La riesgosa navegación del escritor exiliado.* Montevideo: Arca, 1995.

_____ *La novela en América Latina.* Montevideo: Fundación Ángel Rama, 1986.

_____ *La ciudad letrada.* Hanover: Ediciones del Norte, 1984.

_____ "La lección intelectual de MARCHA" (1982). *Cuadernos de Marcha* 44 (1989): 19-26.

_____ "La literatura en su marco antropológico". *Cuadernos Hispanoamericanos* 407 (1984): 95-101.

Said, Edward. *Representations of the Intellectual.* Nueva York: Pantheon Books, 1994.

_____ *Culture and Imperialism.* Nueva York: Vintage, 1993.

_____ *Orientalism: Western Conceptions of the Orient.* Londres: Pinguin, 1978.

_____ "Invention, Memory, and Place". *Critical Inquiry* 26 (Winter, 2000): 175-92.

_____ "Orientalism Reconsidered". *Cultural Critique* 1 (1985): 89-107.

Saldívar, José David. *Border Matters: Remapping American Cultural Studies.* Berkeley: University of California Press, 1997.

_____ *The Dialectics of Our America: Genealogy, Cultural Critique, and Literary History.* Durham: Duke University Press, 1991.

VV.AA. *Ensayos en homenaje al Doctor Arturo Ardao.* Montevideo: Universidad de la República, 1995.

VV.AA. *Calibán en Sassari. Homenaje a Roberto Fernández Retamar, Nuevo Texto Crítico* 9/10 (1992).

Zea, Leopoldo (ed). *América Latina en sus ideas.* México: Siglo Veintiuno Editores, 1986.

De apropiaciones y desplazamientos: el proyecto teórico de Fernández Retamar

Zulma Palermo

> Después de todo, es la mirada y no el objeto mirado lo que implica genuinidad.
>
> Roberto Fernández Retamar

Corrían los años setenta y, para los intelectuales de "nuestra América", se abría un horizonte promisorio anunciado por transformaciones que parecían sustanciales y definitivas: el avance del socialismo era indudable y los proyectos de equidad y solidaridad empezaban a concretarse. Cuba consolidaba su sistema, obtenía lentamente resultados positivos a pesar de constricciones internas y externas, y ello alentaba a otros grupos de diversas latitudes a lanzarse por similares caminos. Los intelectuales, hombres y mujeres de mi generación que por esos años iniciábamos nuestro recorrido profesional, seguíamos de cerca estos cambios decisivos y buscábamos —aunque muchos no adhiriéramos al proyecto revolucionario— "el perfil autonómico de América Latina". Muy particularmente en el campo de la producción literaria se hacía imposible separar la práctica de la escritura de la práctica política, y los escritores se agrupaban para manifestar su entusiasmo por los éxitos alcanzados o para levantar sus airadas voces ante los atropellos que se cometían en contra de los "pobres de la tierra" o de los perseguidos por la ira de los tiranos, transformándose ellos mismos en perseguidos.

Es en esta actitud expectante del campo intelectual y particularmente literario que se hace escuchar, en 1972, la voz de Roberto Fernández Retamar apelando a "*trabajar para traer a la luz nuestra propia teoría literaria*, para la que ya hay aportes nada desdeñables, [como la] tarea imprescindible (y colectiva) que nos espera" (*Para una teoría* 43).[1] Fue en el frustrado intento académico de concretar este proyecto que muchos dejaron la vida y otros fuimos excluidos de la institución. La búsqueda de autonomía intelectual, que no puede divorciarse de la autonomía política y económica, significó un peligro de magnitud tal, que sus propulsores fuimos condenados a la persecución y el exilio.

Ha transcurrido, desde entonces, un cuarto de siglo; se han sucedido en el mundo muchos acontecimientos y nos encontramos cerrando el siglo XX, en el ápice, tal vez, del proyecto fáustico del progreso de occidente[2] con su efecto de globalización total, de imposición de "transnacionalidad"; ello genera, una vez más, una necesidad impuesta por la hegemonía: la de que todos los habitantes del planeta compartan las mismas condiciones de vida, los mismos sistemas de valores, de prioridades, es decir, un mismo imaginario. Simultáneamente, se incrementa en las sociedades de culturas no centrales la búsqueda de respuestas singulares a la nueva hegemonía. Las consecuencias de esta tensión entre fuerzas centrífugas y centrípetas no siempre son positivas ya que se acrecientan los fundamentalismos y los dogmatismos, lo que a su vez favorece el uso de estrategias represoras por parte del sistema dominante. Este juego, perverso si se quiere, legitima las cada vez más abismales diferencias entre todos los habitantes de la "aldea global": entre pobres y ricos, entre sur y norte, entre "calibanes" y "prósperos".

Por eso parece importante que en el campo académico se vuelva a pensar en aquellas búsquedas truncadas de autonomía y se retome la discusión sobre "lo uno y lo diverso", relocalizando viejas dicotomías: americano *versus* europeo, civilizado *versus* bárbaro, dependiente *versus* autónomo desde otros ángulos de enfoque, sin olvidar que, para los intelectuales latinoamericanos, se trata de una cuestión que ha sido siempre radical, pero cuya incidencia en el orden académico internacional ha sido casi nula. Se trataría, entonces, de retomar una línea generada por intelectuales latinoamericanos, que no fue convalidada por la academia, para no caer otra vez en la mera reproducción de modelos.

El proyecto teórico de los '70[3]

Tres de los textos de Fernández Retamar se orientan más específicamente a delinear su oferta: "Para una teoría de la literatura latinoamericana", "Carta sobre la crítica" y "Algunos problemas teóricos de la literatura hispanoamericana",[4] en íntima coherencia con toda su propuesta, definida desde un claro lugar de enunciación. Lo interesante radica en que no se trata de meros enunciados programáticos que se agotan en la retórica de la militancia revolucionaria, sino que se delinea una política para los estudios específicos que, afirmada en la teoría de la heterogeneidad cultural (hipótesis de la existencia de literaturas regionales), propone los campos a ser construidos por esa potencial teoría latinoamericana.

Tal postulación se afirma en la dialéctica universal *versus* particular, propia del campo intelectual de los '70 dentro del que conviven formaciones opuestas: los nacionalismos de diverso signo por un lado, las revulsiones socialistas por el otro, aunque orientadas a un mismo objetivo: la descolonización de América Latina. Para hacer viable la formación de la teoría regional, Fernández Retamar discute tanto con los nacionalismos como con los dogmatismos socialistas, así como con las estetizaciones elitistas y con los formalismos extremos que proponen modelos, "una budinera para aplicarla indistintamente a cualquier realidad" (*Para una teoría* 48). Opta, en cambio, por la noción de "literatura" como mediadora de las prácticas sociales de las que participa el investigador y que requieren ser comprendidas con el único "instrumental idóneo", el método del materialismo histórico.[5]

Fundado así el proyecto, diseña los campos nocionales a resemantizar: el de "literatura" requiere que transite desde el principio de "pureza lingüística" hacia la inclusión de las producciones "mulatas" e "híbridas" como rasgo central de la diferencia; el de la historiografía que requiere responda a procesos distintos de los de matriz europea y, directamente vinculado con ello, el de géneros literarios. Por último, y como su consecuencia, el funcionamiento de la crítica literaria para la que solicita —citando a Martí— el "ejercicio del criterio" que va más allá de la valoración estética para orientarse a la comprensión del mundo mediado por la escritura. Para que ello sea posible se hace imperativo que se trabaje con método ("con seriedad y rigor") y que se opere interdisciplinariamente.[6]

Advierto acá dos cuestiones fundamentales: el encuadre epistemológico y, en relación con ello, la concepción de "literatura". La asunción del materialismo histórico como opción científica y la de la literatura como una formación "mestiza" y capaz de dar cuenta de lo real, hace que este proyecto encuentre correlatos en toda la producción de la línea socializante en América Latina, la que recibe una adhesión mayoritaria en el espacio intelectual de esa década y que da lugar a las situaciones de riesgo a las que hacía referencia más arriba. Sin embargo, y a pesar de las adhesiones ideológicas, en el orden de las prácticas institucionales la dependencia intelectual de los paradigmas se mantuvo inmutable, ya sea que provinieran de la academia francesa (siempre *a la page*), de los "últimos descubrimientos" anglosajones o de los dogmatismos de la crítica marxista.[7]

Por su parte, la línea de la resistencia —generalmente desde el exilio— dio continuidad a las búsquedas autonómicas. Así la reformulación sobre el objeto de estudio generada por Cornejo-Polar; la nueva historiografía propulsada por Alejandro Losada y posteriormente —en la línea de Rama— por Ana Pizarro; los estudios "regionales" de Antonio Cándido y Roberto Schwartz, todos los que continuaron en la búsqueda de aparatos explicativos aptos a las variedades culturales en sus distintas manifestaciones textuales[8] y que, en esas indagaciones, fueron modificando nociones y campos conceptuales, a la vez que aportaban adecuados aparatos explicativos (Palermo 1995 y Bueno 1986).

De 1970 al 2000: muerte y resurrección del proyecto

En 1994, uno de los propulsores de la resistencia intelectual, Antonio Cornejo Polar, escribía:

> Varios hemos señalado que si bien el gran proyecto epistemológico de los '70 fracasó, pues es obvio que de hecho no existe la tan anhelada "teoría literaria latinoamericana", en cambio, bajo su impulso, la crítica y la historiografía encontraron formas más productivas —y más audaces— de dar razón de una literatura especialmente escurridiza por su condición multi y transcultural. (14)

Me parece necesario preguntarse si tal fracaso lo es por impedimentos de índole conceptual o por otros provenientes de factores externos a dicha producción intelectual. Si se trata de lo primero, la cuestión obedecería a la imposibilidad de "regionalizar" el conocimiento, a que la noción "literatura" es un valor de vigencia general y, por lo tanto, se encuentra en el orden de los "universales". Se asumiría, entonces, que las lógicas de representación son las mismas para todas las culturas y, por lo tanto, son elaboradas por un "sujeto epistémico" (objetivo, "científico") distinto del "sujeto hermenéutico" (involucrado con el objeto) (Mignolo "Teorizar"). Desde esta opción, una teoría regional de la literatura es, si no una utopía, una aberración cognoscitiva o, como sostiene Ricardo Kaliman desde un lugar opuesto, su negación sería otra de las estrategias de la cultura hegemónica para inhibir la construcción de epistemologías locales con valor general, "universal" ("Un marco").[9]

Si, en cambio, aquel fracaso no obedece a dicho orden, se trataría de una imposibilidad ideológica regida por restricciones de la práctica política: el sujeto epistémico es el que produce conocimiento en las culturas de poder y toma como objeto de estudio a las colonizadas cuyos miembros no podrían sino girar en el nivel de sujetos hermenéuticos, respondiendo así a aquella "denegación de la contemporaneidad" de la que acusa Mignolo al pensamiento europeo desde el Renacimiento, denegación que priva a las culturas subalternas (colonizadas) de toda posibilidad de producción de saberes ("Globalization").[10]

La pregunta, entonces, se orientaría a dilucidar si fracasó la utopía aplastada por la ideología de la "clase dominante" o si el proyecto era el correlato de un programa político que, al desarticularse, le hace perder vigencia. Para ello se hace necesario revisar, otra vez, el lugar de enunciación de las teorías posmodernas.

Fernández Retamar, en una nueva convocatoria lanzada en 1992, durante las conmemoraciones de los 500 años del "descubrimiento" de América asevera:

> [...] *hay que objetar la ideología de Próspero.* Más que nunca hoy, cuando proclaman la muerte de las ideologías (y de paso de muchas otras cosas: de la utopía a la historia, de los sujetos a los grandes relatos legitimadores, del hombre al superhombre, de la modernidad a la totalidad, del autor al arte, y por supuesto del socialismo), quienes dan por sentado que la ideología de Occidente ha triunfado en toda la línea: sobresaturación ideológica a la que con frecuencia dan el pasmoso nombre de desideologización. (*Para el perfil definitivo* 364-65)

Este breve párrafo del texto resultado de múltiples conferencias pronunciadas en distintas universidades de "Occidente", es una apretada síntesis de gran parte del proyecto setentista. Desde su título, "Calibán quinientos años más tarde", retoma la dialéctica Próspero / Calibán, inseparable de sus incisivos asedios a la oposición civilización *versus* barbarie, reivindicando los soportes básicos de su definición dentro del materialismo histórico. El análisis minucioso de la situación de nuestros países le permite actualizar el mapeo de la situación de colonialismo ejercido por los países *subdesarrollantes* (acertado neologismo que utilizara ya en 1968[11]), para afirmar que "la contradicción entre unos países y otros, entre los grandes señores y los condenados de la Tierra, entre Próspero y Calibán no sólo ha conservado sino acrecentado su vigencia, y es hoy la contradicción principal de la Humanidad" (369).

Si bien en este ensayo no hace referencia directa e *in extenso* a la cuestión literaria, se infiere que —si las condiciones de producción social se mantienen, consolidándose los desequilibrios de dos décadas atrás— para aquellos se dan las mismas condiciones de sujeción y dependencia, es decir, sigue siendo necesaria la existencia de teorías regionales autónomas de las literaturas en tanto éstas son formas de comprensión de la realidad. En efecto: la sociedad no es una entidad virtual sino concreta y problemática. Dicho de otro modo, es necesario ejercer una mirada "genuina" —como enuncia nuestro epígrafe— que permita dar cuenta de los "mundos" mediados por la literatura; dicha genuinidad no será posible mientras no se dé forma a un campo conceptual y a unos aparatos explicativos adecuados a tales textualidades. Si aproximamos estas reflexiones a los hoy emergentes "estudios culturales" —dentro del paradigma poscolonial— como la más actual y seductora oferta del mercado académico, afirma: "En consecuencia, hablar de nuestra era neocolonial llamándola poscolonial (al confundirse rasgos políticos más bien superficiales con profundas y decisivas estructuras socioeconómicas), *implica la aceptación, acaso involuntaria, de otra de las resonantes falsedades de Próspero*" (374).

Tales falsedades no harían sino prolongar las situaciones de colonialismo ya conocidas pero recubiertas hoy con nuevos ropajes surgidos de las tecnologías de punta que no sólo pertenecen a la órbita de la cibernética, sino de aquellas propias de las "ciencias blandas". Estas ofrecen aparatos descriptivos para un análisis ajustado de las formas discursivas utilizados hoy por los estatutos del poder, con las que ejercen un control más sutil de las sociedades sujetadas a su dominio. Así, la apropiación de la tecnología resultante de los estudios del lenguaje (teorías de la comunicación y del discurso, pragmática y lingüística del texto) ha contribuido, por un lado, a dar mayor eficacia al análisis de los materiales producidos en lenguaje articulado; por otro, tal afinamiento de las estrategias de lectura también es utilizado por semiólogos de los medios masivos y de los aparatos políticos para enmascarar y pervertir la circulación de la información. Por otra parte, siguen siendo herramientas insuficientes para dar cuenta de formas cuyos soportes no se ajustan a los modelos comunicativos y lingüísticos occidentales, es decir, letrados y hegemónicos (véase Kaliman).

Desde esta mirada, la propuesta posmoderna no sería sino la de instaurar un nuevo absoluto, análogo a aquél del "Espíritu" que Ángel Rama describiera funcionando a la base de la cultura barroca: "Fue una voluntad [el Espíritu] que desdeñaba las restricciones y asumía un puesto superior y autolegitimado; *diseñaba un proyecto pensado al cual debía plegarse la realidad* [...]" (*La ciudad letrada* 574). Si se conmuta "Espíritu" por "mercado" y se actualiza el morfema verbal de tiempo, la vigencia del enunciado es innegable.

En efecto, el proyecto de globalización que se ofrece en el ámbito académico se legitima a través de discursos cuya penetración se encuentra asegurada por la institución en su funcionamiento específico y por las determinaciones propias del campo cultural. En este sentido —y tal como se realiza en la práctica— las condiciones de sujeción intelectual del sujeto epistémico no parecen haber variado, para América Latina, con el paso de la modernidad a la posmodernidad, ya que si la relación de dependencia intelectual fue la constante desde la conquista hasta la modernidad, si las producciones culturales latinoamericanas han sido inveteradamente objeto de estudio de la academia "subdesarrollante", si sólo ésta ha producido conocimiento, la pregunta es, ahora, si tiene validez hacer referencia a ello sólo en tiempo pretérito. Es decir, si la denuncia actualizada de Fernández Retamar y, en consecuencia, su propuesta pueden tener alguna prospectiva.

La "hibridación"

Decía más arriba que uno de los efectos de la globalización es la búsqueda de respuestas singulares a la hegemonía. En el campo de la producción cultural, tales respuestas toman la forma de resistencias, parodias, adaptaciones, o reapropiaciones, en el intento de instaurar modelos de diferenciación. Otro tanto ocurre en la esfera de la producción de saberes. Así, en el espacio teórico y desde los estudios poscoloniales, se genera una línea sustentada en la reapropiación y adaptación del proyecto setentista. En el campo de las formaciones teóricas es Walter Mignolo quien propone la construcción de una "epistemología fronteriza" (a través de fronteras culturales) la que será el resultado de un "diálogo" entre distintas formaciones culturales y conceptuales sobre ellas, emergentes hoy de los estudios *sobre* y *en* América Latina. Se trataría de una formación arraigada en una "bilingüisticidad", en un "bilingualismo" (Mignolo "Bilanguaging") diríamos, en el cruce entre formaciones "subdesarrollantes" y "subdesarrolladas", de una forma "híbrida" del teorizar como respuesta desde el "posoccidentalismo" latinoamericano.

Esta densa y sugerente propuesta de Mignolo surge, precisamente, de su reapropiación del proyecto de Fernández Retamar, el que le abre la posibilidad de generar tanto el principio de epistemología fronteriza como el de estatuto posoccidental. En efecto: dos de los artículos de mayor repercusión del estudioso argentino se asientan en principios del cubano: "Teorizar a través de fronteras culturales" (1991) y "Posoccidentalismo: las epistemologías fronterizas y el dilema de los estudios (latinoamericanos) de área" (1996). Para que la reapropiación sea posible se hace necesario una relocalización, en este caso, en las nuevas condiciones sociohistóricas y, a la vez, una sustancial modificación del lugar de enunciación. La alternativa, para Mignolo, es consolidar una epistemología "fronteriza" que, para concretarse, requiere de una actitud de diálogo entre los estudiosos de las "dos orillas", un diálogo que oriente a una convergencia conceptual, a una mezcla productiva de saberes situados.

Ahora bien, esta noción de "frontera" deviene de un desplazamiento desde el universo de sentido de lo nacional (frontera política y geográfica) hacia una dimensión simbólica que sobrepasa los aspectos concretos y localizados de los fenómenos (Carvalhal).

Ya no se trata, precisamente, de una noción que se adecua a la ideología de la anexión de territorios vecinos, a la confrontación expansionista de los estados-nación, sino de un espacio de entrecruzamientos y contactos, de fluencia, de "liminalidad", de la "condición paradójica y potencialmente productiva de estar situado entre dos o más terrenos a la vez [...] El concepto de liminalidad borra separaciones jerárquicas [...] y su presencia es un síntoma de la *tendencia histórica* hacia la *hibridación* de las culturas, de los géneros literarios y de los lenguajes, todo lo cual es consecuencia indirecta del *multiculturalismo*" (Lauro Zavala 147-8).[12]

Destaco entonces que el universo semántico de esta noción de "frontera" forma parte de la constelación propia de los discursos poscoloniales, en identificación con "hibridación", "multiculturalismo", "transnacionalidad", todos los cuales son necesarios correlatos de la ideología globalizadora, nuevo universalismo virtualizado cibernéticamente. Detrás de estas palabras-clave, de estas "metáforas" como las categoriza Cornejo Polar, "se desplaza una densa capa de significación que engloba y justifica toda concepción de las cosas [... y que] no dejan de ser tan conflictivas como aquellas otras categorías que parecen sustentarse en el ejercicio crítico: 'literatura heterogénea', 'literatura alternativa', 'literatura disglósica', etc." Es el universo en el que se incluye también la noción de "bilanguaging-love" acuñada por Mignolo a la que hacía referencia más arriba.

Nos estamos moviendo, entonces, en un espacio de construcciones nocionales todavía inestables, que oscilan entre el préstamo y la refundición de otras categorías y que tienen en común la necesidad de explicar fenómenos lábiles y diferenciales por relación con aquellos que dieron lugar a las categorías vigentes en la modernidad. Todo este juego de búsquedas, encuentros y desencuentros terminológicos en cuyo subsuelo se debaten problemas de naturaleza radical, parecieran a su vez ser el resultado de largos procesos de "transculturación" teórica, de las reapropiaciones, absorciones y hasta perversiones de los cambios que a su vez se produjeron en la academia dominante, de la "antropofagia" como significante de la cultura latinoamericana.

Es necesario volver a pensar estas categorías para esclarecer si aportan al proyecto actualizado o si aquél se encuentra totalmente abortado. Todas ellas pueden, inclusive, no ser nada más que "odres nuevos" los que, por la seducción de su discurso y el área cultural de procedencia, no permitan percibir que se trata de otras formas de disimular las contradicciones y las cada vez más grandes miserias de "lo real". En el campo de la especulación, se trataría nada más y nada menos que de aceptar tales nomenclaturas como salvoconducto para la propia convalidación institucional en el convencimiento de que, por primera vez en la historia académica, estamos teorizando *en* América Latina.

Veamos, aunque someramente, lo que recubre la denominación "teoría" o "epistemología fronteriza" para Mignolo. En el punto de partida se la entiende en el sentido de culturas en relación, tal como reza el título del artículo "Teorizar a través de fronteras culturales": "la necesidad de teorizar a través de fronteras culturales" (103), que invita a dilucidar a qué "culturas" se hace referencia. En nota parece aclararse: "[...] discursos y situaciones comunicativas en regiones plurilingües y de múltiples tradiciones culturales como es el caso de América Latina" (111, infra 10). Y en el debate: "[...] traspasar las fronteras lingüístico-culturales de la 'literatura hispanoamericana' e ir hacia una 'literatura y cultura latinoamericana' [...]" (116), en un proceso de razonamiento sobre las culturas de habla española, inglesa y francesa en el centro y sudcontinente, es decir, tomando como soporte de las formaciones a las lenguas de esas culturas y de sus literaturas. Pero además, en otro giro argumentativo —y tal pareciera ser el fondo de la preocupación del teórico argentino— se trataría de traspasar las fronteras entre la pertenencia del teórico a una cultura y su práctica profesional (117); más aún, entre el desarraigo de la propia cultura y el desarrollo de la práctica teórica como una abstracción de tal cultura.

Limitaciones y sospechas

Así como Fernández Retamar en su artículo programático ponía en relación las producciones teóricas con las literarias para justificar la posibilidad de existencia de las teorías regionales, respondiendo —según se vio más arriba— a idiosemas cuyo eje seguía siendo la irreductible oposición literaturas nacionales / literatura universal (entiéndase europea), acá es dable preguntarse si la dialéctica no equivale —en otra escala— a aldea global/culturas particulares, y no resulta de una proyección resituada de la oposición teoría general/teorías regionales.

El principio de Fernández Retamar que opera como disparador para las disquisiciones de Mignolo es, precisamente, aquél de que no hay *una* teoría de la literatura sino teorías que son la resultante de ciertas formaciones literarias particulares, es decir que lo que se construye siempre es la teoría de *una literatura*. Por lo tanto, *la* teoría literaria como la entiende Mignolo: "estrategias conceptuales mediante las cuales creamos marcos de referencia que nos permiten describir y explicar determinados fenómenos" ("Teorizar" 103), será la teoría de esos fenómenos y no de otros. Esto implica que los procedimientos que posibilitan alcanzar construcciones conceptuales son el resultado de operaciones realizadas a partir de la búsqueda explicativa de aquellas formas textuales que mediatizan las prácticas sociales propias de una cultura determinada. Dicho de otro modo: los campos conceptuales se producen a partir de la puesta en funcionamiento de aparatos explicativos que han demostrado ser pertinentes para una mejor comprensión de los mecanismos semióticos propios de la cultura que se estudia. Tales marcos de referencia, una vez construidos, permitirán explicar otros fenómenos similares con adecuación y pertinencia.

Sin embargo, cuando Mignolo argumenta, sostenido en un irreprochable razonamiento cartesiano, que "la cuestión no es que la teoría de *una* literatura sea imposible, sino que es innecesaria" ("Teorizar" 109) sobreviene la duda. ¿Hasta dónde llega la "desterritorialización" del conocimiento que propone? Según parece, a desarticular la distancia entre las áreas hispano parlantes y las de otras lenguas de uso en el resto de "las Américas" y, por otro, a las fronteras relativas a los "tipos textuales" a incorporar como parte del objeto de estudio: no sólo aquellos que responden al "canon occidental" sino a muchos otros (folklore, testimonios, en soportes no lingüísticos, etc.). Se trataría, por un lado, de superar las barreras que sectorizan la heterogeneidad de la cultura estudiada en dos de los órdenes académicamente instituidos: el lingüístico y el canónico.

¿En dónde radica, entonces, la "inutilidad" de proponer una teoría regional?, ¿en que toda formulación teórica lo es por definición? La cuestión se vuelve sobre sí misma: la liminalidad es requerida sólo para las culturas del área: "[...] una alternativa posible a la búsqueda de una teoría de la literatura hispano-latino americana, sea la de pensar en las implicaciones de teorizar a través de fronteras culturales como una consecuencia de la experiencia que como latinoamericanistas tenemos" ("Teorizar" 109)

Pero, es claro, los "latinoamericanistas" no necesariamente coinciden con los estudiosos que pertenecen a esas áreas culturales y que producen en ellas; son también aquellos que se desarraigaron o los que se interesan desde otras inserciones culturales. Y es acá donde me parece radica el mayor problema del razonamiento de Mignolo: la imposibilidad de separar, en última instancia, el sujeto existencial del hermenéutico y del científico. Creo imprescindible citar *in extenso*, el párrafo final de su exposición:

> Se comprenderá también que *tanto por la naturaleza plurilingüe y multicultural de América Latina, que es nuestro común punto de referencia, tanto como por la diversidad étnica de Estados Unidos, que es (para muchos) nuestro lugar de existencia, la explicación de productos y conductas comunicativas a través de fronteras culturales sea no sólo un programa académico sino también una*

> *necesidad vital.* El examen crítico de los objetivos de los estudios literarios latinoamericanos y el papel que nos toca jugar en ellos, y en el futuro, no sólo están siendo revisados (directa o indirectamente) en varios de los libros publicados últimamente, sino que también —como este congreso lo sugiere— es un tópico que merece la incentivación del diálogo y la discusión abierta. ("Teorizar" 110)

Hay varios nódulos acá que me parece importante explorar: en primer lugar, la insistencia en la heterogeneidad cultural y en el plurilingüismo del área objeto, puesta en relación de equiparación con la complejidad de Estados Unidos de donde proceden para Mignolo los paradigmas teóricos de base. El conflicto no radicaría precisamente en la adecuación o no de esos paradigmas a la especificidad cultural del objeto "América Latina", sino en la "necesidad vital" del académico "extraterritorial" de explicarse a sí mismo buscando explicar su cultura de origen. Es, lo que en otras variaciones del mismo tema, lo lleva a optar por las definiciones poscoloniales (posoccidentales) en tanto estudioso que "ha pasado por experiencias coloniales" (o de occidentalización). En esa línea, precisamente, una de las búsquedas centrales consiste en la apropiación de los postulados de la modernidad para proceder a su "desmontaje" y resemantización, tal como ocurre en este caso con el proyecto de teorías autonómicas y con el paso del "poscolonialismo" al "posoccidentalismo" como autodefinición del lugar de enunciación.

Occidentalismo, posoccidentalismo y lengua dominante

Cuando Fernández Retamar localiza el estado de situación de América Latina con relación a Occidente, se sitúa en una posición altamente crítica frente a la ideología dominante. En primer lugar identifica a Occidente con *capitalismo* en expansión desde donde describe el proceso sistemático y metódico de occidentalización al que fue sometida América Latina. Es en este marco que propone el término *posoccidentalismo* para designar las prácticas que permitirán la salida del capitalismo hacia el socialismo: "[...] con la aparición en la Europa occidental del marxismo, a mediados del siglo XIX, y con su ulterior enriquecimiento leninista, ha surgido un pensamiento que sienta en el banquillo al capitalismo, es decir, al mundo occidental [...] ésta no es ya una ideología occidental, sino en todo caso *posoccidental*" (*Para una teoría* 370). Es así clara la identificación de posoccidentalismo con anticapitalismo (socialismo). Cuando en 1992 actualiza el problema, ya en un momento de consolidación y afirmación internacional del capitalismo, reafirma su lugar de enunciación:

> Si el imperialismo, lejos de desaparecer es inmensamente más depredador, lo que sí ha desaparecido en los textos de muchos teóricos *up to date* (o *à la page*, según la zona metropolitana) es la *palabra* (el *concepto*) imperialismo, que se considera del peor gusto usar. Previsiblemente se supone emparentado (*à rebours*) con los "grandes relatos" cuya crisis, o cuya abierta extinción, ha sido alegremente proclamada por muchos de aquellos teóricos. (*Para una teoría* 370)[13]

La ironía puesta en juego por la estrategia discursiva permite relacionar las políticas culturales con las lenguas tradicionalmente consideradas de "cultura", (las lenguas "imperiales": inglés y francés) en un *continuum*. El prestigio académico de tales culturas obliga a los intelectuales a impostarse en sus lenguas y a quedar sometidos a sus prescripciones. Lo que los estudios culturales denuncian sobre la época colonial (de la primera globalización) continúa vigente en esta instancia de transnacionalización.

De este modo, la reapropiación del término y su sentido es posible desde un fuerte desplazamiento del lugar de enunciación. El posoccidentalismo pasa de ser la apuesta del fin del capitalismo como política de la modernidad occidental, a una forma de pensamiento crítico sobre dicha modernidad operada desde el cruce de la reconstrucción de la memoria de las circunscripciones locales (los estudios que se vienen generando *en* América Latina), con las construcciones elaboradas por los estudios *sobre* América Latina. Posoccidentalismo es, en esta apropiación, la posibilidad de construir epistemologías *fronterizas* o *a través de fronteras culturales* que, de hecho, son también lingüísticas.

La postulación del posoccidentalismo nos lleva entonces, otra vez, a la oferta de una teoría "híbrida" para dar cuenta de un sujeto cultural de idéntica naturaleza: entre español y portugués, entre español e inglés americano, entre usuario de lengua aborigen y de lengua nacional para "romper con la tiranía de la lengua objeto [...] para desestabilizar la creencia natural en la natural pureza de la lengua [en consecuencia] mezcla irreverente, agramatical y juguetona de dos o más lenguas [...]" (Mignolo).[14] Como insiste en proponerlo, se trata de teorizar desde la complejidad de los mapas lingüísticos entre América Latina, el Caribe y Angloamérica. Desde esta actualización del "panamericanismo" surgiría una práctica teórica construida no en una sino en varias lenguas, no como una teoría regional sino como la posibilidad de sobrepasar sus límites.

Sin embargo —y como lo advierte Cornejo-Polar— "la convivencia de textos y discursos en español y portugués (y en especial en lenguas amerindias) con la incontenible diseminación de textos críticos en inglés (o en otros idiomas europeos)" es difícil porque las relaciones entre esas distintas formaciones culturales son complejas, dispares y el discurso del conocimiento difícilmente salga de la esfera de las lenguas "de cultura" heredadas y así convencionalizadas.

Tales convenciones llevan a una diversidad de problemas cuya resolución está todavía lejos de nuestro alcance. Uno de ellos —y no el menor— es el que deviene de las competencias propias de los investigadores, que fuimos (de)formados en los paradigmas más fuertes de la tradición académica occidental. Este aspecto del lugar de enunciación es difícil de modificar pues no basta con actitudes voluntaristas, sino que se requiere una verdadera transformación de la mirada. Aun así, si el estudioso —dedicado a desentrañar las particularidades de una formación determinada y distinta de las canónicas— alcanza algunos resultados positivos, éstos quedan sujetos a una doble restricción: por un lado, no tiene posibilidades de diseminarlo en su propio espacio por el rechazo cerrado de la institución;[15] por otro, sus avances no trascienden los límites de la esfera local por la escasez de recursos y/o la carencia de políticas editoriales desde las cuales publicar y difundir sus propias innovaciones, dato común a la mayoría de las universidades del área (que en algunos casos alcanza también a las metropolitanas).[16]

Todo ello acarrea otras limitaciones: muchas veces se encuentra en publicaciones provenientes de centros académicos privilegiados o se escucha exposiciones en reuniones científicas, en las que cuestiones que se vienen problematizando en estas latitudes desde mucho tiempo atrás sin eco ni gravitación alguna, resultan allí convalidadas como novedades en nuestro campo de estudio. Sigue funcionando la ideología de la dependencia intelectual según la cual sólo merece ser reconocida la propuesta que viene de los países "de cultura", sobre todo si está impresa.[17]

Otras disquisiciones

Dada esta situación, ¿cómo funciona entre nosotros la oferta posmoderna? Pareciera que este discurso ofrece la posibilidad de convalidar muchas de las nociones que se venían generando en estas latitudes desde los setenta. Se muestra como el recambio de los discursos de la intelectualidad "progresista" después de la caída del socialismo —en particular los *cultural studies*— y esto pareciera ofrecer una alternativa para la resistencia. En el centro de gravedad se localiza el descubrimiento del "otro" por el pensamiento de Occidente, desde donde se pretende romper el monologismo, permitiéndole a ese otro (latinos, negros, aborígenes, mujeres, ...) el derecho a la palabra (aunque no es para muchos de los investigadores latinoamericanos igualmente seguro que se abra la posibilidad del derecho a pensar por cuenta propia). Es más, a veces se experimenta la incómoda impresión de que se está "recibiendo permiso" para hacer uso de la palabra y de la letra. Llevada esta sospecha al campo de la posible producción y circulación de las propuestas teóricas "regionales", sería dable acordar con Neil Larsen, para quien la actitud del investigador de las culturas "subdesarrollantes" puede recepcionarse como aquella del "[...] teórico de la metrópoli que patrocina a su correspondiente del tercer mundo con el acceso a la última y más avanzada 'mercancía' intelectual" (155). O preguntarnos con Marc Zimmerman si "los intelectuales poscoloniales [...] van a dejar que los subalternos sí hablen o si solamente tendrán voz como un ruido no oído en un creciente silencio latinoamericano [...]" (188).

Si, como postula Fernández Retamar desde nuestro epígrafe, es la mirada (el lugar de enunciación) más que lo mirado (el objeto de conocimiento) lo que produce el saber, habría una petición de base para que el teorizar sea posible en América Latina por latinoamericanos. La renuncia de Cornejo-Polar, por su parte, no declara el fracaso del proyecto autonómico sino más bien el de los caminos que se habían buscado para concretarlo. La salida que ofrece el proyecto "pos-" es altamente sugestiva y seductora; no obstante —y dadas las condiciones que en estos días propone la política global— cabe, una vez más, la sospecha: las epistemologías fronterizas sustentadas en una posible pluralidad intercomunicativa dentro del área "panamericana", ¿no nos lleva a los riesgos de neutralizar las contradicciones inherentes a la complejidad cultural? ¿No nos conducirá a caer en metaforizaciones similares sobre las que advierte Cornejo-Polar para las nociones de mestizaje y transculturación?[18]

Quienes ingresamos al trabajo intelectual en el campo propio de los setenta, no podemos menos que señalar, no sin cierta angustia, los riesgos de las nuevas utopías. Ello no implica postular el fin de una búsqueda que se erige en el objeto de deseo de muchas generaciones. Al contrario, se trata de acompañar críticamente los actuales recorridos.

Notas

[1] Todos los destacados en las citas textuales son míos, salvo advertencia en contrario.

[2] El mito del progreso tal como se propone en el *Fausto* es una prescripción de ideología moderna, según el cual las sociedades deben "crecer" económicamente para ser exitosas. El valor monetario es el que rige todos los otros sistemas de valores que quedan sometidos a aquél. Parece indudable que este fin de siglo ha llevado a su punto culminante este orden social según el cual todas las producciones se miden con la vara del *ranking*: el desplazamiento de este término desde los medios de

comunicación hasta los sistemas académicos, si bien es subrepticio no deja de ser altamente efectivo (véanse las mediciones de "calidad" propuestas por las políticas universitarias de tipo eminentemente cuantitativo).

[3] Un número significativo de intelectuales propuso alternativas a la hegemonía del conocimiento convalidada por los aparatos académicos generando y/o apoyando políticas culturales de resistencia. Así, en el área de los estudios literarios, junto a Fernández Retamar podemos mencionar a Ángel Rama y Antonio Cornejo-Polar; en antropología filosófica, Rodolfo Kush, Arturo Roig, Enrique Dussel; en antropología social Fernando Ortiz y Adolfo Colombres; en historiografía, José Luis Romero.

[4] Los dos primeros están incluidos en *Para una teoría de la literatura hispanoamericana* (35-73), cuya primera edición en La Habana es de 1975, reeditada en 1984; hay otras ediciones totales o parciales de estos artículos. El tercero se incluye en *Para el perfil definitivo del hombre* (360-79), libro en el que se reproduce también "Algunos problemas teóricos ..." (190-221).

[5] Hay acá una cuestión fundamental que es necesario considerar: el rechazo a toda forma de idealismo ya sea que provenga de concepciones "burguesas" o de ciertas formas del marxismo. En el prólogo a la edición italiana de *Calibán* (1974) manifestaba: "[...] Mientras especulativamente florecen exégetas del joven Marx, neomarxistas, marxólogos, marxógrafos, marxianos, en un despliegue multicolor de alas de guacamayo, la dura praxis de las revoluciones concretas es vista con el desagrado que a todo platónico merece lo real" (Reproducido en la revista *Crisis* 18 (octubre 1974): 66-67.

[6] Un poco antes, Alejo Carpentier —en deuda directa con Jean Paul Sartre— construía para la literatura latinoamericana su teoría de los contextos y no demasiado lejos, Lezama Lima perfilaba un criterio de periodización desde el trazado de "las eras imaginarias."

[7] Es importante destacar el "contrapeso" ejercido por la labor incansable realizada desde Cuba por Desiderio Navarro y su Revista *Criterios* que sigue acercando a través de sus traducciones las propuestas teóricas del este.

[8] Están también los latinoamericanistas europeos como Françoise Perus, Eric Larsen, Martín Lienhardt entre otros, que comparten el lugar de enunciación.

[9] Retomaré esta discusión más adelante.

[10] Las secuelas de tal hegemonía siguen vigentes. Además de las limitaciones de orden económico, ¿qué otra cosa que un enorme complejo de inferioridad hace que un gran número de estudiosos latinoamericanos se llame a silencio? O, a la inversa, ¿por qué los avances que se realizan en este lado de América no encuentran eco en las academias centrales salvo que sus productores sean también sus miembros?

[11] *Calibán* fue publicado originalmente por Casa de las Américas en 1971; "Algunos usos de civilización y barbarie" apareció por primera vez en 1977; las críticas a las categorías con las que se sostienen las denominaciones dadas a los países colonizados por los "subdesarrollantes" se proponen en *Ensayo de otro mundo* (1968); los análisis sobre la cultura occidental se encuentran en *Nuestra América y Occidente* (1976).

[12] Se trata, sin duda, de una noción que está siendo resemantizada en las distintas disciplinas sociales. También la antropología, tomándola de la

ecología, considera que "La frontera es, casi por definición, lo que los ecólogos llaman un ecotono, una combinación de las características de dos sistemas diferentes [...] Podemos decir que la frontera es una especie de ecotono cultural. Como en un ecotono, no debería ser considerada una línea de división como normalmente ha sucedido, sino al revés: la frontera es una línea de unión, una simbiosis. En la frontera generalmente pasan cosas marginales a lo que sucede en los [...] sistemas 'centrales', pero eso no quiere decir que los separe sino que los une" (Reboratti 421).

[13] En estas citas los destacados son del autor; entiendo que, en la última cita, más allá de testar el extranjerismo son significantes de /ironía/.

[14] Me permito citar acá algunas líneas de Mignolo que me hiciera llegar por e-mail en respuesta a una pregunta mía sobre la abarcación de su neologismo "bilanguaging-love" (13-02-99).

[15] Acá sería válido analizar si esta situación de rechazo (que a veces llega hasta la marginalidad) no reproduce también, de manera más sutil pero igualmente efectiva, el exilio de los años '70.

[16] Sobre este aspecto de la cuestión ver Hernán Vidal, quien comparte, significativamente, la idea de la práctica literaria como uno de los "derechos humanos" con Antonio Cándido, quien manifiesta: "[...] aquí entra el problema de los derechos humanos [...] porque pensar en los derechos humanos implica un presupuesto: el de reconocer que aquello que consideramos indispensable para nosotros también lo es para el prójimo [...]" (152). Para Vidal se trata de una distribución inequitativa del derecho a pensar y conceptualizar en la propia lengua.

[17] Se reproduce en el campo de la producción intelectual el modelo de la producción material: se exporta materia prima que se reimporta elaborada a alto precio porque trae el plus del sello "made in..." garantía de estatus para las clases en búsqueda de ascenso. Mucha de esa mercancía es de segunda clase o aún de desecho pero sigue siendo sobrevaluada (económicamente) porque es sobrevalorada (culturalmente).

[18] Al respecto de "mestizaje" explicita: "pese a su tradición y prestigio, es el que falsifica de manera más drástica la condición de nuestra cultura y literatura. En efecto, lo que hace es ofrecer imágenes armónicas de lo que obviamente es desgajado y beligerante, proponiendo figuraciones que en el fondo sólo son pertinentes a quienes conviene imaginar nuestras sociedades como tersos y nada conflictivos espacios de convivencia [...]" (341). Y sobre "transculturación": "[...] bien puede ser el emblema mayor de la falaz armonía en la que habría concluido un proceso múltiple de mixturación [...]" (341).

Bibliografía

Bueno, Raúl. *Escribir en Hispanoamérica. Ensayos sobre teoría y crítica literaria.* Lima-Pittsburgh: Latinoamericana Ed., 1991.

Cándido, Antonio. "El derecho a la literatura". *Ensayos y comentarios.* México/São Paulo: F.C.E y UNICAMP, 1995. 149-73.

Cornejo-Polar, Antonio. "Mestizaje e hibridez: los riesgos de las metáforas. Apuntes". *Revista Iberoamericana* LXIII/180 (julio-septiembre 1997): 341-344.

Fernández Retamar, Roberto. [1972]. *Para una teoría de la literatura latinoamericana.* La Habana: Ed. Pueblo y Educación, 1975.

____ *Para el perfil definitivo del hombre.* La Habana: Ed. Letras Cubanas, 1995.

Franco Carvalhal, Tania. "Comunidades interliterárias e relaçoes entre literaturas de fronteira". *Identidade e Representação.* Raúl Antelo, coord. Florianópolis: Universidade Federale de Santa Catarina, 1991.

Kaliman, Ricardo. "What Is Interesting in Latin American Studies". *Journal of Latin American Cultural Studies* 7/2 (1998): 261-72.

____ "Un marco (no 'global') para el estudio de regiones culturales". Trabajo leído en el XXXII Congreso de LASA, Washington, 1998.

Larsen, Neil. "La teoría crítica brasileña y la cuestión de los 'Cultural Studies'". *Revista de Crítica Literaria Latinoamericana* 40 (1994):155-64.

Melo Miranda, Wander. "Pos-modernidade e Tradição Cultural". *O Discurso Critico na America Latina.* Tania Franco Carvalhal, coord. Porto Alegre: UNISINOS, 1996. 13-21.

Mignolo, Walter. "Teorizar a través de fronteras culturales". *Revista de Crítica Literaria Latinoamericana* 33 (1991): 103-112.

____ "Bi-languaging-Love: National Identifications and Cultures of Scholarship in a Transnational World". *Text and Nation: Cross-Disciplinary Essays on Cultural and National Identities.* Peter C. Pfeiffer y Laura García Moreno, eds. South Carolina: Camdem House, 1996. 123-42.

____ "Posoccidentalismo: las epistemologías fronterizas y el dilema de los estudios (latinoamericanos) de áreas". *Revista Iberoamericana* LXII/176-177 (julio-diciembre, 1996): 679-96.

____ "Globalization, Civilization Processes and the Relocation of Languages and Cultures". *The Cultures of Globalization.* Jameson y M. Mihoshi, eds. Durham: Duke University Press, 1998. 32-54.

Palermo, Zulma. "Problemas en la construcción de las literaturas latinoamericanas". *Memorias JALLA.* La Paz: Ed. Plural, 1994. 577-86.

____ "El presente de la crítica literaria en América Latina". *O Discurso Critico na America Latina.* Tania Franco Carvalhal, coord. Porto Alegre: UNISINOS, 1996. 23-30.

____ "América Latina entre posmodernidad y poscolonialismo". *Memorias JALLA II.* Tucumán: Universidad Nacional de Tucumán,1997. 151-60.

____ "Semiótica del vacío y de la espera", a publicarse en *Dispositio,* 2° sem. 1999.

Rama, Ángel. "La ciudad letrada". *America Latina, Palavra, Cultura e Literatura* Vol. I. Ana Pizarro, comp. São Paulo: Ed del Memorial,1991. 565-88.

Reboratti, Carlos. "Comentario". *Revista Andes.* Universidad Nacional de Salta: CEPHIA, 1995.

Vidal, Hernán. "Los derechos humanos, hermenéutica para la crítica literaria y los estudios culturales latinoamericanistas: informe de una experiencia". *Revista Iberoamericana* LXII/176-177 (julio-diciembre, 1997): 719-29.

Zavala, Lauro. "Hacia una teoría dialógica de la liminalidad cultural". *Diálogos y fronteras. El pensamiento de M. Bajtín en el mundo contemporáneo: textos presentados en el Quinto Encuentro Mijaíl Bajtín, Manchester 1991.* Alvarado y Zavala, comp. Puebla: UNAM Xoximilco, 1991. 147-68.

Zimmerman, Marc. "Barajando las cartas de nuevo en el nuevo mundo: una meditación sobre los apuntes andinistas de Mignolo". *Memorias JALLA II.* Tucumán: Universidad Nacional de Tucumán, 1997. 184-202.

Arielismo o Canibalismo — Diálogo Norte, Centro, Sur Estudios Marxistas, Estudios Poscoloniales Subalternos

Ileana Rodríguez

> Es imposible asignar con propiedad a qué familia humana pertenecemos [...]. Nacidos todos del seno de una misma madre, nuestros padres, diferentes en origen y en sangre, son extranjeros, y todos difieren visiblemente en la epidermis; esta desemejanza, trae un reato de la mayor trascendencia.
> Fernández Retamar, *Calibán* (citando a Bolívar)

¿Será verdaderamente imposible, como dice Bolívar, saber con propiedad a qué familia humana pertenecemos? ¿O será más bien el problema el de reconocer la familia humana a la cual hemos sido asignados? Si se trata no sólo de reconocer sino más bien de aceptar, de asumir las identidades genéticas junto a sus fondos bibliográficos de negatividad, este fin de siglo se caracterizaría más bien por reconocer y legitimar el lado materno del mestizaje. Esto es, relevar en lo mestizo y *creole* lo indio y lo negro sobre lo blanco, lo ilegítimo y subalternizado por sobre lo legitimado. Con esta inversión de una epistemología, que secularmente ha considerado estos dos polos como lo positivo y lo negativo de una identidad, se transita de un cuerpo bibliográfico a otro; del discurso de los pactos tácticos inter-étnicos temporales, vanguardizados por los criollos durante las luchas de independencia (e incluso prolongados en las revoluciones socialistas, que también subordinaron lo étnico a los presupuestos de la modernidad), a la formación de un discurso poscolonialista subalterno que incluye las categorías de etnias y de géneros como principios ordenadores de los nuevos corpus socio-bibliográficos. Bastante habrán de dialogar Norte y Sur respecto al entendimiento de racismos y discriminaciones para llegar a la aceptación, finalmente, que nosotros, todos latinos y latinoamericanos, somos percibidos por la cultura dominante como Calibanes.

Dentro de esta tendencia a redefinir y a revisar, quiero destacar la figura de Roberto Fernández Retamar y concentrarme particularmente en su texto *Calibán. Apuntes sobre la cultura en nuestra América*, porque este ensayo sirve de puente, por un lado, a la relación entre estudios marxistas y estudios postcolonialistas subalternistas, y por el otro, a las literaturas latinoamericanas y latinas producidas en los Estados Unidos. Voy aquí de una vez a acotar la trascendencia de esos textos que sirven de puente entre momentos bibliográficos en virtud de la capacidad de su visión y espíritu democrático. Podemos decir, en las mismas palabras de Retamar en homenaje al texto de "Nuestra América Mestiza" de José Martí, que el lugar suyo, como el de su maestro, es la incondicional apuesta al futuro. Creo que su breve ensayo *Calibán* ha aprendido bien una lección que nos lega y que ahora nos sirve para salvar ese *non-sequitur* cultural que escinde las culturas del norte, del sur y del centro de América. El texto de Retamar remacha que la comunalidad no es asunto de geografías ni físicas, ni políticas, sino de posiciones de sujeto y sensibilidades democráticas. Así se entiende un pensamiento que afirma que "Nuestro símbolo no es pues Ariel, como pensó Rodó, sino Calibán" [...](30). Que nuestra historia, no es otra "sino la cultura de Calibán" (31) y que

> [A]sumir nuestra condición de Calibán implica repensar nuestra historia desde el *otro* lado, desde el *otro* protagonista. El *otro* protagonista de *La tempestad* [...]no es por supuesto Ariel, sino Próspero. No hay verdadera polaridad Ariel-Calibán: ambos son siervos en manos de Próspero, el hechicero extranjero. Sólo que Calibán es el rudo e inconquistable dueño de la isla, mientras que Ariel, criatura aérea, aunque hijo también de la isla, es en ella, como vieron Ponce y Césaire, el intelectual. (35)

Es clara en esta cita la convergencia de los pensamientos subalternistas y marxistas anti-colonialistas, poscolonialistas en su énfasis de peinar fino en reversa y ver desde el envés de la trama. En la versión latino/a(mericana), mientras Calibán es el ícono que representa al pueblo y su cultura negada, Ariel es el intelectual que, en la condición poscolonial, viene a tomar el lugar de las élites, que eligen su articulación con el enemigo que es Próspero. En la versión europea, la tesis de Retamar es que Caníbal será la visión del indígena o nativo de la derecha de la burguesía europea; el arauaco, una hipótesis de trabajo de la izquierda de esa misma burguesía. Cómo se compaginarían esas dos visiones antitéticas y qué invierten la una y la otra es lo que Retamar va a dejar desconectado. Ariel, para él, seguirá siendo la imagen del colaboracionista, pensamiento que recoge la tradición latino/a en Estados Unidos. Esta es la tesis que desarrolla y en la cual va localizando a los sujetos intelectuales en lo que Foucault, en *Remarks on Marx*, llama "conocimiento situacional". Y aun si Retamar trata de matizar la situacionalidad de Rodó, y su idea de Ariel, citando la autoridad de Mario Benedetti, que hace la salvedad que Rodó no era un hombre del siglo XX, y que a pesar de "sus carencias, omisiones e ingenuidades" su visión sobre lo yanqui, "rigurosamente ubicada en su contexto histórico, fue en su momento la primera plataforma de lanzamiento para otros planteos posteriores, menos ingenuos, mejor informados, más previsores" (31), lo llama "el colonial Rodó, quien por supuesto sabía de memoria" la obra del antidemocrático Renán" (24). Y a pocos trata Retamar en su texto peor que a Renan.

No debo dejar pasar por alto en este trabajo que desea enfocar lo étnico como categoría de análisis cultural, que en el fondo se encuentra como referente otro texto de Retamar, "Para una teoría de la literatura hispanoamericana", que fue fundamental para mi generación, y el cual podría también servir el mismo propósito de reunión señalado arriba. Ese otro ensayo llama la atención sobre el problema de las bibliografías este/oeste, y los modelos de pensamientos y tecnologías de lectura y adecuación con los que leemos nuestra cultura, destapando los cuerpos bibliográficos cubiertos por el velo mortuorio de la Guerra Fría y por tanto abriendo el camino hacia lecturas más allá de las tradicionales de Europa del Oeste. Tras la "Cortina de Hierro" se encontraban sugerencias teóricas insospechadas tales como la Escuela de Tartu, Bajtín, entre otros desapercibidos de ese momento. En el fondo de esta escritura también debo advertir está la presencia viva de Roberto, todos los encuentros, todas las historias compartidas sin excepción, su atractiva voz de barítono, la palabra hablada en cuentos y anécdotas, la experiencia del trabajo diario, el Instituto de Estudios José Martí y Casa de las Américas, La Habana.

El *Calibán* de Retamar no está solo. Le acompañan todos sus ancestros en una genealogía del concepto que es uno de los méritos de este ensayo, empezando por el primer texto europeo de definiciones continentales, el texto de Colón, y terminando con los del Che Guevara. En esta genealogía quiero destacar, a propósito de vínculos entre las literaturas latinas del norte y del sur, primero la direccionalidad de la genealogía que va marcando la convergencia entre el nombre de Calibán, como concepto derogatorio, y el de pueblo, que más tarde Coco Fusco llevará de la mano de ese lugar hacia el centro de la tematización de las etnias, estirando el concepto a sus límites al matizarlo con la idea de lo masculino/femenino del género. De esta manera, un Calibán posmodernizado por los latino/as en Estados Unidos queda ligado tanto a los estereotipos racistas vigentes hoy transcontinentalmente como al debate entre multiculturalistas y postcolonialistas subalternistas. Y en este punto es donde yo quiero desembocar. También quiero prestar atención al concepto de mestizaje, tan debatido hoy, que una vez más vincula los estudios latino/as del norte y del sur, sobre todo en un trabajo tan fundacional como el de Gloria Anzaldúa. Implícita a veces y explícitamente otras, los intelectuales y sus políticas de producción de cultura ocupan los lugares de Calibán y Ariel. El viejo problema de derechas e izquierdas es trasvasado ahora a democracias y anti-democracias, a ciudadanías y a derechos humanos. Si Calibán viene a ser representado en la literatura latina de este momento como "los monstruos en la jaula", el otro viene a ser la figura del Tío Taco.

Calibán y Ariel

> Entendió también que lejos de allí había hombres de un ojo, y otros con hocicos de perros, que comían los hombres (Retamar, citando a Colón 13). [...] Esta imagen del caribe/caníbal contrasta con la otra imagen del hombre americano [...] la del arahuaco taíno [...] a quien presenta como pacífico, manso, incluso temeroso y cobarde. (Retamar, *Calibán* 14)

Partiendo del texto de Retamar, yo he reordenado la genealogía del tópico en cuatro momentos que trazan la trayectoria de estos dos estereotipos. El primer momento se refiere al discurso de encuentros y confrontaciones entre europeos y amerindios que da lugar a la polarización de la percepción de los amerindios en dos tipos opuestos, Calibán y Ariel. El segundo momento es romántico, comprendido en teorías del excepcionalismo, en las cuales los nombres de los gobernantes amerindios se elitizan y vienen a representar la totalidad de las comunidades indígenas subalternizadas—Atahualpa, Cuauhtemoc, Tupác Amarú, Tecúm Umán. Ellos vienen a resaltar la idea del noble salvaje (élite-Ariel) y a hipostatizarlo con el rebelde indígena (pueblo-Calibán), puesto en función como portaestandarte e ícono de la lucha entre blancos criollos y peninsulares por la independencia. El tercer momento es el positivista, que revitaliza a Calibán y explora las posibilidades de construir a "la gente", concebida étnicamente (indios, mestizos, mulatos, castas...), como la división entre civilización y barbarie, que tanto va a determinar las tensiones entre formas de ciudadanías y gobiernos en las nuevas repúblicas latinoamericanas (Ramos). En este momento, el lugar ideal de estas etnias es la reserva, la frontera, o bien la desculturación total e incluso el etnocidio. Simbólicamente vienen a ocupar el lugar del lastre del desarrollo, peones mal pagados o sirvientes. El cuarto momento viene a debatir cuestiones relativas a la migrancia, vagancia, extrañeza y criminalidad, compartimientos conceptuales en los que se encierran las etnias dentro de los proyectos de la globalización.

Yo sostengo aquí que en este último punto convergen y se apoyan dos tipos de criminalizaciones, la de los rebeldes de allá y la de los rebeldes de acá. Este es el momento que me interesa subrayar porque me parece que en él se cierra un circuito en el cual la lucha entre las figuras de Ariel y Calibán se vuelve a poner en vigencia para apoyar políticas poblacionales racistas asentadas en el prestigio de lo que ya es cultura universal —esto es, la consensualidad tácita de la percepción del enemigo dentro y fuera de las territorialidades. Y, dicho sea de paso, así como Retamar distingue a los pensadores de izquierda y de derecha, así podríamos argumentar que la circulación abierta de los estereotipos racistas de derecha tiene que ver con los períodos de derechización en los cuales no se censura, sino más bien se promueve, la circulación de la negatividad como políticas públicas. Aquí reside no sólo una de las posibilidades sino incluso una de las urgencias del diálogo Norte/Sur.

Lo que está sobre el tapete es la disección pormenorizada de los seres humanos por la alta cultura. Retamar da ejemplos de los intelectuales como Bartolomé de Las Casas, Montaigne, William Shakespeare, Ernest Renan, Jean Ghéhenno, Paul Groussac, Joaquín de Sousa Andrade, José Verissimo, José Enrique Rodó, Aníbal Ponce, Franz Fanon, Aimé Césaire, George Lamming y Edward Brathwaite, y va situándolos a partir de la imagen que ellos promueven de Calibán — si positiva, demócratas, si negativa anti-democráticos. Esta percepción de la figura de Calibán y su reentramado responde a contextos, por ejemplo, Renan responde negativamente a la Comuna de París, Brathwaite positivamente a la Revolución Cubana. Así se van reforzando las tradiciones popular-democrática o antidemocráticas y poniendo en su sitio a cada uno de los intelectuales mencionados en su carácter de aliado "a" o identificado "con" los rebeldes o enemigos de ellos. Esta posicionalidad trae a colación el concepto de cultura y de lo nuestro. Pues al pronunciarse el intelectual como Ariel o Calibán lo nuestro viene a significar o lo europeo o lo americano canibalizado. Fernández Retamar cita las palabras de Aníbal Ponce de "Ariel o la agonía de una obstinada ilusión", para quien Ariel es "el intelectual, atado de modo menos pesado y rudo que el de Calibán, pero al servicio también de Próspero" (*Calibán* 25). El término caníbal es "la característica versión degradada que ofrece el colonizador del hombre al que coloniza" (16). Ariel, la idea modernizada por O Mannoni de aquél que sufre el Complejo de Próspero, el colonizado que quiere desesperadamente ocupar el lugar del colonizador, el que mantiene la ilusión de igualdad que manifiesta en un "conjunto de disposiciones neuróticas inconscientes" (26), idea que Fanon retoma para oponer y que Lamming llama la maldición del lenguaje que "es la prisión misma en la cual los logros de Calibán serán realizados y restringidos" (27).

> El arte de la actuación en el Oeste no comenzó con los "eventos" Dadaístas. Desde los más tempranos días de la "conquista" "muestras aborígenes" de gentes de África, Asia, y las Américas fueron traídas a Europa para su contemplación estética, análisis científico, y entretenimiento [...] ["los salvajes"] eran exhibidos en tabernas, teatros, jardines, museos, zoológicos, circos, ferias mundiales europeas y en las exhibiciones de monstruos de Estados Unidos. (Fusco 41)

Hoy, como ayer, lo que está en juego es determinar el tipo de condición humana o animal encarnada en lo étnico, la criminalización de las poblaciones en su imagen canibalesca, o la afirmación de sus derechos ciudadanos, "green (pink) card", que les faculta la entrada en la modernidad, y asegura su permanencia en el circuito que define la razón ilustrada. Para los estudiosos posmodernos del clasicismo como Agustín Bartra, Hayden White, Page DuBois, Anthony Padgen, queda claro que el modelo de animalidad viene de los griegos. Dubois argumenta que en Grecia, amazonas y centauros no son criaturas míticas sino conceptos liminares entre lo animal y lo humano, criaturas híbridas monstruosas, alternativas asimétricas y sobre-masculinizadas de la norma que hacen posible el pensamiento de fronteras de todo tipo (véase Bartra, White, Padgen). Sus atributos, la lujuria, la borrachera, no sólo los emparentan con los sátiros, sino que corresponden a cierta noción griega de masculinidad sobresaturada inaceptable. Los centauros no tienen vida doméstica y no se reproducen, no tienen género femenino. Su lado opuesto son las amazonas, híbridos masculino/femeninos también, seres incapaces de vida doméstica y menos de cohabitar con hombres, a quienes sólo utilizan para la reproducción. Son a la vez promiscuas, seductoras y virginales. Amazonas y centauros son los recipientes de la hostilidad en la cultura griega.

Un aspecto que no se somete a consideración en estos estudios es lo étnico. La tesis de Du Bois, como la de Padgen, es que los griegos tenían un sistema de diferenciación más sofisticado, basado en la lengua, que distinguía a helenos de bárbaros, a aquellos que hablaban de los que balbuceaban. Con el desarrollo de la polis y su política de discusión en asambleas, el uso de la lengua junto con el poder hereditario que ejerce presión sobre la comunidad, la distinción entre los de dentro y los de fuera vino a ser institucionalizada. Dice Du Bois:

> La discusión tenía lugar en el ágora, en una lengua común que unía la ciudad con otras ciudades como ella, cuyos ciudadanos se encontraban en los juegos y oráculos. Y dentro de esas ciudades, los ciudadanos se comprometían en intercambios

> maritales restringidos. [...] Mostrar la diferencia ocurre en el agón, la lucha, la batalla, lo mismo que la semejanza se manifiesta en compartir las mujeres, en la institución del matrimonio entre griegos. (79)[1]

En esta exposición se pueden reconocer modelos de pensamiento y hasta léxicos con los que se articulan las diferencias entre europeos y amerindios y cómo éstas perviven en las descripciones de la criminalidad moderna, depositada en los inmigrantes, sobre todo en la tematización de sus comportamientos, la sexualidad, que presta cuerpo teórico a todo lo relativo a la vagancia, migrancia y rareza. Aun si aquí se coloca al frente la mitología de los griegos, las historias del salvaje y lo salvaje serán reforzadas por la religión, la lingüística, la antropología, la etnología y el arte y la historia. Este cuerpo bibliográfico da constancia de la dificultad de la aceptación de tipos humanos diferentes a los ya aceptados por los europeos. Para Retamar, esa dificultad es la que constituye el arsenal ideológico que, en "[e]l Caribe [...]dará el caníbal, el antropófago, el hombre bestial situado irremediablemente al margen de la civilización, a quien es menester combatir a sangre y fuego (*Calibán* 14).

Este legado imperial será retomado por la tradición democrática latino/a en Estados Unidos, que invierte los valores y acentúa lo negativo en la figura de Ariel, cuya genealogía anónima incluye no sólo al Uncle Tom, Tío Taco, Coconut, cotidiano, sino que se proyecta más allá también hacia las mujeres ilustres como Pocahontas y Malinche para significar la colaboración con el enemigo. Lo fundamental en esta discusión para Retamar, como lo es para muchos de los latino/as que retoman este tema ahora, es subrayar la distinción entre el que se entrega y es exterminado y el rebelde que pelea hasta el final. Es decir, se trata, en resumen, de distinguir las culturas de la colaboración de las de la resistencia.

El punto de partida de los estudios postcoloniales subalternistas

> Buscamos una vía estratégicamente efectiva para examinar los límites del "feliz multiculturalismo" que reinaba en las instituciones culturales. [. . .] Nuestra jaula vino a ser la metáfora de nuestra condición, ligando el racismo implícito en los paradigmas etnográficos del descubrimiento con la exotización retórica del multiculturalista "pulso del mundo" [...] Nuestro plan era vivir en una jaula de oro durante tres días, presentándonos como amerindios no descubiertos de una isla del Golfo de México que había sido descuidada por los europeos durante cinco siglos. (Fusco 39)

En los estudios postcoloniales, el punto de partida no es político sino hermenéutico. Peter Hulme, por ejemplo, empieza por averiguar el significado de la palabra caribe y luego traza su metamorfosis a la palabra "caníbal" que significa "hombre salvaje comehombres". Mientras a Fernández Retamar le interesa documentar cómo esta designación vino a significar "pueblo", y cómo sus enunciadores se colocan del lado de los derechos humanos o no, de las filosofías de la pasividad o de la acción, a Hulme le interesa el problema de la traducción de las culturas. Las dos metodologías de trabajo son opuestas; mientras la una trata de probar el argumento por acumulación; la otra trata de hacerlo por medio de la desconstrucción que deja el lugar del concepto vacante. Más adelante volveré a las posicionalidades de los intelectuales. Por ahora me interesa retomar dos momentos en Hulme. El primero es aquel en el que se pregunta cómo hablaban los arauacos de los no-arauacos y, como corolario, dado que no compartían el mismo idioma, cómo entendió Colón y sus correligionarios lo que los arauacos decían. ¿Qué tipo de signos interpretaron? El segundo momento es cómo los textos de los 50, tales como el *Handbook of South American Indians* retoma este mismo momento y lo recicla acríticamente.

El presupuesto de Hulme es que Colón leyó miedo en las caras de los interpelados y lo asoció con los fonemas que oyó como "caribe" (que a su vez convenientemente interpretó como los habitantes del Gran Khan). Así, dice Hulme, la polarización del "nativo" se estableció desde el principio, y en ella, un gentil arauaco (base de la historia de Ariel como la colaboración) y un fiero caribe (base de la historia de Calibán como lo rebelde) tomaron sus lugares fundacionales en la escritura de Occidente. A partir de esta actuación, un dedo que apunta, una cara con miedo, estos caribes ausentes vienen a ser la representación del "enemigo", el signo que se llena de todas sus connotaciones — guerreros, conquistadores, exterminadores, raptores y, por último, hombres comehombres, caníbales. Muchas de estas imágenes, que se encarnan a partir de los atributos señalados arriba a los centauros, constituyen hoy los componentes de la animalización de la gente, que una vez filtrados por los estudios cristianos se trasmutarán en "demonizaciones" aplicadas con esmero especialmente a todo líder rebelde, desde Calibán hasta Fidel Castro o Saddam Hussein pasando por Jerónimo, Cuauhtémoc, Joaquín Murieta, Malcolm X.

Una corporalidad centauresca hipermasculinizada, ligada a un color oscuro, ojos y pelo negro, a un balbuceo ininteligible, colocado sobre un fondo de apreciación primordialista, que acentúa el poder de los sentidos sobre el de la razón y el de los derechos de la "tribu" sobre los de la comunidad civil global, representan una clara amenaza a todo lo establecido. Pero, toda esta construcción, según Hulme, es un acto de prestidigitación. Los fieros caribes fueron seres imaginarios, adivinados por Colón en los gestos y fonemas arauacos. Este imaginario, sin embargo, bien sirve más tarde a los colonizadores para poner las cosas al revés y transformar todo acto de defensa amerindia en agresión y todo acto europeo en legislación.

Quinientos años más tarde, durante la época de la Guerra Fría, estos mismos fieros caribes vuelven a aparecer en la literatura de los años cincuenta. Hulme cita a J.H. Parry y a P. M. Sherlock que dicen lo siguiente:

> Los arauacos [...] eran gente amable y de paz. [...] Pero en la isla más oriental, Puerto Rico, ya sufrían de las redadas de una gente intrusa mucho más guerrera a quiénes los españoles dieron el nombre de caribes. Caribe significa caníbal; y el canibalismo [...] era una de las características de estos invasores que venían en canoas y que iban hacia el norte por la línea de las Antillas Menores y esclavizaban o destruían a los primeros habitantes en su camino. (Hulme 48)

Para los estudios poscoloniales, esta repetición hace patente que los puntos de vista y definiciones producidas hace más de cinco siglos circulan a pie juntillas hoy y así desmienten cualquier otro tipo de evidencias que demuestre lo contrario. También prueba cómo se solidifican los estereotipos a través de combinaciones y repeticiones de atributos fijos, consensualidades hegemónicas de las cuales se sustrae toda especificidad local y en las cuales la agencia externa es puesta entre paréntesis o totalmente borrada. Así, los estereotipos se predican no solo sobre las bases de una genética históricamente intrascendible y una combinatoria de atributos en los que confluyen toda la negatividad con la que se configuran las subalternidades (hostilidad, violencia, irracionalidad, carencia de juicio, falta de capacidad para discriminar información falsa y verdadera, truculencia y revancha). Se predican también, como lo vemos en el *Calibán* de Retamar, a partir de las imágenes, historiografías y genealogía de la alta cultura occidental que los remacha y sustenta a perpetuidad. O bien de la baja cultura de masas, apoyada en la anterior que hoy por hoy los irradia globalmente. Basta escuchar el noticiero de la tarde en las cadenas globales para constatar hoy, en la figura de Hussein, o en la de robos y asaltos, la vigencia de este pensamiento de antaño que calcifica al enemigo y lo hace perdurable en el estereotipo.

Se puede argumentar que el trabajo de Retamar consiste en repasar la diégesis de esta cultura creadora de estereotipos hasta hacerla desembocar en los fascismos y las revoluciones; mientras el trabajo de Hulme, como postcolonialista, trata de vaciar el concepto de todos sus significados y mostrar la artificialidad y falta de precisión en su construcción. Ambos restan prestigio y veracidad a la imagen. En lo que respecta al conocimiento, en el área de la alta cultura que recorre a placer Retamar, y en el área de las otras disciplinas, como la historia y la etnología aquí revisadas por Hulme, el interrogante original concierne al universo intelectual y académico reproductor y lo que tratan de describir en términos humanos y geográficos. En esta comparación, el estudiante del Centro-Caribe de América se sitúa sin vacilaciones en la posición de abogado defensor de las culturas canibalescas; y en el caso del estudiante inglés, en el de fiscal de su propia tradición.

¿Mestizajes?

> Not me sold out my people but they me. *Malinali Tenepat* or *Malintzin*, has become known as la Chingada — the fucked one.[...] the woman who sold out her people to the Spaniards are epithets Chicanos spit out with contempt. The worst kind of betrayal lies in making us believe that the Indian woman in us is the betrayer. We indias and mestizas, police the Indian in us, brutalize and condemn her. Male culture has done a good job on us. Son las costumbres que traicionan. La india en mí es la sombra: la Chingada, *Tlazolteotl*, *Coatlicue*. Son ellas que oímos lamentando a sus hijas perdidas. (Anzaldúa 22)

Pero ya en los mismos años cincuenta de la Guerra Fría, Sol Tax junto con una serie de otros académicos, antropólogos, sociólogos, historiadores, se preguntaba por los contenidos concretos de los conceptos: ¿qué es la cultura indígena? Los científicos sociales reconocían que no podían discernir esencialidades, responder a cuestiones tales como "el núcleo mayor de interés", "la cultura básica de un tipo de indio", "o si las cosas que podemos describir se aplican o no a ciertos tipos de culturas rurales y mestizas. Un número de cosas se aplican a lo mestizo igual que a lo indio" (Tax 66). A veces los grupos se definen tecnológicamente por el tipo de telar usado, otras por el tipo de distribución de la tierra, otras aún por la tecnología empleada en el cultivo de la tierra, o por la participación en el mercado, todo comprendido y predicado dentro de una previa zonificación de las culturas en Bosque Tropical, Andina, Circum-Caribeña, y del Altiplano, que no era suficiente porque en todas esas zonas el lindero entre los mestizos rurales y los indios era difícil de discernir. Este tipo de pregunta, más los matices atribuidos a ella, resultaron en esa circunscripción angosta a geografías minúsculas de los universos a estudiar que constituye la base de la crítica de Néstor García Canclini a la antropología, o en los grandes conjuntos organizados por la sociología, cuyo eje de análisis es la calibración moderna/pre-moderna de lo estudiado. Así, la figura del nativo y su realidad histórica petrificada se vino a poner en tela de juicio.

¿Qué es más indio o menos indio, qué más o menos ladino? Los geógrafos y naturalistas del XIX se hacían exactamente la misma pregunta con exactamente los mismos resultados: la línea divisoria era un significante flotante (Stuart Hall). La vasta gama de material etnográfico hace las categorías inmanejables. Hay demasiadas excepciones a la regla, demasiadas variables y muchas de ellas muy arbitrarias. Y aun si la visión es asaltada por lo híbrido en sus abundantes instancias, la posición calibanesca consiste en tener presente que dentro de lo híbrido, como dentro de lo mestizo, lo que se subraya es lo negativo. De esta manera, cómo distinguir a indios de mestizos es una preocupación sólo de los criollos latinoamericanos. Es claro que, como decía arriba la cita de Bolívar, no se entiende el mestizaje sin el género. Sonia Montecino dice al respecto:

> La barragania es [...] otra vertiente del universo mestizo y de su modo de habitar el mundo. En este caso, la manifestación más clara de la brecha entre el discurso y las prácticas, entre el anhelo del "blanqueamiento" y la realidad del mestizaje [...]. La barraganería es la manifestación más palpable de esta tensión y de su resolución: demuestra la factibilidad de asumir un rostro blanco (la constitución de una familia legítima) y de uno no-blanco (la poligamia, el amancebamiento, la madre soltera, el huacho). Creemos que esta experiencia ha quedado como huella en nuestro ser mestizo, favoreciendo, por ejemplo, valores como "el culto a la apariencia". (48)

En Estados Unidos esta preocupación no existe. Quiero decir que no existe para la cultura dominante, aun si la otra gente de color se preocupa por ello. Me dicen unos historiadores de lo afroamericano que los blancos se sienten seguros porque son mayoría y no necesitan las mezclas para mediar entre los grupos. En Estados Unidos, me enseñaba un estudiante y una colega, uno es blanco o negro, no existe "el café con leche". Pero por si acaso los "blancos" latino/americanos albergan alguna ilusión, la categoría de blanco no está basada sólo en el color de la piel, sino más bien en el reciclamiento del concepto griego de lengua como cultura y pertenencia. En el hablar bien o mal "inglé", como diría Nicolás Guillén. El acento viene a ser el lindero entre blancos y otros — griegos y bárbaros. Ya los intelectuales norteamericanos viajeros del siglo XIX dejaron asentado que donde hay mezcla de razas, la inferior acaba por canibalizar a la superior (véase Squier). En Estados Unidos no hay ni concepto ni deseo de mestizaje. Color y lengua son dos criterios tajantes para establecer la división entre ciudadanos de primera y ciudadanos de última.

No hay pues manera, ni necesidad, de distinguir a indios de mestizos, a negros de mulatos. Durante el momento positivista se discute la noción de trabajo y de propiedad, la de nación, y en Estados Unidos las fronteras indígenas son reducidas y sometidas a la rezonificación del mundo establecida por el panamericanismo. Hay que consolidar las fronteras de la nación Estados Unidos. Un viejo libro como el de Américo Paredes, *With a Pistol in His Hand*, cuenta esta historia de expansión continental como la ofensiva contra los derechos de los latino/americanos. Las poblaciones de los bordes son inscritas dentro de las criminalidades y sólo el folklore recoge la veracidad de su historia. El afincamiento de la noción de blanco se sustenta ahora en la invención de una "tradición científica" contundente, basada en la comprobación de opiniones por medio de conteos. Estos reclasifican la población de América con relación a los diseños imperiales que, entre otras cosas, reubican poblaciones y reorganizan los sistemas de tenencia de la tierra que dan origen a migraciones masivas. En este momento, la categoría de mestizo es un punto que articula la discusión de poblaciones. Esta interrogante decimonónica, que trae a la palestra la noción del mestizaje (posmodernizado en lo híbrido, y "el guión" ahora ya como reconocimientos y aceptaciones), es lo que el pensamiento del diecinueve latinoamericano no puede resolver y, por ende, hace *tabula rasa* de toda diferencia étnica englobada en la categoría de mestizo. Esta idea de lo indiferenciado es la que retoma José Martí en su América mestiza. El mestizo es el tipo central que señala el punto de convergencia, la posibilidad de compromisos políticos e intelectuales, la idea de frentes comunes tácticos. Pero como dice Edward Brathwaite en *Contradictory Omens* de lo *creole*, lo esencial es hacer de lo mestizo la norma.

Vista desde la categoría de género, el mestizaje es una perpetua acusación de la mujer como traidora, la fundadora de lo híbrido — mestizo y creole. El trabajo de Gloria Anzaldúa, *Borderlands/La Frontera* merece gran consideración. Por otro lado, ligar lo étnico a asuntos de género es el fuerte del libro de Montecino quien, citando el trabajo del historiador Gabriel Salazar y dándole el giro hacia el género, nos dice que la imagen de la madre es de doble filo porque, por un lado, la pobreza la obliga a deshacerse de sus hijos, a "amancebarse" y a prostituirse para mantenerlos. Como trabajadora informal, "lavandera, fritanguera o fondista", (55) o prostituta, la madre es la protectora de la familia de huachos. Esa maternidad barragana y amancebada, comparada con la otra, la legítima, carece de sacralidad, y la ausencia del padre puede servir de matriz explicativa del machismo y del racismo nacional tan ocultado en las sociedades latinoamericanas. El bastardo busca legitimarse en lo heroico, que luego se trocará en lo rebelde, lo canibalesco del que se coloca fuera de la ley, "bandido" o insurgente "pugnando por superar su estadio de hijo, asumiéndose como 'macho'":

> La lectura de esta mirada desde el huacho posee varios matices. Uno de ellos es que trae a escena la experiencia colectiva de la ilegitimidad, como hecho fundante de una cosmovisión que otorga a los sujetos una especificidad social [...]. Solo en tanto madre de los vástagos abandonados por el padre, es posible reconocer lo femenino [...]. El destino de la hermana del huacho será la servidumbre [...] y no podemos olvidar que la servidumbre entrañaba en esa época ser objeto sexual del patrón. Así, madre y hermana compartirán un mismo espacio en la psique del hijo: lo femenino como fuerza genésica, arrasadora, cuerpo que siendo seductor (abrasador) está asociado a lo reproductivo más que a lo afectivo, e irrevocablemente anclado en la función maternal. (Montecino 56)

Es claro hoy que toda esta discusión es parte de la elucidación de las modernidades. Durante las primeras confrontaciones, los poscolonialistas argumentan falta de aparato conceptual; durante las últimas, una sobresaturación de datos dispersos. El trabajo interdisciplinario revela la fuerza de una tradición de violencia que se mantiene viva por medio de la reiteración de su legado. Más, si bien el mestizaje es una tabla de salvación a la que acude la inteligencia criolla para atenuar esa violencia, hoy los estudios étnicos y de género han puesto a dicha categoría en la mira, como han puesto la de hibridez, que ven como una especie de multiculturalismo triunfalista y vacío, como concepto que se propone desplazar la definición de lo genético a lo cultural y combinar los hallazgos y metodologías de las ciencias sociales y los estudios culturales para entenderlo. Los problemas de la representación, que vinieron a incidir en los de la identidad, removieron los cimientos de todo esencialismo petrificado y lo trasladaron a la zona de lo imaginario y lo simbólico para repolitizarlo. Mi punto de llegada es que a pesar de los multiculturalismos, el imaginario social en torno a Calibán/Caníbal, es todavía ese miedo en la cara y ese dedo que apunta una imagen invisible, construida por la cultura, que se mantiene vigente en la historia estatal y sirve de base para las políticas estatales, concretamente en los sistemas escolares, zonificaciones urbanas, oportunidades de trabajo o el simple intercambio diario al rentar una casa, encontrarse con un colega y saludarlo, ir de compras a los mercados, obtener becas o promociones en las diferentes estructuras institucionales. Con el patrón de Calibán y Ariel se juzga a las poblaciones migrantes, a los pobres urbanos de color tanto como a los blancos intelectuales de las universidades, todos englobados en lo marginal y extraño de gente de toda clase, blancos o de cualquier otro color, *spiks* que hablan "broken English".

Qué lejos estamos de aquel momento romántico en el cual la utilización de los ritmos diversos de la modernidad producía la utilización de las modernidades periféricas, cuando los indios malos habían perdido toda su fuerza contra-hegemónica y podían ser idealizados en la alta literatura en las figuras fundadoras de los imperios en sus relaciones con la gente, tipos como Friday, Pocahontas, Ariel, Uncle Tom, Oroonoko, Bug Jargal. Qué lejos de las políticas del sentimentalismo que lloraban post-facto y a larga distancia, en la comodidad de su hogar burgués el exterminio de esas poblaciones indígenas o afro-americanas idealizadas — lo que hace muchos años Willy Sypher llamó los reyes cautivos de Guinea, los musulmanes cautivos en las plantaciones de azúcar de las Indias Occidentales, toda una nobleza mal comprendida y envilecida por el tráfico esclavista y la ceguera de los blancos de no poder hacer distinciones entre negros y negros, entre indios e indios. Lo mismo sucede hoy a la inteligencia latinoamericana en Estados Unidos, que no comprende porqué no se hace la distinción entre ellos, usualmente blanquitos del Cono Sur, y la migrancia latino/a de Centroamérica como lo hacen ellos entre los argentinos de la capital y los cabecitas negras de la provincia, entre ellos y los "bolitas" bolivianos. Dentro de la genealogía de los estereotipos, este *impasse* romántico y su recuerdo y vigencia contribuyen a reforzar las imágenes de la servidumbre colaboracionista del intelectual tipo Ariel sobre el cual escribe Retamar y que en Estados Unidos constituyen los Tíos Tom o Tíos Taco.

Tan lejos de lo romántico (quizás la imagen del "nativo" de la izquierda burguesa del que habla Retamar) y tan cerca del tercer momento, del positivismo desarrollista, en que la distinción de y entre amerindios, reducidos ya a sus comunidades de subsistencia, y amerindios mestizos como la invención de ciudadanos de segunda clase era irremediable. Así se solucionaban entonces, como ahora, todas las cuestiones relativas primero a la reconcentración de la tierra en latifundios y haciendas, y segundo, a la consolidación de los estados nacionales a partir de la protección de sus grupos de poder. Así se contribuía a la modernización de Estados Unidos, que necesitaba del panamericanismo para implementar su concepto de fronteras en la frase de "América para los americanos", presupuesto en el que se asientan las economías sifón o de extracción, tanto como las de plantaciones, factorías y agribusiness.

> La ontología —una vez que es admitido que deja la existencia de lado— no nos permite entender el ser del hombre negro. Porque no sólo debe ser el hombre negro negro; tiene que ser negro en relación al hombre blanco. (Fanon 110)

En el momento actual, la línea de argumentación étnico-cultural es la establecida por el debate entre primordialismos y racionalismos como maneras de administrar la migrancia y la vagancia, la criminalidad, y todavía poder echar mano a la imagen de Calibán/Caníbal como la demonización de todo aquello que obstaculice las hegemonías. La religión viene a ser aquí un instrumento de lucha reciclada en la que el cristianismo es la fuerza ideológica que, en cualquiera de sus versiones, mediatiza la relación con los paganos, sean estos como antes mayas o aztecas, y ahora musulmanes. El lenguaje es una vez más la tecnología para implementar la violencia.

Los trabajos de Frantz Fanon, Albert Memi, Aimé Césaire, Fernández Retamar, sirven de base a esta discusión, entendida ya no como mestizaje sino como "negrura". En oposición al mestizaje, la negrura corresponde a lo que sería reconocer al indio en el mestizo. En el movimiento de la negrura, el negro se presenta con todas sus características y demanda su lugar, como el indio empieza a hacerlo ahora. Aquí el trabajo de Coco Fusco, Guillermo Gómez Peña y John Leguizamo entronca con los de Bell Hooks, Cornel West, y Stuart Hall sobre lo étnico reivindicado y sobre su estatuto como significante flotante y no como estereotipo petrificado. Esta es una epistemología que se propone sacar al monstruo de la jaula y colocarlo en el espacio cívico de la cultura y sus intereses en políticas públicas.

La crisis de identidad se resuelve asumiendo lo que uno es culturalmente. Para esto Cornel West recomienda no "permanecer atrapados en el angosto esquema de lo dominante liberal [con su énfasis en la estructura y su negligencia de lo cultural] y conservador [con su énfasis en la cultura y los valores morales en detrimento de la estructura económica] en su visión de la raza en [Estados Unidos], la cual, con su vocabulario gastado nos deja intelectualmente debilitados, moralmente sin poder, y personalmente deprimidos" (4). Como antídoto a este tipo de erosión negativa, recomienda el amor; el amor a uno mismo y el amor a otros y cita la novela *Beloved* de Toni Morrison que dice "Aquí, dijo ella, en este lugar, nosotros carne; carne que llora, ríe; carne que baila con los pies descalzos en la grama. Amala. Amala con fuerza. Más allá no aman nuestra carne. La desprecian" (West 119; mi traducción).

Vuelvo a la pregunta del principio, ¿qué es lo que uno es? ¿A qué familia humana uno pertenece? En una contestación teórica a la pregunta, y tomando como punto de referencia el concepto de "diferencia", eufemismo aceptado académicamente por el de raza, Arjun Appadurai hace la siguiente reflexión. Primero, dice, la virtud del término "diferencia" es su utilidad heurística al marcar los puntos de similitud y contraste "entre todo tipo de categorías, clases, géneros, papeles, grupos, y naciones" (12). La dimensión cultural subraya la idea de diferencia situacional, "diferencia en relación a algo local, encarnado, y significante" (12). Lo segundo es que "al enfatizar la dimensionalidad de la cultura en vez de su substancialidad permite pensar sobre la cultura menos como propiedad de individuos y grupos y más como un artefacto heurístico que podemos usar para hablar sobre diferencias" (13). Lo más importante que Appadurai sugiere es que "veamos como culturales sólo esas diferencias que expresen o establezcan el trabajo de base para la movilización de identidades grupales" (13). De esta manera, la movilización de identidades grupales se coloca en el corazón del adjetivo cultural, una situación que es "a primera vista, retrógrada, pues parece que, incómodamente, acerca la palabra cultura a la idea de etnia" (13). La tercera propuesta es la de que "restrinjamos el término cultura, como término marcado, al subproducto de estas diferencias que han sido movilizadas para articular las fronteras de la diferencia. Como cuestión de guarda-fronteras, la cultura viene a ser un asunto de identidades grupales como constitutivas por alguna diferencia entre otras" (13), o sea sólo como uno de los elementos constitutivos de identidad.

Con el planteamiento de lo canibalesco como este tipo de diferencia, podemos ahora transitar al tema de la elección, a la movilización, a la acción. Poco margen de actuación tiene el Calibán petrificado, pero entre las que tiene es la de asumir su calibanesquidad. Y es aquí donde quiero más concretamente volver mis ojos al trabajo de Coco Fusco titulado "The Other History of Intercultural Performance". El fondo sobre el que se proyecta su debate tiene que ver con la elección que, en el multiculturalismo norteamericano se presenta sólo como una elección para los blancos. Ellos pueden elegir cambiar de cultura, pueden teatralizar las culturas de los otros y llegar al extremo de corporizar las señas de Calibán en tatuajes y perforaciones de piel e "irse a lo nativo". Todos los otros colores no tienen esa elección. En el caso de los blancos, se trata para Fusco de una fetichización posmoderna del intercambio de la propiedad cultural y de una manipulación política de lo híbrido, de la modificación de lo étnico en una celebración de la diversidad que nunca toca la descentralización de la riqueza ni la democratización del poder. Así pues la tensión se produce entre una retórica multiculturalista y una desegregación de la cultura. Es pues una manera de disentir sin pelearse y sin arriesgar nada, un disentir agradable, que no paga ningún precio, y que logra sólo la moda de situarse del lado de la disonancia. La cultura para ella, como para Retamar, Gates, West, y Appadurai es una movilización dentro "de las entrañas del monstruo" y fuera:

> En el Sur, por lo menos doscientos años de celebración ideológica de lo híbrido (principalmente en los discursos del mestizaje) a menudo hace que los intelectuales latinoamericanos rechacen la comprensión binaria de la raza. Los críticos culturales latinoamericanos tienden a insistir en la diferencia histórica de un sistema de clasificación racial más variado, clamando que la clase cuenta más que la raza, que los latinos siempre han tenido una proporción mayor de uniones interraciales y una tradición nacionalista, anticolonialista y progresiva, que es, al menos en teoría, integracionista. [...] Lo que a menudo se deja fuera de esa ecuación son las similitudes entre las legislaciones, las prácticas sociales y las jerarquías segregacionistas del norte y del sur. Lo que también se ocluye es la manipulación política de la hibridez, por las culturas oficiales del siglo XIX latinoamericano, que apoyaban las mezclas (sin legitimar los matrimonios interraciales) como estrategia para disminuir la amenaza del poder político de los negros. Finalmente, en el siglo XX, esta retórica ha sido usada tanto para enmascarar las disparidades económicas racializadas como para alimentar el fuego de la concepción popular de que la negrura es algo que los latinos pueden descartar con la socialización, la mezcla con blancos y los alisamientos de pelo. (Fusco 23-24)

Hay que reconocer y aceptar que "ninguna sociedad multirracial latinoamericana ha eliminado la desigualdad racial" (23). Y hay que reconocer y aceptar que esos mismos prejuicios raciales, amparados en la clasificación de la gente a partir de clases sociales, oscurecen la percepción de uno mismo como Latino/a en los Estados Unidos.

Volvamos ahora a Retamar. Su primera pregunta es que si existe una cultura latinoamericana — tema ontológico que Fanon descalifica porque la ontología descalifica la existencia y la presencia. Pero si existiera una cultura latinoamericana, ¿qué sitio le correspondería? Para contestar la pregunta Retamar pasa revisión a la historia de Calibán en la representación que hacen los intelectuales burgueses europeos de él, y llega a la conclusión de que la cultura ilustrada europea constituye una inversión en el colonialismo. Somos, dice, "eco desfigurado de lo que sucede en otra parte" (7). Copias o borradores. Pero quienes somos esos "somos"? Somos contestan los del Norte greasers, spiks; somos, dicen los del Sur turbas, huachos, cholos, subalternos, mambises.

Somos calibanes o élites. Para los que elegimos situarnos dentro de los primeros, basta recordar las palabras que vienen desde el centro Caribe de América, filtradas por la experiencia latino/a que tanto ha relevado con justicia Julio Ramos en Martí:

> [No se pueden] regir pueblos originales, de composición singular y violenta, con leyes heredadas de cuatro siglos de práctica libre en los Estados Unidos, de diecinueve siglos de monarquía en Francia. Con un derecho de Hamilton no se le para la pechada al potro del llanero. Con una frase de Sieyes no se desestanca la sangre cuajada de la raza india.[...] La universidad europea ha de ceder a la universidad americana.[...] Injértese en nuestras repúblicas el mundo, pero el tronco ha de ser el de nuestras repúblicas. Y calle el pedante vencido; que no hay patria en que pueda tener el hombre más orgullo que en nuestras dolorosas repúblicas americanas. (Retamar, *Calibán* 45-6)

El sesgo postcolonialista subalternista del pensamiento latinoamericano queda claro nos lleva a considerar que nada subalterno nos puede ser indiferente. Retamar habla aquí de conocimientos situacionales, de reconocimientos ligados a la experiencia concreta de lo latinoamericano. Y una de las experiencias que nos lega esta situacionalidad es la del sufrimiento y el aguante, pero también la de la perdurabilidad. Perdurar, sí, pero en la cultura de Calibán, que es, como sostiene Retamar, la cultura de la resistencia.

NOTA

[1] A menos que sea indicado, todas las traducciones son mías: "Discussion took place in the agora, in a common language which bound the city together with other cities like it, whose citizens met at the games, at the oracles. And within those cities, the citizens engaged in increasingly restricted marital exchanges [...] The showing forth of difference occurs in the situation of the agon, the contest, the battle, just as likeness is manifested in the sharing of women, in the institution of marriage among Greeks" (Du Bois 79).

BIBLIOGRAFÍA

Anzaldúa, Gloria. *Borderlands: La Frontera-The New Mestiza.* San Francisco: Aunt Lute, 1987.

Appudarai, Arjun. *Modernity at Large: Cultural Dimensions of Globalization.* Minneapolis/Londres: University of Minnesota Press, 1996.

Bartra, Roger. *El salvaje en el espejo.* México: Era, 1992.

Brathwaite, Kamau. *Contradictory Omens: Cultural Diversity and Integration in the Caribbean*. Mona, Jamaica: Savacou Publications, 1974.

Brodber, Edna. *Perceptions of Caribbean Women. Towards a Documentation of Stereotypes*. Cave Hill, Barbados: University of the West Indies, 1982.

DuBois, Page. *Centaurs and Amazons: Women and the Pre-History of the Great Chain of Being*. Ann Arbor, Michigan: University of Michigan Press, 1982.

Fanon, Frantz. *Black Skin, White Masks*. Nueva York: Grove Press, 1967.

Fernández Retamar, Roberto. *Calibán. Apuntes sobre la cultura en nuestra América*. México: Diógenes, 1971.

____ *Para una teoría de la literatura hispanoamericana*. Bogotá: Instituto Caro y Cuervo, 1995

Foucault, Michel. *Remarks on Marx*. Nueva York: Semiotext(e), 1991.

Fusco, Coco. *English is Broken Here. Notes on Cultural Fusion in the Americas*. Nueva York: The New Press, 1995.

Gates, Henry Louis, Jr. y Cornel West. *The Future of the Race*. Nueva York: Knopf, 1996.

Hall, Stuart. *Race. The Floating Signifier*. Video. Programa de Estudios Culturales. University of Birmingham, 1983.

Hulme, Peter. *Colonial Encounters: Europe and the Native Caribbean, 1492-1797*. Londres y Nueva York: Routledge, 1986.

Mannoni, Dominique O. *Prospero and Caliban; the Psychology of Colonization*. Pamela Powesland, trad. Nueva York: Pratger, 1956.

Montecino, Sonia. *Madres y Huachos. Alegorías del mestizaje chileno*. Santiago de Chile: Editorial Sudamericana, 1996.

Padgen, Anthony. *The Fall of Natural Man. The American Indian and the Origins of Comparative Ethnology*. Cambridge: Cambridge University Press, 1986.

Paredes, Américo. *With a Pistol in His Hand*. Austin: University of Texas Press, 1958.

Ramos, Julio. *Desencuentros de la modernidad en América Latina. Literatura y política en el siglo XIX*. México: Fondo de Cultura Económica, 1989.

Squier, E.G. *The States of Central America; their Geography, Topography, Climate, Population, Resources, Productions, Commerce, Political Organization, Aborigines, Etc., Etc., Comprising Chapters on Honduras, San Salvador, Nicaragua, Costa Rica, Guatemala, Belize, The Bay Islands, The Mosquito Shore, and the Honduras Inter-Oceanic Railway*. Nueva York: Harper & Brothers Publishers, 1858.

Tax, Sol (ed.). *Heritage of Conquest. The Ethnology of Middle America.* Glencoe, Illinois: The Free Press, 1952.

West, Cornel. *Race Matters.* Nueva York: Vintage, 1994.

White, Hayden. "The Forms of Wildness: Archaeology of an Idea". *The Wild Man Within. An Image in Western Thought from the Renaissance to Romanticism.* Edward Dudley y Maximillian E. Novak , eds . Pittsburgh: University of Pittsburgh Press, 1973. 3-38

La mujer América: amor y concepto en la poesía de Roberto Fernández Retamar

Luis Alvarez

1. Introducción

Cuando abordamos el discurso poético de Roberto Fernández Retamar, es casi imposible separar las grandes vertientes por donde fluye la expresión temática de su lírica: los contenidos afectivos y los contenidos conceptuales. Por semejante razón, en el desarrollo del presente trabajo, hemos querido explicitar algunos momentos en que tal intersección es capaz de mostrarnos la huella de un poeta que ha sido sometido a los altibajos del debate político. Sin embargo, esta última condición no ha desmejorado la calidad de su obra, como debe ser la norma en los verdaderos creadores.

Por nuestra parte trataremos de aplicar una formulación metodológica que tome en cuenta la realización del discurso en un momento dado. Como siempre hemos pensado, la funcionalidad del signo artístico no puede desvincularse de la forma. Esto sin llegar a proponer un estudio inmanente del inventario lingüístico del autor, como vehículo para ofrecer una especie de sometimiento de los criterios literarios a los criterios lingüísticos. De la misma manera, la formulación antes dicha no cultivará, en exceso, el impresionismo conceptual que campeó durante mucho tiempo, especialmente durante todo el lapso pre-estructuralista, y que aflora aún en algunos trabajos de la crítica literaria hispanoamericana. Como hemos afirmado también, la forma en que se expresa la producción poética "es producto de la especialización de la gramática de una lengua dada, poseída por el autor a manera de competencia lingüística" (Álvarez, *Gramática del discurso* 21). Por ello, también es inherente decir que "el poeta se expresa con unos patrones verbales que conoce y domina, hasta el nivel de poder o ser capaz de elaborar un signo artístico con una funcionalidad determinada y que retroalimenta sus formas de expresión. Así, se hace más consciente de su gramática y genera posibilidades para un análisis que incorpore a toda una semántica contextual" (*Gramática del discurso* 21). Y, especialmente en el caso que hoy nos ocupa, podremos ver —y así lo recalcaremos— la condición de lingüista que tiene el poeta.

Para la realización del siguiente trabajo hemos estudiado una muestra de su poesía producida después de 1958, contenida en sus obras *A quien pueda interesar* y *Cuaderno paralelo*. En ellas hemos podido encontrar algunas constantes temáticas como son: la recurrencia del tema de "el otro." Otras veces es el tema de la "justicia", como aparece en el poema "Que", de *A quien pueda interesar* que finaliza con una sentencia universal: "Hasta que se repare esa injusticia" (129) que bien podría servir de colofón a cualquiera de los poemas que se inserten dentro de este paradigma. De igual manera, las imágenes de la lucha revolucionaria, que podríamos encontrar en cualquier página del *Cuaderno paralelo*.

Pero, de ese abanico temático, nos hemos detenido en dos temas que hemos considerado fundamentales para abordar una posible caracterización del discurso lírico de Roberto Fernández Retamar. A esas constantes, depositarias de la expresión de diversos contenidos afectivos y de una cosmovisión explícita, las hemos denominado: *amor* y *concepto*. A través de ellas recorreremos la urdimbre presente en unos textos que no poseen los complejos naturales de ciertos poetas que se niegan a plasmar la realidad de su entorno, por temor a ser catalogados como realistas decadentes o como prestados a un cartel. Aunado a esto, tales textos llevan dentro de sí una fuerza poderosa que los hace capaces de ofrecer en eclosión el mensaje hermoso del amor. Éste, en genial intersección con los contenidos conceptuales, hace que tengamos frente a nosotros a un maestro de la palabra.

2. Por los caminos de la forma

Dentro de los aires transformadores de la segunda mitad del siglo XX, nos sorprendió la aparición de un nuevo modo de expresión poética denominado *poesía conversacional*. La paternidad de esta manifestación puede asignársele, a nuestro juicio, al poeta nicaragüense Ernesto Cardenal. A partir de obras suyas como *Gethsemaní, Oración por Marylin Monroe y otros poemas, Epigramas, Hora 0*, se pone de manifiesto una especie de poesía narrativa, caracterizada por la participación de la función poética en el relato de una historia determinada. En esta relación paradigmática nos encontraríamos luego con obras como la del también nicaragüense Leonel Rugama, la del salvadoreño Roque Dalton, los ejemplos de la llamada escritura *Non-sense*, en la que algunos teóricos colocan obras de Jarry, de Queneau, de Joyce y hasta de Cortázar y de Gerardo Diego.

Pues bien, dentro de una poesía que a veces se hace conversacional, pero que en otras oportunidades abandona el relato para convertirse en fiel expresión del mundo afectivo, del mundo sensorial y sobre todo de la cosmovisión, ubicamos nosotros el discurso poético de Fernández Retamar. El análisis que sigue propone una interpretación de su poesía a través de dos tópicos que ya hemos identificado: *amor y concepto.*

3. Una vez más: el amor

Después de la poderosa experiencia del regreso a la patria, superado el deambular obligatorio que la disidencia, en cualquiera de sus manifestaciones, impone a los seres humanos, el autor que hoy nos ocupa siente que se vuelve a consustanciar con su entorno. Los primeros poemas de *A quien pueda interesar*, nos delatan a un hombre deseoso de recorrer todo, porque ese todo le va entregando el mismo ámbito físico que ya conoce, pero incorporado ahora a algo nuevo. Algo que aún no es aprehendido en todo su valor, pero que intuye como propio. Recordemos que nos estamos ubicando en los albores del año 1959. De esta manera, parece decirnos que todos los elementos, desde los inaprehensibles por medios físicos, hasta los más cercanos al coloquio sienten la necesidad de incorporarse a ese espíritu novedoso que inunda a su Cuba natal. Así, la enumeración comienza por la poesía:

> ¿Qué hace la poesía, la piadosa,
> La lenta, renaciendo inesperada
> Torso puro de ayer, cuando los broncos
> Ruidos llenan el aire, y no hay un sitio
> En su impecable reino que no colme
> La agonía? (*A quien pueda* 5)

Obsérvese cómo el autor concibe una poesía que está renaciendo, que había sido ocultada, pero que ahora llena el aire de todos los sitios y se hace partícipe de la *agonía,* que aquí recobra su significado etimológico de *lucha.* Es más, en este momento —para el autor— la poesía tiene un sentido maternal. Por ello está pendiente de todo: "La poesía es femenina, pero/ su cuerpo no es de novia, que es de madre" (5). Sus hijos están, en este momento de 1959, cantando por las calles. Van, como nuevos mesías, anunciando lo que consideran la buena nueva. Y el poema cierra con la imagen primera: la poesía, la piadosa, que ahora recupera su ser de expresión artística, para constituirse en testigo de "aquella mañana de aquel día" (7). En esta relativa epanadiplosis encontramos el primer signo del amor. Amor que se extiende desde el ámbito físico hasta la expresión artística que se hace mujer-madre, dadora de amor como todas, para luego en una especie de juego dialéctico, volver a ser el receptáculo de la palabra. "Luego vino la voz" (7). Una y múltiple. Ella recorre el momento y se hace partidaria de la algarabía que inunda todos los senderos: El poeta nos lo resume ubicándonos "En los rostros que agolpa la febril/ Mirada, en la minuciosa mano/ Que escruta *amorosamente* el país/ (7, énfasis del autor). Después en "Los nombres", aparece un corpus de la toponimia cubana. Cada uno de esos topónimos va personalizándose para incorporarse a la fiesta del momento:

> De una provincia a otra, de una palabra
> A otra, los ojos van buscándose,
> Las manos se aprietan, se agitan
> Sobre la frente, como animales (8).

Tanto en el final de este poema, que nos habla de una isla recuperada, como en el de la voz, "Que nos anuncia: Cuba libre" y en el del primero: "En aquella mañana de aquel día", el amor se transforma en ideología, como para comunicarnos que ese dúo temático se convertirá en elemento estructurante del discurso. Igual expresión se hace presente en "Adiós a La Habana". Después de una fina topografía en donde podemos captar los términos (en el sentido de límites), se puede entrever el amor a la aldea, entendida esta acepción como el lar que se empequeñece o se agiganta —según las circunstancias— y expresado en un verso síntesis: "Única ciudad que me es de veras" (21). Como queriendo decir que es la única ciudad que es suya, en donde tiene depositado el afecto lárico, después de haber conocido otras grandes ciudades. Ahora bien, la intersección amor-cosmovisión de la que hemos hablado se nos presenta abruptamente más adelante, cuando nos comunica:

> En ella, aldea o paraíso,
> Conocí el asombro, conocí el placer,
> Conocí el amor, conocí la vergüenza, conocí la
> *esperanza,*
> Conocí la amistad, conocí el hueco paciente y
> *terrible*
> De la muerte, conocí el esplendor
> *Cuando empezaron de nuevo un año y un pueblo* (21, énfasis nuestro)

Es de hacer destacar el uso de los dos encabalgamientos sintácticos abruptos que dejan a los versos cuatro y seis con sólo dos palabras (una en cada verso). Con ello se destaca, en primer lugar, la esperanza como valor inalienable del hombre frente al futuro personal o social. En segundo lugar, el calificativo de *terrible* asignado a la muerte, cuando ésta aparece esperada o inesperadamente cerca de nosotros. Nótese también la metáfora de la muerte como hueco. El poeta parece darnos a entender el significado de soledad que nos agobia de repente cuando esto sucede. En tal sentido, la muerte se padece, es paciente (de *patiens-ntis*), es un hueco, pero su carácter más dramático es el de ser terrible. Y esta imagen aparece al final de un juego paradojal con la esperanza, con el amor. Finalmente, el sentimiento mortuorio es superado con la presencia del *esplendor* que el poeta intuye, cuando empezaron un año (1959) y un pueblo (Cuba). Explicitada esta parte del poema, para nosotros la más productiva, termina con una serie de interrogaciones retóricas (aunque él parece llamarlas no retóricas, dado el hecho de que como tal, sólo acepta una) sobre aspectos de la cotidianidad que había abandonado. Y, muy importante, la expresión del amor a la aldea se ejemplifica una vez cuando no acepta nada de lo negativo que también en ella existe o ha existido. Todos los males —fundamentalmente morales— pueden ser barridos por las embestidas del mar que obviamente rodea a la isla de Cuba. Tales embestidas limpiarán toda una toponimia de la ciudad (El Vedado, Casablanca, La Rampa, Luyanó, etc.) que pudieran haber anidado expresiones diferentes al amor.

Otro de los aspectos descollantes de la temática que nos ocupa es que en su expresión combinada, algunas veces se puede notar el predominio de uno sobre el otro. En el poema "Mi miliciana", por ejemplo, existe el predominio del amor humano, a pesar de que está lleno de imágenes que nos hacen asociar aspectos corrientes del acontecer del entorno en que se produce, el uniforme azul, el rifle en la mano, la guardia obligatoria o no, etc. Lo más importante es la unión íntima, así sea en lo ideal, en lo virtual, podríamos decir, para pedir prestada una imagen al mundo tecnológico de hoy. En otras palabras, la expresión de una unión, en lo ideal y en lo personal. Veamos la cita:

> [O]yendo el minucioso
> Pecho jadeante de la noche,
>   estamos
> Juntos, juntas las manos, las camisas
> Azules juntas, y nosotros somos
> No los que escuchan, sino el ruido; no
> Los que escudriñan a la sombra, sino
> Los que en la sombra olvidan a la luz,
> Y rumorosamente se sumergen
> *En la noche alumbrada del amor* (24, énfasis nuestro).

En este mismo orden de ideas, es preciso decir que ese amor humano que, en la cita de arriba, se le profesa a la compañera, a la amada, lo encontramos también bajo la forma de amor filial, acompañado de la remembranza del entorno familiar. Tal cosa podemos apreciarla en el poema "A mis hijas":

Hijas: muy poco les he escrito,
Y hoy lo hago de prisa. Quiero decirles
Que si también este momento pasa
Y puedo estar de nuevo con ustedes,
En el sillón, oyendo el radio,
Cómo vamos a reírnos de estas cosas,
[...]
Quieran mucho las cosas
Y recuérdenme alguna vez,
Con alegría (45).

Nótese también que dentro del desarrollo del tema se presenta de manera implícita la responsabilidad militante para el momento. Esto implica, y así aparece en el poema, la posibilidad de que el momento pase. Ello traerá como consecuencia el retorno al hogar, a la vida tranquila, al foco del amor familiar. Pero también puede ser que el momento no pase y acarree últimas consecuencias. Para esta situación, el poeta sólo requiere del recuerdo. En lo que respecta a la forma, el autor ha usado una que bien pudiera encuadrarse dentro de la poesía conversacional. No hay figuras retóricas, no hay exigencias para con el lector. Y esto también va a ser una constante. Es decir, la poesía que debe cantar las relaciones de la cotidianidad será expresada a través de una forma también cotidiana. Algo que se acerque lo más posible a la conversación. Además de éste son muchos los ejemplos. En un poema con un nombre medio rimbombante: "Sonata para pasar esos días y piano" nos acerca a sus propias vivencias de lo que parece indicar que fueron los días aciagos del año sesenta y dos. Así, en construcciones como: "Entre bombas que casi seguro que llegaban/ Y cohetes que finalmente se fueron" (85) reaparece la conversación como para indicarnos que la situación tiene que ser expresada con los medios más inmediatos de que disponemos (recordemos la crisis de los misiles soviéticos). Por esto se nos hace familiar la lectura. En otras palabras, aceptamos gustosamente una serie de versos que habrán de comunicarnos con el momento histórico, dotados de la palabra simple, la palabra que no adquirió actitudes de genuflexión ante la exigencia de una poética del pasado. Algunos de esos versos son como éstos:

Entre las ocho y las diez, rodeados de la gente que llegaba, llamadas, saludos, mensajes.
Las noticias más frescas empezaban a desbordar las redacciones:
[...]
El periódico de la tarde por una vez tenía noticias distintas a las de la mañana (86).

Como puede verse, en el discurso literario hay una referencialidad exacerbada para dar cuenta de otra referencialidad que se encuentra en el mundo físico y que tiene que ser dicha de esta manera. Sin embargo, el poema mantiene —por una parte— algunos visos de lo que se llamó el experimentalismo, como cuando nos dice: "Se conversaba, no se conversaba, si se conversara/ conversación, sinversación, verconsación" (86) para entregarnos una visión caótica de lo que estaba pasando y de la conducta de sus protagonistas. Por otra parte, el poeta nos entrega también unas imágenes que se entroncan con el tema del amor humano, como la alusión a las conversaciones entre Héctor y Andrómaca en medio del fragor de otra batalla. De la misma manera, el último verso, que pudiera verse como desvinculado del desarrollo temático, debido a que, en estos momentos, ya nos habíamos olvidado de que aparecía en el título. Después de todo este nuevo fragor, este actual fragor, el poema termina: "—El piano, por favor" (87). Este abrupto final nos aleja de la desesperación colectiva frente a una posible tragedia hasta anunciada y nos devuelve al cónclave hogareño.

Sin el ánimo de haber revisado exhaustivamente el poemario, queremos destacar que en la muestra que hemos seleccionado, de *A quien pueda interesar*, aparecen dos textos que —para nosotros— pudieran considerarse como poemas broches, dentro del subconjunto temático que estamos desarrollando. Se trata de "Para el amor" (102) y "Pero" (134). En el primero, se inicia un discurso afirmativo y reiterativo sobre la circunstancia de que en el entorno, a pesar de todos los imponderables, siempre tendrá cabida el amor. Y en el plano personal, la situación será exactamente igual. Aunque se estén sucediendo momentos y actividades signados por la violencia, aunque el ámbito individual esté ocupado por la militancia política, el amor tejerá sus hilos y creará la urdimbre en la cual habrá de perdurar la empatía, la satisfacción personal, el sentimiento de no-soledad y, en consecuencia, la perdurabilidad de tales contenidos afectivos, a través del receptáculo hermoso de la palabra. Así, a pesar de que se tenga "un pie en una parte y un/ ojo en otra parte" (102) tal sentimiento no perecerá. Un detalle interesante que hemos aprehendido consiste en la manera cómo se nos presenta el tema. En el nivel de lo que Hielmslev denomina la forma de la expresión, nos podemos dar cuenta de que el autor emplea una forma canónica, para entregarnos el poema. Si nos detenemos cuidadosamente, nos encontramos que, tal vez, lo único que pudiera vestirse con el ropaje vanguardista sería la manifestación del verso libre. Por todo el poema fluye el ritmo poético que nos aleja del estilo conversacional con que se presentan muchos poemas, algunos de ellos referidos por nosotros con antelación.

Además, el uso de esa figura retórica a la cual vamos a llamar anáfora invertida, como en los textos clásicos (ver énfasis nuestros en las citas de los poemas), expande el ritmo citado arriba y nos entrega un texto que bien puede ubicarse en alguna escuela anterior. Y en cuanto a la forma del contenido, si estableciésemos una relación paradigmática entre la noción becqueriana de poesía ("Mientras exista una mujer hermosa, habrá poesía") y ésta fernández-retamariana del amor, encontraríamos una huella lejana del poeta sevillano: la perdurabilidad del amor. Tal perdurabilidad aparece en este poema como una muestra de sincretismo entre el poeta y la sociedad que lo circunscribe. Juzguemos tales aseveraciones en el texto:

> Y claro que hay aquí un lugar para el amor: *para el amor*
> (Creo) habrá siempre lugar: *para el amor*
> Extraño que logra reunir sus pedazos, y *para el amor*
> Desbaratado que tiene un pie en una parte y un ojo en otra parte: *para el amor,*
> Para el amor *para el amor*
> Habrá siempre lugar (creo) para el amor (134, énfasis nuestro).

El otro texto referido es "Pero". En él se nos presenta una intelectualización del amor. Tal sentimiento podría ser administrado con eficiencia, ejercido como debería ser, hecho con provecho. No obstante, ante todas estas posibilidades siempre hay un *pero*. Además, "el amor dilapida y confunde como una/ riqueza malhabida" (134). Por otra parte, puede que no nos confunda, que no nos dilapide. Entonces, y sólo entonces, todo llegará a ser óptimo, todo estará bien... pero siempre habrá un *pero*. Nótese que —a diferencia de la riqueza emotiva del poema anterior, en donde era posible columbrar las referencias al entorno, a la individualidad y hasta a las huellas—en este texto sólo existe una teoría sobre el amor. En otras palabras, el amor como *episteme*. Sin embargo, en ambos casos la temática amorosa se adueña de la expresión poética.

3. Una cosmovisión por el camino de la lírica

Es sabido por todos nosotros que el artista está inscrito dentro de un mundo humano y social que condiciona su existencia en el ámbito gregario, ideológico, cultural, etc. y, en consecuencia, su elocución estética. De acuerdo a su óptica frente a los acontecimientos que se sucedan en su entorno, así será su reacción. En este aspecto, concordamos con Sánchez Vázquez cuando afirma que "Por excepcional que sea su personalidad creadora, su singularidad es siempre la de un ser social. [...] La libertad de creación del artista se afirma, pues, en relación indisoluble con cierta necesidad que cobra diversas formas (condicionamiento social, espiritual, ideológico, tipo y nivel de relación con la realidad" (208). A tal efecto, Fernández Retamar se caracteriza por no ponerse a espaldas de la realidad que lo circunda. Sin embargo, a través del uso de la palabra, supera ese condicionamiento ya dicho y lo transforma en otras realidades posibles.

Atendiendo a estas consideraciones, y a pesar de que innumerables veces su discurso produce una temática que se encuentra en intersección con otros tópicos, de los cuales hemos hecho descollar el amor, podemos encontrar esa poesía que nos comunica un mundo de contenidos conceptuales. Así, el segundo poema de *A quien pueda interesar*, titulado "La voz", recoge esa situación de posiciones encontradas frente al fenómeno revolucionario cubano. Por un lado, los "extraños graznidos de pájaro agonizante" (7) que representa, en ese momento, el *status quo*. Por el otro, "la minuciosa mano/ que escruta amorosamente el país" (7). Y al final, la voz que rezuma —según el autor— lo esperado: *"Cuba libre"*.

Seguidamente, también puede observarse la poetización de una serie de actividades cotidianas. Sólo que esas actividades están cantadas con toda la empatía propia de quien comparte ardorosamente las realizaciones. Por ejemplo, en "Epitafio en Girón", aparece el tema de la muerte propia, ligado al eterno y universal símbolo del abono que se entrega bajo la forma del propio cuerpo, para retribuir las bondades de la tierra. Se destaca, en este momento, la heroicidad necesaria para servir de ejemplo: "Viajero: ve a decir a nuestros hermanos vivos / Que aquí sigue flameando la bandera de Cuba" (28). El mismo tema de la muerte, pero ahora en la acera de enfrente, lo hallamos en "Epitafio de un invasor". Después de hacer algunas citas sobre las intervenciones norteamericanas en la América Nuestra, nuevamente está la alusión a los cuerpos despojados de la vida, como abono: "Hoy sirves de abono a las ceibas" (44). Más adelante, en "Canciones de pocas palabras", el autor emplea la recurrencia del valor de la palabra como significantes necesarios para significar el mundo. Al final, concluye con una alusión al ser de la palabra antes de ser poema.

> Una hoja blanca
> Y el pueblo cantando en las calles,
> Una hoja, blanca,
> Y el trueno de la Revolución (30).

Nótese cómo el uso de la inicial mayúscula para nombrar la revolución es ya otro contenido conceptual. Similares situaciones aprehenderemos en todos los poemas numerados de *A quien pueda interesar.* A los recuerdos del exilio o de las pasantías se amalgaman los sentimientos de los nuevos tiempos: "Ahora / Te hablaría con cualquier excusa, y te explicaría" (39). Otras veces es la exaltación a la zafra, como actividad económica necesaria para garantizar uno de los elementos de la economía local.

> Sobre el campo, ennegrecidos al terminar de cortar
> la última caña quemada
> (—Ésta es para ti
> —No: es para ti),
> En la lona: las manos tendidas:
> —Mario García. Soy carpintero
> —Roberto Fernández. Soy maestro (41).

Obsérvese también la manera sutil como se quiere demostrar la heterogeneidad social que —según el autor— se incorporó a la zafra. De la misma manera, la solidaridad desplegada entre los hombres que se incorporaban a las referidas labores. Otras veces se hace necesaria la alusión a la campaña de alfabetización, cuyo fervor recorrió a toda Hispanoamérica.

> Regresan, llenos de lámparas y risas,
> Los que entraron en los montes
> A aprender más que a enseñar: a aprender lo que
> son los hombres y las mujeres (41).

Tal vez en donde se encuentre con mayor fuerza la variante lírica conceptual de Fernández Retamar sea en *Cuaderno paralelo.* Y es lógico que así sea, dadas las circunstancias en que fue escrito el poemario. Según confesión propia, estos poemas fueron elaborados entre febrero y marzo de 1979, en la República Democrática de Vietnam. Su nombre es debido a que la misión que tenía el equipo del cual formaba parte el autor consistía en realizar una película documental sobre la guerra que se desarrollaba, entonces, en ese país. Como era de esperarse, paralelamente al cuaderno que debería contener las escenas fílmicas iba naciendo otro, construido con el solo recurso de la palabra. Así, la palabra *paralelo* mantiene la polisemia que designa a la condición con que se elaboró el texto, al lado del registro verbal del paralelo 17, antigua división arbitraria de la república vietnamita. El registro formal, como ya lo anotamos anteriormente, se da en la salida conversacional, que sirve para designar a toda una referencia que adquiere visos de lo que podría bautizarse con el nombre de *referencia connotativa* (valga la paradoja).

Para explicitar lo afirmado en el párrafo anterior, seleccionamos los poemas "Imágenes", "En los jeeps", "En el paralelo" y "Hasta las plantas y los animales" de *Cuaderno paralelo.* El primero, como su nombre lo indica, nos comunica determinados contenidos sensoriales que bien pudieran ser de otra manera, si no estuviese presente siempre el hálito horroroso de la guerra. Como se puede intuir, "El anciano vigoroso que a mi lado, en el *jeep* polvoriento, / Me habla de la batalla de cinco días y cinco noches en / torno al puente de Han Rong" (13) pudiera haber hablado del canto o del arroz, por ejemplo. Los "Jóvenes que pasan de madrugada cantando himnos / hermosos" (13) como para darse ánimo y valor necesarios para la entrega a los frentes de batalla, de donde podrán no regresar. Las "[b]ombas atroces, o bombas olvidadas como la mina que / acaba de estallar a nuestro paso" (13) que hubiesen podido ser frutas. Todas estas imágenes están presentadas sin metáforas, sin otras figuras retóricas inherentes a la expresión literaria tradicional, pero con un recargo de pasión y dolor, en un afán por decir al mundo los horrores de ésa y de cual quiera de las guerras que puedan generarse en espacialidades o temporalidades también determinadas.

"En los *jeeps*" es un poema breve que se transforma en muestrario del caos reinante en un paisaje agreste y herido. Aquí el poeta se siente partícipe directo de las batallas, aunque sus objetivos pragmáticos sean otros. Está presente la referencialidad (en el sentido de conversacionalidad, si pudiera decirse así) que acompaña a la expresión artística de estas situaciones, como lo hemos venido anotando con anterioridad. No obstante esto, se presenta una ruptura que bien podría ser modelo de lo que nosotros llamamos (y que ya habíamos referido *supram*) una denotación connotativa. Tal ruptura la hallamos en los dos versos finales del texto: "Pienso estos poemas / A veces con las mismas palabras de mis compañeros" (57). Obsérvese que el poeta, después de haber descrito el aspecto caótico de la realidad que lo circunda, recrea en su mente y en su verbo la necesidad de comunicación y asume la posición de un autor colectivo. Esto se debe a que está pensando, con el mayor desprendimiento del mundo, que cualquiera de ellos, hasta el más insignificante de los actores, pudiera haber escrito el texto que ahora reseñamos.

"En el paralelo" canta las sensaciones del poeta frente a la línea divisoria y arbitraria (en el sentido lingüístico y en el otro) entre los dos Vietnam, que hoy son uno y que ya el autor lo presentía. No sabemos si lo presentía o quería que así fuese. Lo cierto es que nos encontramos con la expresión: "Y cuando llegamos a su pie, y entre el silbido de los / obuses / Vimos flamear, a la entrada del puente de Hieng Luong / (Tendido entre los dos Vietnam que son uno), / La bandera de la estrella solitaria dorada / Contra su fondo de sangre" (93). Como anotamos arriba, el autor ve un solo Vietnam, pero no por la situación actual, después de haber finalizado la guerra, sino por la óptica ideológica con que se mide la realidad del tiempo en que aparece el texto. Finalizando el poema, nos tropezamos con otro contenido conceptual. Esta vez, relacionado con el principio de la solidaridad internacional. Tal cosa se pone de manifiesto cuando nos dice: "Se nos llenó de orgullo el corazón / Ante esa bandera de la otra patria" (93). Como vemos, aquí aparece la consideración de la patria grande, identificada por las luchas comunes, contra enemigos comunes, para lograr objetivos también comunes.

Para emplear la misma metodología con que finalizamos nuestro acercamiento al tema del amor, vamos a decir ahora que, en la temática conceptual, también hemos seleccionado un texto, al cual pudiera dársele el mismo calificativo anterior, de *poema broche*. Se trata de "Hasta las plantas y los animales". Empleando la misma forma conversacional que se ha manejado para comunicar las sensaciones, los afectos, las cosmovisiones, relacionados con la realidad penetrada por la extensión del problema político, nos entrega toda una semasiología de la guerra. De esta manera, podemos aprehender la exagerada sorpresa del poeta frente a la polisemia de vocablos tan corrientes en el plano referencial, pero ahora convertidos en significantes de otros significados. Veamos el texto:

> Han pervertido hasta las plantas y los animales:
> Piña, guayaba, hoja, árbol tropical;
> Abeja, mariposa, murciélago;
> Y hasta madre:
> Son aquí nombres de armas espantosas,
> Nueva flora, nueva fauna de estos sabios (69).

Una observación fundamental que el texto nos ofrece es la aparición de un sujeto indeterminado, para no decir impersonal, un término con el cual nunca hemos estado de acuerdo, pero esto es otra cosa. Tal indeterminación está expresada con la tercera persona del verbo *haber*, con el que comienza el poema. Toda persona que, por lo menos, haya leído el periódico durante la época, o en épocas posteriores pero con informaciones relacionadas con la guerra de Vietnam, o haya visto uno solo de los múltiples films que se han hecho sobre el particular, sabe quién es el sujeto. Podríamos hablar, además del sujeto gramatical, del sujeto ideológico, del tópico, de la información nueva y hasta del sujeto bélico. Sin embargo, para no caer en el cartel, el autor prefiere la indeterminación, a fin de que el lector un poco gestaltianamente cierre la figura. Luego viene la enumeración de elementos de la flora, para continuar con otra enumeración, pero ahora con elementos de la fauna y finalizar con la enunciación de la palabra *madre*, cuyo significado sería la consumación del amor. Pero nada tiene aquí su significación primigenia. Cada término de los que integran este campo léxico, como signos lingüísticos particulares, adquiere un nuevo significado, ahora relacionado con el mundo de la guerra. Son armas y, además, *espantosas*, como las califica el poeta. Y el grado superlativo de la sorpresa personal asignada arriba al autor estaría en la escogencia de la palabra *madre* para denominar armas espantosas. Tal superlatividad la podemos apreciar en el uso de la preposición *hasta*, para indicar lo no esperado.

En atención a todas las afirmaciones anteriores, es preciso decir que el poema, y con él el tema del concepto, finaliza con una reiteración del sujeto indeterminado que señaláramos al comienzo de su explicitación. El verso final dice: "Nueva flora, nueva fauna de *estos sabios*" (69). El sintagma nominal subrayado por nosotros es, a todas luces, el sujeto gramatical del verbo *han pervertido*, con el que se da inicio al poema. Sin embargo, para provecho de la expresión estética, la indeterminación continúa: ¿Quiénes son estos sabios?. Nuevamente se les entrega a los lectores la tarea de transformar la indeterminación en una determinación. Y con este juego retórico, el discurso poético de Fernández Retamar ha ganado terreno.

5. La mujer América

Ya en los comienzos de nuestra exposición, hemos adelantado que —en la muestra que hemos seleccionado para ejemplificar los dos aspectos más descollantes de los núcleos temáticos presentes en el discurso lírico de Fernández Retamar— se hace casi imposible extrapolar uno en particular, dentro del desarrollo general de la obra. En consecuencia, amor y concepto —en nuestro caso— mantienen una especie de vasos comunicantes, en la mayoría de los ejemplos. Tal situación la ejemplificamos algunas veces durante el estudio del movimiento del texto, realizado en el numeral uno. Sin embargo, hemos pretendido hacer la discriminación anunciada, destacando el predominio de un tema sobre otro, cuando ambos se han presentado integralmente. Tal elaboración no tiene otro carácter diferente al pedagógico, a fin de lograr un abordaje significativo al mundo interior del autor. Ahora bien, ofreceremos en este aparte la aprehensión de una nueva intersección de la doble temática aquí estudiada, que habrá de presentarse en una ampliación significativa, en una especie de síntesis dialéctica que habrá de producir un valor relevante en la poesía que nos ocupa.

Para alcanzar este logro, hemos partido de otros ejemplos poéticos, también contenidos en las dos obras citadas anteriormente. Estos ejemplos son los poemas "Patria" e "Historia antigua", de *A quien pueda interesar* y "Te preocuparías", "Por qué volvéis a la memoria mía" y "Como una herida ciega", de *Cuaderno paralelo.*

En el primer poema citado en la anterior enumeración, nos encontramos con la exhaltación de la patria. Pero no es de la patria *per se*, en donde se nació. Es aquélla que ha superado el tiempo de la noche, para servir de ejemplo a otras patrias, y que desarrollará también oposiciones y adversidades. Como referencia especial, nótese el uso de *la noche* con la connotación de negatividad que poseía el término antes del romanticismo. Es, a nuestro juicio, una huella de la formación anterior del poeta. Sólo que aquí se recupera para demostrar que lo existente es opuesto a oscuridad con que antes eran asociadas las imágenes nocturnales. En esta circunstancia, el autor nos comunica una hiperbolización semántica de la patria nueva. Observemos los versos: "Eres la tierra verdadera, el aire / Que siempre quiere el pecho respirar. / Eres la vida que ayer fue la promesa / De los muertos hundidos en tu entraña" (*A quien pueda* 46). Las imágenes *tierra verdadera, aire y promesa* nos comunican la noción de positividad que ahora existe en el autor. Más adelante, cuando nos dice: "Eres el sitio del amor profundo / De la alegría y del coraje y de / La espera necesaria de la muerte" (46) se nota la recuperación del tema del amor, ahora racionalizado en la patria. El amor profundo es alegría y es coraje y depositario hasta de la consideración de la muerte como necesaria, para que se constituya en fuego recuperador de otros patriotas. Hacia el final del poema, esta condición específica del amor, va aumentando de significación hasta colocarse en el mismo paradigma de la mujer aldea, primero, de la mujer continente, después. La hipérbole se consolida en estos versos:

> Eres la piedra en que nos afirmamos,
> Eres la hermosa, eres la inmensa caja
> Donde irán a romperse nuestros huesos
> *Para que siga haciéndose tu rostro.* (46, énfasis nuestro)

En este último verso subrayado por nosotros está clara la metáfora del crecimiento. Para el poeta, lo conseguido dentro de su patria tiene que expandirse para que puedan redimirse otros horizontes. Creemos encontrar aquí un ejemplo de esa fusión de una topografía determinada con el sentimiento que va de lo local a una dimensión más amplia.

En "Historia antigua", el autor canta la perennidad que ha hecho posible lo que pudiera llamarse la ordenación del caos. Exalta el esfuerzo realizado para la consecución de lo antes dicho y nos recuerda que no debemos detenernos. Al expresar: "Perdónenme, pero sin duda todo eso tan importante / no ha sido / Para que sus herederos nos entretengamos ahora con /estas líneas / Dejemos crecer las uñas y el pelo, / Que sin duda saben" (*A quien pueda* 63) nos está repitiendo la misma imagen del verso último del texto anterior y debidamente subrayado. Es la ampliación hacia otros derroteros, comunicada en el plano de la expresión por la presencia de encabalgamientos sintácticos abruptos que interrumpen el ritmo poético para acercarse más al tono conversacional en que se propalan los conceptos.

El primer poema seleccionado de *Cuaderno paralelo*, para ejemplificar el último núcleo temático, se denomina "¿Te preocuparías?". Está estructurado por dos interrogaciones retóricas y una afirmación contundente. A través de ellas, reaparece el tema del amor, aquí expresado como amor maternal. Pero obsérvese que es un amor maternal que se traduce en alabanza hacia los defensores de la revolución, llámese ésta cubana o vietnamita, que son los dos entornos sociopolíticos de los libros de donde hemos seleccionado la muestra estudiada, pero que, por los caracteres expresados, podría ubicarse en otros lugares.

> ¿Te preocuparías si supieras que tu hijo está en Vietnam?
> ¿O era mi preocupación la que yo arrojaba sobre ti?
> Naciste para ser madre de héroes
> Cuando la heroína eras tú (25).

Reaparece también la imagen de la madre que entrega el hijo a la lucha, para realizarse en él. Éste es un recurso bastante corriente en la literatura anterior, pero que aquí sirve de asidero para lograr el sincretismo en la relación amor-concepto.

En "Por qué volvéis a la memoria mía", el amor se hace amistad. Entendamos que la amistad es una forma peculiar de amor. El poeta, entre otros hombres, entre otros parajes, se pregunta la razón por la cual asocia sus amigos cubanos. Tal situación la palpamos en la enumeración que citamos: "¿Por qué ahora, / pienso en ti, Fina, en ti, Cintio, en Lezama, / Agustín, Eliseo, Bella, Octavio, /...? "Pero, al mismo tiempo, compara otras vivencias. Ellas son las de los niños que, en Vietnam y ante sus ojos, se han hecho hombres antes de tiempo: "Y [pienso] en niños que han crecido ante nosotros / Y se han hecho pintores y poetas / Y músicos y hermosas realidades" (37). Luego reúne su asombro y sus vivencias, para entregarlas generosamente a sus amigos.

> [...] [h]e querido mucho
> Compartir con ustedes esta brusca
> Experiencia mezclada con mi vida
> Como mi vida está con la de ustedes,
> Amigos nobles y sentimentales (37).

Finalmente, en el último poema integrante de nuestra selección, intitulado "Como una herida ciega", queremos resaltar nuevamente ese paso del concepto del amor, hasta agrandarse y convertirse en esperanza para otros contextos.

> Como de costumbre, el paralelo no es
> Sino este río plácido de Ben Hai, esta playa, este
> estuario majestuoso,
> Esta naturaleza inocente y salvaje,
> Ignorante de ser el paralelo,
> Que corta como una herida ciega
> A un país entero, duro y dulce como el amor (81).

Aquí nos encontramos con una descripción casi paradisíaca de la región física en donde se encuentra el poeta en la categoría de espectador. Recordemos que la referencia es el Paralelo 17, que ya citamos arriba y que, de paso, lo calificamos como arbitrario. Ahora el poeta no lo condena. Lo subsume dentro de ese río plácido, con todas esas otras bondades que pueden adherirse bajo los cognomentos de inocente y de salvaje. Y que además es ignorante de su condición de depositario de una situación peligrosa. De inmediato, todo ese mundo poético asignado es interrumpido por la acción de los dos versos finales que conllevan dentro de sí dos nuevos mensajes. El primero es la conceptualización del paralelo que "corta como una herida ciega". Es como que si él recuperara la otra realidad que le asignó la geopolítica. El segundo mensaje estriba en la caracterización del país con una paradoja definitoria. El país es "dura y dulce". Duro porque es capaz de repetir la historia de Goliat y es dulce porque puede esconder la cara entre manos temblorosas, como la muchacha de Vinh. Pero el discurso no se detiene ante la sola paradoja. Ésta se expande en el símil del amor. El amor es también dulce y duro. Dulce porque produce la mayor sintonía con el ambiente que nos rodea, porque nos hace vivir lo invivible. Duro porque, al concebirlo como lo hace poéticamente Fernández Retamar, necesita del desprendimiento, del sacrificio, de la dedicación, para que pueda continuar en ese hilo que no se rompe ni con la posesión, ni con el fruto, ni con la satisfacción. Y es que, en este autor, como lo estamos intentando exponer, el amor no se consume en el ser amado. Va más allá. Envuelve al fenómeno cubano, a su revolución liberadora, a las exigencias que necesariamente tienen que comprender sus hijos. Y por qué no, envuelve también a la realización de ideales parecidos, en los pueblos que tienen problemas comunes, enemigos comunes, metas comunes y, en general, luchas y aspiraciones también comunes. Es a esto a lo que hemos denominado la mujer América, como depositaria final del tema del amor.

Es posible que muchos piensen que su poesía conceptual tiende a cerrarse. La ola globalizadora y la revolución tecnológica, entendida desde otros parámetros, tenderían a ser sus sepultureras. Otras voces corean que hechos como la extinción de la llamada guerra fría y el derrumbamiento del muro de Berlín, necesariamente, exigirían nuevos enfoques, como es natural. Nosotros pensamos que de todo este proceso aún no se ha dicho la última palabra. En consecuencia, el discurso conceptual de Fernández Retamar tampoco ha concluido.

Bibliografía

Abad Nebot, F. *El signo literario.* Madrid: Edaf, 1977.

Alvarez, Luis. *Gramática del discurso poético de Miguel Ramón Utrera.* Caracas: Ediciones del CILLAB, IPC-UPEL, 1986.

_____ "Más sobre denotación y connotación". *Letras* 58 (1999).

_____ "El texto: Un modelo para la comprensión de los actos humanos, según el pensamiento de Paul Ricoeur." *Letras* 54-55 (1998): 79-95. Caracas: Ediciones del Centro de Investigaciones Lingüísticas y Literarias "Andrés Bello" (CILLAB), Instituto Pedagógico de Caracas (IPC), Universidad Pedagógica Experimental Libertador (UPEL).

_____ "Hacia la búsqueda de una connotación referencial y de una referencia connotativa, a través de la lectura como formación". *Actas del XVII Encuentro Nacional de Docentes e Investigadores de la Lingüística (ENDIL).* Trujillo (Venezuela), 1998. Ponencia.

Bueno, Raúl. *Poesía hispanoamericana de vanguardia.* Lima: Latinoamericana Editores, 1985.

Fernández Retamar, Roberto. *Entrevista.* La Habana: UNEAC, 1982.

_____ *Cuaderno paralelo.* La Habana: UNEAC, 1978.

_____ *Para una teoría de la literatura hispanoamericana y otras aproximaciones.* La Habana: Casa de las Américas, 1975.

_____ *A quien pueda interesar.* México: Siglo XXI, 1970.

Forkkema, D.W. y Elrud Ibsch. *Teorías de la literatura del siglo XX.* Madrid: Cátedra, 1988.

González Muela, Joaquín. *Gramática de la poesía.* Barcelona: Editorial Planeta/Universidad, 1986.

Lotman, Yuri . *Estructura del texto artístico.* Madrid: Edit. Istmo, 1978.

Marchese Angelo y Joaquín Foradellas. *Diccionario de retórica, crítica y terminología literaria*. Barcelona: Ariel, 1986.

Monteforte Toledo, Mario et al. *Literatura, ideología y lenguaje*. México: Edit. Grijalbo, 1986.

Montella, Carmine. "La mujer más allá de lo humano". Suplemento Cultural del diario *Ultimas Noticias* 1.606 (1999).

Pardo, José L. *Transversales. Textos sobre los textos*. Barcelona: Anagrama, 1977.

Sánchez Vázquez, Adolfo . *Las ideas estéticas de Marx*. México: Biblioteca Era, 1980.

Sotolongo Valiño, Carmen. "Una apropiación simbólica de Dios en el discurso poético de Carlos Galindo". *Signos* (Villa Clara, Cuba) 43 (1996): 235-241.

Todorov, T., W.Empson, J. Cohen, G.Hartman, F. Rigolot. *Sémantique de la poésie*. Paris: Éditions du Seuil, 1979.

Anexos

CILLAB=Centro de Investigaciones Lingüísticas y Literarias "Andrés Bello".

IPC =Instituto Pedagógico de Caracas.

UPEL=Universidad Pedagógica Experimental Libertador.

ULA=Universidad de Los Andes.

IPAS-ME =Instituto de Previsión y Asistencia Social del Ministerio de Educación.

El discurso calibanesco y la conceptualización de la diferencia

Amaryll Chanady

En mi introducción a *Latin American Identity and Constructions of Difference* (Chanady), subrayé la homogeneización que resultaba de algunas estrategias identitarias del ensayo *Calibán. Apuntes sobre la cultura en nuestra América.* En la figuración de América Latina como Calibán, las diferencias enormes entre personajes históricos y escritores eminentes desaparecieron en una construcción imaginaria unificadora basada más en el deseo de afirmar la existencia de una cultura latinoamericana fuerte y autónoma, de solucionar los problemas suscitados por su pluralidad conflictiva y de criticar el paternalismo y el neocolonialismo, que en la valoración positiva de las diferencias internas. Las figuras más representativas de la América Latina calibanesca (según Fernández Retamar) constituyen un elenco heterogéneo cuyo denominador común es difícil de encontrar. Sin embargo, esas figuras son presentadas como representantes de una misma actitud revolucionaria y anticolonial:

> Nuestro símbolo no es pues Ariel, como pensó Rodó, sino Calibán. [...] No conozco otra metáfora más acertada de nuestra situación cultural, de nuestra realidad. De Túpac Amaru, *Tiradentes*, Toussaint-Louverture, Simón Bolívar, el cura Hidalgo, José Artigas, Bernardo O'Higgins, Benito Juárez, Antonio Maceo y José Martí, a Emiliano Zapata, Augusto César Sandino, Julio Antonio Mella, Pedro Albizu Campos, Lázaro Cárdenas, Fidel Castro y Ernesto Che Guevara; del Inca Garcilaso de la Vega, el *Aleijadinho*, la música popular antillana, José Hernández, Eugenio María de Hostos, Manuel González Prada, Rubén Darío (sí: a pesar de todo), Baldomero Lillo y Horacio Quiroga, al muralismo mexicano, Héctor Villalobos, César Vallejo, José Carlos Mariátegui, Ezequiel Martínez Estrada, Carlos Gardel, Pablo Neruda, Alejo Carpentier, Nicolás Guillén, Aimé Césaire, José María Arguedas, Violeta Parra y Frantz Fanon, ¿qué es nuestra historia, qué es nuestra cultura, sino la historia y cultura de Calibán? (*Calibán* 30-31)

Aun si fuera posible considerar todos estos personajes (o formas de arte) como emblemas de resistencia, lo que no es evidente, es claro que esta lista incluye tipos de resistencia que no pueden fácilmente resumirse en la maldición de Calibán, a menos que se intreprete este símbolo en un sentido excesivamente lato. Además, existen periferias dentro de las periferias, para utilizar una metáfora simplificadora pero muy vigente, y resistencias contra los que ya resisten a otros. Si todos los "calibanes" mencionados pueden corresponder a una misma clasificación, no es tanto porque tengan un "aire de familia" wittgensteiniana (aunque varios pueden efectivamente considerarse de esta manera) sino porque Fernández Retamar siente una profunda admiración por ellos, por diversas razones, y porque son importantes en la historia de América Latina. Aunque esta lista no nos ofrezca clarificaciones sobre la definición del Calibán latinoamericano, constituye una respuesta muy adecuada a la pregunta (¿ficticia?) del periodista europeo mencionado al comienzo del ensayo: "¿existe una cultura latinoamericana?" (*Calibán* 7).

Este Calibán de la "América nuestra" está construido en oposición no sólo a los europeos y estadounidenses (que representan a Próspero), sino también a la "anti-América" (*Calibán* 82), representada por personas muy diversas asociadas con el capitalismo, la europeización y, sobre todo, con la denuncia del gobierno cubano por un grupo de intelectuales en la polémica suscitada por el encarcelamiento del poeta Heberto Padilla. Esta oposición binaria ha sido criticada por varios estudiosos por razones diferentes y a partir de posiciones ideológicas distintas. Lo que me interesa aquí no es un retorno a estas críticas, sino una relectura de los trabajos ulteriores de Fernández Retamar para ver cómo se ha transformado su construcción imaginaria de América Latina, sobre todo en lo que concierne a la concepción de la diferencia interna. Hasta cierto punto, esta transformación puede considerarse como una elaboración más cuidadosa de las ideas avanzadas en *Calibán*. El binarismo y la homogeneización de este ensayo pueden atribuirse en parte a su carácter polémico.[1] No se trata de ninguna manera de una teorización de la metáfora de Calibán o de un análisis riguroso de los conflictos políticos de América Latina. El título del ensayo indica explícitamente que se trata de "apuntes". En efecto, tres problemáticas principales se entretejen en el ensayo sin que se establezcan distinciones teóricas, sin que se examinen en detalle las complejas relaciones que existen entre ellas, y sin que se mencionen las contradicciones y confusiones que pueden surgir de su yuxtaposición no problematizada.

Lejos de ver algunas de estas problemáticas como meros pretextos para expresar convicciones políticas y opiniones sobre acontecimientos muy puntuales (el caso Padilla), aunque las conexiones con éstos son importantes y no se pueden descartar, hay que situarlas en un contexto más amplio. En primer lugar, la pregunta que abre el ensayo —"¿existe una cultura latinoamericana?"— está relacionada con los problemas específicos de la autonomización cultural y la autoafirmación de una sociedad de trasplante, temas muy presentes en otros trabajos menos polémicos de Fernández Retamar. En su "Introducción a José Martí," por ejemplo, que publicó en su primera versión en 1965 y reeditó en versiones corregidas y aumentadas en varias ocasiones, subraya la situación particular de América Latina como ex-colonia:

> Mientras el "occidental" es un mero intruso en la mayor parte de las colonias que ha asolado, en nuestra América es, además, uno de los componentes, y no el menos importante, que dará lugar al mestizo (no sólo el mestizo racial, por supuesto). Si la "tradición occidental" no es toda la tradición de éste, es *también* su tradición. Hay pues un contrapunto más delicado en el caso de los pensadores latinoamericanos, al compararlos con los de la mayoría de las otras zonas coloniales y semicoloniales (154).

Aún más significativo es su comentario sobre las consecuencias de esta condición, que implica, y también desborda, la de los países "subdesarrollados" en general. Con respecto a la declaración de Martí según la cual "La América en que nació Juárez [...] es más grande porque es la nuestra y *porque ha sido más infeliz*," la considera como un "peculiar razonamiento de colonial, de hombre humillado," y agrega que las guerras de liberación nacional "suponen una desafiante y a menudo patética confianza en lo propio; una necesidad de enfatizar lo genuino, lo autóctono, frente a la penetración colonialista e imperialista" ("Introducción a" 135-36). Estas observaciones, que se refieren explícitamente a un hombre a quien admiró profundamente, pueden leerse también como una manifestación de su propia autoconciencia. En efecto, dejan suponer que Fernández Retamar es muy conciente del caracter problemático de varias afirmaciones de su ensayo *Calibán*.

Se ve en estas líneas sobre Martí que el autor no subraya sólo la amenaza de la intervención foránea y las relaciones de dependencia neocolonial que existen en muchas ex-colonias, sino también (y esto más indirectamente) la falta de diferencias culturales significativas aparentes (al menos, en lo que concierne a los sectores dominantes y criollos). Este aspecto es presentado de manera más explícita en *Calibán*, donde Fernández Retamar explica que a nadie se le ocurriría "confundir a un chino con un noruego, ni a un bantú con un italiano; ni se le ocurriría preguntarles si existen;" a los latinoamericanos, en cambio, se los toma a veces "como aprendices, como borradores o como desvaídas copias de europeos" (11) que no tienen su propio idioma, como lo tienen otros coloniales o ex-coloniales, y que han heredado los instrumentos conceptuales del colonizador. Las primeras historiografías literarias latinoamericanas, que eran más bien misceláneas comprobando la existencia de una cultura propia, así como la reivindicación monumental de la cultura y de la historia autóctonas por Francisco Clavijero, constituyen en gran medida una respuesta a los problemas específicos de las sociedades de trasplante, en lo que atañe a la autonomización de su cultura y la concepción de la identidad. En el deseo de afirmar su diferencia con respecto al colonizador o ex-colonizador, es comprensible que las diferencias internas se esfumen.

El primer eje de reflexión en *Calibán* es pues cultural, y está imbricado en un discurso latinoamericanista de larga tradición. El segundo eje es político, e implica tres aspectos distintos, aunque a veces interrelacionados. La crítica respecto a la situación de dependencia neocolonial y de subdesarrollo de América Latina, que Fernández Retamar desarrolla con más detenimiento en otros ensayos, es un telón de fondo importante que el autor comparte con muchos latinoamericanos de convicción política diferente. Octavio Paz, por ejemplo, aunque denuncie el comunismo de manera virulenta, subraya la situación imposible de una sociedad que llegó tarde al desarrollo y que nunca podría competir de manera igualitaria con los países industrializados (ver sobre todo, *El laberinto* 156-74). El segundo aspecto del eje político del ensayo de Fernández Retamar es la afirmación de sus convicciones socialistas. Y, finalmente, *Calibán* es una reacción violenta a la condena internacional de la política de Cuba en el caso Padilla; no se trata pues sólo de denunciar el subdesarrollo o de afirmar su socialismo, sino de apoyar incondicionalmente a su país y criticar a sus detractores.

El tercer eje es el literario y teórico. Cuando Fernández Retamar rechaza la celebración formalista del lenguaje con la exclusión del contenido y cuando afirma que la crítica exclusivamente estructuralista no conviene a la mayoría de las novelas latinoamericanas, donde la forma es "ancilaria" con respecto a su contenido, expresa una posición que puede verse como totalmente independiente de consideraciones políticas particulares, porque la comparten críticos de muy distinta índole. De todos modos, existen vinculaciones importantes entre los diferentes ejes, además de un deslizamiento constante entre problemáticas distintas que conduce inevitablemente a simplificaciones y confusiones.

En lo que concierne a la conceptualización de la diferencia (sobre todo la diferencia interna), quiero examinar en este trabajo hasta qué punto la homogeneización de las diferencias internas en *Calibán* puede considerarse como resultado de una estrategia polémica, y si analizar ésta se transforma efectivamente, de manera significativa, en los otros ensayos de Fernández Retamar. En lo que toca a la homogeneización de las diferencias externas (es decir, del ex-colonizador designado como Próspero), el autor dedica todo un ensayo a su deconstrucción. En "Contra la Leyenda Negra," leído por primera vez en un simposio en 1976, la metáfora de Próspero, que Fernández Retamar había aplicado en 1971 a Europa y Estados Unidos en oposición al Calibán latinoamericano, pierde su utilidad debido a la disolución del binarismo entre Occidente y las colonias o ex-colonias. El ensayo revaloriza la herencia ibérica, que presenta como "las raíces de nuestra cultura" ("Contra" 399). Además, España es calificada de "paleoccidental" (399) porque no pertenece a los países capitalistas desarrollados. El autor espera que este país no sea nunca occidental, sino, "mañana, y ojalá que muy pronto, un país posoccidental" (423). Establece un paralelo entre los latinoamericanos y los "pobres descendientes de la ruinosa grandeza española" quienes, "cuando no malmueren en sus tierras, son sirvientes en Francia, mineros en Bélgica, obreros no calificados en la RFA" (423).

Subraya el carácter híbrido de España, el cual resultó de la convivencia de cristianos, moros y judíos. Agrega que muchos españoles eran africanos, negros y bereberes, que la cultura tiene raíces afroasiáticas, y que el cristianismo "fue una secta asiática" (413). Llama la atención del lector sobre la existencia de críticas de la Conquista en el interior de la misma España, y concluye que hay "dos Españas": "la 'señorial', como diría Lipschütz, y la popular; la de los opresores y la de los oprimidos: esta última es la viviente y auténtica, y sus obras son las que reivindicamos" ("Contra" 408). Esta otra España es la "España donde Las Casas y los grandes dominicos del siglo XVI [...] defendieron noblemente a los primeros americanos" (424) y donde vivieron los grandes pensadores como Vives, los comuneros, y los guerrilleros que luchaban contra Napoleón. Incluye también la España obrera y campesina. Es interesante ver la lista de ejemplos que ofrece como ilustración de esta otra España:

> Con los ojos de esta España contemplamos una impresionante y compleja familia: el arte hispanoárabe, el *Poema del Cid*, don Juan Manuel, el Arcipreste, *La Celestina*, el romancero y la novela picaresca, Garcilaso, fray Luis, Ercilla, Santa Teresa, San Juan, Cervantes, Góngora, Balbuena, Quevedo, Lope, Tirso, Ruiz de Alarcón, Calderón, Saavedra Fajardo, Gracian, El Greco, Velázquez, Moratín, Goya, Quintana, Espronceda, Bécquer, Rosalía de Castro, Valera, Galdós, *Clarín*, Unamuno, Baroja, Valle Inclán, *Azorín*, Machado, Juan Ramón, Miró, Picasso, Gómez de la Serna, Falla, León Felipe, Moreno Villa, Lorca, Alberti, Buñuel, Miguel Hernández [...] (425).

Esta enumeración, que nos recuerda el elenco de "figuras calibanescas" en el ensayo *Calibán*, es tan heterogénea como éste. Pero, al contrario de la lista de los calibanes, la lista que establece aquí no se identifica con un nombre específico; es simplemente una "compleja familia" que incluye personas, o sectores sociales, por los cuales el autor siente admiración. El binarismo, sin embargo, vuelve también en este ensayo. Hay un paralelo evidente entre, por un lado, la oposición entre Calibán y Próspero y entre "nuestra América" y la anti-América del ensayo de 1971 y, por el otro, la dualidad de las dos Españas en el ensayo de 1976: la "otra España" y la "reacción española" (425). Sin embargo, cuando el autor agrega que admira "la obra de Shakespeare, Shaw o Virginia Woolf a pesar del Imperio británico," "la de Whitman, Twain o Hemingway a pesar del imperialismo yanqui" y "la de Rabelais, Rimbaud o Malraux a pesar del colonialismo francés" (425-26), es evidente que su argumento principal no consta en una diferenciación simplista entre las dos partes, la buena y la mala, de un país, sino en la aserción de que no debemos rechazar en bloque a un país por su política o los errores del pasado.

Paralelamente a su conceptualización más matizada del Otro externo, Fernández Retamar manifiesta una conciencia más aguda de las diferencias internas. En su ensayo de 1971, había homogeneizado las diferencias internas entre figuras que consideraba como positivas en su lista de calibanes, y relegado las que veía como negativas a la "anti-América". En ensayos ulteriores, el autor volvió a esta exclusión de manera crítica con sus comentarios sobre Borges y otros latinoamericanos calificados de "Próspero" en 1971 y que consideró más tarde como miembros de la misma familia. En cuanto a las enormes diferencias culturales del continente, las mismas no tenían ninguna pertinencia en su discurso calibanesco de 1971, porque todas las figuras que no rechazaba dentro de la clasificación de Próspero eran consideradas como auténticamente latinoamericanas —es decir, como Calibán. El silencio del ensayo en lo relativo a la especificidad de la cultura afrocaribeña y la proliferación de discursos identitarios que reivindicaban prácticas culturales propias dio lugar a comentarios muy críticos. Ricardo Castells, por ejemplo, llama la atención sobre el hecho de que "although Fernández Retamar comes from an island with a majority black and mulatto population, Afro-Cuban culture does not appear in *Calibán*," y concluye su comentario con la descripción del ensayo como "an unusual study of colonial slavery with an ethnic cleansing of the colony's former slaves" (174). En una nota, agrega que esta obra no tiene ninguna relación con la voz del esclavo que surgió en las recientes obras y fílmicas cubanas (179).

Las diferencias suelen desaparecer con la identificación del Otro interno en las estrategias identitarias de sociedades de trasplante. Pero ya en el ensayo "Nuestra América y Occidente" (1975), Fernández Retamar enfoca explícitamente la cuestión de las diferencias internas, que no se reducen aquí a la dicotomía entre "nuestra América" y la "anti-América," o los oprimidos y los opresores. Al contrario de *Calibán*, donde el autor no se preocupó por las contradicciones de tal identificación, el ensayo de 1975 las menciona, pero sin contemplar la posibilidad de que la identificación pueda implicar una homogeneización o una apropiación del Otro. Establece un paralelo entre los latinoamericanos y los franceses, que se han identificado siempre con los galos (*Nos ancêtres les Gaulois*), a pesar del hecho de que no "hablan su lenguaje, ni visten como ellos vistieron, ni fueron educados en sus creencias, ni apenas son sus herederos 'raciales', es decir zoológicos" ("Nuestra" 358). Concluye con la pregunta siguiente: "¿No sería más congruente que a esos niños se les enseñara a decir: 'Nuestros antepasados, los invasores (o aun los descubridores) de la Galia'" (358). Pero en vez de problematizar esta identificación y examinar sus resultados menos positivos, Fernández Retamar subraya la inconsecuencia del hecho de aceptar la identificación entre los franceses y los galos al mismo tiempo que se rechaza la de Martí con los autóctonos.

En el mismo ensayo, el autor aborda también la cuestión de la valoración positiva de las diferencias internas al hablar de los afrocaribeños, cuya situación había comparado en otro pasaje con la de los indígenas (360): "Pero el siglo XX verá no la argumentación de que los negros americanos son capaces de incorporarse al mundo occidental, sino la proclamación abierta de que rechazan esa incorporación, por considerarse portadores de otra civilización, representantes de un mundo diferente" (385-86). Refiriéndose a Alejandro Lipschütz, Fernández Retamar cree no sólo que "una política de las nacionalidades similar a la puesta en práctica por la Unión Soviética permitirá la plena inserción de las comunidades autóctonas en el mundo latinoamericano moderno," sino que éste puede construirse "al mismo tiempo que ellas conservarán sus respectivas culturas" (386). Recuérdese que Mariátegui también había mencionado la posibilidad de que los indígenas mantuvieran sus culturas una vez integrados en la sociedad. Pero su referencia a la aserción de Mariátegui según la cual el "problema del indio" es un problema económico y social, y que "la suposición de que el problema indígena es un problema étnico se nutre del más envejecido repertorio de ideas imperialistas" (386; cita aquí un pasaje de los *Siete ensayos de interpretación*) limita la valoración positiva de la otredad en lo que se puede llamar la proletarización del indígena. Aunque las diferencias culturales son aceptadas, se subraya la importancia de la integración, y aun de la modernización (Fernández Retamar explica que la integración se hace dentro del "mundo latinoamericano moderno"), sin reflexionar sobre los conflictos posibles entre éste y las diversas prácticas culturales autóctonas. Lo que es más significativo aún es que el autor critique la celebración de la identidad negra a través de las palabras de Fanon, que había denunciado el "gran espejismo negro" (387).

Una relectura del ensayo "Algunos usos de civilización y barbarie" (1976-77) nos aclara mejor la resistencia del autor con respecto a ciertas estrategias identitarias, la cual se debe en parte al internacionalismo de las teorías marxistas, así como a algunas declaraciones de Lenin, descrito por el autor como un "enérgico impugnador de toda exaltación reaccionaria de etapas o formas arcaicas" (464). Se explica también por la influencia sobre el autor de algunas ideas surgidas dentro de la disciplina emergente de la etnografía moderna, que había influido a los primeros marxistas. En su discusión sobre el uso de las palabras "civilización" y "barbarie," Fernández Retamar critica la práctica etnocéntrica (que siempre ha existido) de considerarse a sí mismo como civilizado y a los otros como bárbaros. Denuncia también la versión moderna y capitalista de esta práctica que consiste en construir al hombre no occidental como bárbaro para explotarlo mejor. Pero acepta una tercera concepción de la civilización basada en las teorías evolucionistas del siglo XIX, donde la palabra se utiliza como "sinónimo de un estadio de desarrollo humano objetivamente superior a los estadios anteriores, mientras que tales estadios anteriores recibían los nombres de 'salvajismo'" (462-63).

Según el autor, los vocablos "civilización" y "barbarie" son "designaciones rigurosas" en la antropología social. En su ensayo no aparece ningún relativismo que cuestione la designación de la civilización como "objetivamente superior". Tampoco hace una crítica ideológica que busque bajo de las "designaciones rigurosas" de la ciencia la existencia de factores culturales.[2] Fernández Retamar se refiere en particular a *La sociedad antigua* de Lewis Henry Morgan (1877),[3] donde el etnógrafo, al que el autor llama un "magnífico radical norteamericano" (466), asentó las bases de las teorías evolucionistas que tuvieron tanta influencia después:

> Infatigable antirracista, Morgan vio que la historia del hombre "es una en su origen, una en su experiencia y una en su progreso" (*La sociedad* 42, y que dado "que el hombre es uno en su origen, su desenvolvimiento ha sido esencialmente uno, produciéndose en direcciones diferentes pero uniformes en todos los continentes, y muy semejantes en todas las tribus y naciones de la humanidad que se hallaban en la misma etapa de adelanto (44)". ("Algunos usos" 466)

Se refiere también a la explicación de Martí según la cual el "hombre salvaje" de hoy "empieza a vivir lo mismo que vivieron los hombres hace miles de años" (467). Esta concepción del primitivo como ejemplo vivo de nuestros antepasados fue muy difundida (ver Fabian).

A Fernández Retamar le interesa particularmente la idea de Morgan según la cual la civilización "no es sino otra etapa transitoria de la humanidad, como el salvajismo y la barbarie", la cual es también la de la "carrera por la propiedad". El evolucionismo de Morgan, junto a sus ideas sobre la propiedad, que constituyen el "uso dialéctico de los términos 'salvajismo', 'barbarie' y 'civilización'" según el cual cada etapa es la negación de la anterior, explica la admiración que Fernández Retamar tiene por él. Pero aquí surge una contradicción fundamental. Cuando explica que para Lenin la colonización "no es positiva porque aplaste a dichos países o los someta a las metrópolis imperialistas, sino porque implica *para ellos* un nivel mayor de desarrollo: más próximo, por tanto, al socialismo" (464), parece aceptar totalmente este postulado, a pesar de que es incompatible con una posición anticolonial radical. En última instancia, la colonización tendrá resultados positivos, aunque parezca injusto sojuzgar a las culturas menos "desarrolladas." Roberto González Echevarría analizó esta contradicción, que llama un *blind spot*, en los trabajos de Fernández Retamar:

> Sailing along with Marxist theory, he goes as far as to recognize the dialectical necessity for the emergence of a Latin American bourgeoisie in the nineteenth century, for it is only through the progressive policies of this class that independence is achieved and the "road to socialism" opened. But he cannot accept then the inescapable conclusion that within such a framework the colonization of America would have to be seen as a positive historical event that lifted the population of the New World out of prehistory to set those who survived (presumably) on the road to Socialism ("Roberto Fernández Retamar: An Introduction" 74).

Fernández Retamar rechaza explícitamente esta conclusión lógica de la teoría dialéctica marxista cuando explica en una entrevista que la opinión positiva de Marx sobre la anexión de gran parte del territorio mexicano por los Estados Unidos pertenece a su biografía personal y no implica el materialismo histórico: según él, las ideas de Marx son simples errores de opinión y prejuicios personales (Diana y Beverley 415).

Más adelante en el ensayo "Algunos usos de civilización y barbarie" menciona una cuarta acepción del vocablo "civilización" —como sinónimo de cultura en el sentido etnográfico; el autor explica que "*en este sentido*, no existen barbaries (se puede hablar así de la civilización etrusca o de la civilización sudanesa, pero no de la barbarie etrusca ni de la barbarie sudanesa" (470). Existe simplemente una pluralidad de civilizaciones, y este uso tiene la ventaja de reconocer el "valor de las múltiples comunidades humanas, de las cuales una deja de ser la norma, la vara de medir que pretende reducir a las demás a la condición de desviaciones teratológicas" (471). Sin embargo, el autor nos previene en el mismo ensayo contra las "deformaciones de una aplicación irracional, ontologizante o fisiognómica de este concepto" (471-72). El reconocimiento aparente de la diferencia sirvió, según Fernández Retamar, para contrarrestar la solidaridad de los explotados del mundo entero: es "una de las últimas argucias del capitalismo agonizante para impedir que el socialismo y la descolonización libren definitivamente a la humanidad de aquel régimen de explotación y crimen" (474). Su crítica a la negritud es acerba:

> Después de haber causado daños pavorosos a las grandes culturas africanas; después de haber reducido a sus hombres, más allá de su rica variedad, a la condición de animales de carga, cuando los pueblos de África se disponen a ajustar cuentas con Occidente, algunos de los amanuenses de ese último defienden la existencia de una "negritud" que uniría a los explotados negros con sus explotadores también negros (simples mayorales de Occidente), y los separaría de sus hermanos de otras pigmentaciones igualmente explotados (474).

Estos comentarios pueden leerse como un justo reconocimiento de las utilizaciones negativas que pueden hacerse de la política identitaria. Como nos previno Gayatri Spivak, hay una contradicción evidente entre, por un lado, la deconstrucción del sujeto cartesiano cuando se trata del occidental y, por el otro, la escucha de la voz del subalterno (postcolonial, de color, mujer), como si ésta no fuera condicionada también por factores ideológicos. Las aserciones de Fernández Retamar pueden contextualizarse también en relación con la crítica que hará más tarde Sara Suleri de la valoración positiva de la "lived experience" de los grupos marginados u oprimidos, lo que implica un esencialismo que se rechaza en el caso del occidental.

Sin embargo, mientras que Suleri y Spivak subrayan el peligro de la celebración identitaria generalmente ingenua, Fernández Retamar concentra su crítica en las políticas identitarias que no pertenecen a lo que él considera como la última etapa del desarrollo humano, es decir, el socialismo. Critica a los "explotadores negros" porque son "simples mayorales de Occidente" (¿por qué la explotación no puede existir independientemente de la occidentalización?), al mismo tiempo que defiende las prácticas identitarias dentro del socialismo (y del latinoamericanismo):

"reivindicamos nuestras civilizaciones, sólo que a una nueva luz, en un estadio superior: como partes de una civilizacion en formación, verdaderamente mundial," que no sea caracterizada por los antagonismos ("Algunos usos" 475). No examina de manera crítica las estrategias identitarias de sus propios ensayos. Tampoco problematiza las estrategias identitarias que abarcan a América Latina en su conjunto, lo que va a hacer hasta cierto punto en trabajos escritos mucho más tarde, cuando critica algunos usos del ideologema del mestizaje ("Adiós a Calibán" 1993). Pero lo que es más significativo aquí es su adhesión a las teorías evolucionistas, la que impide un verdadero reconocimiento del Otro que no se conforme a su idea teleológica de una civilización "verdaderamente mundial". La diversidad, en otras palabras, debe caber en la unidad, y no contradecirla.

Es interesante cómo enfoca Fernández Retamar el "negrismo antillano" en el ensayo "Para el perfil definitivo del hombre" (escrito en 1976). Explica que el negrismo, incitado por el primitivismo europeo, se convirtió en la "violenta y luminosa toma de conciencia de una cultura mestiza en la que el aporte africano ha desempeñado un papel esencial" y en una "orgánica postura revolucionaria" (530). Menciona en este contexto a Nicolás Guillén, Jacques Roumain, Aimé Césaire, René Depestre, Edward Brathwaite, Marcus Garvey y Frantz Fanon. Lo que alaba en estos autores e intelectuales no es sólo la "postura revolucionaria," sino también su contribución a la "apertura internacional de las letras y el pensamiento latinoamericanos, al hacer sentir su influencia no sólo en este Continente, sino incluso al otro lado del Atlántico" (530). Sigue una lista, que nos recuerda el elenco de calibanes en el ensayo de 1971, de autores latinoamericanos importantes que ilustran la "asimilación creadora" de una "literatura mayor" que revela la "compleja y genuina expresión" del continente (531). Cita entonces al crítico francés Roger Caillois, según el cual la "literatura latinoamericana será la gran literatura de mañana [...] ahora ha sonado la hora de la América Latina" (532). Más lejos en el ensayo presenta otra lista de novelas latinoamericanas (que incluye una anglófona, de Wilson Harris), que ilustra la "rica diversidad estilística" de su literatura. En el último párrafo del ensayo, Fernández Retamar expresa de nuevo su visión latinoamericanista, pero esta vez acompañada de un énfasis marcado en la heterogeneidad interna, la riqueza de una cultura plural y la renovación de la literatura por la inclusión de la diferencia:

> Y así, a la entera visión del hombre propuesta por cierto humanismo periclitado y por su correspondiente literatura (visión según la cual el ser humano era *en esencia* masculino, blanco, burgués, occidental ... siendo *lo otro* la excepción), la literatura

> latinoamericana contribuye a sobreponer la visión enormemente más rica que estamos construyendo en todo el planeta, y según la cual el ser humano esencial es también mujer, negro, amarillo, mestizo, obrero y campesino, asiático, latinoamericano y africano. Los escritores latinoamericanos podemos decir, glosando unos versos memorables de Nicolás Guillén: traemos nuestro rasgo al perfil definitivo del hombre (538).

Aquí las diferencias son valoradas positivamente no sólo porque ilustran la riqueza cultural de América Latina, sino también porque contribuyen a una nueva imagen del "ser humano esencial" y al "perfil definitivo del hombre" en general. Como en "Algunos usos de civilización y barbarie," la diversidad, en este ensayo, está incluida en la unidad e implica una concepción teleológica del ser humano.

A pesar del énfasis puesto en la diferencia interna en los ensayos que fueron publicados en la primera mitad de la década de los setenta, un verdadero cambio en la concepción de la diferencia por el autor ocurre sólo muchos años más tarde. El ensayo que mejor representa la transformación de su actitud hacia el Otro interno (en el sentido étnico, no político) es justamente "Adiós a Calibán" (1993), donde Fernández Retamar reconoce su deuda hacia varios críticos de su ensayo de 1971 que le ayudaron a "repensarlo" y aun a "retocar" algunos de sus puntos (117). Se refiere, por ejemplo, a la ausencia de calibanes femeninos y de figuras afroamericanas importantes. Uno de los aspectos principales del ensayo de 1993, sin embargo, es su plegaria apasionada contra el racismo, donde se defiende contra los críticos que habían interpretado el término "mestizaje" utilizado en *Calibán* en un sentido racial. Es significativa la manera como se refiere aquí a Marcus Garvey, cuya "gran faena" ("Adiós" 118) decía ignorar cuando escribió *Calibán*. En "Nuestra América y Occidente" (1975), al contrario, había mencionado a Garvey en conexión con el "gran espejismo negro." En cuanto al haitiano Antenor Firmin, se refiere al "fondo de la admirable negrez" ("Adiós" 119). Aunque mencione varias veces favorablemente la noción de transculturación de Fernando Ortiz, insistiendo en la hibridez cultural del Caribe y rechazando como una insensatez el clasificar a algunos escritores e intelectuales como blancos y otros como negros, afirma la necesidad de reconocer el "enérgico, imprescindible combate en favor de los negros" ("Adiós" 121) que puede ser más útil en algunos casos que la prédica del mestizaje. Aquí se reconoce el eco de José Martí, que había rechazado no sólo el racismo sino también la noción de raza, salvo en el caso de lo que llamaba el "racismo justo" (Martí 170) que servía únicamente para reivindicar los derechos de los negros marginados, explotados y víctimas de prejuicios raciales.

Pero el reconocimiento de la lucha de Garvey indica también, además de un interés más grande por las luchas y estrategias identitarias de grupos específicos, una problematización de algunos conceptos y metáforas de sus trabajos anteriores. El título del ensayo de 1993, "Adiós a Calibán," no indica sólo su deseo de "respirar en paz y pasar a otras tareas" (122), sino posiblemente al mismo tiempo una actitud crítica hacia la noción de Calibán como símbolo de una América Latina "auténtica" (e indiferenciada). Su afirmación explícita según la cual las "sobrevivencias africanas idiomáticas, religiosas, artísticas (culturales en general) no pueden homologarse de modo mecánico con las de los indios" (121) deconstruye el binarismo simplista entre Calibán y Próspero. Rechaza también la concepción idealista del mestizaje. Esta actitud crítica estuvo totalmente ausente de *Calibán*, donde la expresión "nuestra América mestiza" fue evocada innumerables veces sin ninguna problematización, y donde se refirió a la noción de la "raza cósmica" de José Vasconcelos, sin examinar las contradicciones evidentes no sólo en el vocabulario utilizado por Vasconcelos, sino también en su argumentación. En "Adiós a Calibán", critica la idea ingenua según la cual la discriminación de indios, negros y asiáticos puede superarse con:

> [el] *deus ex machina* de un mestizaje milagroso que, al margen de etnias, culturas, clases, engendraría una criatura nacida de una mezcla armoniosa en donde se habrían fundido además el patrón y el obrero, el gamonal y el pongo, y a la cual sólo le faltaría, para reunir lo diverso, ser a la vez hombre y mujer (121-22).

También denuncia el concepto del mestizaje que tienen "no pocas oligarquías del Continente y sus amanuenses" (119). Lo que problematiza aquí es la homogeneización, así como el idealismo de cierta concepción del mestizaje.

Más significativo aún es el lugar que otorga a las cuestiones culturales. En oposición a sus trabajos anteriores, parece rechazar aquí la proletarización de los indígenas y afroamericanos, con la afirmación de que "el fin de la explotación es algo necesario pero no suficiente para borrar todos los prejuicios y hacer realidad una transculturación integral" (121). No sólo prefiere el vocablo acuñado por Ortiz ("transculturación"), que subraya el aspecto cultural de la interacción de grupos diferentes, sino que reconoce que los problemas de los grupos marginados no eran sólo económicos y sociales. Critica también el no reconocimiento de los idiomas indígenas en un monolingüismo español o portugués, denunciando a los países latinoamericanos por "imponer a sangre y fuego otra civilización [...], que es lo mismo que intentaron los conquistadores"

(120). También cuestiona el énfasis casi exclusivo que había puesto en los aspectos sociales y económicos de la marginación de los indígenas:

> No es una cuestión "racial", en el grotesco sentido zoológico del término. Ni es *sólo* una cuestión social, si esta última es castrada al privársela de su riqueza concreta; es social, sí, pero tomando en consideración, junto al indudable hecho clasista (que nunca existe en abstracto), el hecho de que los indios de América tienen otros idiomas, otras costumbres, otras religiones, otras creencias, otras artes: otras culturas, en fin. [...] Seres occidentalizados que se consideran sucursales de la civilización han pretendido iluminar a las comunidades indias, supuestamente bárbaras o atrasadas, llevándoles adulteradas versiones de la Biblia, el Libro Mayor o algún manual de marxismo-leninismo. Así no se ha ido ni se puede ir lejos (120).

Fernández Retamar critica no sólo a los de la derecha, sino también a los de la izquierda que quieren que los indios abandonen "sus culturas, que es como decir [...] sus almas", porque ninguna comunidad puede "vivirle la historia a otra" (121).

Mientras que en sus ensayos anteriores había hecho suya la lucha martiana por la igualdad y la libertad, completa aquí el paradigma iluminista de los derechos humanos con una plegaria por la heterogeneidad y el derecho a la diferencia:

> [...] hay que reconocer, proclamar y defender el derecho a la diferencia tanto étnica como sexual: es absurdo que al indio o al negro se le proponga (que incluso se le pretenda imponer) pasar sin más a ser mestizo, y a la mujer ¿hombre o andrógino? No, no es así como se salvaguarda el carácter múltiple y complejo de nuestros países, tan artificiales a menudo, tan pensados desde fuera y explotados desde todas partes (122).

Con estas líneas Fernández Retamar demuestra una concepción de la diferencia muy distinta de la que manifestaba en *Calibán*. Además, indica las razones por las cuales surgió la homogeneización de los calibanes implicada en la oposición binaria y simplista entre Calibán y Próspero. Las metáforas de Calibán y Próspero ya no tienen su lugar en una construcción (imaginaria) de una identidad heterogénea. Sin embargo, el autor las justifica implícitamente en el mismo pasaje cuando describe los países latinoamericanos como artificiales, pensados desde fuera y explotados. El "pensarlos desde fuera" como bárbaros, por ejemplo, explica la valoración positiva y desafiante del vocablo peyorativo caníbal/calibán. En cuanto a su carácter "artificial," alude a la situación compleja de una sociedad de trasplante, que debe inventar una identidad que se diferencie de la de la metrópoli, a pesar del traslado masivo de paradigmas europeos. Los comentarios de Edward Said sobre la metáfora de Calibán pueden aclarar este punto. Cuando considera los diversos discursos latinoamericanos inspirados por esta metáfora como una respuesta a la pregunta "How does a culture seeking to become independent of imperialism imagine its own past" (214), indica una de las razones por las cuales el discurso calibanesco tuvo tanta fortuna. Pero en vez de limitar su comentario a los países que luchan contra el imperialismo, hay que aplicarlo a las sociedades de trasplante en general, que buscan *guiding fictions* (para utilizar la expresión tan útil de Nicolas Shumway xi) en sus construcciones identitarias.

Said menciona tres posibilidades de acción para los países poscoloniales: colaborar con Próspero, aceptar la hibridación, o volver a su verdadera esencia precolonial (los ejemplos dados por Said son los "nacionalismos nativistas y radicales" de la negritud, y el fundamentalismo islámico). La formulación de estas alternativas es problemática. Nunca se vuelve a una "esencia" precolonial, no sólo porque tal postulado esencialista es erróneo en sí, sino también porque todo contacto entre culturas produce cambios que hacen imposible el "descubrimiento" de una identidad pasada; se trata más bien de construir una nueva identidad basada en la manera como la sociedad poscolonial ve su pasado precolonial. En cuanto a la primera alternativa, es confusa: Ariel no puede volver simplemente a lo que era antes de servir a Próspero, como lo afirma Said: "Ariel does what he is told obligingly, and when he gains his freedom, he returns to his native element, a sort of bourgeois native untroubled by his collaboration with Prospero" (214). Cuando vuelve a su "native element," ¿no se confunde entonces con Calibán, lo que representa la tercera alternativa?

Pero una de las alternativas mencionadas por Said —aceptar la hibridación— puede ser interpretada con relación a su comentario sobre la construcción imaginaria del pasado para indicar un aspecto principal de la creolización de las sociedades de trasplante, a saber, la creación de una ficción identitaria idónea. A pesar de las diferencias enormes que existen entre los países del continente americano, hay un paralelo interesante entre las diversas concepciones identitarias, que se basan casi todas en paradigmas relacionados con la hibridez (aunque estos paradigmas puedan diferir entre sí de modo significativo): el *melting-pot* estadounidense, el estado multicultural canadiense, la *créolité* del Caribe francófono, el caos de la "isla que se repite" de Benítez Rojo, el crisol de Ricardo Rojas, "nuestra América mestiza" de Martí y el Calibán de Fernández Retamar. Este último ilustra además la necesidad de imaginar no sólo el presente (como híbrido), sino también el pasado (que no puede ser el de la metrópoli). La reinvención de un pasado propio explica en gran parte la identificación con el Otro interno para establecer una diferenciación con respecto a la metrópoli y para crear una filiación simbólica con raíces autóctonas. Si la metáfora de Calibán ya no puede aplicarse de manera acrítica en la última década del milenio, es porque se reconocen los problemas suscitados por una identificación que borra las diferencias internas (ver "Adiós a Calibán").

Sin embargo, la metáfora no se ha desgastado, e innumerables trabajos siguen apareciendo sobre ella en diferentes países. Si su fortuna en Europa y Estados Unidos se debe a la gran popularidad y a la institucionalización de los "estudios postcoloniales," su significación para América Latina mantiene su vigencia a causa de la situación desastrosa del continente dentro de la economía mundial, tema que vuelve con frecuencia en los trabajos de Fernández Retamar. En su ensayo "Calibán en esta hora de nuestra América" (1991), en donde utiliza la metáfora en un sentido menos hispanoamericanista que en el ensayo de 1971, prevee de modo muy pesimista que los países pobres, que albergan la "inmensa mayoría de los habitantes del planeta," sólo van a aumentar en número (107). Agrega que "la contradicción entre los países subdesarrollantes y los países subdesarrollados [...] es hoy la contradicción principal de la humanidad" y explica que prefiere el término "subdesarrollantes" a "desarrollados" por señalar la relación de dependencia entre los dos (107). Subraya la situación particular de América Latina, con sus "estándares de vida declinantes, estancamiento económico, astronómicas tasas inflacionarias, fuga de capitales, relaciones entre deuda/exportación insoportables, migración masiva, etc." (116; cita a James Petras), antes de manifestar, a pesar de todo, la esperanza en un futuro mejor, en una "etapa realmente ecuménica, generosa y fraterna" (117).

Sin embargo, las disparidades mundiales son tan grandes, y su solución tan utópica en un futuro inmediato, que la situación presente refuta el evolucionismo que subyace a muchos trabajos de Fernández Retamar. Cuando, en 1911, el antropólogo W.H.R. Rivers rechaza las teorías evolucionistas según las cuales todas las poblaciones, costumbres e instituciones humanas atraviesan una serie determinada de etapas evolucionarias, y argumenta que los cambios son generalmente el resultado de las mezclas y los intercambios de pueblos y culturas (Kuper 163), enuncia una idea muy significativa para la comprensión de la situación global actual y la vigencia del discurso calibanesco. La degradación de las condiciones de vida en muchos países se debe a la historia concreta de la exploración, conquista, y creación de redes comerciales desiguales (que implican los intercambios y las mezclas mencionadas por Rivers). Es esta historia la que produce efectivamente los cambios (en parte negativos, en este caso, al menos para la gran mayoría de la población), no una metahistoria evolucionista (y utópica). Por lo tanto, la metáfora de Calibán que maldice a Próspero puede desafortunadamente ser más apropiada a la situación actual que la imagen positiva de las diferencias internas que Fernández Retamar adumbra en "Adiós a Calibán".

NOTAS

[1] En "Calibán revisitado" (1986), Fernández Retamar subraya esta dimensión de su ensayo: "Mis líneas no nacieron del vacío sino de una coyuntura concreta llena de pasión y, por nuestra parte, de indignación ante el paternalismo, la acusación a la ligera contra Cuba, y hasta las grotescas 'vergüenza' y 'cólera' de quienes habían decidido proclamarse, cómodamente instalados en 'Occidente', con sus miedos, sus culpas y sus prejuicios, fiscales de la revolución" (252). Agrega lo siguiente: "La forma como tuvo que ser escrito *Calibán*, en unos cuantos días, casi sin dormir ni comer, mientras me sentía arrinconado por algunos de los hombres que más había apreciado, es responsable de varios cabos sueltos en el trabajo, que dieron lugar a malentendidos" (254). En una entrevista con Roberto González Echevarría, el mismo autor llama a *Calibán* "panfleto" ("Entrevista" 22), pero agrega que todos sus trabajos son polémicos.
[2] Algunas ideas de Morgan son muy problemáticas, como se puede comprobar en la cita siguiente: "The Aryan family represents the central stream of human progress, because it produced the highest type of mankind, and because it had proved its intrinsic superiority by gradually assuming the control of the earth" (citado por Kuper 67).
[3] Se refiere a la traducción española, *La sociedad antigua (o Investigaciones sobre las líneas del progreso humano desde el salvajismo a través de la barbarie hasta la civilización.*

BIBLIOGRAFÍA

Castells, Ricardo. "Fernández Retamar's 'The Tempest' in a Cafetera: From Ariel to Mariel". *Cuban Studies* 25 (1975): 165-182.

Chanady, Amaryll. "Latin American Imagined Communities and the Postmodern Challenge". *Latin American Identity and Constructions of Difference*. Amaryll Chanady, ed. Minneapolis y Londres: University of Minnesota Press, 1994. ix-xlvi.

Diana, Goffredo y John Beverley. "These Are the Times We Have to Live In: An Interview with Roberto Fernández Retamar". *Critical Inquiry* 21/2 (Winter 1995): 411-33.

Fabian, Johannes. *Time and the Other: How Anthropology Makes its Object.* Nueva York: Columbia University Press, 1983.

Fernández Retamar, Roberto. "Adiós a Calibán". *Casa de las Américas* 191 (abril-junio de 1993): 116-122.

____ "Algunos usos de civilización y barbarie". *Para el perfil definitivo del hombre*. Roberto Fernández Retamar, ed. La Habana: Editorial Letras cubanas, 1981. 429-79.
____ *Calibán. Apuntes sobre la cultura en nuestra América*. [1971]. México: Editorial Diógenes, 1972.
____ "Calibán en esta hora de nuestra América". *Casa de las Américas* 32 (oct.-dic. 1991): 103-117.
____ "Calibán revisitado". *Revista de Crítica Literaria Latinoamericana* 11 (1986): 145-55.
____ "Contra la Leyenda Negra". *Para el perfil definitivo del hombre*. Roberto Fernández Retamar, ed. La Habana: Editorial Letras cubanas, 1981. 399-428.
____ "Introducción a José Martí". *Para el perfil definitivo del hombre*. Roberto Fernández Retamar, ed. La Habana: Editorial Letras cubanas, 1981. 102-67.
____ "Nuestra América y Occidente". *Para el perfil definitivo del hombre*. Roberto Fernández Retamar, ed. La Habana: Editorial Letras cubanas, 1981. 352-98.
___ "Para el perfil definitivo del hombre." *Para el perfil definitivo del hombre*. Roberto Fernández Retamar, ed. La Habana: Editorial Letras cubanas, 1981. 520-538.
___ *Para el perfil definitivo del hombre*. La Habana: Editorial Letras Cubanas, 1981.
González Echevarría, Roberto. "Entrevista con Roberto Fernández Retamar". *Sin nombre* 10/2 (1979): 14-28.
____ "Roberto Fernández Retamar: An Introduction". *Diacritics — A Review of Contemporary Criticism* 8/4 (1978): 70-75.
Kuper, Adam. *The Invention of Primitive Society: Transformations of an Illusion*. Londres y Nueva York: Routledge, 1988.
Morgan, Lewis H. *La sociedad antigua*. La Habana: 1966.
Martí, José. "Mi raza". *Antología mínima*, Tomo 1. La Habana: Instituto cubano del libro, 1992. 169-191.
Paz, Octavio. *El laberinto de la soledad*. [1950]. México: Fondo de Cultura Económica, 1976.
Rivers, W.H.R. "The Ethnological Analysis of Culture". *Nature* 87 (1911): 356-60.
Said, Edward W. *Culture and Imperialism*. Nueva York: Vintage Books, 1994.
Shumway, Nicolas. *The Invention of Argentina*. Berkeley y Los Angeles: University of California Press, 1991.
Spivak, Gayatri Chakravorty. "Questions of Multiculturalism". Entrevista de Sneja Gunew. *The Post-Colonial Critic: Interviews, Strategies, Dialogues*. Sarah Harasym, ed. Nueva York y Londres: Routledge, 1990.

Suleri, Sara. "Woman Skin Deep: Feminism and the Postcolonial Condition". *Colonial Discourse and Post-Colonial Theory: A Reader.* Patrick Williams y Laura Chrisman, eds. Nueva York: Columbia University Press, 1994. 244-56.

En torno a una configuración teórico-literaria de "Nuestra América": modernismo y épica en *El siglo de las luces*[1]

Neil Larsen

Desde la primera publicación de *Calibán*, en 1971, la perspectiva crítica de Roberto Fernández Retamar (en adelante, RFR) se ha vuelto casi paradigmática para el latinoamericanismo, tanto para los que la siguen como para los que se oponen a ella. Esto ha resultado en parte de lo que se ha percibido como una relación virtualmente metonímica entre RFR y —mediado por *Casa de las Américas*— los valores de la Revolución Cubana. El mismo RFR sería el primero, claro, en negar el carácter metonímico —cuando no, metafórico— de tal relación. Pero, correcta o no, su percepción se debe mayormente a una combinación de rigor teórico, profundamente arraigado en el marxismo, y a una militancia abierta que pocos críticos, fuera o dentro de Cuba, han podido, o han querido igualar.

El ensayo que sigue es testigo de su presencia indeleble en el discurso latinoamericanista. En él me ocupo de una cuestión que RFR plantea quizás con la mayor fuerza y nitidez que se han registrado en la última generación: la de la posibilidad y necesidad de una teoría literaria latinoamericana "a la altura de su objeto" (349). Más concretamente, me pongo a considerar si *El siglo de las luces* de Alejo Carpentier puede corresponder legítimamente como objeto teórico a *La novela histórica* de Georg Lukács. Mi respuesta —una afirmativa algo calificada— es tal vez no la respuesta exacta que daría o hubiera dado RFR, aunque admito estar menos seguro de esto ahora que cuando escribí la primera versión de "Modernismo y épica", en inglés, hace seis años. En efecto, propongo la validez de la teoría lukacsiana (en su variante marxista y de "realismo crítico") para la literatura latinoamericana, una vez que aquélla sea revisada a partir de conceptos como el de "ideología de segundo grado" del crítico brasileño Roberto Schwarz. No estoy seguro de que RFR aprobaría lo que digo aquí en términos específicos acerca de Carpentier, Lukács (o Schwarz). Sin embargo, tengo la certidumbre de que lo que se constituye aquí como problemática general —la concreta revisión latino-americanizada de la crítica marxista— es consistente con el *proyecto* de Retamar: estudiar la literatura latinoamericana con una "visión descolonizada" (303).

Antes de pasar a Carpentier y Lukács, me parecen oportunos algunos comentarios adicionales sobre este proyecto. Al releer hoy textos críticos como *Calibán* o "Algunos problemas teóricos de la literatura hispanoamericana" (1974) es imposible no ceder a un interrogante aparentemente inevitable debido a los eventos que se han interpuesto: ¿puede tomarse en serio una teoría crítica tan estrechamente identificada con el socialismo "actualmente existente", sea en Cuba o en el ya desparecido "bloque socialista" dirigido por la URSS? ¿No quedará como obsoleto el espíritu incisivo de nacionalismo cultural en la obra de RFR dada la supuesta tendencia a una "globalización" capitalista y dados los efectos adversos ejercidos por ella en un (y todavía embargado) acosado sector social cubano?

Esta no es la ocasión para las reflexiones más largas y más pensadas que tales preguntas merecerían. Pero ¿qué sucede realmente al leer de nuevo un texto como "Algunos problemas teóricos" en busca de las señales de lo supuestamente "obsoleto"? La sensación de un cierto anacronismo sí que se nota: ¿quién recuerda ahora y mucho menos quién cita los estudios histórico-literarios, tan fuerte y efectivamente castigados por RFR, de David Malvasky y Rodolf Grossman? ¿Qué será ahora, se pregunta uno (no sin un cierto temor) de críticos como Kurt Schnelle de la antigua República Democrática Alemana o el Miklos Szabolsci de la Hungría socialista? Y por cierto que la actitud de RFR, al recordarnos a propósito del anti-eurocentrismo, que existe también "otra Europa" periférica y socialista, se vuelve doblemente irónica en vista de lo acontecido desde 1974 en lugares como Berlín, Budapest y Praga.

Pero son pocos los textos críticos y polémicos escritos a mediados del setenta que no van a parecer anacrónicos en muchos aspectos; con excepción de su adhesión a una escuela y marco de referencia académico a lo COMECON, "Algunos problemas teóricos" no tiene nada de vencido. Al lado de Schnelle y Szabolsci están Martí, Mariátegui, Ortiz, Reyes, y Candido —nombres y obras que, además de gozar del conocimiento profundo de RFR, son más actualizados y actualizables que nunca.

A la luz, sobre todo, de lo que se nos vende hoy como teoría "poscolonial", las polémicas de RFR siguen pareciendo muy diestras, desde la respuesta indirecta al pobre Cortázar-crítico —"el Che Guevara del lenguaje propio de nuestra América es...el Che Guevara" (342)— hasta las animadversiones en contra de un "estructuralismo vulgar". Y al sostener que "la línea central de nuestra literatura parece ser la amulatada, la híbrida, la 'ancilar'" (325) Retamar nos recuerda de la manera más oportuna que existen argumentos para la existencia de una Latinoamérica radicalmente "otra", argumentos que no deben nada a Heidegger, Levinas, Derrida o Foucault.

De hecho, éste es un momento también oportuno para reconocer lo que ahora considero como una crítica en gran parte errónea hecha a RFR en la introducción a un texto mío de 1990, *Modernism and Hegemony*. Ahí (xlii-xliii) propuse una afinidad entre lo que entendía como un rechazo, por motivos de eurocentrismo, a la idea de una teoría universal de la literatura y el llamado de Enrique Dussel a una filosofía "analéctica"—o sea, anti-hegeliana, y anti-dialéctica—de la liberación latinoamericana, fundada en la perspectiva de un Otro metafísico y hasta teológico. Una relectura más cuidadosa de "Para una teoría literaria hispanoamericana" y de "Algunos problemas teóricos" demuestra como falsa tal afinidad, dándole la razón a RFR, que se quejó, amistosamente, en las páginas de *Casa de las Américas* de la insinuación polémica. Mantengo mi posición crítica respecto a la "analéctica" de Dussel, pero que conste que RFR sostiene un concepto dialéctico de totalidad totalmente opuesto a lo "analéctico". Esto se ve muy claramente en su discusión del problema de la periodización literaria en América Latina:

> [L]os "períodos" de nuestra historia literaria serán inequívocamente nuestros: ¿pero lo serán tanto que no tengan nada que ver con los que hemos estado vinculados o con cuyas estructuras tenemos grandes semejanzas? Por supuesto que no: serán nuestros, porque implicarán un engarce con el resto del mundo, de una manera peculiar; porque serán momentos nuestros de estar en el mundo. ("Algunos problemas teóricos" 338)

En fin, las expectativas revolucionarias más inmediatas de Retamar, a la vez que algunos de sus votos por una crítica "socialista", pueden haberse revelado como falsos. Y sin embargo, Latinoamérica, en su actual "momento de estar en el mundo", sigue esencialmente donde estaba hace 25 años: desigual, marginalizada, antagonizada y cargada de energías rebeldes. Es por esta razón que el legado intelectual de RFR sigue muy vivo y actual.

Una de las paradojas más sorprendentes de la actual discusión sobre la literatura y la cultura latinoamericana es cómo, aun cuando la problemática de lo posmoderno provoca una amplia y a veces vehemente disputa, la cuestión de lo moderno mismo subsiste como algo no menos controversial y problemático. No cabe duda que esto indica algo acerca de la condición "poscolonial" misma, la tendencia de su vida intelectual (como Roberto Schwarz ha observado con respecto al Brasil) a "comenzar de cero con cada generación" al darse "una falta de convicción, tanto en las teorías constantemente en cambio y en la relación de éstas con respecto al movimiento de la sociedad en su totalidad" (2). Uno sospecha, por supuesto, que a menudo tal "falta de convicción" está bien fundada.

La evidente incertidumbre acerca de lo que exactamente fue o es el "*modernism*" latinoamericano es palpable en la ausencia de una palabra precisa en español o en portugués para describir el mismo vocablo inglés: *modernismo* aparece como una marca generacionalmente demasiado estrecha en el contexto brasileño o hispanoamericano, mientras que *vanguardismo* corre el riesgo de ser demasiado sectario. Pero tal incertidumbre ciertamente refleja también algo intrínseco a los mismos objetos literarios y culturales. (Como mal menor, he utilizado aquí el término "modernismo" para referirme al concepto designado por "modernism"). Es demasiado fácil, por supuesto, pasar lista a las muchas semejanzas formales existentes entre, por ejemplo, Faulkner y García Márquez, o *Ulysses* y *Rayuela*, pero ellas nunca llegan a sumarse a una identidad estética o cultural aproblemática. Es una lista que puede seguir *ad infinitum*, pero sin eliminar la sensación de que una soterrada e irreductible diferencia puede en cualquier instante revelar la carencia de sentido de este ejercicio formal. La tendencia, en este momento, será explicar todo esto como una consecuencia del etnocentrismo inherente o del imperialismo cultural que se adhieren a la misma categoría de lo estético o de la cultura *per se*, junto a un postulado corolario afirmando la irreductible diferencia de textos *casi* modernos, pero nunca exactamente tales, como un signo de su esencia radicalmente "latinoamericana". Las críticas de la teoría literaria y de los estudios eurocéntricos, como las que ha llevado adelante Edward Said, han impulsado este tipo de consideraciones en medio de la corriente prevalente del discurso académico — aunque en el ámbito latinoamericano, los primeros intentos por sentar las bases de una teoría literaria no-eurocentrista fueron anteriores a la teoría "poscolonial" Y si vale decir que debemos esos primeros intentos esencialmente a la Revolución Cubana y al casi incalculable impacto que ella ejerció sobre la conciencia intelectual latinoamericana, de ahí no cabe dudar del papel esencial de RFR, en plantearnos la propia *idea* de una *teoría* literaria latinoamericana.

Pero RFR sabrá mejor que nadie acoger el gesto levemente polémico si sugiero que la denuncia general del eurocentrismo, aunque largamente justificada, tiene muy poco o nada de poder explicativo cuando se trata de hurgar más profundamente en la diferencia específica, en sí, de las obras heterogéneamente modernas. Más allá del puro hecho de la diferencia y del hecho de que esta diferencia apunta en un nivel muy amplio a las condiciones sociales e históricas del colonialismo y el imperialismo, lo que se debe mostrar aquí es cómo, *concretamente*, esta diferencia puede vincularse con —para utilizar otra vez los términos de Schwarz— "el movimiento de la sociedad en su totalidad".

En lo que sigue me gustaría intentar efectuar brevemente tal demostración tomando como ejemplo un texto particular, y, en el caso cubano, casi ejemplar: *El siglo de las luces* de Alejo Carpentier. Mis razones para escoger esta novela son en parte circunstanciales —el hecho de que es una novela generalmente muy leída y que yo a menudo la presento en cursos de literatura caribeña y latinoamericana. Pero estas razones también tienen que ver con algo que parece ser una suerte de problema particular de *El siglo de las luces*, cuando, junto a otros textos de Carpentier, se busca determinar si se trata de un texto "modernista" o no. Este es, en una palabra, el problema de la historia. *El siglo de las luces* es, a las claras, una narración acerca de la historia, una narrativa que concientemente se propone contar el argumento de una serie particular de hechos reales en un ambiente particular. Estos hechos son las diferentes repercusiones de la revolución francesa en cuanto afecta al área del Caribe—específicamente, Cuba, Haití, Guadalupe, la Guyana francesa y Surinam. Uno incluso puede precisar con mucha exactitud el período histórico narrado: los veinte años que transcurren entre el brote de la revolución en Francia misma y la espontánea revuelta del pueblo madrileño contra las tropas de Napoleón en 1808, evento en medio del cual fallecen Esteban y Sofía, dos de los personajes principales de la novela. Como consecuencia directa o indirecta de la revolución francesa se da la abolición de la esclavitud en los territorios franceses "revolucionarios" del área así como su subsecuente restablecimiento (con la excepción de Haití), después del decreto napoléonico del 30 Floreal, año 10. El mismo personaje de Víctor Hugues está construido, de acuerdo a la información proporcionada por el propio Carpentier, sobre la base de un personaje que de hecho vivió bajo ese nombre.

Así, si uno tuviera que clasificar esta novela recurriendo a las tradicionales designaciones poéticas y genéricas, los conceptos épica y novela histórica no estarían fuera de lugar. ¿Acaso no tenemos en *El siglo de las luces* aquello que Lukács gustaba denominar como la esencia determinante de la épica, es decir, la "totalidad de los objetos"? Sin embargo, hay algo extrañamente deficiente e impreciso en esta clasificación. Y es que la re-experiencia imaginativa de la historia que uno típicamente espera encontrar en la narrativa "clásica" de épicas como *La Iliada* o *La guerra y la paz* parece haber sido alterada en *El siglo de las luces*: lo que uno "experimenta" al leerla no es tanto la forma fenomenal de la historia como tal —al menos como estamos acostumbrados a reconocerla— sino su fortuito epifenómeno, en forma de éxoticas costumbres de una época, trozos de canciones, rituales masónicos, olvidadas referencias histórico-literarias, detalles extraños de la arquitectura, entre otros. Considérese, como una de las muchas posibilidades de esto, el episodio (véanse los capítulos 46 y 47) en que los veteranos de las campañas de Napoleón en Egipto son traídos a Cayena con el propósito de cazar a los esclavos fugitivos, y la subsiguiente epidemia del "Mal Egipcio" en la ciudad:

> El Mal Egipcio se había declarado en Cayena. El Hospital de Saint-Paul-de-Chartres no tenía cabida ya para tantos enfermos. Se hacían rogativas a San Roque, a San Prudente, a San Carlos Borromeo, siempre recordados en época de pestes. Maldecían las gentes a los soldados que habían traído aquella plaga nueva, sacada de sabía Dios qué subterráneo de momias; sabía Dios de qué mundo de esfinges y enbalsamadores. La Muerte estaba en la ciudad. Saltaba de casa en casa, acreciendo, con la desconcertante brusquedad de sus apariciones, una pavorosa proliferación de rumores y de consejas. Se decía que los soldados de la campaña de Egipto, furiosos por verse sacados de Francia, habían querido exterminar la población de la colonia para apoderarse de ella; que elaboraron untos, líquidos, grasas maceradas con materias inmundas, con los cuales marcaban las fachadas de las casas a donde querían llevar la contaminación. Todas las manchas se hicieron sospechosas. Quien, de día, pusiera la mano en una pared, dejando en ella la huella de un sudor, era apedreado por los transeúntes. Por llevar los dedos demasiados negros y pringosos, un indio fue matado a palos, una madrugada, por gentes que velaban un cadáver. (391-392)

Cualquiera que esté familiarizado con el esmerado hábito de investigación de Carpentier no tendrá dificultad en creer en la veracidad histórica de lo que aquí se narra. No puede ponerse en discusión la habilidad de este escritor de evocar para el lector la realidad sensual, casi visceral de una plaga. Y sin embargo, este episodio, como muchos otros de la novela, no tiene una conexión esencial con el desenvolvimiento épico o dramático de la narrativa como tal. Aunque el mismo Hugues ha sido contagiado y, creyendo falsamente que su muerte está próxima, le revela a Sofía su deseo de ser enterrado vistiendo su vieja insignia jacobina, pre-napoleónica, el incidente de ninguna manera afecta lo que es ya la inevitable separación y disputa política entre los dos amantes. La plaga en Cayena *es* historia, pero no es *como* historia que se reclama la atención narrativa del lector. La historia es, más bien, una suerte de vehículo para producir una serie de efectos estéticos —aquí el choque menor o *frisson* efectuado por la amplificación de los detalles macabros y violentos y por la yuxtaposición de ambientes "exóticos". Estos efectos dan la impresión de estar más enlazados con el presente del lector que con el pasado histórico. Además, estos mismos efectos aparecen análogos, si no homólogos a los producidos en las obras de arte canónicamente "modernistas" o de vanguardia: los principios del montaje aparecen claramente en pasajes como el arriba citado. De esta perspectiva, todo lo que separa el pasaje anterior de, digamos, un poema-prosa surrealista es el hecho de que Carpentier haya extraído su material de las *arcana* de la historia misma en lugar de extraerlo de las esferas privadas de los sueños e intoxicaciones.

A estas alturas los lectores de Carpentier se ven, por supuesto, obligados a recordar su conocida adhesión a la tesis de lo "real maravilloso" en el prefacio de 1949 a *El reino de este mundo* y asimismo su discusión del "neobarroco" en posteriores ensayos recogidos en *Tientos y diferencias* (1964). Aquí, de hecho, Carpentier, al romper públicamente los lazos con el surrealismo, ya anticipaba la cuestión de cómo su propia estética podría ser juzgada *vis a vis* la vanguardia europea. Esto lo hizo con una teoría de la obra de arte literaria que era *ambas* cosas, realista y modernista, a la vez —y que, al mismo tiempo, no era ninguna de las dos, una obra en que lo "maravilloso" fluye "libremente de una realidad estrictamente seguida en todos sus detalles" (*El reino* 14). Simplemente escribiendo sobre "América" en su real, pero radical otredad, nos explica el autor, se ha hecho posible trascender aquello que en las metrópolis europeas parece ser una dualidad irreductible. Hay incluso aquí toques de un utopismo novomundista convencional, en tanto que a la cultura privatizada, neurótica y decadente del surrealismo metropolitano se le ofrece una posibilidad de redención al dirigir simplemente su mirada a través del Atlántico donde "todo resulta maravilloso en una historia imposible de situar en Europa" (*El reino* 15).

La historia literaria no deja dudas sobre la eficacia de lo "real maravilloso" carpenteriano en constituir un nuevo vocabulario dentro del discurso crítico y estético— un vocabulario cuyo éxito puede medirse por la frecuencia con que todavía se escucha hablar de "realismo mágico" a lo largo de todo el espectro de las corrientes principales de la cultura literaria. Pero como teoría, lo "real maravilloso" en verdad no nos lleva tan lejos como para resolver el problema específico que surge en una narrativa como la de *El reino de este mundo* o *El siglo de las luces*: en especial, *cómo, dada la co-presencia de aspectos épicos (realistas) y modernos (anti-realistas) dentro del mismo texto narrativo, se puede especificar simultáneamente la relación entre ellos y explicar, en términos sociohistóricos o genéticos, su "forma" específica de relación.* Para reiterar: el problema planteado no es solamente terminológico, ni tampoco se trata simplemente de recurrir a la pura diferencia como tal. Se trata, más bien, de formular una perspectiva crítica desde la cual evaluar textos literarios particulares, pero una perspectiva que, al mismo tiempo, reflexione dentro de su alcance la verdad social específica de Latinoamérica, o de la sociedad poscolonial en general. Las incursiones teóricas de Carpentier ciertamente se mueven en esta dirección. Pero, en último análisis, la estética de "lo real maravilloso", lo "neobarroco" etc., se remite a lo cultural, incluso a lo etnográfico antes que a un orden de diferencia plenamente social o histórico (véase Larsen 49-54). El deseo burgués privatizado de obtener una "iluminación profana" (para utilizar la acertada frase de Walter Benjamin) puede, en efecto, como Carpentier proclama, convertirse en el deseo colectivo y público encarnado, digamos, en el ritual religioso afro-cubano (lo "profano" se revierte, aquí, en lo sagrado). Pero eso todavía deja la pregunta de dónde encaja exactamente Carpentier en tanto autor del texto "mágico realista" —o dónde encajamos nosotros mismos, como lectores agnósticos o no-comulgantes, por ejemplo— dentro de ese esquema, si no es precisamente como aspirantes a etnógrafos, contemplando el espectáculo extático desde lo que todavía persiste como la segura esfera privada de una conciencia privada. Todo esto nos lleva a decir que, si vamos a tomar seriamente la teoría implícita de un *realismo* distintamente latinoamericano expresada en los manifiestos estéticos de Carpentier, entonces esta teoría debe ser rigurosamente evaluada en términos de su práctica literaria misma y no meramente desplazada hacia otra esfera.

¿Pero cómo proceder, entonces? Exponiéndome, quizás, a la acusación de cierta forma de eurocentrismo, mi propia práctica en este punto ha sido volver a *La novela histórica* de Lukács —un trabajo teórico que no podría ser, de cierta manera, más "eurocéntrico" pero que es indispensable, creo, si vamos a calar más profundamente en la cuestión de la dinámica épica/modernidad en *El siglo de las luces*.

La novela histórica, escrita en Moscú en 1936 y 1937 e inicialmente publicada en ruso, es suficientemente conocida como parte del extendido corpus de crítica literaria y teoría estética posterior a *Historia y conciencia de clase*, la gran obra filosófica de Lukács, como para evitar una larga recapitulación. Sin embargo, una breve revisión de algunas de sus contribuciones teóricas más importantes resultará útil para nuestro argumento. Lukács comienza con una consideración de la novela histórica en su fase clásica, resumida en la obra de Walter Scott. Basándose él mismo en la obra del realismo social del siglo XVIII (Fielding, Sterne, Defoe, etc.), a la manera de la épica antigua Scott revoluciona esta tradición retratando la realidad objetiva de la sociedad en la forma a la vez singular y quintaesencial de la historia como producto, algo hecho.

Scott, para repetir la frase de Lukács, produce un reflejo artístico de la historia no como mero pasado sino como la "prehistoria concreta del presente" (296). Este logro es después refinado por una serie de escritores que llevan la novela histórica hasta el final del período clásico, sobre todo Balzac, Stendhal, Cooper, Pushkin, Manzoni y Tolstoy.

Lukács especifica que la precondición histórica para la realización clásica de la forma lograda por Scott es "el espíritu histórico" o la "nueva experiencia que tienen las masas de la historia" —el resultado de las revoluciones inglesa, y particularmente francesa, y el período siguiente a las guerras napoleónicas. Es durante este período —el ejemplo clásico de la "revolución burguesa" arguye Lukács— que la vida se ve confrontada por primera vez con la realidad directa de la historia mundial. Lukács cita como ejemplo la experiencia de la masa de conscriptos y la guerra geográficamente ilimitada. "Si experiencias como ésta" escribe,

> están unidas con el conocimiento de que similares cataclismos sociales ocurren en todo el mundo, esto debe robustecer enormemente el sentimiento, primero que existe la historia, que es un proceso no interrumpido de cambios, y finalmente que tiene un efecto directo sobre la vida de cada individuo. (23)

Es sólo porque la historia se ha convertido en un "hecho de la vida" para la gente *en masse*, que escritores como Scott y Balzac, ligados a la vida popular, son capaces de reflejar este nuevo historicismo de la masa en un medio de representación épica.

El punto final de este desarrollo es, por supuesto, la fracasada revolución de 1848, especialmente los días de junio en París, cuando la burguesía europea y el proletariado se enfrentaron abiertamente por primera vez sobre cuestiones de fundamental interés económico y poder político. El lector de Lukács está familiarizado sin duda con las transformaciones literarias atribuidas a este asalto y "apologética" de la contrarrevolución burguesa: el progresivo aislamiento y enajenación de los principales intelectuales y escritores burgueses del ámbito social e histórico de la lucha de clases; la creciente dominación de ideologías de idealismo subjetivista, esteticismo, y abierta reacción —todo esto culminando en el declive del realismo épico y el surgimiento de una literatura de contenido socialmente empobrecido plasmada inicialmente como naturalismo y finalmente como modernismo. En lo que concierne a la novela histórica, el efecto de la contrarrevolución se puede ver claramente en las deformaciones artísticas de una narrativa post-1848 como *Salammbô* de Flaubert. Estas deformaciones las explica Lukács con el concepto clave de "modernización":

> Desde que la historia, de una manera progresiva, ya no se concibe como la prehistoria del presente, o, si lo es, sólo de una manera superficial, unilineal, de manera evolucionaria, el empeño del período anterior [pre-1848] por aprehender los niveles del proceso histórico en su verdadera individualidad, como fueron objetivamente, pierde su vivo interés. Allí donde no está presente "lo singular" de los eventos más próximos, la historia es *modernizada*. Esto significa que el historiador procede con la creencia que la estructura fundamental del pasado es económica e ideológicamente la misma que la del presente. (176)

El elaborado esfuerzo investigativo de Flaubert para resucitar la antigua Cartago parte de la premisa, de acuerdo con Lukács, del fracaso implícito por comprender el presente como históricamente derivado, con lo que sólo puede aparecer como un "monumento" sin vida, sin ninguna relación comprensible con la vida como algo inmediata y comúnmente vivido.

Al colocar *El siglo de las luces* dentro del sistema crítico-teórico de *La novela histórica* parece inevitable al principio la conclusión de que también la obra carpenteriana sucumbe a la "modernización". Muchas de las críticas de Lukács contra *Salammbô* pueden traerse a colación para el caso de Carpentier: lo abrumador de la narración bajo el puro peso descriptivo y extensión de los objetos; la tendencia a reducir la precisión histórica a una cuestión de "costumbres y decorado"; la aparente carencia dentro del trasfondo histórico exótico de la obra de Carpentier de una "conexión discernible con cualquier forma concreta de vida que podamos experimentar" (190); la aproximación a la historia "desde el punto de vista de una idea" (192) aquí lo "real maravilloso" mismo; un desproporcionado énfasis en escenas de brutalidad y depravación. Y por cierto, la explotación de oscuros datos históricos con el propósito de provocar un efecto de "choque" casi surrealista — cuestión sobre la que llamamos la atención anteriormente en relación con al episodio de la plaga en *El siglo de las luces*—, parecería un ejemplo cabal de la "modernización".

Pero aquí mismo surge una dificultad. A pesar de mostrar todos los síntomas literarios de la "modernización" en el sentido lukacsiano, *El siglo de las luces* es claramente también el vehículo para una concepción de la historia muy diferente al asociado por Lukács con narrativas como la de *Salammbô*. Esta concepción de la historia puede resumirse, otra vez tomando un término del trabajo de Roberto Schwarz, como "una idea fuera de lugar" [*ideia fora de lugar*] . En su ensayo del mismo nombre, Schwarz analiza con una gran perspicacia interpretativa los peculiares efectos ideológicos y culturales generados en el Brasil del siglo XIX por los "disparatados" intentos de unir la ideología del clásico liberalismo europeo a una sociedad que descansaba en la explotación del trabajo esclavo. En contraste con la Europa Occidental capitalista, donde las nociones liberales de igualdad y libertad operan como "ilusiones necesarias muy bien fundadas en la apariencia" (23), en el Brasil colonial y neocolonial el patente hecho social de la esclavitud las convierte en ideologías "que no describen la realidad, ni siquiera falsamente" (23), que "no se mueven de acuerdo con sus propias leyes" (23). Las ideas liberales están "fuera de lugar" en el Brasil; ellas devienen, para utilizar otra de las innovaciones conceptuales de Schwarz, "ideologías de segundo grado" los objetos de un "deseo consciente por participar en una realidad que las apariencias no sostuvieron" (22). De este modo "se puso en juego una comedia ideológica, diferente de la europea" (20).

Se requiere muy poco esfuerzo interpretativo para descubrir en *El siglo de las luces* el restablecimiento de la misma "comedia ideológica". Aquí, sin embargo, es la revolución, el más grande ícono liberal, el que, al ser "puesto fuera de lugar" en el Caribe, entra en la esfera de la "ideología de segundo grado". Verdaderamente, la novela de Carpentier por momentos se puede leer como sacada del ensayo de Schwarz (o viceversa). Así, por ejemplo, las amargas reflexiones de Esteban cuando, después de vivir la revolución de primera mano, vuelve a La Habana exhausto y desilusionado, sólo para encontrar a sus primos Sofía y Carlos metidos en una Logia Masónica Andrógina, soltando el rollo rousseauniano y en general entusiasmados con la doctrina revolucionaria:

> Las *ideas* que había dejado atrás lo alcanzaban, ahora, en este medio donde todo parecía organizado para neutralizarlas. Se apiadaban sobre el destino de los esclavos quienes, ayer mismo, habían comprado nuevos negros para trabajar en sus haciendas. Hablaban de la corrupción del gobierno colonial quienes medraban a la sombra de esa misma corrupción, propiciadora de beneficios. Comenzaban a hablar de una independencia posible quienes mucho se hubieran complacido en recibir algún título nobiliario otorgado por la Mano Real. Generalizábase aquí, entre las clases pudientes, el mismo estado de espíritu que había llevado a tantos aristócratas, en Europa, a erigir sus propios cadalsos. Con cuarenta años de retraso leíanse libros propiciadores de una Revolución que esa misma Revolución, lanzada por rumbos imprevistos, había desactualizado. (327)

Así es que *El siglo de las luces*, lejos de someterse a una visión del pasado "económica e ideológicamente la misma que la del presente" (Lukács 176), por lo menos en el plano abiertamente ideológico, pone directamente la cuestión de la diferencia histórica y la "singularidad" aquí, no sólo en cuanto concierne al pasado y el presente, sino también a la metrópolis y la periferia, al colonizador y el colonizado. Le obliga a la versión oficial, utopizada de la Revolución-como-Historia a que se mire en el espejo que le revelará los insospechados rasgos distópicos —una imagen de lo "disparatado" brillantemente evocada en *El siglo de las luces* por el espectáculo de Billau-Varenne, el más inflexible de los ideólogos jacobinos y el viejo látigo de las clases privilegiadas en Francia, sacando el máximo de provecho a su exilio en la Guyana francesa al convertirse en el dueño de una plantación de esclavos.

¿Pero entonces cómo explicar, desde la perspectiva lukacsiana, la disparidad o distanciamiento evidentes entre la modernización como estética y la modernización como una ideología, como una "visión de la historia"? ¿Debemos simplemente concluir que *La novela histórica* demuestra aquí su incapacidad teórica para explicar un fenómeno literario que excede su alcance "eurocéntrico"?

Tal vez sea así —pero me parece que sería una conclusión demasiado apresurada. Por el contrario, lo que creo que se sugiere a través de la aparente disonancia de *El siglo de las luces* con respecto a la teoría-crítica del modernismo de Lukács es la necesidad de repensar, no solamente el modernismo tal y como es "transculturado" dentro del contexto postcolonial, sino también de *repensar las relaciones entre el momento estético y el ideológico dentro de la estructura de la obra literaria misma y su posible transformación.* Lo que Lukács describe en sus lecturas de las novelas históricas "modernizadas" de Flaubert y Conrad Ferdinand Meyer, entre otros, es un proceso en el que un cambio dado en la conciencia ideológica de la historia es, para decirlo de alguna manera, espontáneamente cristalizado en una nueva estética o forma literaria. Pero es preciso tomar en cuenta cómo allí se asume, en el mismo proceso de cristalización, una relación inicial de unidad o adecuación entre "la experiencia de la historia" en su dimensión cruda, cotidiana, masiva, y las formas estéticas a través de las cuales se les da representación narrativa. Supongamos, sin embargo, que esta relación de adecuación estuviese ausente desde el inicio, y que la "modernización" en su forma estética funcione como algo dado aquí, a lo cual nos esforzaríamos por unir o adaptarle una "experiencia de la historia" que en efecto *no* podría ser adecuadamente expresada o transmitida por el medio formal acostumbrado. Supongamos, entonces, que lo moderno como una "estética" discreta habitara la obra narrativa como si fuera en sí mismo una especie de "ideología de segundo grado", cuya relación con la "experiencia de la historia" fuese tal que produjera la impresión continua de la disonancia o de lo "disparatado".

Propongo que es sólo concibiendo el "modernismo" de Carpentier de esta manera que podemos conformarlo con la poética específica o el efecto de lectura de una novela como *El siglo de las luces*. Por ese "efecto" entiendo el proceso por el cual la dimensión formal explícita de la narrativa, *a pesar* de lo que evidentemente es una suerte de deseo anticipado de auto-extrañamiento, un impulso por encantar a sus lectores con la profusión neo-barroca de detalles sensuales que llaman la atención hacia sí mismos (provocando —idealmente—la versión carpenteriana de la "iluminación profana"), no logra desviar totalmente nuestra atención de la dimensión más "convencional" de la trama como tal. A pesar de que Carpentier trate de alegorizar a sus personajes, o de sumergirlos en un baño exótico de *mise-en-scène* y folclor anticuario, es el destino de sus principales personajes—Esteban, Sofía, y el mismo Víctor Hugues—el que empuja la narrativa hacia adelante y el que, al final —en caso de conseguirlo— tiene éxito en mantener el interés del lector. Además, propongo que es aquí —al nivel de lo que, para emplear un término aristotélico, podemos denominar "la unidad de acción"—que *El siglo de las luces* ofrece una "conexión discernible" con una "experiencia masiva de la historia". El lector que se preocupa genuinamente con lo que pasa a los protagonistas de la novela no lo hará obedeciendo a los principios de lo "real maravilloso" sino precisamente porque él o ella siente que en estos resultados se refleja una verdad de relevancia fundamental para la realidad presente del mundo poscolonial: a saber, que, para citar *Los condenados de la tierra* de Fanon (una obra publicada apenas un año después de *El siglo de las luces*):

> la fase burguesa en la historia de los países subdesarrollados es una fase completamente inútil. Cuando esta casta haya desaparecido, devorada por sus propias contradicciones, se verá que nada nuevo ha sucedido desde que se proclamó la independencia, y que todo debe comenzarse de nuevo de la nada. (176)

Esteban y Sofía llegan a conocer esta verdad, mientras Víctor Hugues trata de continuar ocultándosela a sí mismo; pero los tres la experimentan como el umbral objetivo e histórico que les negará la entrada y determinará de diversos modos el final trágico de sus vidas. Si nosotros, lectores de Carpentier, de una manera intuitiva logramos captar la rectitud, la verdad poética de *El siglo de las luces* en su propia *peripecia*, se debe a que nosotros detectamos en los destinos de sus personajes, de una manera consciente o no, la "prehistoria" de la actualidad neo-imperialista en espacios como los del Caribe y América Latina.

Reiteramos que el punto cardinal en todo esto es que el principio épico se desarrolla "contra la corriente" de la teoría estética "modernizada" sobre la cual la narrativa se erige de forma autoconsciente—una estética con la cual, para ser más precisos, la "épica" de *El siglo de las luces* coexiste en un estado de tensión ideológica latente. A diferencia del proceso teorizado por Lukács, sin embargo, en el cual esta tensión termina en el deterioro del realismo épico y el crecimiento concomitante de lo "modernizado", en *El siglo de las luces* parece que tuviéramos—*in statu nascendi*, en todo caso—el proceso inverso. Porque es lo "modernizado" que, para decirlo de una manera dialéctica, sufre una negación, mientras que el papel de la *Aufhebung* recae sobre un realismo épico emergente en los "márgenes" poscoloniales. Lukács, es necesario recordarlo, identifica la modernización en relatos como *Salammbô* estrictamente como la excrecencia literaria de la crisis del realismo burgués y de la conciencia histórica, pregonando el final de la primacía burguesa en la metrópolis europea. Se puede entonces entender la modernización en forma cabal y correcta sólo en su interna, aunque negativa conexión con la tradición clásica, metropolitana, dentro de la cual se desarrolla. Pero si eso es así, entonces detectar las deformaciones modernizantes en *El siglo de las luces* se convierte en una empresa problemática por la sencilla razón de que no participa enteramente de esta conexión interna. Las deformaciones parecen ser claramente palpables ¿pero con respecto a *qué* son "deformaciones" precisamente? Así, aunque pueda ser cierto que el intelectual pequeño-burgués representado por Carpentier se encuentre, como su contraparte de la metrópolis, enajenado y aislado de la lucha de clases en su forma inmediata y cotidiana, uno también tiene que considerar hasta qué punto esta no es de hecho la condición primordial del intelectual colonial o poscolonial—un intelectual que debe, para tomar prestada otra vez una fórmula de Fanon, "comenzar al final".[2] Por supuesto, aquí surge la cuestión de la relación de Carpentier con la Revolución Cubana; pero si se pueden o no rastrear valores ideológicos o políticos que sean específicos de la experiencia cubana en *El siglo de las luces* no es determinante para mis propósitos en este artículo. Lo que queda en claro es que la condición histórica de Carpentier, sea o no de la manera en que él mismo la haya entendido conscientemente, no es exclusiva o incluso primariamente la de una burguesía decadente, sino más bien una condición en que la burguesía en su papel clásico como agente histórico está ausente—dividida entre una aglomeración ultramarina metropolitana de intereses comerciales y financieros abstractos y con poca o ninguna participación en la vida cultural nacional del Caribe, y una "lumpenburguesía" que nunca ha gozado nada parecido a la amplia posición hegemónica de su contraparte europea antes de 1848. El mismo concepto de "revolución burguesa" —tan central al sistema conceptual de la novela histórica— adquiere un significado radicalmente cambiado en el contexto del Caribe y Latinoamérica.

Esta no es una inversión exacta de la clásica relación dialéctica realismo/modernismo, porque lo que en efecto deviene "viejo" todavía se presenta aquí con el ropaje de lo "nuevo". Es por esta razón que la noción de Schwarz de "ideología de segundo grado" (23) nos viene como anillo al dedo —proporcionando lo que ha sido, a todas luces, el eslabón conceptual perdido de mucha de la crítica literaria y cultural poscolonial de nuestros días. Gracias a ella Schwarz ha alcanzado una manera de pensar la compleja y, para decirlo de alguna manera, doblemente invertida relación del colonizador y el colonizado—donde hasta la misma idea de revolución, por lo menos en su aceptación iluminista, puede servir para esconder la esencia de la reacción—como enteramente social e histórica, evitando de esta manera la inevitable reversión de alguna forma más o menos matizada de nacionalismo cultural o "esencialismo".

Con respecto a esto resulta provechoso reconsiderar una de las lecturas críticas de *El siglo de las luces* que ha sido más influyente dentro de la academia norteamericana. Me refiero al capítulo dedicado a esta novela en el libro de Roberto González Echevarría sobre la obra de Carpentier, *The Pilgrim at Home.* Aquí González Echevarría también se enfrenta al problema de cómo leer *El siglo de las luces*, ya sea como una épica realista o como "modernización". Aunque admitiendo que la "atención a lo social y a los detalles históricos y políticos" de la novela, aunado al hecho de que se publicó a principios de la Revolución Cubana, haya llevado a los críticos a "enfatizar sus valores históricos y realistas", González Echevarría afirma, sin embargo, que esa lectura no es más que una "ilusión" (233). Enmascarado con esta apariencia épica se encuentra "un experimento radical con la historia y la narración"(226). Contrariamente a los relatos utópicos o teleológicos del historicismo dialéctico, en que el progreso no desaparece sino que asume formas contradictorias, en *El siglo de las luces* sostiene González Echevarría que

> no existe un contrapunto entre proyecto ideal y ejecución histórica sino una constante reactualización de la fisura entre proyecto y ejecución, así como la afirmación de su unión indisoluble. Al convertir el futuro también en pasado, la historia deviene en el dinámico contrapunto textual entre los medios y sus fines. En otras palabras, el futuro que la historia narró en el texto implícito es, por necesidad, nada más que el texto —cerrando cualquier proyección más allí de su propia especificidad pero permitiendo

> cierto libre juego lineal dentro de sí mismo. Las contradicciones no son sobrepasadas y resueltas en la novela, sino que comienzan una y otra vez dentro del libre juego dialéctico del texto. (235)

Mi primera reacción a esta interpretación, sin duda muy ingeniosa, es especular sobre si González Echevarría, en su afán de incorporar *El siglo de las luces* dentro del canon decontruccionista de la Yale School, acaso no ha declarado sus "valores históricos y realistas" meras "ilusiones" simplemente para no dar cuenta de ellas en su presentación de la novela. Pero ciertamente que las "contradicciones", si no son "ignoradas" o dejadas de lado, *son* "resueltas" en la novela: la contradicción entre la oposición jacobina-igualitaria de Víctor Hugues al sistema esclavista y su sentido capitalista-mercantil de conveniencia política se resuelve, inequívocamente, en favor de esta última. La esclavitud es reinstituida en las antiguas posesiones "revolucionarias" del Caribe. Aquí, por lo menos, no hay ningún signo del "libre juego dialéctico".

Si con su afirmación de un "contrapunto" interminable González Echevarría simplemente nos quiere decir que en *El siglo de las luces* no existe una salida progresiva que no sea problemática, entonces estamos de acuerdo con él. Pero el caso es que su interpretación de la novela va más allá: la historia, de acuerdo con la concepción de González Echevarría, no solamente deja de progresar al desenvolverse la acción de *El siglo de las luces,* sino, se nos dice, se revela a sí misma, en último análisis, como el simple desenvolvimiento de la pura "textualidad". *A causa de* que la historia no puede "progresar", entonces —así va la lógica— la historia misma debe ser solo "textualidad". Para ser justos con esta línea de argumentación, debemos señalar que *The Pilgrim at Home* sí se propone resolver un problema real en el texto de Carpentier, un problema que no se puede conjurar leyendo la novela como si la dualidad modernismo/ realismo simplemente no existiera, o dándole otro nombre a esa dualidad: lo "real maravilloso". Que González Echevarría nos dé, de acuerdo a mi propio criterio, una solución equivocada, resulta no tanto de una simple lectura errada o de un exceso de fervor decontruccionista, sino de una inhabilidad o aversión para reconocer en esta dualidad, en la "fisura entre el proyecto y la ejecución", un reflejo de una dualidad intrínseca al *ser social poscolonial* y a una experiencia poscolonial de la historia como "fuera de lugar" que preexiste a cualquiera y toda textualización. Al carecer del concepto fundamental de "ideología de segundo grado", *The Pilgrim at Home* no puede menos que invertir las objetivas relaciones entre la historia y el texto, recayendo en la práctica ideologica ya clásica de "poner las cosas de cabeza". ¿Estaríamos muy equivocados si concluyéramos que, debajo de esta torcida interpretación ideológica yacen esas peculiaridades del ser social metropolitano que han generado—y que en muchos casos siguen generando—la misma ideología de lo moderno?

Hé aquí, desde luego, otro modo de "arielizar" el objeto literario latinoamericano, según nos advirtiera RFR hace ya casi treinta años. Me detengo un poco, sin embargo, antes de atribuir esta textualización de la historia latinoamericana a lo que RFR había acusado como la falsa universalización de una teoría construida a base exclusiva del canon metropolitano. Eso le quitaría a la deconstrucción, *inter alia*, la posible distinción de ser, ella misma, *universalmente* falsa como teoría literaria. Y es que nosotros, los críticos norteamericanos, sabemos algo también de lo que significa ser colonizados por un "estructuralismo vulgar".

NOTAS

[1] Una versión anterior de este trabajo se publica en el volumen *Modernism at its Margins*, eds. José Monleón y Tony Geist (Nueva York: Garland Press, 1999). Quiero reconocer y agradecer la enorme ayuda prestada para la traducción de estas palabras al castellano por mi colega Roger Zapata. Las traducciones de citas a los textos de Schwarz, Lukács, Fanon, y González Echevarría también fueron hechas por Roger Zapata en colaboración con el autor.

[2] "En los comienzos, la burguesía nacional de los países coloniales se identifica con la decadencia de la burguesía de Occidente. Necesitamos pensar que no están dando un salto hacia adelante; de hecho están comenzando desde el final. Ya están seniles antes de haber conocido la petulancia, la falta de temor o la voluntad de éxito de la juventud" (*The Wretched of the Earth* 153).

BIBLIOGRAFÍA

Carpentier, Alejo. *El siglo de las luces. Obras Completas* V. México: Siglo XXI, 1984.

_____ *El reino de este mundo.* Buenos Aires: América Nueva, 1974.

Fanon, Franz. *The Wretched of the Earth.* Constance Farrington, trad. Nueva York: Grove Weidenfeld, 1991.

Fernández Retamar, Roberto. "Algunos problemas teóricos de la literatura hispanoamericana". *Para el perfil definitivo del hombre.* La Habana: Editorial Letras Cubanas, 1981.

González Echevarría Roberto. *Alejo Carpentier: The Pilgrim at Home.* Ithaca: Cornell University Press, 1977.

Larsen, Neil. *Modernism and Hegemony: A Materialist Critique of Aesthetic Agencies.* Minneapolis: University of Minnesota Press, 1990.

Lukács, Georg. *The Historical Novel.* Hannah y Stanley Mitchell, trads. Lincoln: University of Nebraska Press, 1983.

Schwarz, Roberto. *Misplaced Ideas: Essays on Brazilian Culture.* John Gledson, trad. Londres: Verso, 1992.

Desdoblamientos calibanescos: Hacia lo complejo

Silvia Spitta

A Alberto Sandoval con mucho cariño

I was Tunisian, therefore colonized. I discovered that few aspects of my life and my personality were untouched by this fact.
Albert Memmi, *The Colonizer and the Colonized.*

[I]f there is an inferiority complex, it is the outcome of a double process: –primarily economic; –subsequently, the internalization or, better, the epidermalization –of this inferiority.
Frantz Fanon, *Black Skin, White Masks*

Los diccionarios de psicoanálisis resaltan el hecho que la idea de complejo ha sido progresivamente abandonada por los psicoanalistas (con la excepción de la idea de "complejo de Edipo" y "complejo de castración") pero que ha sido adoptada plenamente por la cultura popular (Laplanche y Pontalis 72-4). Como para probar que esto es cierto confieso que crecí oyendo apelar incontables veces al vago concepto de "complejo" para definir toda una gama inefable de problemas y desajustes personales. Decir de alguien: "es un acomplejado" era señalar la diferencia. Significaba que ese amigo/a en ese momento no se portaba como los demás, no actuaba como los de su clase, o lo que es más, actuaba como alguien inferior. Decirle "no seas acomplejado/a" era un reto. Quería decir, en la jerga limeña del momento, "no seas cobarde," "no seas un quedado," "anímate a hacer tal y tal cosa," "mándate" "compórtate como un vivo". Realmente, lo que se quería decir sin que se fuera verdaderamente consciente de ello, era "no seas aindiado," "no seas servil". Implícitamente, la idea de clase que se manejaba en Lima se basaba en la *distancia* que se podía medir entre las diferentes clases y ese grupo aparte —"los indios". Llamar a alguien "acomplejado" tenía entonces una carga racial negativa; era decirle al amigo/a que su comportamiento se asemejaba al de ese grupo denominado "los indios".[1]

Años más tarde, como estudiante graduada encontré las claves para entender el uso del "acomplejamiento" para explicar aun los más nimios detalles y aberraciones de la vida cotidiana limeña en dos textos: *Lima la horrible* de Sebastián Salazar Bondy y *Calibán: Apuntes sobre la cultura en nuestra América* de Roberto Fernández Retamar. Escritos en 1964 y en 1971 respectivamente, estos textos fueron para mí el equivalente latinoamericano de los textos de Edward Said, Gayatri Spivak, Homi Bhabha y demás críticos poscoloniales que dominan el discurso de lo poscolonial en la academia norteamericana y que teorizan, por obvias razones, en inglés y a partir del colonialismo británico. Aunque cada vez hay más excepciones (Enrique Dussel, Florencia Mallon, para sólo mencionar a algunos) es sorprendente que hasta hace poco y bajo la influencia de los estudios subalternos que dominan la academia norteamericana, la mayoría de los textos latinoamericanos hayan trabajado la colonización no de frente sino tangencialmente. Lo han hecho a partir de reconsideraciones de lo que es la identidad, de lo que es la raza y/o la cultura (mestiza, híbrida, transcultural) y que, sorprendentemente, haya una tremenda brecha entre los estudios coloniales y los poscoloniales, entre los que teorizan la colonización y los críticos que trabajan el período colonial (excepciones serían Walter Mignolo, John Beverley, Alberto Sandoval, Mabel Moraña, Rolena Adorno, Florencia Mallon por sólo mencionar a algunos, en todo caso casi todos críticos que escriben a partir de Estados Unidos).

De hecho, hasta muy recientemente, muy pocos encaraban de manera programática la problemática colonial en su vertiente racista, como lo hicieron Salazar Bondy y Fernández Retamar en su momento. Más allá de las diferencias que los separan, ambos críticos adoptan un tono polémico, se sitúan como jueces frente a la colonización, y parecen señalar que sólo se llegará a una descolonización de consecuencia a través de la adopción de una postura de condena frente al racismo que hemos heredado de la época colonial. Como si quisieran extender el "efecto boomerang" por medio del cual Aimé Césaire sugirió modos de cómo el colonialismo se vuelca sobre sí mismo —bestializa a los colonizadores que tratan como bestias a los colonizados—, Retamar y Salazar Bondy extienden este efecto al racismo interiorizado que pervierte la relación *entre* los colonizados y así hace perdurar la colonia en el presente.[2]

Salazar Bondy sitúa el racismo peruano (limeño) en la represión de lo indígena en el imaginario nacional. *Lima la horrible* critica nuestro racismo arraigado a través de una deconstrucción del mito popular que atribuye la psicología sumisa de los limeños —no al clima templado, a la eterna garúa invernal como lo hace él— sino a los indios sumisos y serviles.[3] "Los racistas," escribe Salazar Bondy, "suelen atribuir esta plana uniformidad incolora al ingrediente indígena, pero da la casualidad que es el indio el que, como lo enseña la historia, ha llevado su descontento a la acción —reprimida ferozmente por la autoridad limeña—, y el que constituye el elemento dionisíaco de nuestra composición nacional. En tanto, el limeño sigue siendo quien acepta, con apenas una ironía en los labios o un chascarrillo contingente, los abusos de los poderosos [...]". (47). Sin embargo, y a pesar de críticas contundentes como la de Salazar Bondy reiteradas más tarde por Flores Galindo y Mallón entre otros, seguimos adoptando posturas anacrónicas —índices de la pervivencia de nuestro legado colonial. Es como si, en vez de haber epidermalizado la inferioridad, como lo dice Fanon en el epígrafe de este ensayo, en las dinámicas del acomplejamiento, habríamos epidermalizado la colonia. Esta epidermalización no sólo ha producido una total jerarquización del espacio sino concomitantemente ha generado comportamientos y posturas para "mantener la distancia" unos de otros (así en el Perú todos tienen "su sitio") y, además, se ha proyectado a través de un lenguaje sumamente codificado (ése, "no seas un acomplejado" y todo tipo de expresiones).

A diferencia de México, en el Perú la idea de mestizaje —por problemática que sea— no ha tenido fuerza representacional ni ideológica. Más bien ha imperado un tipo de *apartheid sui generis* donde las clases media y alta se comportan como si la Conquista no hubiera puesto en marcha lo que José Vasconcelos llamó en *La raza cósmica* un "vertiginoso mestizaje". Este asumir un "como si" de vivir como si el Perú contemporáneo no fuera el producto de innumerables mezclas de toda índole, ocurre a despecho y de espaldas a cualquier demostración —aun la más contundente— de lo contrario. Así, por ejemplo, se cree en la pureza de sangre — y en la distancia espacial y de clase que media entre pureza y mezcla racial— a pesar de que ya en los siglos XVIII y XIX en los cuadros de castas se había catalogado enciclopédicamente todo tipo de mezcla racial. Me detengo en estas series de cuadros porque demuestran tan claramente lo que voy a argumentar en este ensayo: que el racismo se ha constituido no solo *ideológica* sino también *espacialmente.* Si estudiamos los cuadros de castas o cuadros del mestizaje con detenimiento esto es lo que observamos: los menos mezclados (los criollos, mestizos, castizos) son el producto de la mezcla de dos élites (la española y la indígena). Visten lujosamente, no trabajan, y habitan mansiones suntuosas mientras que los más mezclados (los "tente en el aire," los "salta atrás", los "no te entiendo") no ocupan ningún lugar —a ellos, como ya lo señala su nombre, les corresponden los espacios exteriores, las calles, los trabajos más pesados y humillantes, los harapos, la violencia y la monstruosidad (García Saíz 28-9). Decir entonces, "eres un acomplejado" quiere realmente decir "no te rebajes" —no bajes al nivel de lo que en el imaginario nacional se ha constituido como el sitio apropiado para "los indios". Lo que es más, es un modo de vivir en un mundo sumamente dicotómico que se niega a bregar con toda la complejidad que nos rodea y de la que somos parte y que Antonio Cornejo-Polar denominó significativamente "heterogeneidad" y "totalidad contradictoria" (*Sobre literatura y crítica latinoamericanas*; "Literatura peruana: totalidad contradictoria"). Esta espacialización de la ideología permea nuestro pensamiento y estructura nuestras sociedades en forma piramidal. Si lo que buscamos, entonces, es una descolonización de consecuencia o lo que también se podría llamar una des-epidermalización de la colonia, nuestro reto sería el de acortar la distancia física e ideológica que nos separa a unos de otros. Por decirlo de otra manera: una rebelión de consecuencias habría de desarmar esa "ciudad letrada" heredera de la división del espacio en la colonia en "ciudades de españoles" y "pueblos de indios".

La idea de rebelión/sumisión entonces opera en el centro mismo de cualquier intento de descolonización. Para Latinoamérica, el prototipo del rebelde es Calibán. No conozco un texto más representativo del modo cómo se ha pensado la rebelión —y lo que es más, que demuestra el modo aporético de cómo se ha venido pensando la rebelión— que el *Calibán* de Roberto Fernández Retamar. Escrito a comienzos de los años setenta, este texto, apropiándose de —canibalizando— la rebelión de Calibán en *The Tempest* de Shakespeare, es un llamado a los intelectuales de la época para sumarse a la lucha anti-colonial no sólo en Cuba sino en toda América Latina. La postura arielista que asume el crítico, sin embargo, desautoriza su propio llamado y no le permite salvar la distancia que hay entre la ciudad letrada y el pueblo rebelde. Así, Retamar, al final de *Calibán*, acaba citando el ensayo "Que la Universidad se pinte de negro, de mulato, de obrero, de campesino" de Che Guevara:

> Y quisiera, porque inicié todo este ciclo en vaivenes de mi carrera como universitario, como miembro de la clase media, como médico que tenía los mismos horizontes, las mismas aspiraciones de la juventud que tendrán ustedes, y porque he cambiado en el curso de la lucha, y porque me he convencido de la necesidad imperiosa de la Revolución y de la justicia inmensa de la causa el pueblo, por eso quisiera que ustedes, hoy dueños de la Universidad, se la dieran al pueblo [...] Y a los señores profesores, mis colegas, tengo que decirles algo parecido: *hay que pintarse de negro, de mulato, de obrero y de campesino; hay que bajar al pueblo* (citado en *Calibán* 94, énfasis mío).

No hay pasaje más elocuente para demostrar la posición, sorprendentemente arielista de Retamar que les propone a los intelectuales de su época bajar de las alturas y embarrarse de pueblo —por decirlo a lo bruto. Recordándonos la infame trayectoria del "blackface" del cine de Hollywood, donde hasta hace poco los actores blancos se pintaban de negro para representar papeles de negros siempre monstruosos y ridículos, Retamar, a través del Che, les propone a los intelectuales de su época —asumidos como blancos— de pintarse de negro. Esta lectura resulta chocante después de años de haber asumido —con tantos otros críticos— que Calibán eran Retamar/Fidel/Martí y resulta que una lectura más cuidadosa (y a lo mejor una lectura sólo posible al final de los años noventa), nos demuestra que Retamar (muy a lo Rodó) sigue identificándose con Ariel y el pueblo cubano alzado es negro, mulato y calibanesco.

Es significativo que el ensayo le pida al intelectual latinoamericano que salve la distancia entre el pueblo y la torre de marfil a través de un acto de *performance*: pintarse de negro. Esta cita demuestra la racialización del espacio y la brecha (ideológico-espacial) ya codificada en los cuadros de castas que se abre entre blancos y negros. Edouard Glissant, crítico martiniqueño que influyó tanto en el pensamiento de Retamar, en sus reflexiones sobre el Calibán de Shakespeare, escribe que no es difícil de ver que Calibán (y su ecuación con la naturaleza) es contrastado *desde abajo* con Próspero (y la idea de cultura que incorpora): "it is not difficult to see that Caliban-nature is contrasted *from below* with Prospero-culture" (75). Y continúa:

> In *The tempest* the legitimacy of Prospero is thus linked to his superiority, and epitomizes the legitimacy of the West. The ambiguity is therefore that Literature and History were at the same time proposed in the West as *instruments of this Totality* (moving from primitive linearity to a global system), but that in this proposed Totality was inserted the unprecedented ambition of creating man in the image of the Western ideal, with degrees of elevation from Caliban to Prospero. (75)

Estas tempranas —y fragmentarias— reflexiones de Glissant han sido desarrolladas plenamente por Dussel y Mignolo en sus estudios sobre las diferentes geografías humanas y políticas que diferencian el mundo occidental de Latinoamérica.

En el *Calibán*, cuando Retamar le pide al intelectual latinoamericano que salve la *distancia* que hay entre las clases y descienda donde el pueblo parece apuntar a lo que vengo teorizando: de que una rebelión de consecuencias implica no sólo aliarse ideológicamente con el pueblo alzado sino que también implica salirse de su espacio y entrar en el del otro. Pero, "salvar la distancia" implicaría también perder la perspectiva —la distancia— que le permite hacer su labor al intelectual. Esta tensión entre salvar la distancia entre el pueblo alzado y el intelectual y la necesidad de mantener la perspectiva y la distancia se manifiesta también en el llamado que hace Retamar por una universidad americana, propia —eco de las palabras de Martí— que sería la creación de un espacio donde se resuelvan todas estas contradicciones y tensiones ideológico-espaciales pero que, sin embargo, ha sido el espacio privilegiado de la *intelligentsia* latinoamericana que ahora en las palabras del Che ha de "pintarse de negro". (Me pregunto si esta *performance* de la negritud sería el modo cómo el Che pensaba resolver la paradoja entre "salvar la distancia" y mantener una perspectiva crítica).

En *Calibán* ya se intuye la distancia física, geográfica, e ideológica que se abre en Latinoamérica entre espacio e identidad en unas líneas al comienzo, donde Retamar recuenta la larga trayectoria que ha seguido la transformación del canibalismo en calibanismo. Empieza por la temprana dicotomía que establece Colón entre indios buenos (taínos) y caníbales (arauacos) característica de la "versión degradada que ofrece el colonizador o del que coloniza" para concluir, reflexionando sobre la interiorización de esta degradación: "Que nosotros mismos hayamos creído durante un tiempo en esa versión prueba hasta qué punto estamos inficionados con la ideología del enemigo [...] Es característico que el término *caníbal* lo hayamos aplicado, por antonomasia, no al extinguido aborigen de nuestras islas, sino al negro de África que aparecía en aquellas avergonzantes películas de Tarzán" (12). Le hace eco, casi al pie de la letra, a lo que Vasconcelos ya había comentado en *La raza cósmica* en los años '20 cuando reflexionó que la derrota de la conquista "nos ha envilecido a tal punto que, sin darnos cuenta, servimos los fines de la política enemiga [...] No sólo nos derrotaron en el combate, ideológicamente también nos siguen venciendo" (18). Y siguió señalando Vasconcelos que era en el racismo donde más se veía esta derrota ideológica: "Nosotros nos hemos educado bajo la influencia humillante de una filosofía ideada por nuestros enemigos, si se quiere de una manera sincera, pero con el propósito de exaltar sus propios fines y anular los nuestros. De esta suerte nosotros mismos hemos llegado a creer en la inferioridad del mestizo, en la irredención del indio, en la condenación del negro, en la decadencia irreparable del oriental" (45). Lo que une a Vasconcelos con Retamar y Salazar Bondy, a pesar de los años y las diferentes coyunturas políticas e históricas que los separan, es la percepción de que es en el racismo donde más se ve la interiorización y epidermalización de nuestro legado colonial.

Así por ejemplo, la idea del "complejo" que se manejaba en Lima cotidianamente era índice del racismo de un legado colonial del que éramos vagamente conscientes. Salazar Bondy no habla directamente de acomplejamiento. Sin embargo, desarrolla una teoría de la "viveza criolla" que le sirve para explicar los efectos del legado colonial sobre actitudes de su época; de "ese algo" casi efímero, de comportamientos y posturas difíciles de señalar pero que, usando a Fanon, hemos llamado "epidermalización de la colonia" o que nosotros los limeños —al fin y al cabo no tan ingenuamente— llamábamos acomplejamiento. Para Salazar Bondy el "vivo" es

> el comerciante o proveedor que sisa en el peso, el funcionario que vende el derecho, el abogado que se entiende con la parte contraria, el prefecto que usa del mando en beneficio personal, el cura que administra los sacramentos como mercaderías, el automovilista que comete la infracción por simple gusto, el alumno que compra el examen, el jugador de dados cargados, el artista que se apadrina del lauro, el ladrón o ladronzuelo que escamotea la prenda ajena a vista y paciencia (o con la complicidad) del policía, todo el que obtiene, en resumidas cuentas, lo que no le pertenece o le está vedado por vía ilícita pero ingeniosa debido a lo cual el hecho es meritorio. En homenaje a su picardía, los vivos merecen la indulgencia. Los otros, los que proceden de acuerdo a su conciencia o a la ley, son tontos. En vivos y tontos, dentro de la maniquea psicología criollista, se divide la humanidad. (29)

A este tipo de comportamiento le acompaña un modo muy limeño de expresarse; una media voz (que ya había criticado Manuel González Prada) donde el lenguaje se desdobla y todo tiene un doble sentido. Jamás se dice lo que piensa y no se le llama nunca al pan pan ni al vino vino (Salazar Bondy 96).

En *Lima la horrible* el vivo es vivo por no querer ser acusado de acomplejado y/o tomado de tonto. Es el que no cree en nada ni en nadie y el que actúa invariablemente en beneficio propio a expensas de cualquier ideal de comunidad. Es el que encarna un tipo de comportamiento que José María Arguedas había criticado tanto en los mestizos-en-proceso que se encuentran entre dos mundos, el indígena y el occidentalizado limeño, y que por ende están en transición y no son ni de aquí ni de allá. En *Lima la horrible*, al contrario de lo que postularía Arguedas, este lugar intermedio, este no-lugar, les corresponde a los criollos. El vivo/criollo es el que mimetiza los patrones imperiales, el que sisa con el peso para avanzar su propia causa por encima de cualquier ideal comunitario.

En efecto, según Salazar Bondy, el criollo muchas veces coincide con el trapacero porque en el Perú sigue funcionando el sistema de las castas. A pesar de que la alta burguesía nacional adoptó, aunque con mucha resistencia, formas republicanas de gobierno a principios del XIX, aún no se ha roto "el régimen de hegemonía por el linaje" (Salazar Bondy 29). En efecto, las "Grandes Familias" (provenientes de "los terratenientes y encomenderos del virreinato, aristócratas en el papel pero negociantes en la práctica" de antaño) son las que perpetúan su hegemonía a través de la creación y manipulación de un mito de lo colonial, una "Arcadia Colonial" pasatista imitada por las clases inferiores y que resulta en una estética y posturas que Salazar Bondy critica duramente denominándolas perricholismo, malinchismo, huachafismo, etc. Le faltan adjetivos despectivos para describir a los criollos y a la idea de criollismo que pervive y que aliena a los limeños "no sólo porque es la fuente de toda la cultura popular, del *kitsch* nacional [...] y porque la actualidad reproduce como caricatura el orden pretérito, sino porque, en esencia, parece no haber escapatoria a llevar la cabeza de revés, hipnotizada por el ayer hechizo y ciega al rumbo venidero" (16-17). Y concluye: "La Arcadia Colonial es la envoltura patriotera y folklórica de un contrabando. Lima es por ella horrible [...]" (33).

Lo que más critica Salazar Bondy es el hecho de que a través de la creación de una Arcadia Colonial, se sigue, en efecto, justificando el terrible racismo de las clases media y alta en el Perú. Describiendo la correlación entre clase y espacio de los cuadros de castas que he mencionado arriba, y haciendo eco de las palabras de Simón Bolívar en su "Carta de Jamaica" concluye Salazar Bondy: "Derroche, frivolidad, pompa, vanidad y oro convertidos en vida ociosa, destellan en las Grandes Familias y espolvorean de brillos a otras menos grandes, y correlativamente grisura, modestia y deudas en el margen mísero, pululante, esforzado. Oro y esclavos, es cierto todavía" (39). Criollo entonces es quien se auto-define por la distancia ideológica y espacial que logra crear entre sí y la mayoría de los peruanos (los "indios") a través de la Arcadia Colonial. De allí que Salazar Bondy sitúe el racismo peruano (limeño) en la represión de lo indígena en el imaginario nacional.

Lima la horrible como texto sociocrítico parece ver el racismo como una viveza imperial que nos ha puesto a todos de tontos. Lima es horrible precisamente por esas posturas —por ese "contrabando"— y por ese racismo que permea todo tipo de relaciones personales y políticas. Con Salazar Bondy podríamos decir que la dinámica del vivo/tonto es una puesta en abismo que reproduce, a cada nivel personal y social, modos de comportamiento establecidos durante el período colonial y que terminaría siendo un modo aporético de vivir de difícil salida. El texto entonces, es una *performance* de lo que constituiría la rebelión: desmonta y condena los mitos "vivos" de la clase hegemónica limeña que hace de Lima el país y de la Arcadia Colonial la justificación de su hegemonía ganada a través de la explotación y marginación de todo lo indígena.

El equivalente de la idea de viveza, en México y entre los chicanos de Estados Unidos, es la idea del "vendido" o "malinchista" —en ambos casos, estos adjetivos despectivos sirven para acusar al otro de traicionero, de vende patria. Se refiere al que se deja o al que se quiere asimilar a una cultura que no es la suya. Así por ejemplo, el vendido, sería, según Octavio Paz, el mexicano que prefiere lo extranjero (los productos norteamericanos, las ideas norteamericanas) más que las propias. Su prototipo sería la Malinche, la que según la ideología del malinchismo se "enamoró" de Cortés (no fue violada, no fue agredida), la que prefirió la cultura foránea a la propia y prefirió al hombre europeo sobre el indígena. Así México se puede dividir en dos diferentes tipos: los chingones y los chingados. Los que chingan actúan como si fueran imperialistas y los chingados son los que como Calibán, se dejan engañar, manipular, seducir, colonizar. Entre los chicanos de Estados Unidos sería el o la que acepta los valores de la cultura estadounidense. Así, por ejemplo la chicana que adopta el feminismo norteamericano y ya no acepta el machismo chicano es considerada una "vendida". Como lo ha señalado acertadamente la crítica chicana Norma Alarcón, la idea de la vendida/malinchista sirve para denigrar a la mujer indígena y para negarle el papel que le corresponde en la creación de una nueva cultura indoespañola.

En Puerto Rico, René Marqués caracteriza de "dóciles" a casi la totalidad de la sociedad puertorriqueña. Eufemismos anteriores para este escritor serían "fatalista," "resignado," "pacífico," "tolerante," "aplatanado," "ñangotado" y un eufemismo contemporáneo sería la idea del puertorriqueño "democrático" y por ende pacífico, tolerante, servil—en otras palabras, el "puertorriqueño dócil" (Marqués 35-6). En Cuba, según Gustavo Pérez-Firmat, el vivo es un equivalente del pícaro en el sentido en que es un tipo que logra sobrevivir y sobreponerse a cualquier situación. Pero también es un tipo que se aprovecha de otros y/o que vive de sus vivezas. Ser vivo o bobo es la versión cubana de la dialéctica del amo y del esclavo: "The *vivo* is he who sponges off the *bobo*; the *bobo* is he who lets himself be exploited by the *vivo*. If one is not a *vivo*, one is a *bobo*. *Vivo* or *bobo*? —in Cuba, that is the question" (Pérez-Firmat 36).

Es significativo el hecho de que en cada país colonizado haya una idea parecida a la del acomplejamiento (que pasa muchas veces como "viveza") mientras que en las metrópolis, por más que la gente crea en psicologías "pop" de toda índole, estos conceptos no tienen vigencia. Por sobre las diferencias regionales y semánticas, estos términos son un índice de cómo se ha epidermalizado la colonización en diferentes países de América Latina y más importante aún, de cómo se ha imaginado el papel que jugaron las diferentes culturas indígenas en la conquista. El vendido, el malinchista, el puertorriqueño dócil, el acomplejado, son todos términos-índice que apuntan a los indios y/o a las mujeres. Nótese que, más allá de las diferencias regionales, todos estos términos denigratorios mimetizan la política sexual imperial de feminización de los indígenas. Al situar a las mujeres y a los indígenas siempre en la posición inferior espacial, ideológica y sexualmente, crean un modelo de nación sumamente maniqueo, dicotómico y lo que es más, de una simpleza totalizante y aporética que se cierra ante la posibilidad de pensar el mundo en toda su complejidad y heterogeneidad. Para decirlo de otra manera: las dinámicas del acomplejamiento no nos permiten bregar con la complejidad.

En efecto, la idea de complejo ha tenido una larga trayectoria desde que fue movilizada por Dominique O. Mannoni en su *Psychologie de la colonisation* (traducido al inglés como *Prospero and Caliban*) en 1948 para explicar las dinámicas entre colonizadores y colonizados que llevaron a los franceses en Madagascar a matar a más de 100.000 malagasies a causa de una rebelión. A pesar de los aspectos tremendamente problemáticos de la obra, en especial de su apego a la idea de complejo de inferioridad/superioridad *avant la léttre* para explicar procesos fundamentalmente económicos, *Psychologie* contiene una observación muy importante respecto a las dinámicas sexuales y raciales que dominan el imaginario colonial. Así, Mannoni se sirve de una relectura de *The Tempest* de Shakespeare para destacar que Próspero justifica su dominación de Calibán y de la isla a través del argumento de que Calibán trató de violar a Miranda, su hija. Este argumento, ("you tried to violate Miranda, *therefore* you shall chop wood") según Mannoni, pertenece a una forma no racional de pensar ("belongs to a non-rational mode of thinking") que le sirve al colonizador para justificar su odio racial basándose en la culpabilidad sexual del colonizado ("it is primarily a justification of hatred on grounds of sexual guilt, and it is at the root of colonial racialism.") (Mannoni 106).

La justificación de Próspero de que ha esclavizado a Calibán porque éste trató de violar a Miranda, así como también la psicología del acomplejamiento ya están inscritas —no es sorprendente— en la obra de Shakespeare. Si releemos *The Tempest* vemos que la maldición del amo es primero y ante todo una auto-maldición por parte del esclavo por haberse dejado adular y engañar. Dice Calibán:

> When thou camest first,
> Thou strok'dst me and mad'st much of me; wouldst give me
> Water with berries in't; and teach me how
> To name the bigger light, and how the less,
> That burn by day, and night; and then I lov'd thee
> And show'd thee all the qualities o' th'isle,
> The fresh springs, brine-pits, barren place and fertile.
> Cursed be I that did do! All the charms
> Of Sycorax —toads, beetles, bats light on you! (*The Tempest* 18)

En efecto, lo que Calibán maldice es haberse creído las mentiras de Próspero y así haber llegado a pensar que lo que él tenía (la tierra, su mano de obra, la materia prima) valía menos que la lengua-cultura del colonizador. Como lo dice Fanon, lo que manda en el mundo colonial son las mentiras y la demagogia ("The So-Called Dependency Complex" 104). Así la técnica calibanesca y anti-colonial será primero y antes que nada llamar al pan pan y al vino vino. Tampoco hay que olvidar que es el negro/Calibán quien desestabiliza la autoridad imperial al "salvar la distancia" y no respetar su sitio preestablecido: en el *Calibán* de Retamar este lugar lo ocupará el pueblo alzado y en Salazar Bondy, la "invasión" de Lima por parte de miles de migrantes de la sierra. El negro en estas reflexiones podría ser visto como la contraparte del intelectual quien también es llamado a salvar las distancias, pero en otra dirección.

Sin embargo, Shakespeare, casi como previendo la fuerza de la negatividad de Calibán, no deja que éste se independice. Simplemente hace que Calibán use su nuevo entendimiento para —adulándolos— buscarse en los bufones de la obra, amos nuevos. Lo que la obra parece prever es la dificultad de salirse de la dialéctica viciosa entre amo y esclavo; vivo y tonto; chingón y chingado; dócil y rebelde que es la del acomplejamiento; idea que fue movilizada primero que todos por Mannoni para explicar la colonización y el comportamiento de los franceses en Madagascar y que fue después retomada por muchos otros críticos y escritores.[4]

Significativamente Fanon, en su fulminante crítica del libro de Mannoni, desplazará esta misma crítica al sur de los Estados Unidos y al papel que juegan los negros en el imaginario nacional de este país ("Are they not forever saying that the niggers are just waiting for the chance to jump on the white women?") pero, a la vez, se servirá de algunas de las ideas de Mannoni para explicar el racismo no sólo entre los colonizadores y los colonizados sino también para describir el racismo interiorizado por los propios martinicanos. Al igual que Retamar y Salazar Bondy, Fanon hace un llamado a meterle juicio a la colonización (*Black Skin, White Masks* 97). Así, se sitúa en un lugar exterior cuya perspectiva le permite emitir tal juicio. Sin embargo asume la idea de "complejo de inferioridad" para describir las maneras cómo la colonización ha sido interiorizada y cómo afecta las relaciones interpersonales especialmente en lo que concierne a la política de la lengua que hace del francés "la" lengua en la Martinica y el *creole* una lengua bastarda. Como una de las dinámicas del acomplejamiento critica a aquellos compatriotas suyos que después de ser educados en París vuelven a la Martinica y de repente hacen como si ya no hablaran el *creole*.[5] Este afrancesamiento constituiría otro tipo de contrabando ideológico (paralelo al de la Arcadia Colonial de Salazar Bondy) que no les permite ver los elementos racistas de la política asimilacionista francesa simbolizada tan elocuentemente por el escritor caribeño que se suicidó en el Sena (en París) amarrándose un Larousse.[6] Es interesante notar entonces que en el fondo, el problema del acomplejamiento de Calibán es un problema de la lengua. Fanon concluye irónicamente sobre este afrancesamiento lingüístico entendido como blanqueamiento:

> The Negro of the Antilles will be proportionately whiter —that is, he will come closer to being a real human being— in direct ratio to his mastery of the French language [...] Every colonized people —in other words, every people in whose soul an inferiority complex has been created by the death and burial of its local cultural originality— finds itself face to face with the language of the civilizing nation; that is, with the culture of the mother country. The colonized is elevated above his jungle status in proportion to his adoption of the mother country's cultural standards. He becomes whiter as he renounces his blackness, his jungle. (*Black Skin, White Masks* 18)

Como lo ha señalado Eric Hobsbawm, el fenómeno de identificar la nacionalidad con la lengua es relativamente reciente y —sospecho— se habrá dado en Latinoamérica y en otros países colonizados como consecuencia de la ruptura de la identificación entre cultura y tierra, consecuencia de la conquista y colonización. La lengua entonces asume una importancia tremenda en la constitución de la nacionalidad mientras que la conexión con la tierra se vuelve cada vez menos importante. En Cuba, donde no hay un *creole*, la maldición de Calibán se tiene que hacer en español (la lengua del colonizador), lo cual complica el asunto aún más ya que hace que el cubano esté doblemente separado de su tierra/ cultura: primero, por no ser originario del lugar y, segundo, por tener que maldecir en una lengua ajena que ha tenido que robar y hacer suya. (Es interesante notar al respecto del *creole* que no hay una traducción del nombre de esta lengua al español y que no se creó ningún *creole* en colonias españolas).[7]

Retamar también se apropiará de Calibán para discutir el problema de la lengua en Cuba y a través de ella plantearse cuáles son las condiciones de posibilidad de una rebelión descolonizadora. Hará eco del lamento de Calibán ("Me enseñaste el lenguaje, y de ello obtengo/ El saber maldecir. ¡La roja plaga/ Caiga en ti, por habérmelo enseñado") cuando describe su propia condición de colonizado con que se abre su gran ensayo: "Ahora mismo, que estamos discutiendo, que estoy discutiendo con esos colonizadores, ¿de qué otra manera puedo hacerlo sino en una de sus lenguas, que es también *nuestra* lengua, y con tantos de sus instrumentos conceptuales, que también son ya *nuestros* instrumentos conceptuales?" (*Calibán* 12). A diferencia de lo que dice Eliana Ortega cuando propone que Anacaona hubiera sido un símbolo de la rebelión más orgánico, apropiado y feminista, estoy con Retamar y su adopción de Calibán o que sufrieron los habitantes de las islas a manos de los españoles, las culturas caribeñas contemporáneas se tienen que definir a partir de la pérdida radical de la cultura autóctona y de las lenguas indígenas. El mestizaje— a pesar de que haya sido empleado para describir todo tipo de sincretismo cultural y racial— realmente asume que hay una conexión orgánica entre la tierra y la cultura. Esta conexión pasa a través de la glorificación de las culturas precolombinas. Así por ejemplo, en el muralismo mexicano impulsado por Vasconcelos después de la Revolución Mexicana para unificar la nación bajo el signo de mestizaje, aparecen representadas las grandes culturas mexicanas precolombinas pero no hay ninguna representación significativa del mestizaje. Es importante destacar que Fernando Ortiz sintió la necesidad de teorizar la cultura cubana creando el neologismo de "transculturación" para resaltar su calidad inmigrante y diaspórica y para diferenciar mestizaje de transculturación.

En 1971, dada la coyuntura del momento, Retamar se sitúa como uno de los representantes de tres colonias creadas por los imperios europeos en las Américas y, más específicamente, como la contraparte hispánica a la teorización francesa sobre el colonialismo del martiniqueño Aimé Césaire (y su obra de teatro *Une tempete*) y la inglesa del barbadiense Kamau Brathwaite (y su colección de poemas *Islands* entre las cuales se encuentra el poema "Caliban").[8] En ese momento Retamar escribe de espaldas al Caribe y de cara a Hispanoamérica: su Calibán habla español mientras que los calibanes de Césaire y Brathwaite hablan francés e inglés respectivamente. La insistencia de Retamar en el español como lingua franca hispanoamericana hace que también haga eco de los postulados martianos sobre "nuestra América mestiza". Adopta a Calibán como símbolo lingüístico de la rebelión pero —hasta su "Adiós a Calibán" de 1993— no adopta su diasporicidad que lo habría llevado a teorizar a partir de la mulatez y de la transculturación. Su uso del mestizaje como modelo descriptivo cultural lo llevará a apegarse —con Martí— a la historia de unas culturas indígenas realmente —aunque no imaginariamente— ajenas a la cultura cubana. Paradójicamente entonces, a pesar de la tremenda diferencia histórico-cultural que hay entre el Perú y Cuba, Fernández Retamar al igual que Salazar Bondy, también empieza por desmontar la represión indígena en el imaginario colonial hispanoamericano.

Aunque Fernández Retamar haya sido muy criticado por su incorporación de un paradigma del mestizaje proveniente de y adecuado a Meso y Andinoamérica, el hecho de que haya adoptado con Césaire y Brathwaite a Calibán como símbolo de nuestra América y como única opción a seguirse, es significativo. Calibán, después de todo, no es oriundo del Caribe. Su madre, la reina Sycorax, proviene de Argelia y fue exiliada a la isla. Calibán es un criollo, ya que su madre murió poco después de su nacimiento y él creció solo —sin lengua y sin cultura, y completamente aislado en lo que acabó llamando "su" isla. Monstruoso. Adoptar a Calibán es, entonces, adoptar el desplazamiento, la diáspora, la ex-centricidad, como punto de origen. Por eso es sorprendente que a pesar de insistir en Calibán como símbolo, Retamar repita una y otra vez el símbolo martiniano para "nuestra" cultura: la del árbol arraigado en nuestra tierra. Decía Martí y es citado varias veces por Retamar: "Injértese en nuestras repúblicas el mundo, pero el tronco ha de ser el de nuestras repúblicas" (*Calibán* 45) Martí nunca dejó de insistir en que el tronco de nuestras culturas debía ser latinoamericano. Es decir, nunca dejó de afirmar que nuestras culturas se hallan arraigadas en el suelo a pesar —y a despecho— de que la época colonial rompió irremediablemente cualquier lazo orgánico entre cultivo de la tierra y cultura. Más que por cualquier otra cosa entonces, Calibán es el símbolo por excelencia de Latinoamérica porque sus orígenes y su lengua señalan a otro lugar que no es América Latina. Este desfase simbólico entre la cultura entendida calibanescamente como excéntrica, diaspórica, y la cultura entendida orgánicamente como conexión con, arraigo en y cultivo de la tierra, se desarrolla plenamente en la diferencia que hay entre el primer "Calibán" de Retamar de 1971 y su última reflexión sobre el tema, "Adiós a Calibán" de 1993; entre su primer hispanismo y su posterior posicionamiento más complicado en y a partir del Caribe; y entre su inicial valoración del mestizaje como modelo explicativo a favor, más tarde, del de transculturación. En la diferencia que hay entre ambos ensayos no sólo median más de veinte años, diferentes coyunturas políticas y personales y varios ensayos, sino que también hay un cambio posicional bastante radical.

Fredric Jameson, en su prólogo a la traducción de 1989 del *Calibán* al inglés sitúa el ensayo que le da el título a la colección como el equivalente latinoamericano del *Orientalismo* de Edward Said. ¿Por qué entonces a pesar de este elogio y justamente en el momento en que un texto tan clave como lo ha sido el *Calibán* entra finalmente en el diálogo sobre los estudios subalternos en la academia norteamericana después de años de marginación, Retamar publica su "Adiós a Calibán"?[9] Como ya señalé arriba, en el *Calibán* de 1971, Retamar le da la espalda al Caribe y "ancla" su Calibán, por así decirlo, en el hispanismo y en la ideología del mestizaje. Se remonta a las grandes culturas precolombinas para postular orígenes indígenas y para situarse como mestizo y hablar del mestizaje. Declara: "Nuestro símbolo [...] es [...] Calibán. Esto es algo que vemos con particular nitidez los mestizos que habitamos estas mismas islas donde vivió Calibán" (*Calibán* 30). Ha sido muy criticado por su temprano apego a la idea del mestizaje y por más que lo niegue en su último ensayo "Adiós a Calibán", creo que con justicia. Sin embargo, lo que no se ha dicho es que esta estrategia en efecto le sirve para dejar de lado la mulatez y los orígenes africanos de la cultura cubana. El mestizaje entonces funciona —y esto ya se ha resaltado en varias ocasiones— como ideología del blanqueamiento. Pero, mientras que en Mesoamérica y en los países andinos la ideología del mestizaje sirve para eliminar al indio,[10] en Retamar, el mestizaje sirve para eliminar al negro. A diferencia de los pensadores del Caribe anglo y francoparlante, Retamar en este ensayo de 1971 no teoriza ningún tipo de *créolité* ni de mulatez.

Esto por un lado. Por otro lado, aunque se apega a las culturas precolombinas para reclamar una conexión orgánica con "nuestra" América, deja de lado completamente la realidad de que aunque el español se haya impuesto en Hispanoamérica, la mayoría de los habitantes siguen hablando lenguas autóctonas. El Calibán de Retamar coincide completamente con la concepción monolingüe del Calibán de Shakespeare: es un antillano que no tenía lengua propia y que tiene que apropiarse de la lengua del colonizador lo que hace de él un personaje no complejo sino más bien, acomplejado. Escribe: "Mientras otros coloniales o excoloniales, en medio de metropolitanos, se ponen a hablar entre sí en su lengua, nosotros, los latinoamericanos, seguimos con nuestros idiomas de colonizadores". Esta observación del comportamiento de cierto cosmopolitismo latinoamericano, ése "nuestros idioma de colonizadores" que nos recuerda que París —y en menor medida Londres (y no Madrid)— fue la Meca de la intelligentsia latinoamericana durante tantos años, deja de lado la pluralidad lingüística autóctona del continente. Retamar justifica su apego a estas lenguas extranjeras porque: "Son las *linguas francas* capaces de ir más allá de las fronteras que no logran atravesar las lenguas aborígenes ni los *créoles*" (*Calibán* 11). En el juego de lo local/regional y de lo cosmopolita/globalizado (recuérdese la polémica entre Cortázar y Arguedas) lo que se borra es el hecho de que un aymara o un hablante de quechua sí se pueden comunicar con otros más allá de las fronteras nacionales —y lo que es más, se apegan a su lengua y a su cultura como un modo de resistencia (una resistencia que ha durado cinco siglos).

Es significativo, entonces, que Retamar se despida de su Calibán justo en el momento en que el Caribe empieza a existir en su pensamiento como lugar desde el cual se puede y se tiene que pensar la realidad cubana y ya no como lo había hecho en su primer ensayo, escrito de cara a Hispanoamérica y asumiendo el mestizaje y el español. Escribe en "Adiós a Calibán" que como consecuencia del gran impacto que tuvo su ensayo dentro y fuera de Hispanoamérica tuvo la ocasión de dialogar a lo largo de muchos años con varios críticos del Caribe. De allí que en las sucesivas reediciones empezó a incluir la bibliografía del Caribe anglo y francoparlante (C.L.R James, Edouard Glissant, George Lamming, Marcus Garvey, Aimé Césaire) asi como también a José David Saldívar, figura prominente en el campo de los estudios chicanos en Estados Unidos. Reconoce la adición de estos nombres a las ediciones subsiguientes de *Calibán*, pero escribe que esta suma ha sido meramente bibliográfica. "Quien se tome el trabajo de cotejar la primera edición del ensayo con la actual, verá otros cambios, menores, relacionados casi todos, como ya dije, con cuestiones bibliográficas" ("Adiós a Calibán" 118). Aunque sugiere que no ha cambiado en nada su ensayo, sin embargo le dice "adiós" a Calibán justamente en el momento en que estaba empezando a pensar la cultura a partir de lo multilingüe y multicultural que suponen los cambios bibliográficos. En *La tempestad*, la dialéctica del vivo/tonto—es decir, del acomplejamiento—ya ha sido inscrita dentro de la obra cuando Calibán es presentado como el vivo que hace suyo un conocimiento que le es ajeno para maldecir a Próspero y a la vez es representado como un tonto que se cree las mentiras de los bufones de la obra. Lo que vemos con el "Adiós a Calibán" es la iluminación de que el mundo calibanesco es demasiado dicotómico y demasiado simple. La dialéctica entre vivos y tontos, chingones y chingados sólo es una dialéctica negativa y aporética. Pensar de y desde el Caribe es empezar a ser complejos y dejar nuestros acomplejamientos de lado. Es decir, es teorizar a partir de la transculturación y del increíblemente complejo mundo que es el Caribe—símbolo, *avant la lettre*, de las transformaciones que está sufriendo el mundo entero bajo la globalización, y que nos está forzando a pensar todas las culturas a partir del desarraigo, la diáspora, lo multilingüe.[11] Es decir, a partir de las zonas de conflicto y de tensión que se dieron en el Caribe, esa zona del mundo donde —más que en ninguna otra parte— los diferentes imperios europeos alcanzaban su límite y su máxima intensidad de fricción y de conflicto.

Como lo argumentó Ulises Zevallos recientemente (paradójicamente en el Cuzco y en las Jornadas Andinas de Literatura Latinoamericana, JALLA Cuzco '99) deberíamos extender este modelo caribeño y pensar la cultura archipiélicamente: es decir, ya no en términos de la totalidad que implicaba la idea de nación sino más bien en términos de núcleos, de "islas" de "minorías" desperdigadas en todas partes y ancladas dentro de cientos de naciones. Este desplazamiento y migración de grandes cantidades de personas da lugar a lo que Stuart Hall ha llamado (creando lo que él llama un "feo" neologismo) la "diasporización" total de la cultura y la formación de nuevas etnias (447). Sugiero entonces que Calibán como símbolo dejó de tener valor explicativo para Retamar porque éste al principio no asumió la diasporicidad del personaje creado por Shakespeare y el modelo "mulato" de cultura que impone. Más bien, trató de "anclar" como tantos otros la cultura de nuestra América (el "tronco" martiniano) arielísticamente en un mestizaje posibilitado por las grandes culturas indígenas precolombinas pero que —como por un acto de prestidigitación— no sólo ha borrado al indio contemporáneo de cualquier consideración sino que también ha insistido en pensar la cultura de "nuestra América mestiza" a partir de un modelo caribeño de pérdida total de las lenguas y culturas indígenas y de imposición de lenguas y culturas europeas. Dentro de este esquema desaparece la heterogeneidad radical que implica el hecho de que durante quinientos años el quechua y demás lenguas indígenas hayan coexistido lado a lado con el español.

Durante demasiado tiempo hemos hablado de mestizaje empleando ese modelo caribeño y calibanesco de cultura. Es hora de separarlos: la superposición de un modelo sobre el otro nos permite ignorar por completo la importancia y el valor que tienen lenguas indígenas como el quechua, el aymara, el náhuatl no sólo *en* nuestras culturas sino para pensar nuestras culturas.[12] De esta manera le hemos dado la espalda a lo que significaría empezar una descolonización de consecuencia. Pensar que debemos emplear el español —y no lenguas indígenas— como lengua de resistencia ante la globalización del inglés y la concomitante americanización de los estudios hispánicos me parece seguir empleando este modelo calibanesco monolingüe que voy desmontando.[13] Como si las generaciones más jóvenes hubieran también llegado a esta conclusión me sorprendió recientemente conocer a varios estudiantes universitarios en México y en el Perú que están empezando a aprender náhuatl y quechua por su cuenta y con el afán de redefinir lo que hasta ahora hemos llamado "nuestra" cultura. Esta táctica muchas veces sentida como necesidad académica nos demuestra que hay modos no acomplejados de comprender nuestras culturas en toda su complejidad. Porque, ¿qué mejor manera hay de "salvar la distancia" que aprendiendo la lengua del otro interno? Y lo que es más ¿qué mejor manera hay de recuperar la ideología del mestizaje para una des-epidermalización de lo colonial que asumiendo un intrínseco bilingüismo nacional (quechua/español, maya/español, etc.)?[14]

Hay que recordar que *Calibán*, tanto como *Lima la horrible*, fueron textos escritos como un llamado para acortar la distancia que nos separa a unos de otros, pero como respuestas o reflexiones sobre eventos nacionales de gran impacto y que ponían en una situación precaria a los intelectuales: el primero fue escrito en defensa de la Revolución Cubana y es una reflexión sobre la posición artística y política que debe asumir el intelectual y el segundo fue escrito frente al "sitio" de Lima por parte de migrantes internos venidos de la sierra. Salazar Bondy describe esta situación de la siguiente manera: "aquí en Lima, como romeros de todo el Perú, las provincias se han unido y, gracias a su presencia frecuentemente desgarradora reproducen ahora en multicolor imagen urbana el duelo de la nación: su abisal escisión en dos contrarias fortunas, en dos bandos opuestos , se diría, enemigos" (Salazar Bondy 10).[15] Le está haciendo eco a José María Arguedas, teórico de esta gran migración que dos años antes, situándose en el bando opuesto, el de los invasores, había escrito algo muy parecido pero había llegado a una conclusión o mejor dicho, había expresado una esperanza muy diferente:

> Somos miles de millares, aquí, ahora. Estamos juntos; nos hemos congregado pueblo por pueblo, nombre por nombre, y estamos apretando a esta inmensa ciudad que nos odiaba, que nos despreciaba como a excremento de caballos. Hemos de convertirla en pueblo de hombres que entonen los himnos de las cuatro regiones de nuestro mundo, en ciudad feliz, donde cada hombre trabaje, en inmenso pueblo *que no odie*. ("A nuestro padre creador" 19-20)

Es interesante notar cómo la pelea ideológica es antes que nada una pelea por el espacio de la ciudad y que no somos nosotros los intelectuales los que hasta ahora hayamos "salvado las distancias". Además, el hincapié que Arguedas pone en ese pueblo "que no odie" nos recuerda que el acomplejamiento podría también ser visto como odio al que no se le ha dado cabida para expresarse; odio que sólo tiene una salida torcida a través de esa "media voz" de la que hablaba Salazar Bondy (Bolívar ya describió ese odio en su "Carta de Jamaica").

Sabemos que la geografía es un destino. "Lima," nos dice Salazar Bondy, "es un destino". Sin embargo, ser limeño es paradójicamente ser y no ser de Lima. "Hace 427 años", empieza *Lima la horrible*, "que Lima fue fundada. Mucho antes, sin embargo, en el lugar donde está emplazada vivían esos hombres cuyos restos han sido desenterrados de los cementerios de Huallamarca o Armatambo, a quienes muy pocos osan llamar limeños pues tal privilegio sólo se concede a los que nacieron en la ciudad dibujada un cálido día de enero por la espada de Francisco Pizarro" (Salazar Bondy 9). *Lima la horrible* se propone desenmascarar ese trazado como otra mentira imperial más. Es interesante notar que Salazar Bondy hará coincidir la ciudad precolombina con la ciudad poscolonial justo en la coyuntura en que Lima está siendo "invadida", "tomada", "sitiada" "conquistada" por los miles y millares de migrantes de las provincias. Vivos a su manera, toman tierras en contra de la ley. Sin embargo, este asentamiento conecta la geografía antigua, precolombina de Lima con la moderna. A diferencia de Salazar Bondy, Retamar, al despedirse de su Calibán finalmente asume plenamente el desplazamiento lingüístico, semántico y espacial que lo llevó del caníbal a Calibán y de Calibán al Caribe.

Notas

Les agradezco a mis colegas Raúl Bueno y Agnes Lugo-Ortiz su cuidadosa (y cariñosa) lectura de este ensayo.

[1] Escribe Salazar Bondy que criollo es quien "vive, piensa y actúa de acuerdo a un conjunto de tradiciones y costumbres nacionales, pero, a condición, como lo sostiene Francois Bourricaud, de que no sean indígenas" (23).

[2] Escribe Césaire: "the colonizer [...] gets into the habit of treating the other man as an *animal* [...] tends to objectively transform *himself* into an animal (20).

[3] Ya Bolívar había descrito la docilidad de los habitantes de Perú en su "Carta de Jamaica": "El virreinato del Perú, cuya población asciende a millón y medio de habitantes, es sin duda el más sumiso y al que más sacrificios se le han arrancado para la causa del Rey ... es indudable que

no está tranquila, ni es capaz de oponerse al torrente que amenaza a las más de sus provincias" (57).

[4] La idea de sumisión que Salazar Bondy atribuye al clima, en efecto tiene una larga trayectoria y proviene de la ampliación que le hizo Renan a Aristóteles y su idea de la innata esclavitud de algunos. No olvidemos que Renan lo siguió en esto al dividir al mundo en dos categorías: la de los hombres-guerreros y la de los hombres-sumisos.

[5] En *Black Skin, White Masks* Frantz Fanon escribe "What I want to do is help the black man to free himself of the arsenal of complexes that has been developed by the colonial environment" (30). Y en otra ocasión: "Newcomers who have studied in France and come back changed—now no longer understand Creole!" (23).

[6] Según mi colega Keith Walker este suicidio (que yo había oído cómo anécdota) que lo lleva a formular su teoría de como se debe "leer" el Caribe, fue el suicidio del escritor haitiano Edmond Laforest y no en el Sena sino en otro río. Ver Keith Walker, *Countermodernism and Francophone Literary Culture: The Game of Slipknot.*

[7] Ver Mervyn C. Alleyne, "A Linguistic Perspective on the Caribbean". Le agradezco a Efraín Barradas haberme mencionado este texto.

[8] Para el asunto de las reescrituras de Calibán son de consulta imprescindible el texto de Nadia Lie y Theo D'Haen, *Constellation Caliban*, así como *Caribbean Contours* editado por Sidney W. Mintz y Sally Price.

[9] Entre los dos textos median más de veinte años, diferentes coyunturas políticas, y varios ensayos y revisiones del tema ("Calibán revisitado", 1990; "Calibán en esta hora de nuestra América," 1991; y "Calibán quinientos años más tarde", 1992, entre otros).

[10] Ver los trabajos de mis colegas Raúl Bueno y Agnes Lugo-Ortiz así como también el trabajo de Martín Lienhard.

[11] Vislumbramos la complejidad que significa pensar desde el Caribe en una observación que hace Kathleen Balutansky con respecto a la idea de creolización en Glissant: "It is the theoretical formulation of the cultural syncretism that gives rise to the subversive and transformative revolutionary activity and artistic creativity of the region. More precisely, Glissant defines creolization in the Caribbean as the cultural construct that distills the dehumanizing experiences of transportation or migration (from Africa, Asia, and Europe), slavery, colonialism, and racism—the main constituents of Caribbean history. Thus creolization encompasses not the ethnic and cultural pluralism that is the legacy of the colonial encounter but also the integration of radical historical experiences into a self-consciously decentered Caribbean identity" (242).

[12] En un correo electrónico donde le pregunté a Walter Mignolo si es que había aprendido náhuatl para escribir su libro *The Darker Side of the Renaissance,* esto fue lo que me contestó corroborando lo que vengo argumentando. "La cosa con el Náhuatl empezó en 1970, en Toulouse, con George Baudot. El daba clases de náhuatl, y ... nos juntábamos semanalmente (con José Luis González) ... a conversar de muchas cosas, incluido el náhuatl y sus investigaciones en México. Pero para mí el náhuatl, en ese momento, ofrecía un problema semiótico fascinante. Era 'otra lógica', simplemente, que semióticamente abría muchas posibilidades. Compré gramáticas y me armé de diccionarios, y como venía de la filología me divertí muchísimo viendo etimologías y familias de palabras. En 1987,

esa memoria dio otros frutos, cuando di una charla en Brown sobre la cuestión del libro, que se extendió al capítulo 2 y que fue en verdad el primer capítulo. Ahí lo que ocurrió es que el viejo, para mí, problema semiótico se convirtió en el nuevo problema del colonialismo y de la colonialidad del poder, como diría hoy apropiándome de la expresión de Quijano. Esa es más o menos la historia" (comunicación por correo electrónico, 3 de noviembre 1999).

[13] A casi treinta años de este ensayo y habiéndose impuesto el inglés como *la lingua franca* mundialmente, el gran crítico peruano Antonio Cornejo-Polar, poco antes de morir, hace eco del reclamo martiano-retamariano por una universidad, una lengua y una cultura propias. Escrito a partir de la problemática estadounidense de la hegemonía de los estudios culturales y del uso cada vez más difundido del inglés (y un aparato crítico que le es ajeno) para pensar Latinoamérica, Cornejo-Polar propone que debemos asumir el español (y un aparato teórico latinoamericano) como modelo de resistencia ante la americanización de los estudios hispanoamericanos. Al igual que Retamar, Cornejo-Polar tampoco considera que el aprendizaje del quechua o alguna otra lengua indígena serviría a sus fines de resistencia mucho mejor que la insistencia en el español. Lo que complica aún más el asunto es el hecho de que al enunciar esta problemática en y desde Estados Unidos, la posición de Cornejo-Polar choca con la de los latinos de Estados Unidos que ya han sufrido (o están aún sufriendo) la imposición del inglés y por ende sostienen que en efecto el inglés y el español son lenguas que les han sido impuestas y, lo que es más, que la identidad no se debe pensar en términos linguísticos sino más bien en la identificación con cierto espacio y cierta vivencia (así por ejemplo Susanne Oboler sostiene que los únicos a quienes se les puede considerar minoría étnica son los mexicano-americanos de Nuevo México donde no se ha roto la identificación entre tierra y cultura). Es importante notar que Cornejo-Polar como rector de la Universidad Nacional Mayor de San Marcos tuvo oportunidad de experimentar y pelear por una universidad propia. Ver el ensayo de Raúl Bueno, "Antonio Cornejo-Polar y la universidad popular latinoamericana. Su experiencia como rector de San Marcos".

[14] Recuerdo cómo en los años setenta, el gobierno del General Velazco oficialmente declaró que el Perú era un país bilingüe y propuso que se enseñara quechua en las escuelas de todo el país. Esta propuesta fue recibida con verdadero espanto por las clases media y alta. A mí en ese entonces me pareció una idea magnífica y sigo pensando que debería de ser retomada e implementada en serio por los gobiernos latinoamericanos para acortar las distancias sociales que hemos heredado de la colonia. Sobre los debates sobre la lengua en el Perú, ver Alberto Escobar, *Perú ¿País bilingüe?*

[15] Sobre el uso del término "romeros" para describir esta migración ver el excelente artículo de Peter Elmore, "La ciudad enferma: *Lima la horrible* de Sebastián Salazar Bondy".

Alleyne, Mervyn C. "A Linguistic Perspective on the Caribbean". *Caribbean Contours*. Sidney W. Mintz y Sally Price, eds. Baltimore: The Johns Hopkins UP, 1985. 155-79.

Arguedas, José María. "A nuestro padre creador Tupac Amaru". *Temblar. El sueño del pongo*. La Habana: Casa de las Américas, 1976. 19-20.

Balutansky, Kathleen. "Appreciating C.L.R. James, A Model of Modernity and Creolization". *Latin American Research Review* 32/2 (1997): 233-243.

Bolívar, Simon. *Doctrina del Libertador*. Manuel Pérez Vila, ed. Caracas: Biblioteca Ayacucho, 1985.

Bueno, Raúl. "Antonio Cornejo Polar y la universidad popular latinoamericana. Su experiencia como rector de San Marcos". *Revista de crítica literaria latinoamericana* 50 (1999): 41-9.

_____ *Escribir en Hispanoamérica*. Lima-Pittsburgh: Latinoamericana Editores, 1991.

Césaire, Aimé. *Discourse on Colonialism*. Joan Pinkham, trad. Nueva York: Monthly Review Press, 1972.

Cornejo Polar, Antonio. *Escribir en el aire*. Lima: Horizonte, 1994.

_____ "Literatura peruana: totalidad contradictoria". *Revista de crítica literaria latinoamericana* 18 (julio-diciembre 1983): 37-50.

_____ *Sobre literatura y crítica latinoamericanas*. Caracas: Ediciones de la Facultad de Humanidades y Educación, 1982.

Elmore, Peter. "La ciudad enferma: *Lima la horrible* de Sebastián Salazar Bondy". *Mundos interiores, Lima 1850-1950*, Aldo Panfichi H. y Felipe Portocarrero S., eds. Lima: Universidad del Pacífico, 1995.

Escobar, Alberto. *Perú ¿País bilingüe?* Lima: Instituto de Estudios Peruanos, 1975.

Fanon, Frantz. *Black Skin, White Masks*. Charles Lam Markmann, trad. Nueva York: Grove Press, 1967.

Fernández Retamar, Roberto. "Adiós a Calibán". *Casa de las Américas* 191 (abril-junio 1993): 116-22.

_____ *Calibán: Apuntes sobre la cultura en nuestra América*. México: Ed. Diógenes, 1974.

Flores Galindo, Alberto. *Buscando un inca: identidad y utopía en los Andes*. Lima: Ed. Horizonte, 1994.

García Sáiz, María Concepción. *Las castas mexicanas: Un género pictórico americano*. Milano: Olivetti, 1989.

Glissant, Edouard. *Caribbean Discourse*. J. Michael Dash, trad. Charlottesville: University Press of Virginia, 1992.

Hall, Stuart. *Critical Dialogues in Cultural Studies*. David Morley y Kuan-Hsing Chen, eds. Londres: Routledge, 1996.

Laplanche, Jean y J. B. Pontalis. *The Language of Psycho-Analysis.* Donald Nicholson-Smith, trad. Nueva York: W.W. Norton, 1974.

Lie, Nadia y Theo D'Haen (eds.). *Constellation Caliban: Figurations of a Character.* Amsterdam: Rodopi, 1997.

Lienhard, Martin. *Cultura andina y forma novelesca: zorros y danzantes en la última novela de Arguedas.* México: Taller Abierto, 1998.

Lugo Ortiz, Agnes. *Identidades imaginadas: biografía y nacionalidad en el horizonte de la guerra, Cuba 1860-1898.* San Juan, PR: Editorial de la Universidad de Puerto Rico, 1999.

Mallon, Florencia. *Peasant and Nation: The Making of Postcolonial México and Peru.* Berkeley: University of California Press, 1995.

Mannoni, Octave. *Prospero and Caliban: The Psychology of Colonization.* Londres: Methuen, 1956.

Marqués, René. *The Docile Puerto Rican.* Philadelphia: Temple University Press, 1976.

Ortega, Eliana. "Poetic Discourse of the Puerto Rican Woman in the US: New Voices of Anacaonian Liberation". *Breaking Boundaries: Latina Writings and Critical Readings.* Asunción Horno-Delgado, Eliana Ortega, Nina M. Scott y Nancy Saporta Sternbach, eds. Amherst: The University of Massachusetts Press, 1989. 122-135.

Pérez Firmat, Gustavo. *The Cuban Condition: Translation and Identity in Modern Cuban Literature.* Cambridge: Cambridge University Press, 1989.

Salazar Bondy, Sebastián. *Lima la horrible.* Lima: Ediciones Era, 1964.

Shakespeare, William. *The Tempest.* George Lyman Kittredge, ed. Boston: Ginn and Company, 1939.

Vasconcelos, José. *La raza cósmica: Misión de la raza iberoamericana: Argentina y Brasil.* México, DF: Espasa Calpe, 1992.

Walker, Keith. *Countermodernism and Francophone Literary Culture: The Game of Slipknot.* Durham: Duke University Press, 1999.

Walker, Keith. *Countermodernism and Francophone Literary Culture: The Game of Slipknot.* Durham: Duke University Press, 1999.

Poetas en Haipacu: algunas reflexiones sobre política y estética en el Atlántico esclavista

Sibylle Fischer

Como parte de un homenaje a Roberto Fernández Retamar, este ensayo quiere continuar el proyecto de buscar aquella perspectiva, tan difícil de obtener, desde donde no reproducimos las deformaciones causadas por una historia de colonización y explotación, es decir, continuar el proyecto de repensar la historia latinoamericana y caribeña. El objetivo principal del presente ensayo es, entonces, una reflexión sobre la noción de emancipación y sus articulaciones político-culturales en el siglo XIX caribeño. En el centro de esta reflexión está el poeta mulato Gabriel de la Concepción Valdés *alias* Plácido, ejecutado en 1844 por las autoridades españolas por haber participado, supuestamente, en una conspiración antiesclavista.

Hay una observación curiosa de Cintio Vitier acerca de Plácido. En un ensayo sobre "la cubanía en la poesía" afirma que su poesía "nace y muere con él, no continúa ni anuncia nada, no pertenece al devenir histórico" (Bueno 347). Pareciera que Plácido fue un accidente de la historia, un caso aislado cuyo significado se agota en la tragedia de su vida y su muerte. En lo que sigue voy a mostrar que el "caso de Plácido", leído a contrapelo, nos puede llevar a conclusiones radicalmente diferentes: que en Plácido y en las polémicas alrededor de él se manifiesta un conflicto de suma importancia entre diferentes nociones de progreso, emancipación y producción cultural legítima cuya solución tuvo un impacto determinante sobre el proceso político-cultural en Cuba y el Caribe en general. Si Plácido no anuncia nada es porque es la figura de una modernidad colonial que quedó truncada. No se trata entonces de rescatar para la historia literaria el caso de un poeta considerado menor ni de construir continuidades e influencias, sino de restituir precisamente el carácter fragmentario e incompleto de este caso, pues es ahí donde se revela su importancia estructural. Plácido es una especie de fragmento histórico, pero no es por esto un mero accidente.

Pocos poetas han causado tanta inquietud y tanto debate apasionado como Plácido. Como víctima del despotismo colonial, se convirtió en figura simbólica para el abolicionismo internacional, protagonista de numerosas obras teatrales, poemas dramáticos y novelas de corte antiesclavista,[1] y el sublime mártir de una cubanía incipiente. Para los críticos literarios, sin embargo, Plácido fue el poeta del mal gusto, de una poesía servil y comercial y producto de una cultura colonial degradada. Incluso sus críticos más benévolos insistían que "[s]us medios de ilustración fueron las obras que le venían a las manos, lectura inconexa y más apta a estragar el gusto que fomentarlo en los primeros pasos de la juventud por el sendero de la literatura [...]" (Guiteras 93).[2]

Parece que las contradicciones irresueltas alrededor de la obra y la vida de Plácido han producido un trauma nacional. Desde el momento de su muerte hasta el presente, la figura del poeta sigue volviendo a aparecer como una memoria que no se puede borrar ni asimilar.[3] Es un recuerdo recurrente, una especie de espectro que continúa reflejando deseos que nunca llegaron a realizarse y miedos que no se podían pronunciar. Y no es que su figura haya perdido su capacidad provocativa e inquietante. Sólo hay que recordar la aparición reciente en el largometraje de Sergio Giral ("Plácido"), en el que poeta es el feroz líder militar de una revolución antiesclavista: un héroe de una conciencia negra y, a la vez, una pesadilla que surge de la imaginación profundamente paranoica de las autoridades coloniales y de los criollos blancos. Más explícito incluso respecto al carácter fantasmal del poeta es "La dolorosa historia del amor secreto de José Jacinto Milanés", una obra teatral de Abelardo Estorino (1974, estrenada en 1985) basada en un estudio extenso de fuentes documentales e históricas. Plácido es, en la totalidad de la obra, un personaje menor. Estorino resucita al poeta cortés, sencillo y generoso que nos pintaron sus críticos decimonónicos más favorables. No obstante, "La dolorosa historia" es una obra profundamente melancólica que se desenvuelve en el reino sombrío de los muertos y casi muertos, donde todo el pasado se ha convertido en un presente eterno del que no se puede escapar. En esta Comala colonial, Plácido se le aparece a Milanés en el acto final, titulado "Delirio", que empieza con puros sonidos: látigos, tambores, lamentos, y luego: "¡Fuego!". Es, claro está, la escena del fusilamiento de Plácido. Más que ninguna otra voz en esta obra, la de Plácido viene de ultratumba. Es al mismo tiempo una voz menor y la voz más destacada, la figura más muerta y la presencia más viva.

¿Por qué esta incapacidad de dar por concluido el caso de Plácido? Tal vez la afirmación de Vitier no es tanto explicación del fenómeno como expresión de un deseo. Tal vez es un intento de contener dentro de una historia puramente biográfica y accidental lo que no se puede contener en las categorías consideradas esenciales y necesarias por la historiografía hegemónica. Desde mediados del siglo pasado, esta historiografía había privilegiado las categorías que ponen énfasis en la emergencia de lo cubano y que sugieren que la emancipación es, en primer lugar, la liberación de lo que iba a ser el espíritu nacional. Otros proyectos emancipatorios, sobre todo el antiesclavismo radical, a veces son "incluidos" o "representados," pero en efecto subordinados. El proyecto de los criollos blancos liberales del siglo XIX consistía en elaborar aquellas diferencias que iban a justificar, en algún futuro, la independencia de la metrópoli española, desarrollar un sentido de comunidad, y fomentar una cultura que sea diferente, pero de igual estatura que la del colonizador. La meta era superar y reemplazar la cultura sincrética colonial por una cultura alta criolla. Plácido, símbolo de diferencias mucho menos deseables, no cabía en este proyecto.[4] Hay una especie de exceso —algo que no cabe dentro de las categorías políticas y estéticas— y es este exceso lo que produce los retornos de Plácido.

De Calibán a Haipacu

En un ensayo reciente, *Cuba defendida*, Fernández Retamar anuncia su proyecto de escribir sobre un país imaginario, "síntesis de otros reales, cada uno de los cuales ha sido satanizado por distintas metrópolis a causa de haber seguido trayectorias originales lo que no se le ha perdonado. El país imaginario se llama Haipacu; los países reales se llaman Haití, Paraguay y Cuba [...]" (57-8). Haití, el resultado de una revolución de esclavos; Paraguay, el único país independiente que se fundó sobre una base amerindia; y Cuba, el único estado latinoamericano que se funda en una revolución socialista. Estos son, según Fernández Retamar, los países auténticamente independentistas, "apoyados por las masas y en su favor" (60). La respuesta a estos proyectos emancipatorios es bien conocida: por parte de los poderes coloniales o imperialistas, el bloqueo económico y el aislamiento diplomático; por parte de la burguesía criolla, la difamación. En este esbozo, Fernández Retamar resume brevemente la historia revolucionaria de Haití y de Paraguay, para luego dedicar la mayor parte de su ensayo al análisis de la situación actual de Cuba. En lo que sigue, quisiera retomar los hilos sugestivos que nos ofrece Retamar con respecto de Haipacu para tratar de establecer una especie de diálogo entre los materiales históricos y textuales y esta noción metáforica-teórica.

No es difícil vislumbrar en Haipacu las huellas de la problemática del celebrado ensayo "Calibán" de 1971. Tanto Calibán como Haipacu son figuras de un Otro producido por un violento capitalismo eurocentrista. En ambos casos, el imperialismo y el neocolonialismo constituyen el marco dentro del cual pueden operar las leyendas negras, las difamaciones y el bloqueo. Los dos son nombres que alegorizan la re-escritura de la historia de "civilización y barbarie". Sin embargo, hay diferencias muy significativas. La continuidad y coherencia de un área geográfica de dimensiones continentales y misión milenaria —"Nuestra América", como decía Martí— ha sido reemplazada por una imagen de proyectos emancipatorios discontinuos, aislados y, sobre todo, asediados. La voz literaria que mejor expresa Haipacu es la de Augusto Roa Bastos. En vez de la plenitud y del largo aliento nerudiano, susurros y fragmentos, en vez del *Canto General*, la voz de ultratumba de *Yo el Supremo* a través de la cual escuchamos la multitud de voces suprimidas y silenciadas.

Podríamos pensar que las diferencias entre los ensayos de 1971 y de 1996 reflejan los eventos de los últimos diez años. La desintegración del bloque socialista, la imposición de un régimen económico neoliberal, el "Período Especial" en Cuba, y la propagación de alianzas basadas en convenios económicos que fracturan las alianzas político-culturales del pasado indudablemente han dejado algunas huellas en la noción de Haipacu. Sin embargo, Haipacu no es simplemente una variación melancólica acerca del tema de Calibán. La diferencia fundamental reside en el tipo de alegoría que representan las dos figuras y en la relación diferente que por esto establecen entre el pasado y el presente.

En tanto alegoría narrativa, "Calibán" produce una historia cumulativa que va de Túpac Amaru y Toussaint Louverture a Martí y el Che Guevara. El pasado es precursor del presente, y el presente una continuación y realización de los proyectos del pasado. Tanto la lectura literal como la lectura alegórica producen una narrativa coherente y continua. No hay rupturas o elementos que sobran a la hora de cambiar la clave. Haipacu, en cambio, se constituye a partir de fragmentos e historias incompletas que no llegan a formar una narrativa lineal. Se basa en semejanzas y reflejos entre tres países con una base social y cultural muy diferentes. Establece correspondencias entre tres momentos históricos, separados por décadas, si no siglos. Si la temporalidad de Calibán es la de una historia lineal y cumulativa, la de Haipacu parece ser, a primera vista, la figura de una historia que se repite. No es necesario (ni probable) que los objetivos emancipatorios sean idénticos. El imperialismo o neocolonialismo nos dan una especie de metanarrativa que explica por qué ciertos eventos se repiten una y otra vez, pero esta metanarrativa no es el factor determinante respecto a los eventos concretos en los tres países que constituyen Haipacu. El jacobinismo austero del Doctor Francia en Paraguay dista mucho del sueño napoleónico de un Dessalines que se hace declarar Emperador de Haití y la sociedad jerárquica y estratificada que se desarrolló en Haití después de la revolución no podría ser más diferente de la paraguaya. Si por historia entendemos una narrativa continua, Haipacu no la tiene: es un territorio que se constituye cuando una memoria evoca otra y establece correspondencias inesperadas. Pero esto, también, es historia.

En cierta medida Haipacu ofrece una respuesta al famoso "*double-bind*" de Calibán (véase el prefacio de Jameson a la traducción al inglés de "Calibán").

A pesar de toda la originalidad revolucionaria atribuída a Calibán, éste es el producto de la imaginación y acción colonizadoras. Antes de la llegada de Próspero, Calibán era un monstruo semi-humano. Careciendo de lengua propia, se convierte en sujeto humano, aunque deforme, cuando aprende la lengua de Próspero. Desde esta perspectiva, se podría interpretar a Calibán como anticipación de una de las paradojas que constituyen el eje de los estudios poscoloniales contemporáneos: sería, contrariamente a la intención del autor, una alegoría de una poscolonialidad de la que no se puede escapar.[5] Cuando Próspero y su corte se van de la isla, Calibán vuelve a ser el señor del territorio, pero ¿deja por esto de ser un sujeto colonizado? Precisamente porque Calibán se constituye como sujeto a partir de los elementos que vienen de Próspero, su historia se puede narrar de forma coherente y completa: no hay exterioridad, exceso, o contingencia (o, si los hay, no tienen relevancia para la alegoría).

Haipacu es una alegoría de orden muy diferente. Es un montaje de fragmentos en vez de una narración orgánica. La relación entre los tres "episodios" que lo constituyen no se puede traducir en una narración. El segundo episodio no soluciona los problemas del primero, y el tercero no es resolución sino re-planteamiento del conflicto original. Haipacu, más brechtiano que aristotélico, asume la forma de una serie a la que se pueden añadir otros elementos. Hay menos certeza y menos previsibilidad aquí porque Haipacu, a diferencia de Calibán, no está anclado en la conciencia de ninguno de los personajes del drama. Obviamente, Haipacu no es un conjunto completamente accidental, pero tampoco es posible decidir cuáles son los elementos necesarios y cuáles son contingentes, pues diferentes correspondencias surgen en diferentes momentos históricos. Habrá detalles que exceden el marco inicial, fragmentos sueltos que adquieren un significado sólo a la luz de eventos posteriores y episodios que parecen necesarios al principio para luego revelar su carácter contingente.

Vemos entonces que la estructura de Haipacu establece una relación con el pasado muy diferente de la de Calibán. Si el pasado no es tanto precursor como posible alternativa del presente (mejor dicho: precursor de un presente alternativo), hace falta revisar la historiografía para rescatar la memoria de estos proyectos alternativos. La obra de Roa Bastos, *Yo el Supremo* en particular, ilustra las dificultades que surgen cuando se trata de escribir esta historia no-narrativa y fragmentaria. Como historia suprimida, es accesible sólo a través de la revisión de la historiografía oficial. Existe en los ecos no intencionados, en la memoria colectiva y en las fisuras de los textos de la textualidad oficial.

Visto desde esta perspectiva, Haipacu no es "la isla que se repite". La repetición histórica que subyace a Haipacu no es repetición por necesidad ontológica (y mucho menos repetición por la futilidad de proyectos emancipatorios). Al contrario, es la condición de la posibilidad de nuevos proyectos emancipatorios en el futuro. A diferencia del drama de Calibán, Haipacu no se constituye a partir de una lógica que se puede conocer y entender en todos los momentos del desenvolvimiento del drama. Haipacu existe, en gran parte, en las conexiones que establecemos nosotros.

Plácido mártir y Plácido poeta

Hay un diálogo entre Domingo Del Monte, personaje clave en los círculos de la burguesía cubana liberal de la primera mitad del siglo XIX, y el poeta José Jacinto Milanés en "La dolorosa historia" de Estorino que señala una contradicción que es menester explorar más a fondo si queremos entender el fenómeno de Plácido. Dice Del Monte: "Una cosa es estar por la abolición, teóricamente, y otra entregar el país al salvajismo. Pero claro, aquí es difícil de conversar. La incultura nos impide una compresión de problemas tan complejos" (451). Como en el país imaginario de Haipacu, hay en este diálogo ficticio retos de un conflicto entre proyectos emancipatorios diferentes. Observamos fisuras dentro del movimiento abolicionista que surgen a partir de una noción normativa y discriminatoria de cultura e "incultura", o sea civilización y barbarie, y que por alguna razón resisten la articulación. Como veremos más adelante, es en gran parte por esta fisura que Plácido se convierte en una figura tan controvertible y contradictoria.

Cabe recordar que estamos hablando de un momento sumamente tenso en el área del Caribe. La esclavitud no se abolió en Cuba hasta 1886; la independencia no se logró hasta 1902. A lo largo del siglo XIX dos sistemas de opresión se superpusieron, multiplicando las divisiones sociales y las posibles alianzas entre varios grupos. Simplificando el asunto un tanto, podemos decir que, al no coincidir la línea divisoria que separaba la población blanca de la población de color con la que separaba al colonizador del colonizado, se desarrollaron dos proyectos emancipatorios cuyos objetivos no coincidieron: uno centrado en el anticolonialismo, otro en un antiesclavismo radical.[6] Estas complicaciones se dieron en un momento en el cual, en el continente hispanoamericano, las colonias españolas ya se habían independizado y, en el Caribe, la colonia francesa de Saint Domingue había sido arruinada por los estragos de la guerra y el aislamiento internacional que siguió a la revolución antiesclavista. El nuevo estado de Haití se hallaba a pocas millas de Santiago de Cuba. Era el único estado negro de las Américas, un estado revolucionario al que las autoridades blancas del Caribe culpaban de querer infiltrar o invadir otros territorios para liberar a los esclavos. Se consideraba, en este ambiente de paranoia, que sólo la presencia del poder colonial en Cuba podía garantizar la seguridad de los blancos frente a una multitud de esclavos y de numerosos mulatos y negros libres. Así las cosas, la cuestión del futuro desarrollo cultural y social de la isla de Cuba fue, sin duda alguna, un asunto sumamente delicado.

Al lado de la producción considerada legítima por los criollos blancos había prácticas que crecieron bajo el manto del colonialismo, especialmente en los espacios culturales y artesanales menos regulados dentro del régimen esclavista; y, en su mayor parte, estaban en manos de la población de color libre (véase Fisher). Estas prácticas llevaban, por un lado, una fuerte marca de la cultura colonial, la cual, a lo largo del siglo XIX, se fue haciendo más y más indeseable para los criollos blancos. Por otro lado, estas prácticas se asociaron, al menos en la imaginación criolla, con el movimiento abolicionista internacional y con la "catástrofe" de Haití. Ambos aspectos se podían ver como obstáculos a las aspiraciones reformistas criollas. En torno a la figura de Plácido cristalizan, entonces, los intentos de la élite criolla de suplantar tradiciones que resultaban sospechosas, sea por sus posibles conexiones con un antiesclavismo radical, sea por su incapacidad de producir aquellas diferencias entre lo criollo y lo español que, en un futuro, iban a justificar el proyecto de la independencia.

Plácido fue, no cabe duda, víctima de estos conflictos y contradicciones. Fue acusado de ser uno de los líderes de una conspiración de negros y mulatos que, según afirmó la sentencia, tenía como fin "el exterminio de todo blanco, haciéndose de este modo dueños de la Isla, conservándola por sí, y con la ayuda y protección de fuerzas extranjeras [...]" (citado en Horrego Estuch 345).[7] Fabricada o no la acusación, el lenguaje de la sentencia nos da una imagen fiel de las fantasías paranoicas que llevaron al proceso de la llamada Conspiración de la Escalera y a la represión brutal del Año del Cuero. Plácido mismo afirmó su inocencia hasta el último momento y, según la hagiografía, marchó al paredón recitando "La Plegaria a Dios", uno de los pocos poemas que han escapado el desprecio de la crítica.[8]

Al surgir en la segunda mitad del siglo XIX el género del "estudio histórico" dedicado a transformar la historia colonial en prehistoria de la nación rara vez faltaba el relato de la muerte de Plácido. Asumiendo un lugar en el imaginario nacional que fue gestándose durante la segunda mitad del siglo XIX, Plácido quedó transfigurado en un héroe sublime de la cubanía. Claro está, el hecho de que nunca se haya podido probar a ciencia cierta la existencia de una conspiración en 1844, junto con el hecho de que, hasta hace poco, la mayoría de los críticos e historiadores convenían en afirmar la "inocencia" de Plácido, facilitaron esta asimilación del poeta por parte de los proyectos reformistas, y luego, independentista.[9] Se produce, en este acto de asimilación, un símbolo identificatorio que permite sustituir los varios antagonismos sociales y raciales existentes a mediados del siglo XIX por un solo antagonismo: el de los criollos y los peninsulares. Plácido es víctima del despotismo español y, *por lo tanto,* sublime mártir de una cubanía incipiente.

Como poeta, sin embargo, Plácido carece de toda sublimidad. Es como si su producción poética no fuera ni lo suficientemente diferente del modelo europeo como para representar a Calibán, rudo y enfrentado a la opresión de Próspero, ni lo suficientemente similar como para representar la igualdad fundamental entre Ariel y Próspero. Consideremos la siguiente letrilla de Plácido (255):

> ¡Cuánta Ilustración!
> Amigos, silencio,
> Pasito, chitón ...
> Vamos a la escuela del nuevo Platón,
> Del Diógenes nuevo,
> Del nuevo Solón.
> Digo, y que de valde,
> Con santa intención,
> En públicos diarios
> Nos da la lección,
> Con más elocuencia
> Que el gran Cicerón.
> *Caramba, ¡qué sabio!*
> *¡Cuánta ilustración!* [...]

En medio de cubanismos, expresiones populares y un refrán sincopado aparecen "Platón", "Diógenes" y "Solón", los sabios de la tradición occidental. Hay una mezcla de *lingua franca* y vernácula, un juego irónico entre lo universal y lo particular culminando en la síncopa del último verso que se precipita hacia la *o* final: "¡cuÁnta ilustraciÓn!" Parece que Plácido se está burlando de las aspiraciones y simetrías neoclásicas de una cultura imitativa.[10] La síncopa no se puede universalizar: es lo particular irrumpiendo dentro de la regularidad métrica.

No es sorprendente que en los ojos de la élite criolla la poesía de Plácido fuera una re-presentación degradada y corrupta de las tradiciones occidentales. En la poesía de Plácido, las alusiones clásicas están vaciadas de su significado original, reducidas a meros ornamentos cuya función no es otra que la de invocar el prestigio de la erudición y del linaje clásico: "Cuanto leía se reflejaba en su mente y la reproducción siempre era con poca fortuna, pues la asimilación no había tenido lugar de una manera completa" (Piñeyro citado por Figarola Caneda 172). El resultado: un desfile estrambótico de ninfas, filósofos griegos y geografías exóticas, confusión de "empíreo" y "empírico", una y otra vez las mismas rimas cansadas y las reglas métricas mal aplicadas. La cultura se convierte en inventario de palabras inconexas y ornamentales. Dice Sanguily, uno de los detractores más rencorosos de Plácido "Se le ve inflar los carrillos ... y dejar escapar con énfasis ridículo y aire de solemnidad que cuando no es irritante resulta muy cómico, palabras hinchadas, resonantes, disparatadas, huecas —¡palabras, palabras, palabras!— siendo lo peor que a menudo ignora su significado" (Bueno 166). Como el fetichista primitivo, Plácido atribuye valor a elementos sueltos y, al hacerlo, desmantela precisamente la estructura que asegura la producción de significado y valor. La abolición de significado produce "versos simples, aunque harmoniosos" (Del Monte 2: 150): amonotona palabras que no tienen otra relación que la puramente fónica.

Plácido llega a representar lo que la cultura criolla tuvo que suprimir o eliminar para reivindicar el reconocimiento de su diferencia *y* de su estatura fundamentalmente igual con respecto a las culturas europeas metropolitanas. Si el problema ideológico y cultural de los criollos reformistas o independentistas del siglo XIX fue el establecimiento del antagonismo entre criollos blancos y colonizadores españoles como antagonismo fundamental de la sociedad cubana, la figura de Plácido significa una perturbación —aquí doy por descontado que las interminables discusiones acerca de la representación de "lo cubano" no son sino un intento de producir culturalmente esta diferencia. Desde la perspectiva de la cultura alta criolla, Plácido representa una especie de inscripción degradada del colonizador español, lo que tiene por efecto el negar tanto la igualdad como la diferencia fundamentales entre la cultura metropolitana y la cultura que se ha desarrollado en la colonia.

Como víctima del colonialismo español, Plácido es héroe del proyecto anticolonialista y forma parte de la tradición emancipadora criolla. Como mediocre poeta mulato y adulador de los que podían comprar sus servicios, Plácido representa una falta de independencia y de voz propia. Como poeta, imita la cultura colonial; como mártir, simboliza los abusos del colonialismo. Como poeta, es ridículo; como mártir, es sublime. La incompatibilidad de estas dos imágenes es tal que el valor simbólico y contestatario de Plácido parece depender de su silenciamiento como poeta. Es mártir siempre y cuando no hable: silenciado, el Plácido mártir puede producir precisamente la diferencia que el Plácido poeta anulaba.

Abyección

Una de las polémicas literarias de las que abundan en el siglo XIX cubano gira alrededor del poema titulado "El poeta envilecido" (1837), de José Jacinto Milanés:

> Por más que su alma presuma,
> Hácele tomar la pluma
> Necesidad.
> Y en su mal nacida rima,
> La adulación se echa encima
> De la verdad.
> ¡Torpe, que a su pensamiento
> Siendo libre como el viento
> Por alto don,
> Le corta el ala, le oculta
> Y en la cárcel le sepulta
> Del corazón!
> Y ¿qué es mirar a este vate
> Ser escabel del magnate
> Cuando el festín;
> Cantar sin rubor ni seso,
> Y disputar algún hueso
> Con el mastín?
> (Citado de la versión en Figarola-Caneda 224-26)

El poema no nombra al "poeta envilecido". Sin embargo, la primera edición de las Obras de Milanés contenía la siguiente estrofa, luego suprimida en la segunda edición (1846):

> Y si la suerte le hizo
> De color negro o cobrizo,
> ¡Mísero de él!
>
> Pues su horizonte es sombrío,
> Su aire seco, su sol frío,
> ¡Su amor de hiel!

En 1845 Domingo Del Monte escribió su ensayo breve "Dos poetas negros.—Plácido y Manzano", en el que comparaba la escritura de Francisco Manzano con la de Plácido, proclamando en términos nada inciertos que "los principios de mi estética y de mi filosofía, se avienen más con el lamento arrancado del corazón del oprimido, que con el concierto estrepitoso del oficial laureado, del poeta envilecido, de Plácido [...]" Al terminar su ensayo con la cita de las dos últimas estrofas del poema de Milanés, Del Monte identifica plenamente el "poeta envilecido" con Plácido (2: 149-150).

Para nuestros propósitos no hace falta saber si Milanés se quiso referir a Plácido o a toda una clase de poetas populares.[11] Lo que importa aquí es identificar los criterios que subyacen a la crítica. El título del poema nos puede servir de clave para una lectura. Según Corominas, *vil* viene del latín *vilis,* que significa *barato* o *sin valor.* Afirma Casares que, como adjetivo, significa *ruin, bajo, despreciable;* y añade que, como sustantivo, se aplica a *una persona desleal.* Corominas cita como surgida en 1739 la variante *en vilo,* con el sentido primitivo de *sin firmeza, sin estabilidad.* Lo que se anuncia en el epíteto de Milanés es un juicio en el que se mezclan lo estético con lo ético. Lo barato y despreciable es el resultado de una inestabilidad, una falta de definición o solidez del sujeto. Llama la atención también la temporalidad del atributo "envilecido": no es que el poeta *sea* vil; es que se *hace* vil. A la idea de una inestabilidad en el sujeto se junta la de un retroceso o decadencia.

El poema mismo es, en cierta medida, explicación del título. La poesía del poeta envilecido es una poesía intrascendente, "mal nacida" por haber nacido de la "necesidad", una poesía de alas cortadas.[12] Una poesía sepultada que no llega a proyectarse hacia el mundo inmaterial de la belleza sino que echa sus raíces en una existencia material y contingente y de hecho se somete a ella. El poeta envilecido se deja llevar no tanto por el vuelo de la imaginación como por las bajas necesidades corpóreas. Los versos suprimidos de la segunda edición reafirman el estado de degradación: el horizonte sombrío, el aire seco y el sol frío sugieren un ambiente árido y mezquino. El "amor de hiel" nos devuelve al imaginario de una interioridad corpórea entendida como "cárcel". Pasamos de la dulzura y del resplandor —ambiente de la poesía— a la oscuridad y la amargura. Fisiológicamente hablando, la hiel transforma una fuente de placer sensorial —la comida— en sustancias adecuadas para un aparato digestivo que, ajeno a cualquier criterio estético, obedece a las necesidades ciegas del mundo físico. El amor, sentimiento supuestamente sublime y purificador, fuente de inspiración de un sinfín de actos creativos y procreativos, se convierte en agente digestivo, en fuente de desintegración y descomposición.

De acuerdo con esta lectura, Plácido no es tanto signo de un atraso como signo de una regresión. No es el "todavía no" del discurso desarrollista sino una vuelta atrás, un aflojamiento de las reglas y de las leyes civilizatorias, y una crisis en el proceso de individuación. Apropriándonos libremente de un término propuesto por Kristeva, podríamos decir que el Plácido del imaginario criollo es el poeta abyecto. Kristeva introduce el concepto de lo abyecto como parte de una explicación de las condiciones de la posibilidad de la emergencia del sujeto. Antes de la separación de sujeto y objeto, lo que se va a constituir en sujeto expulsa lo inmundo —la sangre, el vómito, los excrementos, etc. Lo abyecto, entonces, es el objeto de la represión primaria y la precondición del narcisismo (20-21). No obstante, la represión de lo abyecto es un proceso que nunca se da por terminado. Lo abyecto sigue amenazando al sujeto desde los márgenes: sin localización precisa —ni del lado del sujeto, del Yo, ni del lado del objeto— es, a un tiempo, huella y recuerdo de la fragilidad del sujeto.

Aunque el concepto de lo abyecto se origina en el análisis del desarrollo psíquico del individuo, es particularmente productiva su aplicación en el contexto presente por sus implicaciones psico-sociales y estéticas.[13] El rechazo de Plácido como poeta se basa precisamente en la idea de que, en su poesía, lo inmundo —todo lo que se debe expulsar en el proceso de individuación— no se ha separado de lo espiritual, lo sublime, lo incorpóreo. Es el poeta de la regresión, pues *descompone* lo que la cultura ha producido, mezcla lo que la cultura ha separado felizmente. Hay una ambigüedad desconcertante en su uso y abuso de los códigos de la tradición: la transgresión no es ni subversión ni sumisión. Es corrupción.[14]

Compárese con el modo en que Enrique José Varona, en 1886, respondió al acertijo sobre la identidad de Plácido:

> ¿Quién fue Plácido? El poeta más espontáneo de toda la literatura hispanoamericana; un hombre salido de lo más ínfimo de las capas sociales de una colonia española, mal educado y mal instruido, que por el esfuerzo de un genio asombroso se eleva a intervalos a las cimas de la inspiración poética, para caer vertiginosamente más tarde; escritor a la par grandilocuente e incorrecto, versificador callejero, poeta comensal de fiestas domésticas y lírico sublime. De sus labios brotan en raudal los versos más sonoros y las frases más triviales; su fantasía se enciende con imágenes grandiosas, y se extravía tras fútiles concepciones. Apenas logra dejar acabada una composición, y apenas improvisa una décima que no esmalte alguna belleza exquisita. Tal parece, cuando compone, un hombre que lleva los bolsillos atestados de guijarros y piedras preciosas, y que al sacar la mano de ellos arroja con indiferencia lo que sale, ya sean más los diamantes, ya los pedruscos (citado en Figarola 139).

En esta caracterización se proyecta la imagen de un poeta que, a pesar de sus dotes naturales, nunca ha podido emanciparse de las fuerzas exteriores y que sigue teniendo con ellas una relación de dependencia cuasi infantil. Tener los bolsillos "atestados" de piedras es cosa de niños, como lo es el no saber la diferencia entre el valor de los diamantes y el de los pedruscos. El arte legítimo es resultado de un esfuerzo de pulir: el de trabajar, seleccionar los materiales que nos entrega la naturaleza. Es un acto de voluntad y de control supremo del sujeto (cabe recordar aquí que para Kant, por ejemplo, el poeta es imagen del dios creador, independiente y autónomo, y que el concepto de autonomía artística es derivado en gran parte de esta relación entre artista y creador supremo). Claro está, Plácido no cabe dentro de esta concepción de artista como legislador: de su boca "brotan" los versos. Plácido es "genio" y "versificador callejero", produce "diamantes" y "guijarros", vacila entre la "grandilocuencia" y la "incorrección". La imagen sigue oscilando entre lo sublime y lo banal, sin llegar a un punto de equilibrio: el problema no parece ser que Plácido haya escrito algunos poemas buenos y algunos malos, sino que en él lo sublime está perpetuamente imbricado en lo trivial. A pesar de la distancia de más de cuatro décadas y de los cambios sociales producidos por la Guerra de Diez Años, Varona sigue mostrando cierto desasosiego frente a la incapacidad de Plácido para distinguir entre lo valioso y lo barato, lo difícil y lo fácil; frente a su insistencia en mezclar lo que la cultura debe separar. En suma, Plácido sigue siendo el poeta envilecido.

Frente a la regresión, la respuesta adecuada no es el mero "avance", el simple "ir hacia adelante". A diferencia del atraso, la regresión sigue amenazando y únicamente se supera mediante un continuo proceso de purificación y expulsión. Es necesario seguir rechazando lo impuro y regresivo que sigue acechando desde un futuro que no se ha concretado todavía. En la lógica de lo abyecto, no hay cierre (*closure*); la vuelta a un pasado primitivo sigue siendo una posibilidad del futuro. A través del concepto de lo abyecto podemos percibir el acto de "purificación" que llevó al rechazo de Plácido.

Modernidad oblicua y el antiesclavismo radical

El análisis de la retórica que informa las evaluaciones críticas de la poesía de Plácido nos ayuda a entender la intensidad y persistencia del problema. Incluso nos permite discernir las huellas de conflictos que rara vez se articularon en los discursos políticos de la época y que, más tarde, fueron suprimidos casi enteramente por los discursos de modernización y de integración nacional. Cabe volver ahora a la pregunta de por qué el poeta ocupó un lugar tan problemático a lo largo del siglo XIX y sigue produciendo, hasta el presente, imágenes y fantasías tan conflictivas. Lo que voy a proponer en la última parte de este ensayo es que el problema de Plácido es el reflejo de un conflicto entre dos nociones divergentes entre lo que es la cultura, el progreso y la emancipación. Como ya pudimos ver en nuestro análisis de la figura del poeta abyecto, lejos de representar un pasado ya superado, Plácido significó, para las élites criollas, un futuro indeseable. Ahora, el poeta abyecto es, claro está, una proyección de los criollos liberales. Hace falta concretar la relación que Plácido estableció con la cultura dominante y supuestamente légitima para poder divisar en su figura los elementos de una modernidad colonial que fue suprimida en el proceso cultural decimonónico y que por lo tanto quedó truncada. Es desde esta perspectiva que podemos reconocer en Plácido al poeta de aquel territorio y aquella temporalidad que Fernández Retamar llama Haipacu.

Hay dos características de la práctica poética de Plácido —las dos, lugares comunes entre sus críticos— que nos pueden ayudar a replantear el problema. La primera es su aparente fetichismo frente a los elementos de la cultura erudita —su preferencia por seres mitológicos, palabras de origen griego, etc. La segunda característica es lo repetitivo de su poesía, particularmente la repetición de ciertas rimas y la escasez de rimas originales. Lo último se podría explicar como una huella de las prácticas típicas y necesarias de los poetas orales. Aunque Plácido sabía escribir y sin duda compuso muchos poemas con lápiz en la mano, es muy probable que haya aprendido su oficio de poeta en un ambiente predominantemente oral. Tal vez sea por esto que Plácido, como todos los poetas orales, tenía una memoria prodigiosa y un talento asombroso para la improvisación. En el contexto de la improvisación, la repetición se puede entender como el equivalente de lo que Albert B. Lord llamó “fórmulas” en su estudio de la épica de Homero y de poetas orales contemporáneos en lo que era Yugoslavia. Cualquier tipo de improvisación depende de la frase hecha, de las escalas memorizadas, y de un repertorio de temas tradicionales. Originalidad e innovación tienen un carácter radicalmente diferente en la improvisación y en las formas artísticas de la cultura escrituraria: la improvisación no puede ser creación *ex nihilo*, pero tampoco es réplica exacta de algo creado por otros. La sorpresa y la originalidad que dan placer yacen en una inflexión nueva tal vez, en una desviación inesperada de un tema conocido o en un comentario sobre el tratamiento tradicional del material.

Considérese el siguiente ejemplo de una composición con “pie forzado”, una de las especialidades de Plácido. Un día, después de una cena entre amigos, algún invitado le propuso a Plácido el verso "Besar la cruz es pecado", añadiendo la condición de que no se pronunciaran "herejías" en la improvisación. Plácido respondió con la siguiente décima:

> Bostezó Minerva un día
> e hizo una cruz en los labios,
> y sin proferirle agravios
> le dije: —"Minerva mía,
> yo besar desearía
> esa cruz que te has formado";
> volvióme el rostro indignado
> y me respondió ella así:
> —"¿Usted no sabe que aquí
> *besar la cruz es pecado?*" (Figarola-Caneda 185-6)

Tal vez es un poema insignificante. Formalmente es simple, y el asunto es mero capricho. La décima, forma culta en España, reaparece en una práctica de lo más popular —el "pie forzado". La anécdota empieza con un bostezo de Minerva quien representa, cabe recordar, la sabiduría, las artes y las ciencias, para deslizarse en un coqueteo entre la diosa y el poeta peinetero autodidacta. Otra vez, vemos la mezcla de lo alto y lo bajo, de lo pasajero y lo immortal, de la intrascendencia física y la trascendencia espiritual y religiosa. Como la letrilla "¡Cuánta Ilustración!", este poema es al mismo tiempo parodia desenfadada de la solemnidad neoclasicista y apropiación irónica del inventario de la cultura clásica. Evitando "herejías" según la definición católica, comete una transgresión tanto más grave cuanto más intrascendente, según los criterios de la cultura ilustrada secular.

Tal vez la analogía del jazz, práctica artística que también depende de la improvisación y de situaciones sociales que la cultura "alta" no consideraría propicias para la producción artística, nos puede ayudar a analizar más a fondo las implicaciones de las prácticas poéticas de Plácido. Como Plácido, el improvisador de jazz depende de las frases de la tradición; a él también le importa bien poco de dónde viene la frase y cuáles son su función y contexto originales. Sin embargo, hoy en día, ningún crítico serio propondría que consideráramos el jazz un vestigio de una cultura primitiva o forma degradada de la herencia cultural. Más afortunada parece la afirmación según la cual el jazz se constituye como expresión de una relación tangencial, oblicua con la cultura moderna contemporánea.[15] Plácido utiliza la tradición europea como un fondo de nombres y alusiones cuyo significado no se constituye a partir del contexto original, sino que se reconstituye de nuevo en el uso de los fragmentos de la tradición. La analogía con el jazz no se basa, entonces, en un supuesto substrato africano (hasta ahora no he podido encontrar ningún indicio de este tipo de influencia en Plácido) sino en la relación que tanto las prácticas de Plácido como las del jazz mantienen con la cultura dominante "legítima". Hay otros ejemplos de este tipo de relación, como el género burlesco en el Siglo de Oro español, o el carnaval de Bajtín, pero es la práctica del jazz la que tal vez ilustre mejor el caso de Plácido.

De acuerdo con esta interpretación, lo moderno en Plácido es consecuencia directa del colonialismo —consecuencia de un desplazamiento que produce discontinuidades y rupturas que, a su vez, producen una relación tangencial frente a las tradiciones europeas. Estamos acostumbrados a ver el proceso cultural caribeño como un proceso sincrético en el que se superponen y mezclan culturas de origen radicalmente diferente —europeo, africano, amerindio, indio, etc. Lo que observamos aquí, sin embargo, es algo diferente: un proceso sincrético que se nutre casi exclusivamente de los fondos culturales europeos. Es un proceso en el que se mezcla precisamente lo que la cultura europea decimonónica quería separar: lo alto y lo bajo, lo literario y lo oral, lo que entretiene y lo que eleva el espíritu, Platón y un verso sincopado. Desde su lugar periférico, Plácido usa los elementos de la tradición europea como si fueran *objets trouvés*. El resultado tiene semejanzas inesperadas con el museo de "historia natural" de la metrópolis: un zoco moruno lleno de curiosidades y artefactos sacados de su contexto, ofrecidos al público como objetos de entretenimiento, de educación o de consumo estético; y, al mismo tiempo, reflejo y despliegue de poder, exhibición de la capacidad apropiadora del coleccionista. Desde la perspectiva criolla, sin embargo, Plácido produce una cultura europea travestida. No sorprende, entonces, que las élites, preocupadas por producir una cultura diferente pero comparable en estatura a la del colonizador, no se pudieran reconocer en los desfiles estrambóticos de ninfas y filósofos griegos que abundan en la obra de Plácido y que optaran por localizarla en otra temporalidad, fuera de la corriente histórica progresista.

Plácido no es, según esta interpretación, el vestigio de una cultura atrasada, sino pleno contemporáneo de los criollos liberales de la época. Trabaja a partir de los mismos elementos culturales e ideológicos, pero desde una perspectiva diferente y con objetivos que no coinciden con los de los criollos. Es el poeta de una modernidad oblicua que no sobrevivió el surgimiento de la clase criolla y el desenvolvimiento de la producción cultural en manos de los criollos liberales.

La interpretación de Plácido como poeta de una modernidad oblicua viene reforzada por varios datos biográficos. En una sociedad en la que el blanco se resistía a trabajar por la asociación del trabajo con la esclavitud, Plácido pertenecía a la única clase que se dedicó al trabajo asalariado libre. Fue el primer poeta cubano que vivió, al menos al final de su vida, de su escritura;[16] y el simple hecho de que este dato casi nunca se tenga en cuenta ya parece significativo. Plácido era actor en un mercado de bienes que le permitía su subsistencia como poeta y, a la vez, amenazaba su independencia como artista.[17] De ahí que un conflicto de creciente importancia en las sociedades europeas de la época —pero que no fue determinante para el escritor latinoamericano hasta finales del siglo XIX— se anuncie en Plácido con inesperada fuerza. La descripción de Milanés no carece de fundamento: Plácido es, en cierta medida, un artista que se vende. Pero a la hora de vender su arte, anticipa una serie de conflictos que no se articularán en la alta literatura cubana hasta la llegada del modernismo. En el momento en que los criollos liberales, en su mayoría reformistas, están buscando formas culturales que puedan expresar la diferencia entre lo español y lo criollo y están reclamando el derecho de auto-representación, la poesía de Plácido se convierte en un constante recuerdo de las inscripciones indelebles, aunque invertidas e oblicuas, que el colonialismo ha impreso en la cultura criolla. Es por esto que llega a representar, para sus contemporáneos, un futuro indeseable.

Cabe recordar que este "futuro indeseable" tiene ramificaciones políticas de suma importancia. Como ya hemos visto, el proyecto reformista no fue el único proyecto emancipatorio de la época. Desde la perspectiva historiográfica podemos decir que fue el proyecto anticolonial el que prevaleció. Pero esto no implica la inexistencia de otros proyectos emancipatorios o progresistas que luego fueron absorbidos por el proyecto anticolonial o que, simplemente, quedaron truncados. La imagen de Plácido como poeta abyecto, con su temporalidad divergente y algo desconcertante, podría ser una huella de las expectativas o inquietudes asociadas con ese futuro otro. El proyecto emancipatorio de las élites criollas se vio confrontado por un antiesclavismo radical que alcanzó su apogeo en el nuevo estado de Haití, en las actividades abolicionistas de Gran Bretaña y sus agentes en el Caribe, y en las repetidas conspiraciones de esclavos, y negros y mulatos libres.[18] A pesar de lo que sugieren algunas narrativas de integración nacional,[19] había poca convergencia entre los dos proyectos. Cuanto más miedo al antiesclavismo radical había, tanto más difícil resultaba propagar el proyecto reformista y tanto más problemático resultaba producir el antagonismo entre criollos y peninsulares como la contradicción fundamental. Para los criollos liberales, entonces, el control de las fuerzas abolicionistas radicales de la región se convirtió en una prioridad de primer orden.

De ahí que predicaran un abolicionismo "moderado", frecuentemente limitado a la supresión de la trata. Los eventos que precedieron a la represión de la Escalera ponen de relieve estos conflictos. Aunque los detalles del papel que jugó Del Monte en las vísperas de la Escalera se siguen debatiendo, consta que en 1842 mandó una carta al diplomático norteamericano Alexander Everett, denunciando los planes de una extensa conspiración antiesclavista promovida por el agente británico David Turnbull y apoyada por Gran Bretaña (Paquette 196-205; Cué Fernández 440-46). Al año siguiente, el mismo Del Monte se trasladó con su familia a París para evitar problemas políticos que podían resultar de su posición reformista y su oposición a la trata. En 1844 fue acusado, en ausencia, de haber participado en la supuesta conspiración. Fue absuelto en 1846, pero nunca volvió a Cuba porque, según una carta a Everett, temió que "algún negro" lo iba a asesinar por traidor de una causa a la que nunca perteneció (Paquette 263). Habiendo dejado la isla por miedo al régimen colonial, no pudo volver por miedo al furor de la población negra: reflejo de las contradicciones entre los varios proyectos de emancipación.

Con respecto de las sospechas asociadas con Plácido, hay que recordar también que en el Caribe todas las sublevaciones esclavas de algún alcance fueron organizadas por negros y mulatos libres. Mientras que la libertad de movimiento y el acceso a cualquier tipo de información estaban severamente limitados para los esclavos, la clase de negros y mulatos libres no padecía un control directo. En Cuba, la conspiración de 1812 liderada por Aponte, carpintero negro libre, debió dejar en el imaginario criollo inolvidables recuerdos de una violencia extrema, asociada con la circulación de ideas revolucionarias dentro de este estrato social.[20] No nos debe sorprender, entonces, que Plácido, a pesar de su reputación de hombre cortés y humilde, fuera acusado de ser uno de los líderes de la Conspiración de la Escalera. No obstante el carácter acomodaticio de gran parte de su obra, Plácido perteneció a una clase altamente sospechosa. Y no es una casualidad que, durante la represión brutal que siguió al proceso de la Escalera, la clase de negros y mulatos libres fuera brutalmente diezmada.

Hemos intentado subrayar algunos de los elementos que pueden ayudarnos a entender el carácter fantasmal de Plácido. Conspirador o no, el tipo de producción cultural que representaba no encajaba bien con las aspiraciones reformistas de los criollos cuyos deseos emancipatorios se veían frustrados por un miedo constante a las sublevaciones esclavas. Al ser un poeta mulato libre cuya gran popularidad coincide con el período de gestación de una cultura criolla "alta", que quería superar el "atraso" de la cultura colonial, la obra de Plácido es recuerdo permanente de lo que era y, paradójicamente, de lo que podía llegar a ser la cultura cubana si los movimientos antiesclavistas llegaban a triunfar. Como adulador de los "magnates" (Milanés), es el poeta abyecto que reproduce una cultura colonial sincrética; y, como mulato libre, opera en un espacio difícil de controlar, propicio a la formación y circulación de ideas emancipatorias divergentes. Como mártir, Plácido es símbolo de la constitución de un sujeto criollo diferenciado del colonizador español; como poeta, recuerdo de lo que se había suprimido y purgado en ese proceso de "sujetivación".

Precisamente porque en el nombre de Plácido se cruzan y enredan proyectos políticos, históricos y estéticos con objetivos y sensibilidades tan diferentes, se produce un trauma socio-psicológico. Pero es por esa misma razón que el fenómeno de Plácido marca una especie de apertura entre los discursos históricos locales e imperiales hegemónicos. El accidente de la historia "que no continúa ni anuncia nada" se revela como momento en el que se disuelven las reificaciones de un pasado sometido a narrativas teleológicas y las ilusiones de la inevitabilidad del presente y del futuro. A través de Plácido y las ansiedades cristalizadas alrededor de él vislumbramos prácticas culturales, formas de resistencia popular y posibilidades de trayectorias históricas que evocan el país imaginario de Haipacu como espacio que resiste la idea de un cierre narrativo o ideológico.

No quiero terminar sin haber señalado, aunque sea muy brevemente y de modo inconcluso, la manera en que este acercamiento ofrece una alternativa a la perspectiva tan característica, aunque no unánime ni indisputada, de los estudios poscoloniales, según la que nuestra actividad crítica consiste en mostrar "a certain defeat, or even an impossibility, of the 'West' in its authorization of the 'idea' of colonization" (Bhabha 175). Una crítica radical de la razón imperial es, a fin de cuentas, una crítica de lo que se considera, desde una perspectiva posmoderna y/o posestructuralista, los fundamentos metafísicos de la modernidad.[21] Ahora, entre los muchos problemas que se podrían señalar respecto a esta postura, me limito a dos que a mi parecer no se han comentado lo suficiente hasta ahora y que son sumamente relevantes en el presente contexto.

Lo seductor de la postura de Bhabha es que el estudio de lo que llegó a representar para las metrópolis europeas lo marginal y lo periférico —es decir las colonias— se convierte en prueba de la imposibilidad y contradictoriedad del proyecto moderno, es decir de la metrópolis misma. Lo que parecía marginal se revela como grieta en el centro. Curiosamente, un gesto desconstruccionista, un gesto típicamente desapasionado y ejecutado con fría imparcialidad, se convierte aquí en un gesto restitutivo. Cabe insistir, sin embargo, que esta restitución se da porque lo que se muestra no es la contradictoriedad del proyecto colonizador, sino la de la modernidad *tout court*. La restitución funciona sólo si podemos excluir, de antemano, la posibilidad de que proyectos divergentes puedan surgir del mismo suelo del que surgió el colonialismo; opera en base de una visión de la modernidad como proyecto esencialmente autoritario. El agnosticismo político de esta postura, que considera opresivo todo tipo de poder, produce, a primera vista, cierta pureza teórica. Cabe preguntar, sin embargo, si proyectar una modernidad irremediablemente autoritaria y opresiva tal vez no es sino una reinscripción de una historiografía que consiguió suprimir otros proyectos. Más concretamente, ¿no repetimos la estrategia de las clases dominantes en el Caribe decimonónico a la hora de tratar lo moderno como un fenómeno indiferenciado y monolítico que no da cabida a prácticas y proyectos divergentes? ¿No es esto lo que produjo el trauma de Plácido, esta exclusividad que en el nombre de la "civilización" eliminó toda una categoría política y estética que pudiera captar lo que representaba el poeta mulato?

Haipacu representa la estrategia inversa. Demuestra la impureza e imperfección inevitable de todo lo que se compone a partir de materiales históricos. En vez del agnosticismo político que rechaza el poder en todas sus formas, encontramos aquí el reconocimiento de que los que resisten quieren asumir el poder. En vez de la restitución que coloca el colonialismo en el centro de la modernidad para terminar con ella, el reconocimiento de la marginalización y supresión de otros proyectos modernos que por esto quedaron inacabados. No obstante las afirmaciones contrarias, el gesto restitutivo de Bhabha produce más cierre que la historia fragmentaria e inacabada de Haipacu.

El segundo problema con respecto a los planteamientos de Bhabha está íntimamente relacionado con el primero y tiene que ver con la relación entre el colonialismo y otras formas de opresión. A la hora de dar primacía al colonialismo, privilegiamos la lucha por un estado nacional independiente como forma de resistencia. Ahora, sabemos que los movimientos independentistas típicamente compartieron gran parte de la ideología colonizadora: es en este marco que se da una "poscolonialidad" de la que no se puede escapar y que produce, como contrapartida, estudios poscoloniales cuyo radicalismo consiste en la crítica de los fundamentos de este mismo marco. Vemos otra vez que el campo disciplinario-teórico está diseñado de una forma que no permite discernir disensión y conflicto dentro del proyecto moderno. Como he intentado mostrar en el presente ensayo, otras luchas no se agotaron en la independencia. El antiesclavismo que como movimiento internacional rebasa las fronteras nacionales y como resistencia local de esclavos no necesariamente aspira a la formación de un estado nacional, es un ejemplo. Haipacu es otro. Todas las colonias latinoamericanas aspiraron a la independencia y casi todas la consiguieron. Lo que distingue Haipacu, y lo que lo convierte en el paria difamado y aislado que nos describe Fernández Retamar, es la emergencia de ideas emancipatorias que no se realizan automáticamente con la independencia: podríamos pensar en la noción de soberanía popular, en la abolición de la esclavitud o en una noción de igualdad que no se agota en garantías constitucionales.

Haipacu no es, entonces, un modelo. Es el recuerdo, imperfecto como todo lo que se compone de hechos políticos, de que no hay cierre; de que hay fisuras en el pasado que nos permiten imaginar un presente diferente, resultado de otras trayectorias. Es en este sentido, complicado e impuro, que Plácido no es un accidente de la historia sino un poeta de una modernidad caribeña truncada, y testigo de promesas de emancipación y de nociones de progreso que acaso nos puedan servir de puntos de partida para la elaboración de una historiografía crítica.

Quisiera expresar mi gratitud a Hortensia Calvo, Leslie Damasceno y Ambrosio Fornet por sus contribuciones a este ensayo.

NOTAS

[1] Por ejemplo Larramendi, *El mulato Plácido* (España 1846), Lamoine, *Plácido* (Chile 1871), Casimiro Delmonte, *La conspiración de la Escalera* (novela), Diego Vicente Tejera, *La muerte de Plácido* (drama), Crescencio Rodríguez, *Plácido* (episodio histórico-dramático) (todas las referencias en Horrego Estuch 296).

[2] En su excelente prólogo (5-29), Bueno da un resumen conciso de la bibliografía secundaria sobre Plácido reconstruyendo en detalle y contextualizando los cambios de la crítica. Para una discusión más combativa, ver Franco. No obstante los cambios señalados por Bueno, persisten ciertos lugares comunes acerca de Plácido. La "falta de educación" es uno de ellos. Más que una reconstrucción de los cambios en la opinión crítica, el presente ensayo analiza los citados lugares comunes.

[3] Hay una especie de repetición compulsiva en los primeros números de revistas y libros que recogen los intercambios de cartas personales, las polémicas públicas y algunos ensayos acerca de Plácido. Compárese, por ejemplo, la compilación comentada de Domingo Figarola-Caneda o el discurso "¿Es de Plácido la 'Plegaria a Dios'?" de Francisco González del Valle y Ramírez. González del Valle repasa las opiniones acerca de la autenticidad de la "Plegaria" para concluir que no hay razón para dudar de ella. Este discurso es contestado por Figarola-Caneda, quien concluye que la historia de Cuba "demanda" y "necesita" una respuesta a la cuestión

de la autenticidad. "Nadie puede predecir si será por largo tiempo que estemos obligados a no conocer ni saber más de la vida y de la obra de Plácido. Probablemente ha de ser para siempre." (117). Así se cierra el círculo: por los méritos de sus investigaciones acerca de Plácido, González del Valle entra en la Academia de la Historia, pero la lectura de su discurso inaugural termina con la conclusión de que sus investigaciones no pueden resolver el problema. El final de la ceremonia ya prepara al público para otro "retorno" de Plácido.

[4] Remito a la discusión de la independencia latinoamericana de Anderson para quien el problema fundamental es cómo explicar qué unidades puramente administrativas se podían convertir en "patrias" (54). Su respuesta se basa en la idea de que las naciones no son reflejos de ciertas estructuras económico-sociales, sino en gran parte creaciones ideológicas, posibilitadas por la llegada de la imprenta y el desarrollo de otros medios de comunicación. Me parece que las actividades culturales de las élites criollas deben considerarse en este contexto: no como actos descriptivos de una diferencia preexistente sino como actos creativos que producen ciertas diferencias. Sin embargo, cabe insistir también que el análisis de Anderson no es del todo satisfactorio. Como lo ha indicado Chattergee (19-22), el concepto de nacionalismo de Anderson es excesivamente homogeneizador y centrado en las élites de la sociedad al no admitir la posibilidad de conflictos irresueltos entre varias nociones de emancipación. En el caso del Caribe decimonónico, son las varias corrientes del antiesclavismo las que complican el asunto.

[5] No es tan sorprendente, entonces, que Spivak ofrezca una breve interpretación de "Calibán" que, a mi parecer, refleja mejor ciertos planteamientos poscolonialistas que los de Fernández Retamar. Atribuyéndole, entre otras cosas, haber negado la existencia de una cultura específicamente latinoamericana, Spivak luego afirma: "If [...] we are driven by a nostalgia for lost origins, we too run the risk of effacing the 'native' and stepping forth as 'the real Caliban,' of foregetting that he is a name in a play, an inaccessible blankness circumscribed by an interpretable text. The stagings of Caliban work alongside the narrativization of history [...]" (264). En esta interpretación, el Calibán que podemos conocer no es más que un personaje en el drama del colonialismo. Atribuirle "originalidad" implica borrar al "nativo"/la "nativa" otra vez. Dudo mucho que Retamar haya querido decir esto en "Calibán". Como veremos más adelante, sin embargo, Retamar responde, implícitamente, al problema al que alude Spivak con su idea de Haipacu. A diferencia de Spivak, cuyo acercamiento al problema requiere la desconstrucción de la noción del individuo pudiente como origen de la acción emancipatoria, Fernández Retamar señala un acercamiento que implica una reconceptualización de nuestra relación con el pasado histórico.

[6] En general, prefiero el término "antiesclavismo" a "abolicionismo". Aunque los términos a veces se usan indistintamente, me parece que "abolicionismo" tiene connotaciones que sugieren que la lucha contra la esclavitud fue una lucha ideológica de origen metropolitano, y por lo tanto un asunto de las élites. El término "antiesclavismo" evoca con más naturalidad las formas muy variadas de resistencia al sistema esclavista de los esclavos mismos, sin por esto excluir el movimiento abolicionista internacional. El "abolicionismo moderado" de los criollos cubanos generalmente se limitaba

a proponer el fin de la trata y, a veces, una gradual y lenta abolición de la esclavitud, que permitiera la transición del régimen laboral esclavista a un régimen de trabajo libre. El antiesclavismo radical, por otro lado, predicaba una abolición inmediata y admitía la necesidad de cambios sociales y políticos fundamentales. Dentro de este movimiento radical, uno de los modelos políticos fue el de Haití, es decir un estado negro independiente, otro modelo la asociación con Gran Bretaña como garante de la libertad de los esclavos liberados. Obviamente, fue esta última posibilidad la que motivó en gran parte las actividades "filantrópicas" de Gran Bretaña en el Caribe.

[7] Cita según Horrego Estuch, quien reproduce la sentencia completa, con ortografía modernizada.

[8] Véase, por ejemplo, Horrego Estuch, quien nos da una extensa, conmovedora, y probablemente imaginaria relación del fusilamiento que incluye la recitación de la "Plegaria" (245-250).

[9] Estudios más recientes tienden a confirmar la existencia de actividades conspirativas en aquella época, aunque tal vez se hayan producido de forma inconexa. También confirman la posible participación de Plácido, aunque tal vez no fuera en calidad de líder. Véase Paquette y Cué Fernández.

[10] Compárese la siguiente definición de Mañach del choteo: "[...] es una actitud humana y social, cuyo fin instintivo es el de afirmar la propia individualidad contra otra que se reputa superior o igualmente poderosa. Toda burla supone, pues, una autoridad; por lo menos, una competencia" (26).

[11] Federico Milanés rechaza rotundamente la identificación del "poeta envilecido" con Plácido, arguyendo que el poema de su hermano era una crítica velada a "las condiciones perniciosas" de la colonia que produjeron los "libelistas y copleros adocenados que pululaban en nuestras fiestas y comilonas" (citado en Figarola-Caneda 199). Según Federico Milanés, Plácido finalmente superó estas condiciones en la víspera de "su suplicio, [...] realzándose en todo su grandor entonces, con el sublime estro que le inspiraba su desventura [...]" (Figarola-Caneda 200). Es, otra vez, su condición de mártir la que redime al poeta de mal gusto.

[12] Compárese la siguiente afirmación de Cintio Vitier: "Heredia inicia una cubanidad de la trascendencia moral, de la intención histórica, del anhelo de la libertad. Plácido (carpintero, tipógrafo, peinetero, improvisador), expresa la cubanía de la intrascendencia, de la lisa cotidianidad amarga y dulce ... " (Bueno 352).

[13] Kristeva misma utiliza el concepto de lo abyecto no tanto para analizar el proceso pre-edipal en sí, sino para analizar las raíces psíquicas de ciertas prácticas sociales y, particularmente, literarias.

[14] Kristeva describe la dinámica de lo abyecto así: "L'abject [...] n'abandonne ni n'assume un interdit, une règle ou une loi; mais les détourne, fourvoie, corrompt; s'en sert, en use, pour mieux les dénier... La corruption est sa figure la plus répandue, la plus évidente. Elle est la figure socialisée de l'abject" (23). El ejemplo que da en este contexto es el del artista que practica su arte como si de un negocio se tratara.

[15] El concepto de una modernidad oblicua está inspirado, por un lado, en los trabajos de Bajtín sobre el carnaval y el perspectivismo subalterno respecto de la cultura dominante, y por otro, en el concepto de una "counter-modernity" de Paul Gilroy. Con este término intento responder a un

problema que queda irresuelto en Gilroy: a pesar de su intención de rescatar lo moderno en la experiencia transatlántica africana, el carácter oposicional de la "counter-modernity," en el Atlántico Negro, sigue dependiendo de la memoria de un pasado premoderno africano. Lo que el ejemplo de Plácido muestra es que puede haber una especie de perspectivismo que no depende de la memoria ni de lo premoderno. Se forma bajo las condiciones decisivamente modernas de un régimen colonial y esclavista a través de una inserción subalterna en el proceso histórico. Mientras que la noción de "counter-modernity" de Gilroy es una especie de cuestionamiento de los principios de la modernidad desde adentro, el concepto de una modernidad oblicua trata de resaltar el hecho de que se trata de una reacción afirmativa, pero divergente, a la experiencia histórica de los procesos modernizadores. No rechaza nada: lo incorpora todo.

[16] Hasta 1842, Plácido había trabajado, primero en La Habana y luego en Matanzas, en un taller artesanal que producía peinetas hechas de concha de carey. En 1837 entró en la redacción del diario matancero *La Aurora,* como encargado de la sección literaria. Abandonó el negocio de peinetas en 1842, aparentemente porque había cambiado la moda, para vivir exclusivamente de su escritura.

[17] Compárense los siguientes versos dedicados a una tal Virginia Pardi: "No con aquella degradada lira/de ingratas cuerdas y oropel cubierta,/ conque tan sin razón y sin justicia/aplausos suelo prodigar, malgrado/de mi fiel corazón, en voz ficticia, /celebraré tu mérito elevado [...]" (citados por Sanguily en Bueno 165). Ver también los siguientes versos con los que Plácido respondió al insulto de Milanés; empiezan: "Salve á tu nombre, trovador preclaro,/de inspiración y de modestia lleno ", y siguen con un elogio del "vate de lisonja ajena" por su obra dramática "El Conde de Alarcos". ¿Serán intencionadas las resonancias con el "Ave Maria, gratia plena, Dominus tecum/benedicta in mulieribus et benedictus fructus ventris tui, etc."? Una invocación en latín, seguida por la alabanza del "fruto" y luego, en vez del "ora pro nobis... in hora mortis nostra", anticipación de la muerte del autor: "Aquí yace el autor de *El Conde de Alarcos*". ¿Acaso una transformación irónica de la sublime pureza de María en la sublime pureza del poeta "legítimo"? (*Poesías completas* 24-5).

[18] La relación más exhaustiva de los rumores y denuncias que estaban circulando en aquel momento nos la da Paquette, quien también ofrece las pruebas más convincentes con respecto a la importancia de las conexiones reales e imaginarias de las sublevaciones esclavas con Haití (209-232). Compárese con la siguiente descripción de Del Monte del ambiente de la época en su ensayo "Estado de la población blanca y de color de la isla de Cuba, en 1839": "[...] aquí hay muchos negros esclavos y estamos rodeados por todas partes de ellos, y levantarán contra los blancos y los matarán y se arruinará la isla, pero si algún patricio ilustrado clama con energía que tenemos muchos negros que a la postre se harán dueños de la isla, si sigue la introduccción de bozales de Africa, y que el único remedio que nos queda es prohibir deveras el tráfico, castigando a los infractores de la ley, entonces a ese tal se le desprecia como a un visionario[...]" (1: 154-5).

[19] Por razones que valdría la pena examinar más a fondo, la perspectiva integracionista prevalece, sobre todo, en la crítica literaria y cultural. Véase, por ejemplo, Castellanos, quien defiende la imagen de Plácido como símbolo

de una cubanía reconciliada a partir de nuevas lecturas de su poesía y de una reinterpretación de su participación en la conspiración de la Escalera. Poniendo el acento sobre las tensiones entre negros y mulatos, Castellanos cree que los alegatos de Plácido sobre su inocencia se basan en su oposición a los planes más radicales y violentos, decididamente anti-blancos, de los conspiradores.

[20] Después de una investigación que estableció la influencia de los eventos haitianos en las ideas de Aponte, los reos fueron ejecutados y sus cabezas exhibidas, en jaulas, en distintos lugares de La Habana. Véase también la novela *Aponte*, de Calcagno (publicada en 1902), como muestra del efecto que tuvo este suceso sobre la imaginación criolla.

[21] Bhabha explícitamente defiende la convergencia entre preocupaciones típicamente posestructuralistas y el fenómeno histórico del colonialismo: "My growing conviction has been that the encounters and negotiations of differential meanings and values within 'colonial' textuality, its governmental discourses and cultural practices, have anticipated, *avant la lettre*, many of the problematics of signification and judgement that have become current in contemporary theory—aporia, ambivalence, indeterminacy, the question of discursive closure, the threat to agency, the status of intentionality, the challenge to 'totalizing' concepts, to name but a few" (173). Vale la pena señalar aquí que a pesar de una postura declaradamente no posmodernista, Gilroy también echa mano a este tipo de crítica fundamental cuando trata de elucidar en qué consiste la "counter-modernity" del Atlántico Negro (55).

Bibliografía

Anderson, Benedict. *Imagined Communities: Reflections on the Origin and Spread of Nationalism.* Londres: Verso, 1983.

Bhabha, Homi K. *The Location of Culture.* Londres: Routledge, 1994.

Bueno, Salvador (ed.). *Acerca de Plácido.* La Habana: Letras Cubanas, 1985.

Castellanos, Jorge. *Plácido, poeta social y político.* Miami: Ediciones Universal, 1984.

Chattergee, Partha. *Nationalist Thought and the Colonial World: A Derivative Discourse.* Londres: Zed Books for the United Nations, 1986.

Cué Fernández, Daisy. "Plácido y la Conspiración de la Escalera". *Acerca de Plácido.* Salvador Bueno, ed. La Habana: Letras Cubanas, 1985. 427-484.

Del Monte, Domingo. *Escritos.* 2 vols. La Habana: Cultural, 1929.

Estorino, Abelardo. "La dolorosa historia del amor secreto de José Jacinto Milanés". *Teatro cubano contemporáneo: antología.* Madrid: Sociedad Estatal Quinto Centenario: Fondo de Cultura Económica: Centro de Documentación Teatral, 1992. 355-456.

Fernández Retamar, Roberto. *Caliban and Other Essays.* Edward Baker, trad. Minneapolis: University of Minnesota Press, 1989.

____ *Cuba defendida.* La Habana: Unión, 1996.

Figarola-Caneda, Domingo. *Plácido (poeta cubano). Contribución histórico-literaria.* La Habana: Imprenta "El siglo XX", 1922.

Fischer, Sibylle. "Bosquejos de una colonia: Cuba en las primeras décadas del siglo XIX". *El nuevo archivo de la cultura.* Número especial de *Estudio* 6/11 (Caracas, Universidad Simón Bolívar, 1998): 131-160. Repr. *Casa de las Américas* 214 (1999): 50-64. Traducción de "Sketches of a Colony". *Journal of Latin American Cultural Studies* 7/1 (1998): 131-149.

Franco, José Luciano. "Plácido: Una polémica que tiene cien años". *Acerca de Plácido.* Salvador Bueno, ed. La Habana: Letras Cubanas, 1985. 379-393.

Gilroy, Paul. *The Black Atlantic: Modernity and Double Consciousness.* Cambridge: Harvard University Press, 1993.

González del Valle y Ramírez, Francisco. "¿Es de Plácido la 'Plegaria a Dios'?". *Discursos leídos en la recepción pública del doctor Francisco González del Valle y Ramírez.* La Habana: Imprenta El Siglo XX, 1923.

Guiteras, Pedro José. "Gabriel de la Concepción Valdés". *Acerca de Plácido.* [1874]. Salvador Bueno, ed. La Habana: Letras Cubanas, 1985. 91-111.

Horrego Estuch, Leopoldo. *Plácido, el poeta infortunado.* La Habana: Dirección General de Cultura, 1960.

Jameson, Fredric. Forward. *Caliban and Other Essays.* De Roberto Fernández Retamar. Minneapolis: University of Minnesota Press, 1989. vii-xii.

Kristeva, Julia. *Pouvoirs de l'Horreur: Essai sur l'Abjection.* Paris: Editions de Seuil, 1980.

Lord, Albert B. *The Singer of Tales.* Cambridge: Harvard University Press, 1960.

Mañach, Jorge. *Indagación del choteo.* 2ª ed. Miami: Mnemosyne, 1969.

Paquette, Robert L. *Sugar is Made with Blood: The Conspiracy of La Escalera and the Conflict Between Empires over Slavery in Cuba.* Middletown: Wesleyan University Press, 1988.

Plácido (Gabriel de la Concepción Valdés). *Poesías completas con doscientas diez composiciones inéditas.* Buenos Aires, México, La Habana: Maucci, José López Rodríguez, sin fecha.

Plácido. Dir. Sergio Giral. 92 min. Giral Films, Art and Media Production (e ICAIC?). 1986.

Sanguily, Manuel. "Un improvisador cubano". *Acerca de Plácido.* Salvador Bueno, ed. La Habana: Letras Cubanas, 1985. 160-176.

Spivak, Gayatri Chakravorty. "Three Women's Texts and a Critique of Imperialism". *"Race", Writing, and Difference.* Henry Louis Gates, Jr., ed. Chicago: University of Chicago Press, 1986. 262-280.

Vitier, Cintio. "Cubanía de Plácido". *Acerca de Plácido.* Salvador Bueno, ed. La Habana: Letras Cubanas, 1985. 346-356.

Calibán y la literatura de nuestra América muchos años después

Marc Zimmerman

La entrevista que sigue a este ensayo se hizo en marzo de 1980 cuando Roberto Fernández Retamar visitó Nicaragua para recibir el primer premio de poesía Rubén Darío otorgado por el Ministerio de Cultura del gobierno de Reconstrucción Nacional. La entrevista fue llevada a cabo por Fidel Coloma González, Ileana Rodríguez y yo mismo, como miembros de la Sección de Literatura de dicho ministerio, quienes también preparamos una introducción que junto con la entrevista en sí iba a servir como prólogo del libro ganador de Fernández Retamar cuando éste saliera a la luz. Sin embargo, por razones de presupuesto, el trabajo no se publicó en Nicaragua, pero sí salió en 1985 bajo el título arriba designado y en forma de una publicación suelta.[1] En la contraportada de dicha publicación, subrayé el hecho de que la entrevista constituyó "una revisión de la perspectiva de Fernández Retamar importante para el desarrollo sano y claro del campo de investigación dado". Específicamente, la introducción y la entrevista ofrecieron desde la perspectiva del primer año de la Revolución sandinista una valoración de la contribución de Fernández Retamar, al tiempo que intentaban orientar mejor las aplicaciones de las perspectivas del literato cubano a la literatura. En varias oportunidades se había hablado claramente sobre las modificaciones en las posiciones tan radicales que tomó Fernández Retamar en su libro, *Para una teoría de la literatura hispanoamericana y otras aproximaciones*. Pero aquí las modificaciones, su necesidad y sus implicaciones salen a luz con indudable franqueza, amplitud y rigor.

Desde nuestra perspectiva actual, podemos calcular el peso del contexto histórico de aquel momento, especialmente el intento de Fernández Retamar de rectificar los aspectos más polémicos de su ensayo —en concreto, su visión de la literatura latinoamericana como un fenómeno único que requiere una teorización única, sin dejar de enfatizar la particularidad latinoamericana que se halla en la elaboración del testimonio y otras formas "ancilares" de la literatura en su lucha calibánica en contra de los muchos escritores del Boom que dieron sus espaldas a la política cultural cubana y a la revolución misma en vísperas del caso Padilla. Se ve el intento por él y sus entrevistadores de especificar el esfuerzo calibánico en la búsqueda de conexiones y relaciones entre el Caribe y Centro-América, siendo tal vez una sobre-identificación de dichos espacios geoculturales, que anticipa los muchos errores claves de los sandinistas con relación a los pueblos de su propia costa atlántica.

Sobre todo se puede medir la diferencia entre este discurso de 1980 y las actuales perspectivas, a principios del nuevo milenio, después de las revoluciones post-estructuralistas, post-modernas, y post-marxistas, en la época de la globalización y la teorización subalterna. Este ensayo introductorio retoma ciertas ideas de la introducción a la entrevista de 1980 con el propósito de presentar la entrevista y subrayar la cuestión de la historicidad de las enunciaciones, para poder entender mejor sus implicaciones, logros y limitaciones.

Calibán y los cambios en la producción cultural

Por supuesto, el contexto más importante para entender el trabajo de Fernández Retamar es la revolución cubana, con sus efectos generados y dispersos a través de las Américas. No es este ensayo el lugar para una exploración a fondo de los logros y problemas de la revolución cultural cubana, o en la misma dirección, la variante de la experiencia nicaragüense posterior. En estas dos instancias nacionales, se veía el esfuerzo de forjar un modelo más popular de la literatura latinoamericana, y aun una democratización del modelo en el cual lo testimonial y la poesía conversacional recibieron un espacio significativo. Este no es tampoco el lugar para medir el vasto efecto que ese modelo tuvo por toda Latinoamérica.

Lo que sí podemos decir es que la síntesis de la ideología revolucionaria forjada entre los años sesenta y fines de los ochenta pasó por grandes modificaciones, por corrientes nuevas que surgieron en la región y que han venido a dominar nuestra propia experiencia vivida. Hoy es difícil rememorar el espíritu revolucionario y contestatario de una época más temprana sin alguna dosis considerable de nostalgia, ironía y quizás un poco de humor negro. Sin embargo, Fernández Retamar fue una figura central para aquel *ethos* y su trabajo como ensayista sólo puede ser enteramente entendido en ese contexto.

Para muchos, la revolución y los logros culturales revolucionarios constituyeron una nueva fase en una larga historia de lucha y resistencia. Cuba recordaba a muchos jóvenes intelectuales de las raíces culturales negras en Latinoamérica, en el Caribe, en los Estados Unidos y, por supuesto, en África. La joven élite intelectual leyó a Aimé Césaire, descubrió el Renacimiento de Harlem, descubrió también a Amílcar Cabral, Frantz Fanon,

Albert Memmi, las críticas al colonialismo y neo-colonialismo, aquellos *constructos* como la teoría del foco de Régis Debray y la primera versión de la teoría de la dependencia de André Gunder Frank. Con la revolución, imágenes populares como las del Che o Fidel, se convirtieron en íconos virtuales de una nueva orientación cultural. El ejemplo de Nicolás Guillén y su poesía negra apareció unido a imágenes de revolucionarios barbudos como variantes del "nuevo hombre". La nueva canción, la nueva poesía política, el nuevo teatro popular, la nueva danza, el arte nuevo, los nuevos géneros literarios como el testimonio y el nuevo cine, destacaban como parte de un sistema cultural y de izquierdas, no solamente cubano sino más ampliamente latinoamericano y caribeño. Este sistema incorporó y desafió en exclusiva a los modelos culturales elitistas y postuló una pre-historia que unía a Martí con Mariátegui y a escritores cubanos radicales de los años treinta y cuarenta con los escritores y artistas revolucionarios que se establecieron en los años cincuenta y sesenta.

Es de notar que toda una generación de cultura revolucionaria surgió uniendo, por un lado, el *nuevo hombre* a la lucha indígena secular contra los españoles y, por el otro, a movimientos de resistencia indígena y más tarde a la lucha de mestizos, mulatos y todos los trabajadores y gente pobre a lo largo de los siglos en el Caribe y en Latinoamérica. Martí fue considerado como precursor de un movimiento moderno que tenía raíces en Tecún Umán, Toussant L'Overture y Bolívar. Los ideólogos de la revolución lucharon por su imagen en contra de sus oponentes e intérpretes liberales y de derechas, para situarlo tanto como precursor de los revolucionarios de Sierra Maestra, quienes a su vez fueron vistos como herederos de Sandino y todos los luchadores de la libertad anteriores, como predecesores de una verdadera ola de revolucionarios que surgiría rápidamente por toda Latinoamérica, el Caribe y el Tercer Mundo.

La institucionalización de los premios Casa de las Américas y la proliferación de conferencias y competiciones artísticas internacionales crearon la infraestructura para proyectar las influencias culturales cubanas a través de toda Latinoamérica, el Caribe e incluso los Estados Unidos. Entre los sectores contra-culturales, lo que se entendió como el ejemplo cubano fue una dimensión constante en la vida cultural. Las expresiones culturales y los criterios estéticos se politizaron ampliamente, se desarrollaron grupos artísticos radicales, aparecieron periódicos nuevos y emergieron nuevos movimientos artísticos y literarios.

Fernández Retamar resumía esta perspectiva de conjunto en la esfera cultural en su trabajo no sólo como director de Casa de las Américas sino como autor de *Calibán*. Aquí, el crítico cubano da vuelta la vieja identificación plasmada por Rodó, de Latinoamérica como un Ariel espiritual, opuesta a un Calibán materialista y estadounidense en función de una visión de América Latina como un Calibán que es domado y controlado por la civilización blanca europea, pero que transforma aquella imagen para establecer un futuro en función de la resistencia y la revuelta de los grupos africanos, indígenas y mestizos, es decir, los oprimidos, los subalternos. Fernández Retamar estableció, entonces, las bases para el surgimiento de un *ethos* revolucionario nuevo a través de un mestizaje cultural creativo que abarcara plenamente el carácter particular de Latinoamérica como el sector más occidentalizado del tercer mundo y del mundo colonial.

Inevitablemente, Fernández Retamar trató de ver todas las formas y obras culturales en relación con esta perspectiva totalizadora y optó por desarrollar su propio trabajo y aquel de otros "productores de cultura" en esta dirección. Mucho antes de escribir *Calibán*, había intentado hacer coincidir los valores que subyacían a su obra con las dimensiones y los criterios esenciales de la revista de la Casa de las Américas y de sus concursos literarios. En general, Casa se une al programa del Ministerio de Cultura para promover proyectos específicos de la cultura cubana y latinoamericana, y para institucionalizar estos proyectos por medio de una imagen cultural creada por la revolución cubana para el consumo tanto interno como externo.

Esta orientación tiene mucho que decirnos sobre la importancia de la producción cultural y teórica para toda Latinoamérica. Hasta cierto punto los ideólogos revolucionarios fueron capaces de ir más allá de paradigmas ortodoxos; se dieron cuenta de que a largo plazo la economía subdesarrollada cubana no lideraría el camino para transformar las conciencias. Al contrario, las estructuras culturales e ideológicas y su institucionalización habrían de proveer prácticas concretas que, a su vez, mantendrían el compromiso revolucionario en los malos tiempos y de hecho ayudarían en las últimas transformaciones políticas y económicas requeridas por la revolución. Puesto que la resistencia a poderosas estructuras de dominación había sido desplazada a expresiones ideológicas y culturales, la resistencia cultural podría transformarse en un modo de oposición a la misma revolución. Entonces se dio a la cultura y a la ideología un lugar primordial en la lucha contra la resistencia a la revolución.

Calibán y Para una teoría

Dada la visión cultural implícita en la revolución, no hay duda de que para Fernández Retamar *Calibán* sirve como una llamada gramsciana (o martiana) dentro de los estudios culturales radicales en Cuba y América Latina. El texto es en su momento, y hasta cierto punto, el equivalente del orientalismo de Edward Said o los estudios culturales de Stuart Hall. Al mismo tiempo, se debe observar que muy pocos textos están tan marcados de la misma manera que el ensayo de Fernández Retamar por el momento histórico en el que fueron creados. Porque *Calibán* no es simplemente el resumen de un modelo cultural radical que ha ido evolucionando durante años desde la revolución, sino que representa de hecho la actual crisis de aquel modelo en medio de derrotas entre los movimientos de izquierda y un declive en el prestigio de la revolución cubana marcado por los problemas políticos y económicos cubanos, señalado por el fracaso de la "zafra de los diez millones" y, como se ha dicho, por el caso Padilla. El completo declive revolucionario, y después, las nuevas esperanzas en la victoria electoral de Allende (*Calibán* 130), hacen de *Calibán* un argumento "sitiado", defensivo, pero también esperanzador. Un argumento que marca la bifurcación que Fernández Retamar ve entre cultura revolucionaria y cultura de elite, la última representada por aquellos *super-estrellas* latinoamericanos quienes (exceptuando a Borges, Vargas Llosa, Paz y unos pocos más) habían hablado hasta entonces en favor de la revolución.

En este contexto, es irónico leer las páginas devastadoras de Fernández Retamar con respecto a Carlos Fuentes, quien —a pesar de ser bastante crítico sobre el caso Padilla y nunca muy positivo con respecto a la revolución— desde aquel momento, sin embargo, mantendría una postura abierta y anti-intervencionista con respecto a Cuba y a la emergente crisis centroamericana. De todos modos, aparte de su falta de justicia, el valor de la polémica de Fernández Retamar contra Fuentes es que anticipa los argumentos que la izquierda y el modelo cultural radical representado por *Calibán* tendrían en el futuro no sólo con los escritores y críticos de la elite modernista del Boom, sino también con los que iban a representar la emergencia de actitudes culturales subsiguientes, asociables al *ethos* posmoderno contemporáneo.

Más específicamente, las páginas finales de *Calibán* apuntan a una oposición entre orientaciones lingüísticas e históricas de la literatura, que se transcriben entonces en la oposición socialismo versus capitalismo, y se proyectan como un sitio para la lucha sobre el futuro. Fernández Retamar describe cómo en *La nueva novela hispanoamericana* (1969), Fuentes extiende las oposiciones estructuralistas al historicismo, y reacciona contra la reducción de la narrativa hispanoamericana reciente a preocupaciones estrictamente sociales, específicamente latinoamericanas, las cuales él ve como secundarias comparadas con valores literarios más generales o "universales y humanos" que los mejores textos literarios pueden alcanzar. En efecto, la nueva narrativa latinoamericana es parte de una totalidad cosmopolita.

Fernández Retamar se pregunta si Fuentes tampoco valora la diferencia latinoamericana dentro de la totalidad, y, además, apunta cómo Fuentes cambia de posición para hablar del papel tan importante de la literatura latinoamericana por crear un lenguaje alternativo al que la misma realidad latinoamericana ha oprimido y distorsionado. En un intento de desenmascarar el proyecto ideológico de Fuentes, Fernández Retamar cita un pasaje en el que el novelista mexicano anticipa el nacimiento de la posmodernidad y sus implicaciones para Latinoamérica:

> a medida que se agiganta el foso entre el desarrollo geométrico del mundo tecnocrático y el desarrollo aritmético de nuestras sociedades ancilares, Latinoamérica se convierte en un mundo *prescindible* [cursivas de C.F.] para el imperialismo. Tradicionalmente, hemos sido países explotados. *Pronto, ni esto seremos*: no será necesario explotarnos, porque la tecnología habrá podido —en gran medida lo puede ya— sustituir industrialmente nuestros ofrecimientos monoproductivos (*Calibán* 127).

Para responder a esta afirmación, Fernández Retamar se burla de la visión de Fuentes basada en la asunción de una hegemonía norteamericana reiterada y de derechas que haría a una segunda Cuba, e implícitamente a una primera, imposible. De una manera profética, lo vemos caer encima de la perspectiva tecnologista y política de Fuentes, enlazándola (pero con un ánimo machista y hasta homofóbico, como si todo el asunto fuera una pesadilla o una película de horror para el "nuevo hombre" de la revolución) con los "mariposeos neobartesianos de Severo Sarduy" (*Calibán* 123).

Fernández Retamar ataca ferozmente una visión de Latinoamérica según la cual el área solamente existe como una resistencia para vencer en el camino hacia la modernidad. Insiste en que Latinoamérica, a través de la revolución cubana, se está acercando a su propia revolución y que la cultura de resistencia de *Calibán* poco a poco va ganando. La resistencia es el corazón de *Calibán* y Fernández Retamar insiste en que se siente cercano a la victoria porque la esperanza revolucionaria ha renacido con la elección de Allende en Chile. Las profundas estructuras del mundo y los cambios hemisféricos no cobrarían su impacto pleno hasta mucho más tarde.

Sin duda las palabras de Fuentes parecen anticipar ciertas páginas de Jean Baudrillard o Jean François Lyotard. Sería impreciso sugerir que la predicción de Fuentes es completamente acertada. Sin embargo, su énfasis en el mundo del discurso y las nuevas tecnologías define su visión como sintomática de una orientación posestructuralista y posmodernista emergente entre los pensadores latinoamericanos más avanzados. Esto, por supuesto, puede ayudar a explicar los intereses y críticas con que se recibió la principal contribución de Fernández Retamar a la teoría literaria, *Para una teoría de la literatura hispanoamericana y otras aproximaciones* (1975), donde, desde la perspectiva de *Calibán* elabora las bases para un nuevo acercamiento a la literatura hispanoamericana y a su historia, que va en contra de la perspectiva de Fuentes. En esta tarea, Fernández Retamar se une a otros teóricos latinoamericanos que, impulsados por la revolución y también por el boom novelístico, se sentían obligados a analizar, cuestionar y revisar toda la historia de la literatura hispanoamericana y todos los instrumentos críticos utilizados para estudiarla. Dada su posición en Cuba, Fernández Retamar estaba al corriente de las discusiones sobre qué términos (el mestizaje, la heterogeneidad, el sincretismo, la transculturación, y la hibridización) mejor caracterizan el desarrollo de la cultura y la literatura latinoamericanas. Conocía muy bien la obra de Fernando Ortiz, a críticos como Ángel Rama, Antonio Cornejo-Polar y otras figuras cruciales de su propia época. Su situación como anfitrión y editor de Casa de las Américas lo puso en el centro de todas las discusiones sobre la teoría cultural y literaria latinoamericana. Aunque claro, y aquí estriba la gran diferencia entre él y los otros críticos latinoamericanos, era su propio pasado como estudiante en los Estados Unidos y la relación cubana con la URSS lo que le facilitó el conocimiento de las teorías semióticas de Europa del Este.

En *Para una teoría,* Fernández Retamar se esfuerza por conseguir lo que para él es una descolonización en el terreno de los estudios literarios. Cuestiona toda tendencia a aplicar conceptos y criterios metropolitanos a la literatura de América Latina y afirma que tal tendencia es quizá la prueba fehaciente de la fuerza de las ideologías metropolitanas en la literatura de América Latina. Continúa diciendo que hasta ahora aquellas ideologías han distorsionado la capacidad de ver lo que hemos hecho, lo que debemos hacer en nuestras letras. Enfatiza a su vez la necesidad de desarrollar una teoría basada en la realidad concreta de lo que ha sido y es América, su quehacer social y literario. Asimismo, subraya la imposibilidad de desarrollar una teoría general de la literatura, señalando que "una teoría de la literatura es la teoría de una literatura". Nos recuerda que si el mundo está dividido por necesidad, la literatura está también dividida y si bien reconoce que el capitalismo ha creado la posibilidad de una literatura mundial, también advierte que las divisiones insidiosas impuestas por el capitalismo mismo han impedido su consolidación.

El marxismo, añade Fernández Retamar, nos proporciona un enfoque general para entender la cultura, pero el mismo marxismo implica la necesidad de estudiar cada cultura determinada como una producción específica, relacionada con unas formaciones sociales específicas y concretas. Las condiciones de infraestructura hispanoamericanas son lo suficientemente afines para constituir una totalidad racional que nos sirva de base para un entendimiento de su literatura. Claro está que la literatura latinoamericana tiene mucho que ver con otras literaturas, pero solamente podemos estudiar las relaciones entre literaturas cuando hayamos especificado nuestras características y tendencias particulares. Las consecuencias de la aplicación inmediata de teorías generadas, todos lo sabemos, han sido nefastas. Tales teorías han distorsionado el entendimiento de la literatura de América Latina, y en consecuencia la han hecho aparecer como una versión imitativa e inferior a las literaturas metropolitanas.

¿Cuáles son entonces las particularidades de la literatura hispanoamericana? Para su definición, Fernández Retamar toma en cuenta tanto las influencias que vienen del exterior como las transformaciones que estas influencias han experimentado. Mientras aquéllas nos colocan dentro del corazón mismo del colonialismo y la dependencia, apuntan también a una identidad independiente. Obviamente la literatura latinoamericana tiene así menos que ver con las categorías que sirven para las literaturas metropolitanas y más que ver con las que pueden servir para las literaturas de las áreas colonizadas y dependientes.

No se trata aquí solamente de elementos y aspectos literarios. De hecho, la literatura hispanoamericana ha asimilado diversas influencias en la elaboración de su propio sistema, que tienen su propia modalidad funcional y que no se pueden medir de acuerdo a los patrones genéricos y estilísticos desarrollados en otros ámbitos literarios. Fernández Retamar subraya entonces la naturaleza “ancilar, híbrida e instrumental” de la literatura latinoamericana. Habla de géneros y formas que existen aquí y no allá, de géneros que tienen más peso en la tradición latinoamericana y que no pueden tenerlo en otras tradiciones, de tendencias foráneas que tienen una funcionalidad original, indispensable y distinta.

Con Mariátegui, Fernández Retamar ve estos rasgos particulares en relación con el desarrollo de una literatura que avanza con el proceso histórico que va desde la colonia a la independencia y de ahí, supuestamente, al socialismo. Cobran vigencia, por ejemplo, los textos de los cronistas, de los esclavistas, los abolicionistas, los librecambistas, etcétera. El modernismo, que aparece como una excepción obvia de la índole instrumental de esta literatura, se entiende mejor dentro del contexto histórico delineado por Fernández Retamar, como fenómeno contradictorio pero necesario en la formación de una literatura no marginalizada, menos provinciana, más a tono con la proliferación de bienes y subjetividades consumistas que son partes del desarrollo del capitalismo mundial.

En suma, el libro de Fernández Retamar provee una manera de enfocar los géneros y tendencias específicas de América Latina. También nos da bases sobre las cuales sentar una nueva periodización de la literatura latinoamericana que escapa las trampas impuestas por enfoques metropolitanos. Sobre todo, en relación con *Calibán*, este ensayo de Fernández Retamar logra sugerir un valioso cambio epistemológico que nos ayuda a entender el pasado literario y también las formas y obras verdaderamente nuevas que están saliendo en nuestros tiempos. Aplicando su teoría podemos entender mejor su propio papel como escritor y crítico en forjar un repensar de la literatura latinoamericana. Podemos también entender obras, corrientes y tendencias literarias dentro de contextos regionales, panamericanos, mundiales y generales.

Perspectivas sobre la visión calibánica en evolución

Los ensayos *Calibán* y *Para una teoría* provocaron una discusión crítica con respecto a las perspectivas de Fernández Retamar, las cuales él resume en su entrevista de 1980. Inevitablemente el debate crítico se fue enriqueciendo con los planteamientos de Fernández Retamar y en la entrevista, las modificaciones de su postura salen claramente a la luz. Sin duda, las modificaciones supuestamente adecuadas en 1980 requieren otra revisión, casi veinte años después. ¿En qué punto se encuentra la crítica ahora con respecto a estos dos textos tan celebrados y discutidos en su tiempo?

Hoy día tal vez nos hacen sonreír las referencias constantes a teóricos rusos, búlgaros y rumanos, su intento de relacionar la literatura latinoamericana a "la otra Europa", la Europa del este. Eso puede parecer como parte de la sovietización de la cultura cubana, y se puede leer como síntoma de una debilidad fundamental en el pensamiento de Fernández Retamar, aunque se debe notar que muchos de los teóricos citados tal vez tienen más que ver con tendencias posformalistas inculcadas por el maestro de Fernández Retamar, Rene Wellek, que con algún servilismo con respecto a la Unión Soviética y al realismo socialista.

Hoy día, las influencias sobre la literatura y crítica latinoamericana vienen preferentemente de otros lugares, y los intentos de forjar teorías y formas netamente nacionales, regionales o pan-latinoamericanas, sufren de lo que en los sesenta llamamos el imperialismo cultural y hoy día llamamos, con menos espíritu de antagonismo, por otro nombre, es decir, la globalización.

En la crítica literaria latinoamericana, el trabajo de Fernández Retamar ocupó un lugar importante al lado de las reflexiones de Ángel Rama acerca de la ciudad letrada y la transculturación, y también junto a los trabajos de otros críticos que trataron de desarrollar perspectivas sobre literatura y revolución, literatura y resistencia. Hoy día, a pesar de sus muchos errores y críticas, el problema principal del texto es que las diferencias particulares y "calibánicas" de América Latina han sufrido el fracaso de sueños utópicos y han ido disminuyendo en su importancia a causa del impacto de la posmodernidad y la globalización. En este contexto podemos ver hoy cómo la cultura de resistencia calibánica, tan crucial tanto para el ensayo literario como para el cultural, fue claramente un modelo partidista y limitado, gradualmente inadecuado en un mundo en el que pronto iban a predominar las perspectivas sobre la posmodernidad y la globalización.

En los años ochenta y noventa el modelo cultural de *Calibán*, basado en un mestizaje radicalizante y en patrones de resistencia enraizados en una historia de esfuerzos de control y disciplina, fue claramente visto como enfrentado con el *ethos* creciente e imperante. Y así será tratado por muchos latinoamericanistas y otros en años venideros. Entonces Fredric Jameson, ya en su fase posmodernista, se interesó por *Calibán* en relación con su visión global de reconfiguración cognitiva de modos primarios de oposición cultural dentro —pero en la periferia— de la posmodernidad. De cualquier modo, el punto de discusión para al menos algunos críticos sería si *Calibán* y la cultura de la resistencia latinoamericana, tanto en sus formas literarias como en las formas de la cultura popular, se mantuvieron opuestos a la posmodernidad (como en la primera formulación de Yúdice de 1985), o bien permanecieron como una alternativa de izquierdas dentro de él (como en Beverley y Zimmerman, y de manera algo diferente, Larsen). Dentro de la posodernidad, aquel modelo cultural, aunque modificado, podría todavía tener algún efecto pero podría también ser absorbido. Fuera de la postmodernidad, podría sobrevivir como una clase de enclave ideológico susceptible a la ridiculización debido a su supuestamente anticuada estructura de aserción y su función como apología defensiva de un proyecto contracultural fracasado.

Si permanecemos dentro de los parámetros del debate posmodernista en Latinoamérica, la pregunta, en los términos de

Ernesto Laclau-Chantal Mouffe y Stuart Hall, se convertiría en la articulación de lo que ha quedado de la tradición calibánica. Y aquí de nuevo citaremos el título evocativo de Gayatri Spivak, la pregunta sobre las condiciones bajo las que el subalterno puede verdaderamente hablar. Esta pregunta se complica todavía más con los avances teóricos propuestos por García-Canclini con respecto a las culturas híbridas y los procesos de globalización en Latinoamérica. Quizás estas críticas se unen de manera más decisiva en la línea de los estudios subalternos dentro de los estudios poscoloniales (véase Guha y Spivak) que problematizan la situación de aquellos que buscan constituir una perspectiva crítica que se encuentre *vis a vis* con las culturas latinoamericanas (véase The Latin American Subaltern Group 1995, y Rodríguez "Between Cynicism and Despair").

En el contexto de estas teorías, las limitaciones y problemas de la visión calibánica empiezan a destacarse hoy con gran claridad. El texto de Fernández Retamar está atrapado por su fe en el socialismo y su creencia en las ideologías (marxistas y no marxistas) de la resistencia cultural latinoamericana. En el camino, el texto tiende a homogeneizar cuestiones de clase y etnicidad, y por supuesto las identificaciones entre los países y pueblos de la zona latinoamericana-caribeña. Pone en relación sectores de las clases trabajadoras y campesinos. Con demasiada celeridad equipara el izquierdismo criollo latinoamericano y el marxismo con las cuestiones de resistencia mestiza y los modos de resistencia indígenas y africanos. Hay una reificación y homogeneización de modos y fuentes de opresión, una reducción de todos los patrones de resistencia a un modelo último el cual, a pesar de sus demandas y esperanzas, no se sale de parámetros y visiones eurocéntricos. Por encima de todo, el modelo lleva a una distorsión del conocimiento social por haber permanecido demasiado enraizado en la dominación como oposición a la hegemonía y en los patrones internos de consentimiento y negociación. La visión de Fernández Retamar de los grupos sociales latinoamericanos, proyectos y soluciones, está demasiado atada a la élite intelectual criolla. Esta élite puede aspirar a cumplir el papel de intelectuales orgánicos de los sectores subalternos latinoamericanos y caribeños actuales, aunque raras veces logra hacerlo. Fernández Retamar, en efecto, nunca adopta medidas que liberarían a su gramscianismo de sus raíces en Kautsky y Lenin y es incapaz de responder adecuadamente a las implicaciones del feminismo contemporáneo. Su gramscianismo permanece truncado por el mismo pacto con el socialismo existente que truncó la misma revolución.

Finalmente, la visión de la resistencia descansa solamente en un modelo (del todo o nada), de revolución trasformadora y totalizante marcada genéricamente por una dicotomía entre "el nuevo hombre" del Che y el "viejo hombre" pre-moderno, que tiene implicaciones tristes para la Cuba actual. De hecho, si entendemos las cuestiones de género como centrales en el futuro de Latinoamérica, podemos decir simplemente que el modelo de Fernández Retamar no sólo requiere un "cambio de mar" (o sea "change" como en la frase shakespeareana), sino quizás además un cambio de "sexo", un cambio así como el de "brave new world" de Miranda en la *Tempestad* que lideraría una aparición no como la Venus de Boticelli, sino como una especie de "Calibana" transexual. Pero incluso esta estipulación es metonímica. Así que hoy el esfuerzo se concentraría en oponer a Calibán/a, no sólo a los críticos de la elite criolla tradicional, sino también a las sub-elites supuestamente oposicionales. Tal vez se trataría incluso de la transformación del monstruo shakespeareano de la naturaleza en una clase de enlace romántico esperado, pero nunca alcanzado, con lo que hoy día llamamos los sectores subalternos que ya en la América Latina son los equivalentes putativos de los proletarios conscientes del marxismo europeo clásico.

Estos asuntos son indudablemente el resultado de limitaciones históricas, lo que a su vez dice algo sobre los problemas con la cultura revolucionaria latinoamericana en su totalidad. En verdad, en la triste historia de Cuba y de la izquierda latinoamericana en general bien puede ser que el *Calibán* de Fernández Retamar, como el "nuevo hombre" del Che, sean una construcción en el nombre de la cual numerosos subalternos históricos (incluidos mujeres, afro-caribeños, indígenas— y aquí claramente las referencias se extienden desde Cuba a Nicaragua) fueron medidos, "reificados", marginados, y por supuesto victimizados. ¿Hasta qué punto las minorías no-africanas caribeñas (como los indios de Trinidad o los chinos de muchos países) pueden ser reificados en la definición de Fernández Retamar? ¿Hasta qué punto están los Calibanes imperializados en una manera que proyecta una mirada sobre lo subalterno que, a pesar de sus facciones románticas, parece constituir últimamente una reapropiación neo-leninista de Martí, Mariátegui, Fanon y otros?. En lo que Fernández Retamar planteó en términos dualístas entre Calibán y el viejo modelo de *Ariel* de Rodó, vemos ahora dos alternativas para las elites latinoamericanas, con la alternativa calibánica tan abstraída de la realidad subalterna como lo es la alternativa arielista, pero con el "pecado" añadido de pretender ser algo más que su otro.

Para ser más explícito con mi propia premisa aquí, el modelo cultural cubano fracasó no sólo a causa de la Guerra Fría y los bloqueos, sino porque era, en el mejor de los casos, una apropiación elitista y criolla de izquierdas del leninismo vanguardista que no podía adaptarse a los contornos múltiples, heterogéneos e híbridos de las culturas latinoamericanas y caribeñas. Para mí, la mejor enseñanza para entender los problemas internos y contradicciones de la revolución cubana no es *Calibán*, trabajo que admiro, sino la película *En cierta manera* de Sara Gómez, con todo su retrato contradictorio de las tensiones entre las políticas de estado eurocéntrico y las dimensiones más populares y africanas de la cultura caribeña. En este sentido, *Calibán* representa al estado y no al subalterno.

Una y otra vez, y en relación con situaciones y perspectivas cambiantes, Fernández Retamar ha intentado rearticular, mediar y modificar su visión con varios grados de éxito. Implícitamente la entrevista de 1980 fue una de esas ocasiones, pero por supuesto en los '90 el asunto se hizo más explícito y crucial (ver Fernández Retamar "Casi veinte años después" y "Caliban Speaks"). Sin embargo, sus esfuerzos inteligentes para responder a las dudas y preguntas que surgen del colapso del socialismo y otros acontecimientos mundiales han sufrido por su pacto vital con la revolución que le dio su especial posición y misión.

Dicho esto, creo que, junto con los corolarios políticos, sociales y literarios que su visión evoca, *Calibán* sobrevivirá dentro del nuevo milenio dañado, herido, cuestionado y a veces ridiculizado, pero todavía vivo entre nosotros como la última marca o tropa de resistencia al poder colonial y neocolonial que, aunque romantizada y reificada, idealizada y limitada, todavía tiene una seriedad y gravedad emblemática. Como una visión lograda de su momento histórico, siempre deberá ser modificada, criticada y ajustada, para que pueda seguir sobreviviendo en las nuevas formas de resistencia que emergerán con relación a los juegos y articulaciones del poder que serán parte de períodos y transiciones históricas futuras.

TRADUCCIÓN: José Ignacio Calduch

Entrevista a Roberto Fernández Retmar

Fidel Coloma González
Ileana Rodríguez
Marc Zimmerman

Pregunta: Roberto, ya han pasado algunos años desde la publicación de tu trabajo *Para una teoría de la literatura Hispanoamericana.* Parece que en este país pocos han tenido la oportunidad de conocer este libro. Entonces, tal vez sería bueno resumir las ideas principales de ese trabajo.

Fernández Retamar: Este libro, que se publicó hace varios años, ha tenido después algunas reediciones en Colombia, en México. Sucede, desde luego, que al cabo de tantos años, yo no soy el mismo que escribió el libro, es decir, he seguido en alguna forma trabajando algunas de las tesis del libro que han sido objeto y todavía continúan siendo objeto de discusiones y polémicas — cosa muy agradable, desde luego, para un autor. Entre quienes participan en estas discusiones y polémicas estoy yo mismo. Quiero decir que tendría yo que hacer algunas complementaciones a ese libro. Por lo tanto, ahora que hago una síntesis, corro el riesgo de hacerlo con las complementaciones. En esencia, sin embargo, se podría advertir que me preocupo en relación con los trabajos del libro que, como tú sabes, no es un libro unitario sino una reunión de trabajos, me preocupo por poner énfasis en la necesidad de que la literatura hispanoamericana fuera estudiada con respecto a sus características esenciales, y que no se forzara la mano haciéndola entrar dentro de categorías que no siempre eran las más apropiadas para ellas. Ésta era la idea central de los trabajos; es decir, que en cierta forma los trabajos se remiten a otros que desbordan la teoría literaria y que tienen que ver con el proceso de descolonización cultural por el cual pasó Cuba. Este proceso no sólo se estaba dando en Cuba, pero en Cuba fue donde adquirió caracteres más intensos y más generales, pues allí participaron también historiadores, sociólogos, filósofos, economistas; dirigentes políticos y escritores de diversa naturaleza. El propósito era contribuir a sacar nuestras creaciones intelectuales del ámbito colonizado en que durante muchos años han vivido, como una secuela natural de la dependencia política y económica. Creo que el libro no se entiende si se sustrae de esta polémica en favor de la independencia cultural de nuestro país. Creo que esto es lo que podría decir como respuesta inicial.

Pregunta: Parece que el libro resulta del enlace de esa polémica viva con el pensamiento de Martí, Mariátegui, Portuondo; es decir de los pioneros de la crítica latinoamericana. En esa línea podemos ver el desarrollo de la exigencia de estudiar la literatura latinoamericana en sí.

Fernández Retamar: Yo creo que esto es importante. Es decir, no se trata de recoger algo caído de repente de las estrellas, sino sencillamente de enfatizar una de las líneas del pensamiento latinoamericano. Este libro se inscribe, de manera por otra parte muy modesta, dentro de la línea que lógicamente los opositores de nuestra perspectiva han tendido a deformar, minimizar, cuando en realidad a nosotros nos parece que es una línea esencial. Ustedes mencionan esos nombres; podrían mencionar por supuesto otros, pero esos son los más importantes: Martí, Mariátegui, Portuondo. Martí es un pensador de extraordinaria originalidad, que no llegó a ser todavía un pensador socialista. Visiblemente no fue un pensador marxista, ni mucho menos un pensador marxista-leninista, (cuando murió, Lenin no había escrito todavía sus textos; correspondería, por tanto, a una profecía el que hubiera sido un marxista-leninista). Pero Martí vivió en el límite extremo de la radicalización del pensamiento posible para sus circunstancias, es decir, posible para su época. A él, se le llamó hace ya muchos años (en el '48) "revolucionario radical de su tiempo". Nosotros lo consideramos hoy día lo que se ha dado en llamar un demócrata revolucionario. Son pensadores que de manera muy sintética han desbordado ya los esquemas del pensamiento burgués clásico, sin ser todavía pensadores proletarios; se encuentran así ellos en una situación de transición. Este es el caso de Chernichewsky en Rusia o de González Prada, en cierta forma, en el Perú, y ciertamente de José Martí. Nos parece un demócrata revolucionario extremadamente radical, lo que permite que el núcleo de su pensamiento sea orgánicamente heredado después por pensadores que ya sí son socialistas, como Mella o como Fidel Castro. Cuando Fidel lo llama autor intelectual del inicio de la Revolución Cubana, establece de manera muy clara el vínculo, el eslabón entre el pensamiento democrático revolucionario de Martí y lo que ya iba a ser el pensamiento de un proceso abiertamente socialista. En el caso de Mariátegui, entonces, nos encontramos con el primer pensador importante que aborda, con criterio marxista, la historiografía de nuestras letras; y en el caso de Portuondo, pues, ya hay una clara continuación. Yo creo que el libro mío, como tú bien claramente dices, se sitúa en esta tradición. En este sentido es, si se quiere, un libro tradicionalista. Lo que pasa es que la tradición que reclama es la tradición de la revolución, que es muy profunda en Hispanoamérica, aunque nosotros sabemos, y por razones que ya he dicho muy comprensibles, esa tradición tiende a ser oscurecida o minimizada por los opositores ideológicos.

Pregunta: Claro que durante estos años, cuando salen los artículos que están en el libro, algunas preocupaciones de América Latina son nuevas. Viene la caída de Allende en el '73. Es un tiempo de baja expectativa en las posibilidades revolucionarias de América Latina; pero es un momento en el que no solamente aparece tu trabajo, sino por el contrario es un tiempo en que varios trabajos de ese tipo aparecen. Es una coyuntura especial. ¿Cómo se relacionaría tu trabajo con los otros esfuerzos, con trabajos como el de David Viñas, para poner un ejemplo, que está escribiendo en este momento?

Fernández Retamar: Sí, yo siento mis páginas fraternalmente unidas a las páginas de esos autores, y a la par de otros como Benedetti, por ejemplo. Yo creo que hay toda una nueva crítica hispanoamericana, que con las particularidades de cada autor, se encuentra muy estrechamente unida, muy fraternalmente unida, de manera que se puede hablar de una nueva crítica hispanoamericana, incluso latinoamericana, si separamos la frontera de la lengua, para incluir a investigadores de las Antillas o a investigadores brasileños. Se ofrece toda ella como un movimiento orgánico, casi como una familia. Sencillamente el libro es una contribución más en el seno de una amplia familia, una familia que tiene varias generaciones de trabajo. Por ejemplo, digamos, Antonio Cándido en Brasil, sería evidentemente el representante mayor, un maestro dentro de la familia, como lo es Portuondo también en Hispanoamérica —dos figuras de una generación anterior a la nuestra. Pero además hay generaciones más jóvenes que trabajan también en este sentido, es decir, que esta nueva crítica hispanoamericana tiene todos los rasgos de un movimiento orgánico, supra-generacional, supra-nacional, unidos sus integrantes por criterios ideológicos, por otra parte muy diversos, porque entre Mejía Duque, Viñas, Cornejo-Polar, yo mismo, hay afinidades y diferencias. Pero sobre todo diría yo que hay afinidades. Se trata de la voluntad de continuar y, en la medida de nuestras fuerzas, de desarrollar el magno proyecto de Mariátegui, de abordar con un criterio marxista la evolución de nuestras letras.

Pregunta: Además, tal vez es el caso que estos trabajos forman un género nuevo, dentro de tu propio planteamiento teórico, del desarrollo de los géneros de la literatura en América Latina.

Fernández Retamar: Algunos de estos escritores que se mencionaron no son sólo críticos, como puede ser el caso de Benedetti o el mío mismo. Efectivamente, nuestra crítica implica distintas relaciones con nuestro propio trabajo de expresión literaria. Hay ensayos, por ejemplo, que nosotros reclamamos tanto para nuestra literatura como para nuestra meditación sobre la literatura, de manera, que efectivamente, todo esto es un reto. Recientemente la *Revista Iberoamericana* proyectaba dedicar un número a esta nueva crítica hispanoamericana. En muchos lugares hay conciencia de que existe esta nueva crítica hispanoamericana, que quizá no es tan nueva, si pensamos en Martí y Mariátegui; pero en fin, que existe este movimiento crítico y orgánico dentro de Hispanoamérica. Me parece importante, creo yo, destacar, junto a una nueva poesía, una nueva narrativa, esta nueva crítica latinoamericana.

Pregunta: Volviendo de nuevo al libro, que ha sido objeto de muy variados comentarios en Hispanoamérica y fuera de ella.

Fernández Retamar: Sí, por ejemplo en los propios países socialistas han habido comentarios muy agudos. En Checoslovaquia, por ejemplo, el Profesor Oldrich Belic, excelente estudioso de teoría literaria; en Rumania, el Profesor Adrián Marino; y desde luego en los países hispanoamericanos. Quizá en una nueva edición, que sería la cuarta, yo me haga eco de algunos de los más interesantes de estos comentarios. En muchos casos, pues, ha habido un acuerdo con las tesis centrales. En otros, interesantes contribuciones, interesantes matizaciones. Me parece que entre los trabajos más significativos sobre el libro en este sentido está el de Juan Marinello, que no se ha publicado todavía, porque fue un informe que él presentó a la Universidad de Carolina de Praga, la cual ha ofrecido otorgarme su doctorado de estado por este libro y a Marinello, que fue doctor *honoris causa* de esa universidad, le correspondió informar sobre el libro.

En la propia Praga, el trabajo de Belic es de los más agudos. El recuerda que en los estudios de teoría literaria checa se distingue entre una teoría literaria general y lo que podríamos llamar la poética. Un joven investigador cubano, que se llama Desiderio Navarro, también ha llamado la atención sobre la indecisión semántica al hablar tanto de una literatura universal, como de una literatura general. Para mí, este es uno de los puntos más importantes de los comentarios. Yo mismo, después de publicado el libro, entré en conocimiento de las obras de un historiador e investigador soviético, N. I. Conrad, el cual distingue con mucha agudeza entre los caracteres de lo que puede llamarse una literatura general y los de una literatura universal.

No es este el momento para entrar a comentar a Conrad, pero sí quiero llamar la atención sobre este particular. Al hablar de la inexistencia de una literatura universal, yo partí del punto de vista que se expresa en el *Manifiesto comunista,* hecho ya hace más de un siglo, de una literatura mundial. En el *Manifiesto* se da un sustento objetivo a esta idea. Dice que una literatura mundial sólo puede existir cuando existe ya un mercado mundial. Efectivamente el capitalismo sienta las bases para ese mercado mundial; Conrad, por otro lado, plantea la existencia de una literatura general de otra naturaleza, que no implica el contacto real de las literaturas parciales, sino que implica la existencia de realidades objetivas, tipológicas, en distintos momentos del desarrollo histórico. Es decir, existe una literatura de la feudalidad con determinadas características, que se da lo mismo en China, que en Europa Occidental. Son esas características las que remiten al crítico a postular el concepto de una literatura general, las que nos permiten hablar de una literatura general, y por consiguiente, de una teoría general de la literatura, que no es lo mismo que una teoría de la literatura universal.

Al margen de que comprendo todas sus limitaciones, el libro ha tenido, permítaseme decir, la virtud de suscitar muchas de estas discusiones. Él es un haz de hipótesis. Y las hipótesis, hay que discutirlas. Lo mejor que le puede pasar a una hipótesis es que se la discuta; lo mejor que le puede pasar a un libro discutidor, es que se le reconozca ese carácter y se le empiece a discutir. En el momento de la lucha ideológica, unida a la lucha política en general, mi texto tuvo la virtud de enfatizar la necesidad de no aceptar colonialmente, indiscriminadamente, criterios diversos en relación con la literatura latinoamericana, y de proponer que, desde el punto de vista hegeliano, en un estadio superior tenemos que producir una superación de estos criterios. Podemos, entonces, llegar a plantear los problemas de la literatura general —esta vez no desde una perspectiva de colonizados, sino desde una perspectiva de descolonizados.

Mi propia manera, digamos, de acercarme a estos temas, por ejemplo a José Martí, ha conocido esta misma evolución. Al principio llama la atención sobre el carácter tercermundista de su obra, lo que era una manera de rechazar que a Martí se le considerara como una figura del mundo occidental, pues esto último nos privaba de un aspecto esencial de la obra martiana. En un estadio superior, por así decirlo, vuelvo a ver a Martí como una figura mundial, pero esta vez ya no desde la perspectiva del colonizado, sino desde la del descolonizado. Creo que este es el sentido general del libro y el sentido general de mi propia evolución. Por eso digo que yo mismo tendría que hacer ciertas complementaciones al libro. En rigor, no voy a hacer las rectificaciones retocando los trabajos, voy a dejar los trabajos con las fechas correspondientes, porque son momentos de mi propia evolución; pero sí me veo obligado a hacer una pequeña aclaración. Como ya la hice en el propio libro citado, que tenía una nota introductoria donde llamaba la atención sobre el que yo mismo iba afinando e incluso rectificando mis conceptos. Por eso, creo que nuestra meta presente ya no es tanto, de una manera defensiva, rechazar las pretensiones colonialistas, como de una manera no me atrevo a decir ofensiva, pero si de una manera agresiva, positiva, creativa, reclamar nuestro derecho a la recuperación de las generaciones. Creo que ésta es la línea general de trabajo.

Pregunta: Tal vez entre aquí una pregunta perteneciente a la crítica literaria. Piensas tú que ella puede manejar la literatura latinoamericana como conjunto, o te parece a ti que el mismo desarrollo desigual de Latinoamérica va a producir cierta desigualdad en la producción literaria. Para un caso, el área Centro/Caribe, ¿no te parece un área peculiar? ¿Cómo la matizarías tu respecto a otra, como el Cono Sur, la región andina? ¿Cuáles serían los rasgos comunes que caracterizarían a estas zonas como latinoamericanas a la vez?

Fernández Retamar: Yo creo que aquí, una vez más, estamos obligados a salir fuera de lo literario. Ya Mariátegui planteó que hablar de una literatura nacional es moverse dentro de postulados no literarios, ya que lo nacional no es un postulado literario, es un postulado esencialmente extraliterario. Y hablar de Hispanoamérica o, como hablamos ahora de Latinoamérica, o, como con frecuencia nosotros decimos para precisar aún más, América Latina y el Caribe, de inmediato nos lleva fuera de la literatura; estos problemas digamos de desfase, de desarrollo irregular, etc., no son sólo problemas literarios, son esencialmente problemas no literarios. En este sentido, a mí me parece interesante la tipología de los pueblos extraeuropeos que ha propuesto el antropólogo brasileño Darcy Ribeiro, porque me parece que nos ofrece una base de discusión indudablemente fértil. El ve distintos tipos de pueblos extraeuropeos. El habla de pueblos testimonios, es decir, los pueblos que conservaron de alguna manera sus viejas tradiciones culturales; de pueblos transplantados, es decir, de aquellos en los que se ha producido el fenómeno característico de la colonización, donde una vasta comunidad es movida de un lugar a otro, pero conserva en considerable medida sus hábitos, su cultura; y finalmente, él habla de los pueblos nuevos, aquellos nacidos de la fusión de distintas herencias culturales. Indudablemente que no vamos a entrar en la polémica de esta teoría, pero como mero instrumento de trabajo, al hablar de Perú, o de Bolivia, o de Ecuador, podemos pensar en pueblos testimonios, y esos pueblos testimonios se corresponderían con los que tradicionalmente se ha llamado en Hispanoamérica los representantes de Indoamérica. Al hablar de los pueblos del Caribe, incluyendo quizá el nordeste brasileño, estamos en presencia de pueblos nuevos, nacidos de la fusión de muchas ondas migratorias. Y al hablar, por ejemplo, de Argentina y Uruguay, estaríamos en presencia de pueblos transplantados. Por una parte, tendríamos Indoamérica, y por otra parte, Afroamérica y Euroamérica. Sin demasiada precisión eso indica también diversas estructuras socioeconómicas.

En el Caribe, por ejemplo, es evidente que una economía de plantaciones ha configurado nuestra cultura, es la que nos ha definido, por así decirlo. Esa economía de plantaciones va desde el sur de los Estados Unidos hasta el nordeste brasileño, pasando por las Antillas y por algunas zonas mesoamericanas, incluso por la costa atlántica de Nicaragua. Ésta mira más hacia el Caribe y hacia el complejo cultural caribeño que hacia el interior. Puerto Limón, en Costa Rica, tendría más que ver también con este mundo cultural e incluso Panamá que no ha conocido una economía de plantaciones, a pesar de su peculiaridad, también mira más al mundo caribeño. Vistas así las cosas, tendríamos que partir de que la América Latina y el Caribe, o nuestra América, como la llamaba Martí , es muy compleja y que no tiene ningún sentido tratarla como una unidad que tuviese una homogeneidad. Ni los orígenes culturales, ni las estructuras económicas, ni muchas peculiaridades históricas autorizan a tratar a América Latina como una unidad monoforma que no es. Hay que tratarla como una unidad en la diversidad, reconociéndole sus características diversas, o lo que en último extremo hay de diverso entre Alejo Carpentier, Nicolás Guillén o Gabriel García Márquez, en la zona del Caribe, y escritores de la zona del Río de la Plata, por ejemplo. Todo esto, desde luego, marcado por una expresión que para nosotros, para mí que soy un intelectual marxista, no ofrece ninguna duda, es decir, marcado por la lucha de clases. Porque tampoco es lo mismo el escritor rioplatense que representa la reacción, la burguesía ya reaccionaria, de aquel otro que siendo un escritor rioplatense, sin embargo, representa las masas populares.

Pregunta: Con relación a este desarrollo latinoamericano por zonas, ¿encuentras tú útil la elaboración del concepto de creolización, esa especie de rescate del mestizaje o de su aplicación a la herencia africana que han hecho las islas inglesas y francesas?

Fernández Retamar: El concepto de lo criollo ha sido trabajado por varios autores. Entre ellos hay un estudio muy valioso sobre este punto del profesor de la Universidad de Yale, José Arrom, que se publicó en la década del 50 y se recogió después en su libro *Certidumbre de América,* cuya primera edición fue del año 59. "Criollo" es un término que aparece ya en el siglo XVI en las letras españolas, pero que proviene del portugués. Quiere decir "criado en la casa, en el hogar". Se aplicaba, al parecer, primero a los animales que habían nacido en el lugar; después a los esclavos negros que habían nacido en el lugar. El criollo ya no era africano sino criollo, y como todos sabemos, el término evolucionó después para aplicarse también a los europeos que ya habían nacido en América.

Indudablemente es, pues, un término que sirve mucho para designar lo americano, lo que ya no es europeo, lo que ya no es africano. Ahora ha tenido diversas utilizaciones. Por antonomasia el criollo es el europeo, el descendiente de europeos en América. Por eso quizás en "Nuestra América", obra que no me canso de citar porque me parece francamente inagotable, dice José Martí que en nuestra América, la naturaleza ha vencido a la falsa erudición: es decir, el mestizo autóctono ha vencido al criollo exótico. El criollo exótico, a pesar de que es criollo, a pesar de que ha nacido en América, se considera una especie de europeo trasladado, y el mestizo autóctono lo ha vencido. Esto nos remite claramente a las clases populares donde se produce el verdadero mestizaje. Claro, el propio Martí, sin embargo, utilizará en algunas ocasiones "criollo" en el sentido de mestizo, de mestizo de muchas herencias. Pero no es un término que está totalmente, enteramente clarificado para nosotros. Una de las tareas que tenemos nosotros los intelectuales latinoamericanos es precisamente sanear nuestra terminología la cual nos ha sido impuesta por el opositor, en el caso de expresiones como "Tercer Mundo", "países subdesarrollados". Pero no se trata de rechazar esos términos sino de sanearlos semánticamente. Después de todo, América fue nombrada América, sin que nosotros tuviéramos que ver con el caso. América Latina es un término empleado dentro del mundo de Napoleón III, del mundo de la expansión imperialista del pequeño Napoleón. Sin embargo, América Latina no tiene más remedio que utilizar estos términos. Creo, por lo tanto, que habría quizás que esperar ulteriores estudios para saber si "criollo" va a definirse en el sentido que lo propone Arrom o en el sentido que propone Martí en "Nuestra América".

Es verdad que hay partes de la realidad caribeña que no son idénticas a las realidades de Cuba, o a las realidades de los países hispanohablantes del Caribe, porque allí no se produjeron movimientos de los criollos como se produjeron en Cuba, Santo Domingo y Puerto Rico. Allí no se produjo un patriciado, equivalente al patriciado criollo de Cuba; allí no se produjeron guerras independentistas. El ritmo del desarrollo histórico en Jamaica no coincide exactamente con el ritmo del desarrollo histórico, por ejemplo, de Cuba. El gran movimiento de afirmación nacional de Jamaica ocurre en la década del 30 de este siglo, mientras que un movimiento equivalente había ocurrido ya en la década del 30 del siglo pasado en Cuba. Lógicamente eso implica una diferencia de ritmo histórico y una serie de diferencias muy grandes. Jamaica obtiene la independencia en 1962 y esto es bastante elocuente.

Las clases sociales en Jamaica no se corresponden mecánicamente con las clases sociales en Cuba. Esto tiene que ver con una cantidad enorme de problemas históricos, sociales y culturales. A pesar de eso, las similitudes, son también muy grandes, similitudes, hay que decirlo, que nosotros ignorábamos, pero que al triunfo de la Revolución Cubana, gracias a la independencia de Jamaica, gracias a la onda anticolonialista que el Caribe ha vivido a partir de la década del 60, hemos aprendido a conocer. Son similitudes muy grandes que van desde manifestaciones visibles como la música, como la composición racial, a las cuestiones religiosas. Por ejemplo la religión popular cubana, la santería, equivale al vudú haitiano. Son similitudes muy grandes que nosotros ignorábamos. Pero como señalábamos hace un momento, esas similitudes no deben tampoco hacemos olvidar las especificidades y las diferencias no sólo de las distintas áreas, sino de los distintos países en el seno de las mismas áreas. Es decir, hay que aprehender lo especifico, lo concreto. Lenin decía la frase tantas veces citada: "El alma viva del marxismo es el análisis concreto de la situación concreta."

Pregunta: Entrando en el terreno de la política cultural, mencionabas tú el aporte de cierta crítica literaria nueva que se propone rescatar los aportes olvidados y rechazados por la crítica tradicional. ¿No ves tú una preocupación paralela, un corte radical, digamos, una toma de conciencia por parte de los mismos escritores que en la década anterior también trataron de rescatar lo que Gramsci llamaba la organicidad de los intelectuales?

Fernández Retamar: Pues yo creo que es perfectamente normal que determinados autores minimicen a otros autores. Esa es una forma de la lucha de clases en el terreno de las ideas. Althusser dice que la filosofía es la lucha de clases en el terreno de las ideas. Bueno, la definición puede ser un poco primaria, pero la realidad es que cuando hablamos de luchas de clases no siempre reparamos en que la lucha de clases lo permea todo. Desde luego también permea la jerarquización literaria, las valoraciones literarias, las preferencias, los gestos literarios. Por eso, decíamos con razón que pasamos ya a la política cultural de inmediato. Minimizar a Mariátegui, por ejemplo, es también saltar a otras figuras. En las universidades burguesas, normalmente se ofrece una jerarquización de la literatura que no es más que la traducción de la lucha de clases. Quejarse de esto no tiene mucho sentido porque esto es realidad absolutamente objetiva, es cosa perfectamente lógica que así ocurra. Sí, desde luego, tenemos que tomar conciencia de esa lucha de clases y hacer ver que esas jerarquizaciones no son ideas platónicas que han descendido sobre nuestras cabezas, sino que son sencillamente jerarquizaciones hechas en el proceso de la lucha de clases. Hay, como decíamos, autores que son fácilmente atacables en este sentido. Allí habría que distinguir, sin embargo, las situaciones concretas. El hecho de que determinados autores asuman posiciones ideológicamente hostiles a las nuestras no quiere decir que necesariamente vamos a prescindir de la totalidad de sus obras. Porque entonces también cometeríamos un error. Los autores con los que no coincidimos no son necesariamente autores malos. El ejemplo que viene de inmediato a la boca es el de Jorge Luis Borges, que es un gran escritor. Y todo el mundo sabe que desgraciadamente, en el orden político, Borges es terrible. Pero que sencillo sería todo si los buenos política y éticamente hablando, fueran los buenos literariamente. Para bien o para mal, la realidad es mucho más compleja que nuestras ideas. Y a mí me gusta mucho citar siempre el consejo de Hamlet: "Hay más cosas entre el cielo y la tierra, Horacio, que las que sueña tu filosofía".

NOTA

[1] Ver Coloma González, Rodríguez y Zimmerman (eds.) 1985, una publicación preparada por mí mismo y patrocinada por el Centro Cultural Rafael Cintrón Ortiz de la Universidad de Illinois en Chicago, con el apoyo financiero del Consejo de Artes de Illinois. El ensayo aquí publicado revisa y desarrolla unas ideas que planteé en la introducción de la publicación y también en Zimmerman 1992 y 1998.

BIBLIOGRAFÍA

Beverley, John, José Oviedo, y Michael Aronna (eds.). *The Postmodernism Debate in Latin America.* Durham y Londres: Duke University Press, 1995.

Beverley, John y Marc Zimmerman. *Literature and Politics in the Central American Revolutions.* Austin: University of Texas Press, 1990.

Camacho Sandoval, Salvador. *Historias latinoamericanas: Reflexiones desde la otra.* Aguascalientes, México: Instituto Cultural de Aguascalientes, 1998.

Coloma González, Fidel, Ileana Rodríguez y Marc Zimmerman (eds.). *Roberto Fernández Retamar: Calibán y la literatura de nuestra América.* Chicago: LAST Publications, 1985.

De Mello, George y Nora González, eds. *Columbus Quincentenary: Encounter and Aftermath 1492-1992.* Papers from the Columbus Quincentenary Conference. Iowa International Papers. Iowa University Center for International and Comparative Studies, 1994.

Fernández Retamar, Roberto. *Para una teoría de la literatura hispanoamericana y otras aproximaciones.* La Habana: Casa de las Américas, 1976.
____ *Calibán y otros ensayos (Nuestra América y el mundo).* La Habana: Editorial Arte y Literatura, 1997.
____ *Caliban and Other Essays.* Minneapolis: University of Minnesota Press, 1989.
____ "Casi veinte años después". *Calibán en Sassari: Por una redefinición de la imagen de América Latina en vísperas de 1992. Homenaje a Roberto Fernández Retamar.* Hernán Loyola, ed. *Nuevo Texto Crítico* 9–10 (1992): 10-19.
____ "Caliban Speaks Five Hundred Years After". *Columbus Quincentenary: Encounter and Aftermath 1492-1992.* George DeMello y Nora González, eds. Papers from the Columbus Quincentenary Conference. Iowa International Papers. Iowa University Center for International and Comparative Studies, 1994. 11-26.
Fuentes, Carlos. *La nueva novela hispanoamericana.* México: J. Mortiz, 1969.
Guha, Ranajit y Gayatri Chakravorty Spivak (eds.). *Selected Subaltern Studies.* Nueva York: Oxford University Press, 1988.
Hall, Stuart. "On Postmodernism and Articulation. An Interview with Stuart Hall". Lawrence Grossberg, ed. *Journal of Communication Inquirí* 10/2 (1986): 45-60.
Jameson, Fredric. "Foreward". *Caliban and Other Essays.* Minneapolis: University of Minnesota Press, 1989. ii-xii.
Laclau, Ernesto y Chantal Mouffe. *Hegemony and Socialist Strategy: Towards a Radical Democratic Politics.* Londres: Verso, 1985.
Larsen, Neil. "Posmodernismo e imperialismo: teoría y política en Latinoamérica". *Nuevo Texto Crítico* III/6 (1990): 77-94.
____ *Writing North by South: On Latin American Literature, Culture and Politics.* Minneapolis: University of Minnesota Press, 1995.
Latin American Subaltern Studies Group. "Founding Statement". *The Postmodern Debate* 135-146.
Loyola, Hernán (ed.). *Calibán en Sassari: Por una redefinición de la imagen de América Latina en vísperas de 1992. Homenaje a Roberto Fernández Retamar. Nuevo Texto Crítico* 9–10 (1992).
Nelson, Cary y Lawrence Grossberg (eds.) *Marxism and the Interpretation of Culture.* Urbana: University of Illinois Press, 1988.
Piazza, Michael y Marc Zimmerman, eds. *New World [Dis]Orders and Peripheral Strains: Specifying Cultural Dimensions in Latino and Latin American Studies.* Chicago: MARCH/Abrazo Press, 1998.

Rodríguez, Ileana. "Between Cynicism and Despair: Constructing the Generic / Specifying the Particular". *New World [Dis]Orders and Peripheral Strains: Specifying Cultural Dimensions in Latino and Latin American Studies.* Michael Piazza y Marc Zimmerman, eds. Chicago: MARCH/Abrazo Press, 1998. 229-342.

Spivak, Gayatri Chakravorty. "Can the Subaltern Speak?". *Marxism and the Interpretation of Culture.* Cary Nelson y Lawrence Grossberg, eds. Urbana: University of Illinois Press, 1988. 271-313.

Yúdice, George. "Central American Testimonial" (1985). Inédito. Revisada y publicado como "Testimonio and Postmodernism". *Voices of the Voiceless in Testimonial Literature,* I. Special issue of *Latin American Perspectives* 18/3 (1991): 15-31

Zimmerman, Marc. "Orientaciones de la cultura popular latinoamericana: Calibán en la edad de Laclau, Mouffe y Gorbachev". *Calibán en Sassari: Por una redefinición de la imagen de América Latina en vísperas de 1992. Homenaje a Roberto Fernández Retamar.* Hernán Loyola, ed. *Nuevo Texto Crítico* 9–10 (1992): 271-297.

_____ "Cultura latinoamericana hoy: Calibán postmoderno. Entrevista con Marc Zimmerman". *Historias latinoamericanas: Reflexiones desde la otra.* Salvador Camacho Sandoval, ed. Aguascalientes, México: Instituto Cultural de Aguascalientes, 1998. 309-323.

De Drácula, Occidente, América y otras invenciones

Roberto Fernández Retamar

> Diario de Jonathan Harker [...] *Mayo 3. Bistritz.* Dejé Munich a las 8:35 P.M., el primero de mayo, y llegué a Viena en la mañana siguiente, temprano [...] Buda-Pesth parece un lugar maravilloso, a juzgar por la ojeada que pude darle desde el tren y lo poco que pude caminar a través de las calles. Temí alejarme de la estación [...] La impresión que tuve fue que estaba dejando el Oeste y entrando en el Este; los más occidentales de los puentes espléndidos sobre el Danubio, que es aquí de anchura y profundidad nobles, nos llevaron entre las tradiciones de la autoridad turca (Bram Stoker, *Dracula*).

He comenzado con el famoso principio de *Dracula* y su mención del Oeste, cuyo abandono anuncia el temor que será en adelante la atmósfera de la novela. Como acabamos de conmemorar el primer centenario de dicha novela, la cita me pareció una entrada tan válida como cualquier otra a nuestro tema. Soy además viejo admirador, aunque no en la conducta, del personaje del Conde, quien ha sido incluido, junto a otras criaturas también procedentes del hegemónico mundo anglosajón y pasto natural del cine (Frankenstein, Sherlock Holmes, Mickey Mouse, Tarzan, Superman, James Bond, Batman) entre los integrantes privilegiados de la mitología popular de nuestra época. Es pues razonable que le demos la palabra inicial. Pero debo añadir al menos dos aclaraciones.

La primera es que si bien las cosas han cambiado, hace cuestión de medio siglo, cuando empezó mi vida intelectual, no era de buen tono tomar en serio al Conde. Nada menos que Adolfo Bioy Casares, en su prólogo a la *Antología de la literatura fantástica* que en 1940 publicara conjuntamente con Jorge Luis Borges y Silvina Ocampo (una compilación de la cual ha podido decirse con justicia que pone en marcha —en parte al menos— la nueva narrativa hispanoamericana), afirmó: "*Vampiros y Castillos*: Su paso por la literatura no ha sido feliz; recordemos a Bram Stoker". Y de inmediato mencionó, con obvia finalidad ominosa, dos de las responsabilidades extraliterarias del irlandés: "Presidente de la Sociedad Filosófica y Campeón de Atletismo de la Universidad de Dublín" (*Antología de la literatura* 14). Aunque la observación es propia del grato humor pendenciero de H. Bustos Domecq, se me escapa el desprestigio a que debía obligar esta fidelidad, cierto que hoy infrecuente, al precepto latino *mens sana in corpore sano.*

La segunda aclaración es que lo negativo del ámbito histórico evocado por Stoker dista mucho de ser original. Desterrado por Carlos V en 1532 a una isla del Danubio, Garcilaso de la Vega escribió, en su canción tercera: "Danubio, río divino,/ que por fieras naciones/ vas con tus claras ondas discurriendo" (186). Es más, "[s]egún Herrera [entonces ya] era tópico clásico la fiereza de las gentes bárbaras y belicosas cuyas tierras regaba el Danubio" (p. 186, nota 54). En la segunda de sus odas latinas, Garcilaso volvió sobre el asunto, hablando expresamente "de los bárbaros" (468-473). Y ya que estamos en esta zona tan poco frecuentada de la obra del toledano, recuérdese que su tercera oda latina estuvo dedicada a Juan Ginés de Sepúlveda, a quien invitó allí a narrar "la historia de África pavorosa ante un rey intrépido y piadoso", el propio Carlos V (479-483). Es decir, que el poeta áulico que fue Garcilaso no sólo ensalzó las acciones predatorias de su señor, sino que, consecuentemente, estuvo identificado con el afanoso defensor intelectual de dichas acciones que fue Sepúlveda, quien, como se sabe, protagonizaría con Bartolomé de Las Casas la primera gran polémica europea a propósito de las guerras de rapiña contra los aborígenes de América. Aunque, como lo ejemplifican los textos citados de Garcilaso, los europeos tempranos ya contaban con sus bárbaros (por ejemplo, unos más allá del Danubio, otros en África), fue sobre todo a partir de aquellas fechorías en América cuando empezó a cobrar cuerpo mayor la división, todavía vigente en esencia, entre el Oeste y el resto. Con lo que el elegante caballero Garcilaso nos autoriza a que volvamos más tarde a *Drácula.*

No tengo la absurda idea de establecer un paralelo entre la extraordinaria faena lírica del gran poeta que, abriendo una época que tampoco se ha cerrado, trasvasó del italiano al español el endecasílabo con sus guantes perfumados de los cuales habló García Lorca, por una parte; y por otra, una modesta aunque espectacular novela gótica escrita más de trescientos cincuenta años después, previsiblemente en inglés. Pero no debe desaprovecharse ver a ambos autores en relación con la teoría y la práctica de lo que iba a conocerse como el Oeste, el Occidente, el mundo o la cultura occidental.

Garcilaso, nacido pocos años después de la llegada de Colón a lo que éste llamó las Indias, soldado del Emperador y exquisito poeta cortesano, estaba convencido de la grandeza de su España, distinta de los bárbaros y encarnación de los más altos valores. Lejos de imaginar siquiera que su país, tan inaugurador, sería relegado después de su muerte a la condición de paleoccidental, un Pierre Menard le hubiese podido atribuir sin esfuerzo palabras según las cuales, en su momento y en su ámbito, la historia había llegado a su fin. Ampliando lo que a propósito de sí dijera Mark Twain sobre dejar el hábito de fumar, sostener tal creencia es lo más fácil del mundo, y a cada rato ha sido hecho. Aunque en el propio siglo XVI español opinaran otra cosa figuras como el enérgico y justiciero Las Casas, entre cuyos amigos no se encontraba el renacentista Sepúlveda, pero sí Cristóbal Colón.

Precisamente sobre la hazaña del Almirante, otro espíritu renacentista aunque diferente de Sepúlveda, Hernán Pérez de Oliva, redactó en vida de Garcilaso, hacia 1528, la *Historia de la invención de las Indias,* según José Juan Arrom una de las dos primeras sobre tal tema escritas en nuestra lengua por un autor español (Arrom 23). En su "Estudio", Arrom acerca a Pérez de Oliva a Las Casas y Vitoria, y los contrapone a Oviedo y Sepúlveda (23-32). "Inuención", o, en nuestra grafía, "Invención", procede desde luego del latín *invenio,* que un confiable diccionario de ese idioma explica que significa "encontrar, hallar"; y del sustantivo *inventio* añade que no es sólo "acción de encontrar o descubrir, descubrimiento", sino también "facultad de inventar, invención", y en retórica, "invención". Retengamos en buena parte de lo que sigue, para abreviar, el original sentido de *descubrir,* pero añadámosle el posterior de *forjar,* menos alejado del primero de lo que podría parecer. En cuanto a esa acepción primera, ilustra Arrom:

> En el sentido latino de [...] "hallar, y por consiguiente hallazgo o descubrimiento" [...] aparece en otros cronistas del siglo XVI. Andrés Bernáldez escribe: "D. Cristóbal Colón [...] inventor de las Indias." (*Historia de los Reyes Católicos Dn. Fernando y Da. Isabel,* Sevilla, 1870, II, 82). Las Casas comenta: "La honra y la gloria que se le debe a quien Dios había elegido y eligió para que con grandes trabajos descubriese, haciendo inventor deste orbe". (*Historia de las Indias,* lib. I, cap. 65 [...]). Y Juan de Castellanos, en uno de los escasos pasajes poéticos de las *Elegías de varones ilustres de Indias*: "Al occidente van encaminadas/ las naves inventoras de regiones" (39, nota).

Es innecesario insistir en que ese "occidente" al cual se encaminan las naves en los versos felices (por excepción) de Juan de Castellanos, no será, en general, el mismo Occidente del que hablamos en este texto. Ni "inventoras", con su familia, iban a quedar reducidas al significado prístino, y en cambio generalmente se inclinan a la otra acepción, cuando no las combinan ambas.

No hace mucho se dio en usar la fórmula en inglés, donde se hablaba de la invención de casi cualquier cosa. En su introducción a la obra que compilara con el título *The Invention of Ethnicity* (que publicó originalmente en 1989), escribió Werner Sollors: "Si el título de algunas publicaciones de las últimas dos décadas y las discusiones sostenidas recientemente por estudiosos de varias disciplinas son representativos de una tendencia más vasta, la palabra "invención" se ha vuelto un término central para nuestra comprensión del universo" (ix). Y más adelante, con indudable gracia:

> Incluso una simple mirada a publicaciones desde 1960 y a recientes intervenciones críticas revelan que una variedad de voces usa ahora la palabra a fin de describir, analizar o criticar fenómenos tan diversos como la invención de la cultura; de la historia literaria; de la narrativa; de la infancia tanto como de la pérdida de la infancia; de la adolescencia; de la maternidad; del parentesco; del yo; de América; de la Nueva Inglaterra; de Billy the Kid y el Oeste; del negro; del indio; del judío; de Jesús y el cristianismo; del hospital moderno; del museo de ciencia; de los años 20 en París; de nuestra habilidad para "ver" las imágenes fotográficas; de la visión del *outlaw* en los Estados Unidos; o de la forma estadounidense de muerte (xi).

Pero no obstante lo sabroso de esta relación, en español la lista es muy anterior a la década de los '60 de este siglo, e incluye en lugar destacado *La invención de América. El universalismo de la Cultura de Occidente*, de Edmundo O'Gorman. Lo que obliga a considerar *la invención de Occidente*, tan inextricablemente vinculada a la de América, al punto de que se trata de conceptos interrelacionados. Occidente adquiere conciencia de sí no cuando Europa encuentra, en su colisión con América, al *otro* por excelencia (ya sabía de asiáticos y africanos), sino al reducir a la criatura inesperada, al igual que a las anteriores, a la condición de otro, al *otrificarlo*, con lo que da sustento a su mismidad. Para ello incrementa, hasta hoy, las más variadas formas de racismo (según han señalado Ortíz y Baran y Sweezy (Ortiz, passim; Baran y Sweezy 199-200)). Para ello se diseña su progenie: asegura no descender de africanos como los egipcios, ni de asiáticos como los árabes, sino de griegos y romanos, ya que no le es posible soslayar a no pocos de los bárbaros de aquéllos, quienes los tenían por detestables. Para ello inventa leyendas como la de los supuestos terrores del año 1000 (Pognon), que ni existieron ni, de haber existido, hubieran afectado más que al grupo de europeos que se atenían al calendario correspondiente. Este proceso de otrificación es hoy un lugar común universitario; y sin duda ha contribuido a que se tenga como tal lugar común, sobre todo entre muchos académicos estadounidenses, la obra de Edward W. Said *Orientalism*. No obstante las reservas que puedan expresarse con respecto a él, es justa la boga de que ha gozado este libro, el cual tanto debe a los sacudimientos de la década anterior, los turbulentos años '60 de este siglo. A raíz de la crisis vivida durante dichos años '60, en Occidente se volvieron a escribir no pocas cartas persas, que ahora querrían ser olvidadas por tantos de sus autores, pero no los más auténticos. Es coherente que Said añadiera al título anterior su *Culture and Imperialism*.

Sin excluir imprescindibles barruntos previos (Pierre Chaunu los ha remitido incluso al siglo XIII), la fecha decisiva para el brote tanto de "Occidente" como de "América" es 1492, con todo lo que esa fecha implica y es harto sabido. Para Noam Chomsky, se trata del inicio de una conquista que continúa. Lo que no está reñido, sino todo lo contrario, con el hecho de que haya conducido al único sistema mundial, en la terminología cara a Immanuel Wallerstein, quien compara a ese *único* sistema mundial que ha existido, y donde todos estamos englobados, con el Universo, el cual, según lo que se sabe hasta ahora, es también único. Para nacer, la América que hoy existe requirió la presencia de Occidente, y viceversa.

A fin de aclarar a qué me refiero al hablar de "Occidente", que no veo *identificado* con Europa, aunque allí nacieran la realidad y su correspondiente vocablo/concepto, volveré en más de una ocasión a razonamientos y citas de que ya me valí en otros textos. (Muchas veces, y esta es una más, he repetido las palabras en que mi maestro Alfonso Reyes decía que prefería repetirse a citarse.) Comenzaré evocando estas palabras de *El capital*: "Aunque los [...] inicios de producción capitalista ya se nos presentan esporádicamente en los siglos XIV y XV, en algunas ciudades del Mediterráneo, la *era capitalista* sólo data del *siglo XVI*" (3:n. 894-95). Más adelante:

> El descubrimiento de las comarcas auríferas y argentíferas en América, el exterminio, esclavización y soterramiento en las minas de la población aborigen, la conquista y saqueo de las Indias Occidentales, la transformación de África en un coto reservado para la caza comercial de pieles-negras, caracterizan los albores de la era de producción capitalista. Estos procesos idílicos constituyen *factores fundamentales de la acumulación originaria*. Pisándoles los talones, hace su aparición la *guerra comercial* entre las naciones europeas, con la redondez de la tierra como escenario (3: 939).

En consonancia con lo anterior, en 1928 José Carlos Mariátegui hablaría de "la sociedad occidental o, mejor dicho, capitalista" (*Siete ensayos* 5). Y en 1957 añadiría Leopoldo Zea: "el capitalismo, esto es, el mundo occidental" (*América* 80). Ignoro cuándo empezó a hablarse del mundo capitalista (primero sólo europeo, y más tarde también de algunas otras zonas) como sinónimo de Occidente. Es claro que tiene su raíz en Europa: pero no abarca el conjunto de Europa, sino su parte *occidental*; ni tal parte toda, pues la más occidental de ese continente, Portugal y España, países que fueron los adelantados de la expansión europea trasatlántica, quedarían relegados, al no conocer desarrollo capitalista, como zonas paleoccidentales. No he encontrado la expresión "Occidente" en las *Lecciones sobre la filosofía de la historia universal*, de Hegel. Pero ya en el siglo XIX su uso era frecuente, y se incrementaría en nuestro propio siglo, cuando la defensa de Occidente, con muy distintos niveles intelectuales, sería la defensa del capitalismo (a menudo no presentado como tal, sino como la sola verdadera *civilización*: término forjado en Europa en el siglo XVIII), incluso en sus variantes más agresivas: sin excluir las propias del fascismo, que en gran medida son la conclusión lógica de tales defensas. Algunos ejemplos de este siglo se encuentran en continuadores de la *postura* de Sepúlveda (no obstante el que pudieran desconocerlo, al igual que muchas otras cosas), como Oswald Spengler, Henri de Mann, los *nouveaux philosophes*, Allan Bloom, Francis Fukuyama, Samuel P. Huntington. La lista es enorme; y las mixtificaciones que sus integrantes nos proponen, abrumadoras. Por su brevedad y su claridad, aportaré la observación que John Elson ofreció hace menos de un lustro en *Time*, revista de sólido conservadurismo: "El triunfo del Oeste fue en muchos sentidos una sangrienta vergüenza —una historia de atrocidad y rapiña, de arrogancia, avaricia y despoliación ecológica, de desprecio hybrístico hacia otras culturas e intolerancia hacia creencias no cristianas" (Elson 18). Sólo un punto necesita ser modificado en estas claras y bruscas palabras: el uso del tiempo pasado. Lo allí dicho no es sólo lo que Occidente (el capitalismo) *fue*: es también lo que *es* para la gran mayoría de la humanidad, que sigue padeciéndolo.

Desde hace algún tiempo parece preferirse otra denominación para Occidente: el Norte. Lo que, por exigencia terminológica, hace del mundo no occidental, el Sur. Es necesario no olvidar que en todos los casos se trata de violencias metafóricas, similares a las que nos han casado con dicotomías pintorescas como la que, al hablar de un agua salada (que lo es), habla también, frente a ella, de un agua dulce (que no lo es, según conoce el que la bebe, salvo que decida echarle azúcar o miel). El mundo occidental, es decir el capitalismo, ni lo integra todo el Occidente de Europa, ni lo integra sólo Europa: no están allí los americanos, Estados Unidos y Canadá ni el asiático Japón. Tampoco el Norte, la flamante denominación de Occidente, es siempre norteño, como lo prueban las ubicaciones y los propios nombres de Australia y África del Sur. En ningún caso ha habido coincidencia absoluta entre la realidad del capitalismo y la ubicación geográfica. La primacía cronológica de ciertas zonas europeas es sin embargo indudable. Mientras que otras formaciones socioeconómicas surgieron, con independencia unas de otras, en distintas partes del globo, sólo en dichas zonas europeas asomó inicialmente el capitalismo, el cual requirió para su desarrollo ese saqueo del planeta que nos recuerdan tanto las conocidas citas del radical Marx como la *light* de *Time*. Tal saqueo impidió el desarrollo de su propio capitalismo en la mayor parte del planeta, cuyos países pasarían a formar parte de lo que, en la clásica imagen de Toynbee, es un proletariado externo. A dichos países se les suele llamar, desde hace alrededor de medio siglo, *subdesarrollados*. En correspondencia con esa imagen, he propuesto llamar a los países occidentales o norteños, tan Dráculas ellos, *subdesarrollantes* (Fernández Retamar 14).

Sin embargo, el capitalismo verdadero, el subdesarrollante, no se limita, como bien sabemos y acabo de recordar, a unos cuantos países europeos. El que hasta el siglo XIX fue el ejemplo mayor de ellos, Inglaterra, lo llevó (a veces a la limón con otras metrópolis) a algunas de las que fueron sus colonias en otros continentes: en América, a los Estados Unidos y Canadá; en África, a Suráfrica; en Oceanía, a Australia, para poner ejemplos notorios. Se trata de "pueblos transplantados", según la clásica división de Darcy Ribeiro (*Las Américas*, esp. 401-489), que continuaron o incluso incrementaron las características metropolitanas. Pero no era esa condición de "transplantados", la cual implicaba la marginación y aun el exterminio de los aborígenes, lo que garantizaría el triunfo del capitalismo subdesarrollante. También Argentina, por ejemplo, es un "pueblo transplantado", según la terminología de Darcy. Pero ni la atrasada España pudo dejarle en herencia el desarrollo capitalista que ella no tenía, a diferencia de Inglaterra; ni el proyecto modernizador que encarnaron hombres como Sarmiento y Mitre, no obstante ser tan genocida como el de sus modelos occidentales, hizo otra cosa que uncirla a nuevas metrópolis. Ahora se están viviendo situaciones en cierta forma similares en países del Este europeo que formaron parte del llamado campo socialista, donde hace algo más de un lustro el fracaso último del gran experimento ruso iniciado en 1917, y la implosión de lo que fue la Unión Soviética, hicieron pensar a algunos insensatos que al agua mal salada del socialismo la sucedería allí el agua falsamente dulce del capitalismo. Esos países, sin embargo, lo que están siendo es latinoamericanizados, como advirtió pronto Noam Chomsky (Chomsky en Gilio).

En su famoso discurso de Argel en febrero de 1965, que tan dramáticamente denunció la connivencia con Occidente de algunos sectores de las que se decían naciones socialistas europeas, el Che Guevara habló de la "sudamericanización" de que estaban amenazados países de África y Asia (578-79). Quizá hasta para él, tan visionario, hubiera sido excesivo conjeturar que unas décadas después ése iba a ser el destino de aquellas naciones dizque socialistas a cuyos dirigentes emplazara con su honradez y rigor habituales.

Volvamos por un momento a *Drácula*. Si Garcilaso se hubiera llevado una sorpresa mayúscula de saber que su mundo iba a devenir paleoccidental, probablemente la de Stoker no habría sido menor ante el destino que esperaba al Imperio Británico, pues también él creía vivir una especie de fin de la historia. Lo cierto es que ambos tenían razón en sus momentos respectivos, pero no en *la longue durée*. Sin querer simplificar las cosas, no está de más ver lo que un comentarista de Stoker observó:

> De hecho, la novela se apoya fuertemente en la distinción entre Este y Oeste, lo oscuro y lo luminoso, lo primitivo y lo moderno. Harker, en el primer párrafo del libro, se percata, al viajar más allá de "Buda-Pesth", de que está abandonando el Oeste y entrando en el Este —esa parte de Europa que ha sido indeleblemente influida por el Imperio Otomano [...]
> Todo [...] lo que es civilizado e iluminado en relación con el Oeste es dejado atrás. [...]
> [...] El año de la publicación de *Drácula*, 1897, fue también el Año del Jubileo de Diamante, que celebró los sesenta años del reino de la Reina Victoria. [...] El Imperio Británico, aunque iniciaba su declinación, nunca había parecido más fuerte. Pero más allá del Atlántico, el gigante [norte]americano empezaba a agitarse. *Drácula*, de hecho, deviene, visto en retrospectiva, curiosamente profético de la guerra Hispano-[Norte]americana de 1898, que con frecuencia se señala como la marca de la aparición inaugural de los Estados Unidos en el poder político global. Durante los años finales de Stoker, los Estados Unidos se encontraban a punto de remplazar al balance de poder establecido de antiguo en Europa y a sus envejecidos imperios —como el Austro-Húngaro, que *Drácula* representaba. [...] Los Estados Unidos [...] se convierten en los proveedores de armas del mundo libre en la ficción, no mucho antes de serlo en la realidad.
> [...] La victoria final del Oeste estaba asegurada (Leatherdale 219-22).[2]

1898 es una fecha decisiva. Para Hobsbawm, "el corto siglo XX", que llama "edad de los extremos", empezó en 1914, con el inicio de la Gran Guerra, y concluyó en 1991, con el desmembramiento de lo que fue la Unión Soviética (Hobsbawm, *The Age*), pero si queremos entender mejor ciertas cosas no es posible quedar presos en esas fechas, y ello por razones extralocales. Después de todo, 1492 no remite sólo a América, sino, como ya ha sido recordado, a Occidente y al mundo todo. Y la guerra de independencia de las Trece Colonias, con su magnífica *Declaración* de 1776, según Marx "tocó a rebato para la clase media de Europa" (*El Capital* 3: n. 11, 8), y resonó fuertemente en la Francia de 1789. Pero, al dejar intocada durante casi un siglo la esclavitud, no entró en contradicción con la esencia de Occidente, esencia que estudió Eric Williams en su libro *Capitalism and Slavery*. Ello le viabilizó llegar a ser, algún tiempo después, la nueva cabeza de Occidente.

Pasando a nuestra América, caso bien distinto es el de la guerra en Saint Domingue (antes y después llamado Haití) entre 1791 y 1804. La que fuera riquísima colonia, tras abolir la esclavitud en 1793, fue violentamente marginada del curso de Occidente, que acabó por aceptar la revolución política en lo que serían los Estados Unidos, pero nunca la social: esta última llevó a Haití a pagar, hasta hoy, un precio altísimo. No hace mucho he visitado este país, con la alucinante Citadelle, símbolo de su fiera independencia, y su pavorosa pobreza. Curiosamente, en sus documentos independentistas los colonialistas franceses son una y otra vez llamados por los haitianos, bárbaros.[3]

Se conocen suficientemente las peripecias y consecuencias inmediatas de las revoluciones continentales hispanoamericanas iniciadas a principios del siglo XIX. Quisiera detenerme en una fecha a mediados de ese siglo, y señalar algunas de sus ramificaciones mundiales. Me refiero concretamente a 1853. Ese año, José Martí nació en Cuba (que era, con Puerto Rico, la última colonia española en América), e iba a desencadenar la última guerra independentista contra aquella arcaica metrópoli y la primera contra el naciente imperialismo estadounidense. Ese año, Gobineau comenzó a editar en París su *Éssai sur l'inegalité de races humaines*, que daría fundamento racial al pensamiento fascista, harto ejercitado ya en las aventuras coloniales, como señaló Aimé Césaire en su *Discours sur le colonialisme*. Ese año, Marx publicó en los Estados Unidos doce de sus artículos sobre el colonialismo inglés en la India. No poco se ha escrito sobre ellos, pero con frecuencia errática cuando no erróneamente. Mucho más que su observación según la cual "la profunda hipocresía y la barbarie inherentes a la civilización burguesa se presentan sin velos ante nuestros ojos cuando, en vez de observarlas en su hogar, donde asumen formas honorables, las contemplamos en las colonias, donde se hallan desnudas" (Marx y Engels 86), se ha preferido otra cita suya, de raíz hegeliana, según la cual "a pesar de todos sus crímenes, Inglaterra fue el instrumento inconsciente de la historia al realizar dicha revolución" (Marx y Engels 86 y 38-9). Aijaz Ahmad ha comentado con agudeza estos artículos de Marx, que no implican la última palabra de éste sobre el tema (Ahmad, "Marx on India"). Y en el número 207 de la revista *Casa de las Américas* aparece un ensayo de Néstor Kohan con el elocuente título "Marx en su (tercer) mundo". Sin tiempo para detenerme ahora en la cuestión, no quiero dejar de recordar que también ese año 1853 el comomodro estadounidense Perry desembarcó por vez primera en Japón, con la finalidad de abrirlo a Occidente. Que actuó de alguna forma como "instrumento inconsciente de la historia" iban a revelarlo sucesos posteriores. Si en 1868 Cuba inició su primera guerra de independencia (independencia que al cabo le sería hurtada durante sesenta años con la intervención estadounidense en 1898), Japón inauguró aquel año una sorprendente transformación que lo llevaría de su feudalismo a una forma original de capitalismo. Si en 1905 Cuba era un protectorado yanqui, Japón emergía en esa fecha, con la victoria sobre Rusia, como una nueva potencia mundial. Hasta la primera mitad del siglo XIX, Japón habría sido tenido sin duda como un "perdedor". Volvió a serlo, menos metafóricamente (junto con Alemania e Italia), tras la llamada Segunda Guerra Mundial. Pero como ni en un caso ni en otro la historia había terminado, la realidad ulterior fue bien distinta. El crecimiento de China, a partir del triunfo en 1949 de su autóctona revolución comunista; la derrota militar de los Estados Unidos a manos del Vietnam comunista; o el principio de la extinción definitiva del *apartheid*, con el gobierno democrático de Mandela en Sudáfrica (Thomson), revelan otros avatares de la no finalizada historia. Como se está tan acostumbrado a que sea el Norte el que exprese sus criterios, con frecuencia apocalípticos, sobre el Sur (pretendiendo exculparse de su responsabilidad colonizadora), quiero llamar la atención sobre la obra en dos volúmenes *La nueva organización capitalista mundial vista desde el Sur*, coordinada por Samir Amin y Pablo González Casanova.

Concluiré con un par de reflexiones que atañen, una, a nuestra América; y otra, a la humanidad en su conjunto.

Me ha dejado de una pieza conocer el criterio (expuesto a propósito del vigésimo congreso de LASA, en 1997) de que "las migraciones del Sur al Norte [...] hacen cuestionable la distinción América Latina/América sajona". En su libro *L'empire et les nouveaux barbares*, Jean Christophe Rufin, ante la amenaza (o al menos la impedimenta) que él cree que constituye para el Norte el

Sur, habla de un *limes* que de un extremo a otro del planeta debe separar, y lo hace, al primero (el imperio) de los segundos (los nuevos bárbaros). Y explica:

> La frontera mejor diseñada y la más pura [entre Norte y Sur] es el *limes* que separa a México y los Estados Unidos. No es exagerado decir que allí nació el limes. Todos los principios de estrategia que le están vinculados encontraron su expresión, si no su origen, en esa estrecha zona entre América anglosajona y América latina (149).

Los políticos estadounidenses encargados de la cuestión no tuvieron que esperar a ese libro mediocre para proceder en consecuencia, forjando artefactos, disposiciones xenófobas y medidas coercitivas de muy diversa naturaleza (la televisión se ha hecho eco de algunas) que hacen vigente la distinción que ellos establecen entre la América Latina y su América (lo único que llaman "America"). No hace mucho volví a contemplar el muro que, arrancando del Pacífico, se propone ser un limes entre los Estados Unidos y nuestra América como el que en el siglo II después de Cristo levantaron los emperadores flavios a lo largo de la Germania. ¿O debe comparársele, más cercanamente, con otra construcción ubicada en Alemania: el Muro de Berlín?

En su artículo "L'empire americain", aparecido en febrero de 1997 en *Le Monde Diplomatique*, su director, Ignacio Ramonet, abordó el intento por los Estados Unidos de regir el mundo, ahora que, de momento, se han quedado sin un rival a su medida:

> Por eso, soberanamente, imponen sanciones económicas a Cuba, a Libia o a Irán; se opusieron arbitrariamente a la relección al puesto de secretario general de la ONU del señor Boutros-Ghali. Y acaban de rechazar firmemente —"*Es claro, es categórico, no es verdaderamente negociable*", replicó el señor William Cohen, el nuevo ministro de defensa— la legítima demanda de Francia de ver la comandancia Sur de la OTAN atribuida a un oficial europeo. En su propensión a la hegemonía, los Estados Unidos llegan incluso, en el caso de la ley Helms-Burton que refuerza el embargo contra Cuba, a reclamar que la legislación [norte]americana tenga una aplicación extraterritorial. [...] Cuando emergen ya, en el horizonte geopolítico, los mastodontes del futuro —China, India, la Unión europea—, ¿pueden los Estados Unidos proseguir, sin riesgo de conflicto mayor en un término medio, sus arrogantes pretensiones imperiales? ¿Ignoran que, tarde o temprano, "*todo imperio perecerá*"? (Ramonet)

Se echa de menos entre esos mastodontes el nombre de Japón. Pero él aparece en libros como los que en 1992 publicaron Jeffrey

E. Garten y Lester Thurow: uno habla de una paz fría y la lucha por la supremacía; y otro, de la venidera batalla económica: en ambos casos, entre los Estados Unidos, Japón y Europa. Tal batalla económica ya ha comenzado. La atroz historia de Occidente muestra a dónde conduce esa batalla: 1914 y 1939 no son fechas vacías. Cuantos tenemos sentido moral, en el Norte y en el Sur, debemos hacer todo lo que podamos para inventar alternativas al venidero conflicto mayor, que sería una catástrofe última. Alternativas que con un nombre u otro nos abran a una realidad posoccidental donde nuestra América, que no es ni aspira a ser un mastodonte, tenga también su lugar, con vistas a la "transmodernidad" postulada por Enrique Dussel (citado en Mignolo, "Herencias"); y la humanidad no desemboque en la barbarie, cuyas últimas palabras podrían emitirse en inglés: pero el resto sería silencio interrumpido por crujir de insectos.

La Habana, 1997-1998.

NOTAS

[1] José Juan Arrom: "Estudio preliminar" a la primera edición de la obra de Pérez de Oliva, Bogotá, 1965, p. 23. Es lástima que no se tome en consideración a Pérez de Oliva en el libro de Mauricio Bechot *La querella de la conquista en el siglo XVI*.

[2] Cf. en *Dracula*, cit en nota 1, otros enfoques como los de Franco Moretti "[A Capital *Drácula*]" y Stephen D. Arata "The Occidental Tourist: *Dracula* and the Anxiety of Reverse Colonization".

[3] Cf. por ejemplo la proclamación firmada por J.J. Dessalines el primero de enero de 1804, en el violento panfleto de Boisrond Tonnerre *Memoires pour servir à l'histoire d'Haiti* [1804].

BIBLIOGRAFÍA

Ahmad, Aijaz. "Marx on India: A Clarification". *In Theory, Classes, Nations, Literature*. Londres, Nueva York, 1992.

Arata, Stephen D. "The Occidental Tourist: *Dracula* and the Anxiety of Reverse Colonization".

Arrom, José Juan. "Estudio preliminar" a las *Obras* de Pérez de Oliva. Bogotá, 1965.

Baran, Paul y Paul M. Sweezy. *Capital monopolístico. Un ensayo sobre la estructura socioeconómica norteamericana*. La Habana, 1969.

Beuchot, Mauricio. *La querella de la conquista en el siglo XVI*. México: Siglo XXI, 1992.

Bioy Casares, Adolfo. "Prólogo". *Antología de la literatura fantástica*. Buenos Aires, 1940.

Chaunu, Pierre. *L'expansion européenne du XIIIe siècle au XVe siècle.* París: PUF, 1969.
Chomsky, Noam. *Year 501. The Conquest Continues.* Londres y Nueva York, 1993.
Elson, John. "The Millennium of Discovery. How Europe emerged from the Dark Ages and developed a civilization that came to dominate the entire World". *Time. Special Issue. Beyond the Year 2000. What to Expect in the New Millennium* (Octubre, 1992).
Fernández Retamar, Roberto. "Ensayo de otro mundo". *Ensayo de otro mundo.* La Habana, 1967.
Garten, Jeffrey E. *A Cold Peace. America, Japan, Germany, and the Struggle for Supremacy.* Nueva York: Times Book, 1992.
Gilio, María Esther. "Estados Unidos: de la libertad al conformismo fascista". (Entrevista a Noam Chomsky). *Brecha* (29 de junio de 1990).
Guevara, Ernesto Che. "Discurso en Argel". *Obras 1957-1967.* Tomo II. La Habana, 1970.
Hobsbawm, Eric J. *The Age of Extremes. The Short Twentieth Century, 1914-1991.* Londres, 1994.
Leatherdale, Clive. *Dracula. The Novel and the Legend. A Story of Bram Stoker's Gothic Masterpiece.* Wellingsborough, Northamptonshire, 2a. ed., 1986.
Marx, Karl. *El capital,* tomo I, vol. 3. Libro primero. *El proceso de producción del capital.* Trad., advertencia y notas de Pedro Scaron. México, 1975.
_____ *El capital...* Tomo I, vol. 1, 4a. ed. en español, 1976.
Marx, Karl y Friedrich Engels. *Acerca del colonialismo.* Moscú, s. f.
Mariátegui, José Carlos. *Siete ensayos de interpretación de la realidad peruana.* [1928]. La Habana, 1963.
Mignolo, Walter D. "Herencias coloniales y teorías postcoloniales". *Cultura y tercer mundo.* Tomo I. Beatriz González Stephan, comp. Caracas, 1996.
Ortíz, Fernando. *El engaño de las razas.* La Habana, 1946.
Pognon, Edmond (ed.). *L'An Mille.* París: Gallimard, 1947.
_____ *La vie quotidienne en l'An Mille.* París: Hachette, 1981.
_____ *L'An Mil.* Presentado por Georges Duby. París, 1980.
Ramonet, Ignacio. "L'empire americain". *Le Monde Diplomatique* (febrero, 1997): 1.
Ribeiro, Darcy. *Las Américas y la civilización. Proceso de formación y causas del desarrollo desigual de los pueblos americanos.* [1969]. Renzo Pi Hugarte, trad. Buenos Aires, 1972.
Rufin, Jean Christophe. *L'empire et les nouveaux barbares.* París, 1991.

Sollors, Werner (ed.). *The invention of Ethnicity*. Nueva York: Oxford University Press, 1991.

Stoker, Bram. *Dracula: Authoritative Text, Contexts, Reviews and Reactions, Dramatic and Film Variations, Criticism*. Nina Auerbach y David J. Skal, eds. Nueva York y Londres: W.W. Norton, 1997.

Thomson, Leonard. *A History of South Africa*. Ed. revisada. New Haven y Londres, 1995.

Thurow, Lester. *Head to Head. The Coming Economic Battle Among Japan, Europe, and America*. Nueva York: Murrow, 1992.

Tonnerre, Boisrond. *Memoires pour servir à l'histoire d'Haiti* [1804]. (Panfleto). Puerto Príncipe, 1991.

Vega, Garcilaso de la. *Obras completas con comentarios*. Edición crítica de Elías L. Rivers. Madrid: Castalia, 1974.

Wallerstein, Immanuel. *The Modern World-System. Capitalist Agriculture and the Origins of the European World-Economy in the Sixteenth Century*. Nueva York: Academic Press, 1974.

Zea, Leopoldo. *América en la historia*. México: Fondo de Cultura Económica. UNAM Centro de Estudios Filosóficos, 1957.

Postscriptum

Los estudios que integran este libro confirman, todos ellos, la intuición inicial que guió la concepción de este proyecto editorial: la de que la obra de Roberto Fernández Retamar reúne, quizá como ninguna otra a nivel continental, los elementos imprescindibles para asegurar no sólo su interés actual sino la vigencia de muchos de sus postulados y su proyección hacia el futuro próximo —político, cultural, ideológico— de América Latina. La idea que nos impulsó a llevar adelante este proyecto, entusiasta y prolijamente coordinado por Elzbieta Sklodowska y Ben A. Heller, no fue, sin embargo, la de efectuar una fácil celebración de Fernández Retamar, en los múltiples aspectos que articulan tantas décadas de trabajo fecundo, crítico y creativo. Supimos desde el comienzo que en el autor caribeño confluían aspectos de indudable polémica político-ideológica, muchos de los cuales no pudieron ser alcanzados por el limitado abordaje que este libro pudo realizar a una obra tan variada, extensa y controversial. Pero fue justamente esa atmósfera fructífera de debate constante, de propuestas abiertas, revisiones y transformaciones que rodeó siempre la obra del escritor cubano la que nos sedujo desde el comienzo. En efecto, como indican en su introducción los coordinadores de este libro, la obra de Fernández Retamar está demasiado viva como para monumentalizarla o rodearla de homenajes formales. Demasiado viva, también, para ser descartada sobre la base de desacuerdos coyunturales o enjuiciamientos precipitados, políticos o culturales. De ahí que este volumen se proponga, sobre todo, como una puesta al día y como una apertura a trabajos futuros, en los que otros investigadores profundizarán, desde nuevas perspectivas, vetas de la producción de Roberto Fernández Retamar que en su pasión o en sus reservas, en sus opciones o en sus desplazamientos, siguen y seguirán interpelándonos ideológicamente.

Roberto Fernández Retamar actuó y escribió durante toda su vida desde el ojo del huracán. En su etapa pública más visible y triunfante, su papel desde Casa de las Américas lo convirtió, de alguna manera, en modelo de productor cultural comprometido, y su incansable actividad desde ese centro constituyó, para los que crecíamos a la luz de la revolución cubana, el paradigma que resumía toda una concepción de la cultura de una América Latina que iba en busca de su rostro futuro. Identificar a Fernández Retamar completamente, sin embargo, con la imagen del intelectual orgánico, reduce, de algún modo, la complejidad de su perfil. De la misma manera, confundir del todo sus lealtades con sus convicciones, su programa ideológico con su extensa formación humanística, su papel central con respecto a las políticas culturales de la revolución con la imagen externa que de él se construyó *for export*—quizá a su pesar— desde distintas trincheras, es también, a mi juicio, una interpretación ingenua y simplificadora, que deja fuera la intrahistoria de una época marcada, sobre todo, por contradicciones, paradojas, y deseos incumplidos.

Hoy en día, la imagen de Fernández Retamar se ofrece a otros virajes del caleidoscopio, que nos muestran fragmentariamente la madurez de una obra que es —todavía y siempre— coyuntural, pero ahora también más marcadamente prospectiva y autoreflexiva. La imagen recompuesta de Fernández Retamar es, en la apertura del nuevo siglo, la que nos entregan también las múltiples apropiaciones de que ha sido objeto en las últimas décadas, en América Latina y los Estados Unidos, cuando discursos y teorizaciones sobre el "subcontinente" intentan, dentro del marco amenazante de la globalización y ante la *débâcle* del socialismo de estado, nuevas formas de legitimación y nuevas relecturas de la genealogía continental. Se descubren entonces dimensiones proféticas en páginas que el escritor cubano escribiera hace décadas, y se potencia con nuevos impulsos, algunos completamente exógenos al horizonte cultural e ideológico del escritor cubano, un pensamiento surgido de contextos diversos, que no siempre se reconstruyen con justicia. Otras imágenes, éstas en negativo con respecto a las que recordamos en el pináculo de los años sesenta y setenta, lo sitúan en una posición rígida, oficialista, en la que la distancia no deja percibir matices ni descubrir razones. La lealtad revolucionaria se lee, entonces, como empecinamiento, la convicción o la lealtad como inercia ideológica, la resistencia como ortodoxia desfasada. Las intepretaciones más patéticas lo asimilan al paquete de una historia que se va adelgazando por erosión interna, a la que da más trabajo comprender o ayudar a rescatar que descartar sin más, con tanto facilismo como el que acompañara la fidelidad de tantos al proyecto de izquierda, cuando éste se encontraba en la cresta de la ola.

Es improbable que este libro sirva para atenuar muchos de los efectos naturales que la polémica obra de Fernández Retamar va teniendo, a medida que América Latina se va redefiniendo de cara a los desafíos que esta nueva etapa que el capitalismo impone a nivel planetario. Es posible, sin embargo, que muchos de estos estudios sirvan para complicar un poco los juicios categóricos, para hacer saludablemente opacas muchas de las proposiciones críticas del escritor cubano, para obligar a reflexionar sobre aspectos éticos, políticos, sociales, que están inseparablemente unidos a la construcción que hagamos de América Latina en diversos niveles institucionales, para uso y abuso universitario, como pre-texto de teorizaciones poshistóricas, o para el entrecasa de la propia conciencia. Para muchos de los que leerán este libro, la figura de Fernández Retamar aparecerá entrelazada, de diversas maneras, con la propia, haciendo parte de esa autobiografía en la que se convierte, según Ángel Rama, la historia del presente. Entender los múltiples niveles ideológicos y conceptuales de la obra de Fernández Retamar, sus alcances y sus limitaciones, sus frustraciones y deberes será, en muchos casos, reflexionar sobre la historia propia, pasar en limpio, una vez más, la historia colectiva.

De todos modos, y cualquiera sea la utilidad que puedan encontrar los estudios que aquí se ofrecen al lector, es indudable para mí que el mayor mérito que estos conllevan es el de intentar promover otras reacciones, otras lecturas e integraciones de la obra del escritor cubano desde articulaciones diversas y con atención a problemáticas nuevas, propias de los tiempos que vivimos.

En este sentido, es interesante destacar que el propio texto que Fernández Retamar eligiera para representar su participación en este libro muestra a las claras algunas de las puertas por las que puede entrarse todavía, en compañía del escritor cubano, a debates actuales, y la provocadora vigencia de muchas de sus perspectivas para una crítica cultural de América Latina.

Fernández Retamar nos sitúa en el umbral del occidentalismo, entendido como el espacio mayor, ideológico, político y cultural, desde el que se derivan a partir del Descubrimiento políticas identitarias que han ido definiendo, a lo largo de la historia, el lugar de América Latina a nivel internacional, y conformando, en consecuencia, los imaginarios internos y exteriores desde los que se la concibe. Como antes Calibán, el conde Drácula reúne metafóricamente una serie de rasgos que lo articulan a realidades culturales enfrentadas, donde la hegemonía del capital se impone sobre los espacios colonizados, subalternizándolos económica y culturalmente. El reclamo de Fernández Retamar se encamina hacia una repolitización de la crítica cultural en tiempos de descreimientos y frustraciones como los que atravesamos, y hacia una relectura de las genealogías que forman el pasado cultural de América Latina en las que pueda descubrirse la raíz de una especificidad no esencialista sino definitivamente material, es decir histórica, económica y cultural.

En sus alertas contra los procesos de *otrificación*, en su insistencia sobre ciertas vertientes del pensamiento contemporáneo en las que se asienta buena parte de la mejor tradición política del "subcontinente", en su advertencia sobre la preeminencia del problema de la desigualdad social por encima de la celebración neoliberal de la "diferencia", se descubren, sin duda, arrastres de convicciones sesentistas y setentistas, que para muchos han perdido vigencia, en un mundo atravesado por problemáticas que el verticalismo ideológico que acompañó a la Guerra Fría no llegó a atender eficazmente. Se descubre también una memoria utópica que aún nos constituye, sobre todo cuando América Latina es pensada desde el Sur, o sea desde ese otro espacio simbólico que la hegemonía del gran capital ha definido para definirse. Finalmente, se advierte la preocupación por situar muchos de los debates "post" en una línea de reflexión que los precede y los anuncia, en autores, obras y debates que merecen también, como la obra de Fernández Retamar, nuevas lecturas.

Lejos de toda inercia historiográfica y con un reivindicativo y a veces imprescindible revisionismo, la crítica cultural y la proclama ideológica de Roberto Fernández Retamar nos interpelan hoy, de la misma manera que su poesía y su ensayismo nos alcanzan en zonas impensadas de la reflexión contemporánea, cuando es necesario revisar tantos archivos personales y colectivos, e inventar tantas agendas nuevas para América Latina. No tenemos que estar de acuerdo, pasivamente, con sus propuestas, ni ofender su provocadora inteligencia con el convencionalismo del homenaje. En mi opinión, tenemos que pensar en Fernández Retamar como en un combatiente y aprender de sus estrategias y sus tácticas para nuevas batallas, que aunque no sean las mismas que él combatió, merecerán la misma pasión que caracterizara al autor de *Calibán* durante su constante labor intelectual, sin la cual la historia de América Latina sería, definitivamente, diferente.

Mabel Moraña
University of Pittsburgh

Hugo Achugar es profesor de la Universidad de la República, Uruguay. Entre sus publicaciones se cuentan *Ideologías y estructuras narrativas en José Donoso 1950-1970* (1979), *Poesía y sociedad (Uruguay 1880-1911)* (1986), *La balsa de la medusa (Ensayo sobre identidad, cultura y fin de siglo en el Uruguay)* (1992), *La biblioteca en ruinas (Reflexiones culturales desde la periferia)* (1994). Es también autor de libros de poesía y narrativa, entre ellos: *Las mariposas tropicales* (1987), *Todo lo que es sólido se disuelve en el aire* (1989), *Orfeo en el salón de la memoria* (1992), *Cañas de la India* (novela, 1995). Es actualmente director del programa "Políticas Culturales del MERCOSUR", auspiciado por la Fundación Rockefeller.

Luis Alvarez León es Profesor Titular de la Universidad Pedagógica Experimental Libertador. Es Catedrático en la Maestría en Lingüística y en la de Lectura y Escritura y Profesor de Expresión Oral y de Expresión Escrita, en la Escuela Superior de Guerra de las Fuerzas Aéreas de Venezuela. Es Profesor de Castellano, Literatura y Latín, del Instituto Pedagógico de Caracas, Especialista en Filología Española, de la Universidad de Málaga (España), Magister en Lingüística, de la Universidad Pedagógica Experimental Libertador y Doctor en Ciencias de la Educación, de la Universidad Nacional Experimental Simón Rodríguez. Como narrador ha ganado el Premio Nacional de Literatura del IPAS-ME (1990) con su obra *Mis otros cuentos*. Es autor, entre otros, de varios trabajos de investigación literaria, entre los cuales pueden citarse su *Gramática del discurso poético de Miguel R. Utrera* (1986), *El discurso literario infantil* (1993), "Oposiciones y paralelismos temáticos en la poesía de Magaly Salazar" (1995).

John Beverley enseña español, literatura latinoamericana y estudios culturales en la Universidad de Pittsburgh. Entre sus libros más recientes se cuentan: *Against Literature* (1993), (co-editor) *The Postmodernism Debate in Latin America* (1995), *Una modernidad obsoleta: Estudios sobre el barroco* y *Subalternity and Representation. Arguments in Cultural Theory* (1999). Es miembro fundador de

Latin American Subaltern Studies Group. Co-edita con Sara Castro-Klaren una nueva serie para la University of Pittsburgh Press, *Illuminations: Cultural Formations of the Americas*. En la actualidad está escribiendo un libro sobre Miami.

Juan Ignacio Calduch Mansilla es de Alicante, España; se desempeña como instructor de español en University of Illinois en Chicago. En 1994 recibió la beca Erasmus Award (European Exchange Program) para estudiar Sociología de los medios masivos en Sheffield Hallam University, Gran Bretaña. Su investigación actual se concentra en la intersección de género y la representación de la violencia en la novela latinoamericana.

Amaryll Chanady es profesora y directora del departamento de literatura comparada en la Université de Montréal, Canada. Sus publicaciones se concentran sobre temas de la marginalización, la construcción del Otro, el multiculturalismo, la poscolonialidad, la literatura y la cultura latinoamericanas. Además de numerosos artículos ha publicado los siguientes libros: *Entre inclusion et exclusion: la symbolisation de l'autre dans les Amériques* (1999), *Magical Realism and the Fantastic: Resolved versus Unresolved Antinomy* (1985) y (como editora) *Latin American Identity and Constructions of Difference* (1994). En la actualidad está preparando una monografía sobre los modelos de identidad colectiva en las Américas.

Roberto Fernández Retamar, cubano, poeta, ensayista, profesor universitario, editor, es Doctor en Ciencias Filológicas de su país. Profesor Emérito de la Universidad de La Habana, Profesor Honorario de la Universidad Mayor de San Marcos (Lima) y Doctor Honoris Causa de las Universidades de Sofía y Buenos Aires. Fue Profesor Visitante de la Universidad de Yale. Preside la Casa de las Américas y dirige la revista homónima. Ha publicado docenas de volúmenes en verso y prosa: entre los primeros, *Historia antigua* (1964) y *Aquí* (1995); entre los segundos, *Calibán* (1971) y *Para una teoría de la literatura hispanoamericana* (1975).

Sibylle Fischer es profesora asistente de literatura comparada y latinoamericana en Duke University. Actualmente esta terminando un libro titulado *Arqueologías de la modernidad* sobre la Revolución Haitiana y la emergencia de culturas literarias en el Caribe.

Ben A. Heller es Associate Professor en el Departmento de Lenguas Romances en Hofstra University. Ha publicado *Assimilation / Generation / Resurrection: Contrapuntal Readings in the Poetry of*

José Lezama Lima (1997), y es co-editor de *Huellas de las literaturas hispanoamericanas* (1997). Su actual proyecto de investigación analiza representaciones de la naturaleza caribeña y latinoamericana en una variedad de textos, enfocando cuestiones de identidad nacional y sexualidad. Además colabora con su esposa Hope Hollocher en investigaciones sobre turismo y ciencia en Latinoamérica.

Ricardo J. Kaliman es profesor asociado en la Universidad Nacional de Tucumán. Ha publicado numerosos artículos sobre teoría literaria y cultural latinoamericana y sobre temas de literaturas y culturas andinas y del noroeste de Argentina, tales como "Sobre la definición de 'lo interesante' en los estudios culturales latinoamericanos", "Un marco (no 'global') para el estudio de las regiones culturales", "Detrás de todo pequeño relato siempre hay un gran relato" y "Ser indio donde 'no hay indios'. Discursos identitarios en el noroeste argentino". Uno de los fundadores de las Jornadas Andinas de Literatura Latinoamericana (JALLA), fue coordinador general de la segunda reunión, llevada a cabo en Tucumán en 1995 y editor de las Memorias respectivas.

Niel Larsen obtuvo su Ph.D. en la Universidad de Minnesota. Es profesor y director del Departamento de Español y Portugués en la Universidad de California-Davis. Ha publicado *Modernism and Hegemony: A Materialist Critique of Aesthetic Agencies* (1990), *Reading North by South* (1995), ha editado *The Discourse of Power: Cultural Hegemony and the Authoritarian State in Latin America* (1983).

Horacio Machín es Profesor Asistente de Literatura Latinoamericana contemporánea en la Universidad de Minnesota. Investiga sobre intelectuales, estudios culturales y literatura en América Latina, con particular interés en el Río de la Plata. Ha publicado "Conversación con Frederic Jameson" (1991), "F. Jameson. Entrevista con H. Machín. Posmodernismo y capitalismo tardío" (1992), "El individualismo colectivo en César Vallejo" (1996), "Angel Rama y 'La lección intelectual de Marcha'" (1998). En prensa: "Intelectuales y democracia simbólica".

Mabel Moraña es profesora de la Universidad de Pittsburgh donde dirige el departamento de Literatura y Lenguas Hispánicas. Es Directora de Publicaciones del Instituto Internacional de Literatura Iberoamericana. Su publicaciones incluyen *Literatura y cultura nacional en Hispanoamérica, (1910-1940)* (1982), *Memorias de la generación fantasma* (1988), *Políticas de la escritura en América*

Latina. De la Colonia a la modernidad (1997), *Viaje al silencio. Exploraciones del discurso barroco* (1998). Ha editado *Relectura del Barroco de Indias* (1994), *Mujer y cultura en la Colonia hispanoamericana* (1996), *Ángel Rama y los estudios latinoamericanos* (1997), *Indigenismo hacia el fin del milenio. Homenaje a Antonio Cornejo Polar* (1998) y es co-editora de *La imaginación histórica en el siglo XIX* (1994).

Zulma Palermo es Titular de la Cátedra Teoría Literaria en la Universidad Nacional de Salta (Argentina). Se especializa en estudios regionales y ha publicado numerosos artículos y algunos libros en esa línea. Dicta cursos de posgrado en universidades argentinas y extranjeras, además de dirigir investigaciones en el ámbito de su especialidad. Entre los libros publicados se destaca: *Historia socio-cultural de la literatura en Salta, El discurso crítico en América Latina II.*

Juan Carlos Quintero Herencia es poeta, crítico y profesor de literatura hispanoamericana. La Editorial Isla Negra ha publicado su poemario *La caja negra.* Miembro del colectivo de la revista *Nómada.* Catedrático Asociado en el Departamento de Estudios Hispánicos, Universidad de Puerto. Rico-Recinto de Río Piedras. Becado (1998-2000) por la Andrew W. Mellon Foundation colaboró en Brown University. Autor de múltiples ensayos críticos sobre Virgilio Piñera, Pedro Pietri y Enrique Lihn, así como sobre temas de crítica y teoría cultural contemporánea. Tiene en prensa un libro *Fulguración del espacio: Letras e imaginario institucional de la Revolución cubana* (1960-1971).

Ileana Rodriguez es profesora de literatura latinoamericana en Ohio State University. Ha publicado numerosos artículos y libros sobre América Central y la cultura contemporánea del Caribe. Sus publicaciones más recientes en inglés son: *House/ Garden/ Nation: Space, Gender and Ethnicity in Postcolonial Latin American Literatures by Women* (1994) y *Women, Guerrillas & Love: Understanding war in Central America* (1996). En actualidad está trabajando sobre *Cultural Geographies and Multiculturalism.*

Elzbieta Sklodowska es profesora de literatura hispanoamericana en Washington University, Saint Louis. Es autora de numerosos artículos sobre el testimonio latinoamericano y la narrativa contemporánea. Su libro más reciente es *Todo ojos, todo oídos: control e insubordinación en la novela hispanoamericana* (1997).

Silvia Spitta. Completó su doctorado en literatura comparada en la Universidad de Oregon y actualmente ejerce funciones docentes en literatura latinoamericana y comparada en Dartmouth College. Ha publicado *Between Two Waters: Narratives of Transculturation in LatinAmerica* (Rice University Press/Texas A&M, 1995). Sus investigaciones actuales tratan el problema del mestizo y la ideología del mestizaje en la narrativa latinoamericana y latina de los EstadosUnidos.

Silvio Torres-Saillant, fundador y director del Instituto de Estudios Dominicanos de la Universidad Municipal de Nueva York, recinto de City College, enseña en el Departamento de Ingles de Syracuse University, donde tambien dirige el Latino-Latin American Studies Program. Miembro del Comité de Evaluaciones Acadèmicas para el Caribe, Centroamérica y México de la Fundación Fulbright. Pertenece a la Junta de Directores del New York Council for the Humanities, del Inter-University Program for Latino Research en la University of Notre Dame y del Recovering the U.S. Hispanic Literary Heritage Project en la University of Houston. Sus obras más recientes son: *Caribbean Poetics: Toward an Aesthetic of West Indian Literature* (1997), *The Dominican Americans* (1998 [co-autor con Ramona Hernández]) y *El retorno de las yolas: Ensayos sobre diáspora, democracia y dominicanidad* (1999).

Marc Zimmerman es profesor de estudios latinoamericanos en la Universidad de Illinois en Chicago y director del MARCH Latin American/Latino Cultural Activities and Studies Arena (LACASA Chicago). Ha publicado varios libros sobre Latinoamérica, Cultura Latina en EE.UU. y teoría cultural. Su último libro es *New World [Dis]Orders and Peripheral Strains. Specifying Cultural Dimensions in Latin American and Latino Studies* (1998). Publicó con John Beverley *Literature and Politics in Central American Revolutions* (1990).

www.ingramcontent.com/pod-product-compliance
Lightning Source LLC
Chambersburg PA
CBHW071743110726
47908CB00006B/1676
* 9 7 8 1 9 3 0 7 4 4 0 1 1 *